W9-CNC-261

Exploraciones y
Descubrimientos
del Mundo

Exploraciones y Descubrimientos del Mundo

OCEANO

Es una obra de

GRUPO OCEANO

EQUIPO EDITORIAL

Dirección: Carlos Gispert

Subdirección y Dirección de Producción: José Gay

Dirección de Edición: José A. Vidal

* * *

Dirección de la obra: Joaquín Navarro

Edición: Rafael Santamaría

Equipo de redacción: Iván Carballido, Laureano Carbonell, Claudio Domper, Ignacio González, Ricardo Joancomartí, Nuria Miret, Antonio Tello

Corrección: Antonio Carrero, José Luis Sánchez, Andrés Vicente

Diseño interior: Juan Pejoan

Documentación gráfica: Carmen Molero

Cartografía: Infografía Digital Edición Multimedia

Dibujos: Juan Pejoan, Marcel Socías

Maquetación: Nuria Lombarte, Mercedes Prats

Preimpresión: Pedro Martorell

Producción: Antonio Aguirre, Antonio Corpas, Daniel Gómez, Álex Llimona, Ramón Reñé, Antonio Surís

© MMII EDITORIAL OCEANO
Milanesat, 21-23
EDiFiCiO OCEANO
08017 Barcelona (España)
Tel.: 93 280 20 20*
Fax: 93 205 25 45
www.oceano.com

ISBN: 84-494-2116-0
Impreso en España - Printed in Spain
Depósito Legal: B-39042-XLIV

9000838030402

Prólogo

Cuando el cielo era sólo el país de los dioses y el fondo de los mares guarida de monstruosas criaturas, los seres humanos hacían suya la inmensa tierra caminando hacia lo desconocido. El horizonte, siempre ancho, siempre pródigo, ejercía la poderosa atracción de su incomprensible lejanía. Caballos, naves y carruajes irían acortando las distancias al correr del tiempo y los ojos de los hombres podrían ser testigos de los amaneceres en otras tierras, del sabor de frutos nunca comidos, del olor de extrañas plantas, del aroma de las especias. Bajo la lluvia en los manglares, contemplando tierras de fuego, ensordecidos por el fragor de las cataratas o balizando desiertos, aventureros, exploradores, comerciantes o peregrinos se estremecerían ante el fabuloso espectáculo de las nuevas tierras y los nuevos mares. Pero la experiencia más decisiva sería el encuentro de otros hombres y mujeres. Oriente al encuentro de Occidente, el Norte en busca del Sur y éstos en busca de aquéllos. La tierra se desvelaba plural en sus colores y acentos. Y al final del viaje alrededor del planeta, los seres humanos se disponían a emprender otro nuevo viaje a través de la galaxia, movidos por la misma pasión de sus antepasados, la infinita capacidad de sorprenderse ante lo infinito.

Elementos de la obra

Las "**cabeceras**" o breves textos que inician cada artículo, constituyen un resumen de su contenido y lo sitúan en su correspondiente marco espacio-temporal.

Los aspectos más curiosos o insólitos de las expediciones, los datos pormenorizados, las breves cronologías, las biografías e incluso las anécdotas en torno a cada tema, se han reunido en "**pastillas informativas**", recuadradas y con un fondo tramado, que salpican el texto general y dan dinamismo a las páginas.

LOS VIAJEROS DEL SABER

Las expediciones científicas

Científicos con Cook en el *Endeavour* y el *Resolution*

El navegante británico James Cook ha pasado a la historia junto a figuras como Cristóbal Colón o Magallanes. Sus viajes, realizados entre 1768 y 1779, abrieron nuevos caminos al conocimiento.

James Cook (1728-1779) fue un gran navegante y descubridor. De origen humilde y formación en parte autodidacta, a los dieciocho años embarcó en un carbonero mercante, y en 1752 fue ascendido al cargo de piloto. Tres años más tarde embarcó de marinero en el *Eagle*, alcanzando pronto el grado que en la actualidad equivale a suboficial. En 1757 obtuvo el mando del

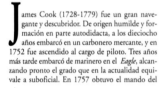

Solebay y al año siguiente el del *Pembroke*, con el que además de luchar contra los franceses en Canadá, demostró sus cualidades de cartógrafo. En 1766 hubo un eclipse de Sol y Cook hizo unos cálculos que la Royal Society utilizó para determinar la longitud de Terranova.

PRIMER VIAJE AL PACÍFICO

Con el apoyo de la Royal Society el Almirantazgo lo ascendió a capitán de corbeta, y le confió el mando de un carbonero reformado, el *Endeavour*, con la misión de observar el paso de Venus ante el Sol en Tahití, necesario para calcu-

▲ *El primero de los viajes de Cook atravesó el Pacífico entre los años 1768-1771.*

▲ *Mapa botánico de Nueva Gales del Sur, posiblemente realizado por la mano del propio James Cook.*

▲ *Retrato de James Cook realizado por N. Dance.*

lar la distancia entre éste y la Tierra, y a continuación dirigirse al sur en busca del supuesto continente meridional —la Terra Australis Incognita—, que compensaría la mayor superficie de tierra del hemisferio norte, explorando Nueva Zelanda, descubierta en 1642 y supuesta parte del mismo. Zarpó de Plymouth el 25 de agosto de 1768, acompañado por el astrónomo Charles Green (?-1770) y el botánico Joseph Banks (1744-1820). Tras hacer escala en Madeira y Río de Janeiro, dobló el cabo de Hornos, y alcanzó Tahití el 10 de abril de 1769.

Una vez realizadas las observaciones previstas, a mediados de julio puso rumbo sur hasta la lati-

tud 40° S sin haber avistado tierra. Entonces optó por arrumbar al oeste, y el 7 de octubre de 1769 fondeó en Nueva Zelanda, apreciando su condición de islas y no del supuesto continente. Allí estuvo cartografiando hasta el mes de mayo, cuando decidió regresar a Gran Bretaña y puso rumbo al cabo Buena Esperanza, llegando al SE de Nueva Holanda, nombre de la parte conocida de Australia, el 21 de abril de 1770, cuya costa remontó hasta fondear en la bahía Botánica.

Al reemprender el viaje la nave encalló, pero los daños fueron leves y el 21 de agosto de 1770, al bojear el cabo York, embocó el estrecho de Torres, navegando hasta Batavia —hoy Yakarta—, donde fallecieron 43 tripulantes, entre ellos Green, a causa de la malaria y la disentería. La nave llegó a Gran Bretaña el 12 de julio de 1771. Como la existencia del supuesto continente situado al sur del Pacífico no quedó aclarada, el Almirantazgo decidió organizar una nueva expedición a esas aguas.

SEGUNDO VIAJE

Al mando de los carboneros reformados *Resolution* y *Adventure*, y capitaneado este último por Tobias Fourneaux, Cook zarpó de Gran Bretaña el 13 de julio de 1772, llevando consigo un cronómetro. El 22 de noviembre, ante el cabo Buena Esperanza, ordenó arrumbar al sudeste. A los 67° 15' S, el hielo obligó a modificar el rumbo, llegando a las islas Kerguelen a mediados de enero de 1773.

Desde allí Cook se dirigió a Nueva Zelanda, poniendo rumbo después hacia el este, entre los 41° y 46° S, en busca del supuesto continente, pero al no hallarlo arrumbó a Tahití, donde llegó el 16 de julio de 1773. Luego se dirigió a las islas Tonga y de nuevo a Nueva Zelanda. En este trayecto los buques se separaron, y el *Adventure* regresó a Gran Bretaña, donde llegó en julio de 1774. La nave *Resolution* hizo una nueva expedición por el Antártico y llegó a Portsmouth el 29 de julio de 1775, donde a James Cook se le tributaron grandes honores.

TERCER VIAJE AL PACÍFICO

Cook recibió el mando de una nueva expedición, integrada por dos buques, el *Resolution* y el *Discovery*, éste capitaneado por Charles Clerke (1741-1779). La misión consistía en dirigirse a El Cabo en busca de diversas islas. En junio de 1777 zarparon de Gran Bretaña y, tras pasar por Tasmania, las Kerguelen y Tahití, descubrieron las Hawai, que Cook llamó Sandwich, el 18 de enero

CUADERNOS D

Además de G Forster (175- un nutrido g científicos, acom Coo en alguno jes os dibujantes Parkinson (1745- John Webber (17 y William Hodge 1797). A los innu cuadernos que l con sus apuntes dad que se prese ante sus ojos de una flora y hasta entonces e

de 1778. A continua americana y, bordean tianas y el estrecho d donde del hielo les ob las Hawái el 17 de e

Un mes después d miento con los nativ llegada la estación fa norte y exploró la c Bering hasta fines de regresar a Gran Bret en Kamchatka, ocu John Gore, del *Reso* taña en octubre de

208

La función de los **mapas** que ilustran esta obra es presentar, de una manera esquemática y clara, la ruta seguida por cada expedición. Se indican los principales lugares por los que discurrió la expedición. A fin de que el lector pueda ubicarfácilmente la huella de los exploradores, se ha empleado, en la mayoría de los casos, la toponímia utilizada en la actualidad.

El equipo de especialistas a quienes se ha confiado la redacción de la obra, entre los que se encuentran destacados historiadores y periodistas científicos, ha elaborado unos **textos** rigurosos y a la par amenos, que aportan valiosos conocimientos sobre las hazañas de descubridores, conquistadores y viajeros científicos.

Las cerca de 800 **fotografías y dibujos** de la obra aportan una información visual de primer orden, que nos permite acercarnos a los hechos relatados en el texto. Los grabados antiguos se combinan con imágenes de los protagonistas de la historia y con documentos gráficos de los lugares mencionados.

El *índice onomástico*, que aparece en las últimas páginas del volumen, nos permite encontrar rápidamente en el cuerpo de la obra las referencias a los nombres propios que nos interesen.

▲
Una acuarela de Forster que representa la Passiflora aurantia de Nueva Caledonia.

 gieron a la costa
ruzaron las Aleu-
a los 70° 44' N,
r, fondeando en
9.
en un enfrenta-
mó el mando y,
egó con rumbo
del estrecho de
e dio la orden de
después fallecía
esto el teniente
egó a Gran Bre-

209

▲
Acuarela de T. Gosse que muestra a James Cook y los naturalistas de su expedición tras desembarcar en Botany Bay durante su primer viaje, en abril de 1770.

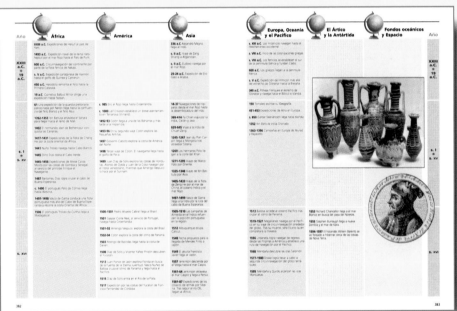

La **cronología comparada** que incluimos como complemento de la obra, ayuda a situar cada una de las gestas de los exploradores y viajeros entre los principales acontecimientos de su contexto histórico.

Más allá de la mera información sobre lo que muestran las imágenes, los textos que acompañan las fotografías y dibujos contienen *informaciones complementarias* que ayudan a comprender mejor los hechos relatados en el texto general.

Sumario

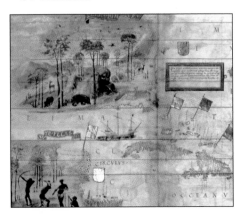

SOBRE LAS NUBES, BAJO LAS OLAS

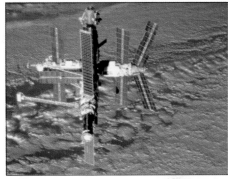

Sumario

TEMAS CLAVE DE LA EXPLORACIÓN

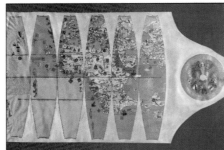

Introducción

El ser humano es un viajero, un descubridor. Desde tiempos inmemoriales, desde los albores mismos de su existencia, los homínidos emprendieron grandes migraciones a lo largo del mundo, aunque fue con el advenimiento del *Homo sapiens* cuando lograron conquistar casi todos los continentes del mundo. En la Prehistoria el hombre viajó, exploró y descubrió los más remotos lugares, desde África hasta Oceanía, pasando por Asia, desde Europa hasta América, ahora bien, estos viajes han quedado perdidos en el tiempo, poco sabemos de ellos salvo que llegaron a su destino en busca de tierras y caza. Fue con la aparición de las primeras civilizaciones y la escritura cuando los viajes empezaron a ser documentados, por lo que desde siempre hemos tenido la visión, sin duda sesgada, del descubridor como miembro de una sociedad avanzada que visita un lugar salvaje, un lugar sin civilizar. Nada más lejos de lo cierto. Que hayamos oído hablar de descubridores como Herjuf, Hannón o Piteas se debe, antes que nada, a que éstos pertenecieron a culturas con escritura y gracias a ello sus descubrimientos pudieron ser documentados. ¿Cuántos héroes y heroínas de los descubrimientos han permanecido ignotos para la Historia?

Pero fueron las grandes civilizaciones, a causa de sus necesidades de comercio o conquista, las que emprendieron las más importantes empresas de exploración: egipcios, fenicios, cartagineses, griegos y romanos abrieron el camino que luego los árabes y otros pueblos europeos seguirían. Mientras, en la otra punta del mundo, los chinos creaban uno de los imperios más duraderos de la Historia y exploraban sus fronteras con ahínco. Con el advenimiento de la Edad Moderna se inició la llamada época de los Grandes Descubrimientos en la que los europeos descubrieron y colonizaron América, llegaron hasta la India y Oceanía, de manera que, al llegar el siglo XIX tan sólo restaban por explorar las grandes masas heladas de los polos así como las profundidades de África y Australia. Para entonces la naturaleza misma de los viajes había cambiado, ya no se trataba sólo de conquista sino que había una gran curiosidad científica, la misma que llevó, durante el siglo XX, a explorar los fondos oceánicos y a conquistar los cielos; el paso previo a la gran aventura espacial. Del mismo modo que sus antepasados se adentraron en el mar desconocido en

▲
Hernán Cortés encarna el tipo de descubridor movido por el afán de conquista y riquezas, una de las motivaciones más comunes durante siglos.

Campamento de una expedición al Everest. A veces incluso las exploraciones con fines pacíficos tienen efectos poco deseados a juzgar por la gran cantidad de material abandonado.
▼

El capitán Jacques-Yves Cousteau, uno de los pioneros en la exploración de las profundidades marinas.

Avión japonés hundido en Papúa-Nueva Guinea. Los fondos marinos permanecieron prácticamente vedados a los seres humanos durante muchos siglos.

rudimentarias embarcaciones, en busca de nuevas tierras, los hombres del siglo XX se embarcaron en sus naves y se asomaron a la inmensidad del océano del espacio exterior.

Muchas han sido las maneras de los hombres de viajar, aunque durante milenios tan sólo el propio andar estuvo a su alcance, el lento deambular, la migración que llegaba a su término, un lugar desconocido ignorado al partir, cuando los que se pusieron en camino ya llevaban siglos en sus tumbas. Con todo, fue con la fuerza de sus piernas como los hombres y mujeres del paleolítico conquistaron lugares tan lejanos como la Patagonia o los desiertos de Australia. Luego llegaron las primeras embarcaciones y más adelante, con el neolítico, algunos pueblos lograron domesticar animales de tiro con los que trasladarse más fácilmente. En algún momento cercano a estos acontecimientos, los seres humanos aprendieron a utilizar la fuerza de los vientos para impulsar sus embarcaciones mediante velas.

A partir de entonces y hasta hace dos siglos, nada cambió sustancialmente porque antes de esa fecha los medios de locomoción no variaron en absoluto, aunque sí es cierto que se perfeccionaron en algunos casos, sobre todo en lo que se refiere a la navegación marítima, una de las pocas tecnologías para el transporte existentes. Las balsas se habían convertido en pequeñas embarcaciones a vela y éstas se habían transformado en galeras y ventrudas naves mercantes. En el siglo XV, habían aparecido naves diseñadas para la navegación oceánica como la carabela, la nao o la carraca y el galeón, pero todas estas innovaciones no habían hecho otra cosa que pulir el concepto inicial, una nave impulsada por el viento o por la fuerza de los brazos de sus tripulantes: la velocidad de los barcos apenas se incrementó en unos pocos nudos a lo largo de milenios. Por tierra las cosas evolucionaron aún más lentamente, siempre con el límite de la velocidad de un caballo como frontera infranqueable. La capacidad de moverse dependía también del estado de las comunicaciones, sobre todo de los caminos, los cuales, después de la caída del Imperio Romano, se encontraban en una situación muy precaria. De esta forma, la velocidad que podía alcanzar Marco Polo era exactamente la misma que la de Herjuf, miles de años antes; del mismo modo,

los ejércitos de Napoleón no marcharon más deprisa que las legiones de Julio César por los mismos caminos de Bélgica.

A pesar de todo, fue con estos medios con los que los europeos se expandieron por casi todo el mundo entre los siglos XV y XVIII y no deja de ser sintomático que dos de los hitos más importantes de las exploraciones tardías, la conquista de los polos, se consiguieran con estos medios, ayudados de trineos tirados por perros, un sistema ancestral. La aparición de medios de transporte más veloces y capaces sirvió para abrir nuevas regiones a la exploración, lugares que, hasta ese momento, habían permanecido vedados: los cielos y las profundidades del mar. La aviación, precedida de los globos aerostáticos, llevó a los seres humanos hasta la estratosfera, mientras que los submarinos permitieron observar un nuevo mundo, un lugar de increíble belleza que siempre había estado cercano y al cual nadie había logrado llegar. Luego llegó la carrera espacial, la nueva frontera. Los cohetes y propulsores desarrollados a lo largo del siglo XX dieron a los seres humanos la posibilidad de abandonar su propio planeta, ya fuera de manera física, desplazándose en ellos como en los viajes a la Luna, ya fuera, a través de los sensores y los sistemas de telecomunicaciones de las sondas no tripuladas. De este segundo modo, el hombre ha estado en Marte, ha viajado alrededor de Júpiter, Saturno, Urano y Neptuno, se ha adentrado en la infernal atmósfera de Venus, todo ello sin dejar la Tierra.

¿Qué ha llevado a los seres humanos a viajar? Hay muchas respuestas para esta pregunta; quizá exista un anhelo irrefrenable por explorar, un impulso que forma parte de la misma naturaleza humana, ligado a la curiosidad por entender la realidad que nos rodea, la misma curiosidad, el mismo sentimiento que nos ha llevado a buscar respuestas a las preguntas que siempre nos han atenazado desde los tiempos más remotos sobre nuestro origen y fin.

Les proponemos un viaje de descubrimiento, una aventura que nuestros antepasados empezaron en los albores de la existencia de nuestra especie.

▲

David Livingstone encarnó los ideales de una exploración humanística más respetusa con las culturas y los pueblos.

El espacio exterior se ha convertido en la nueva frontera de las exploraciones. Un reto de una magnitud inimaginable, como la humanidad no ha encontrado en siglos de historia.

▼

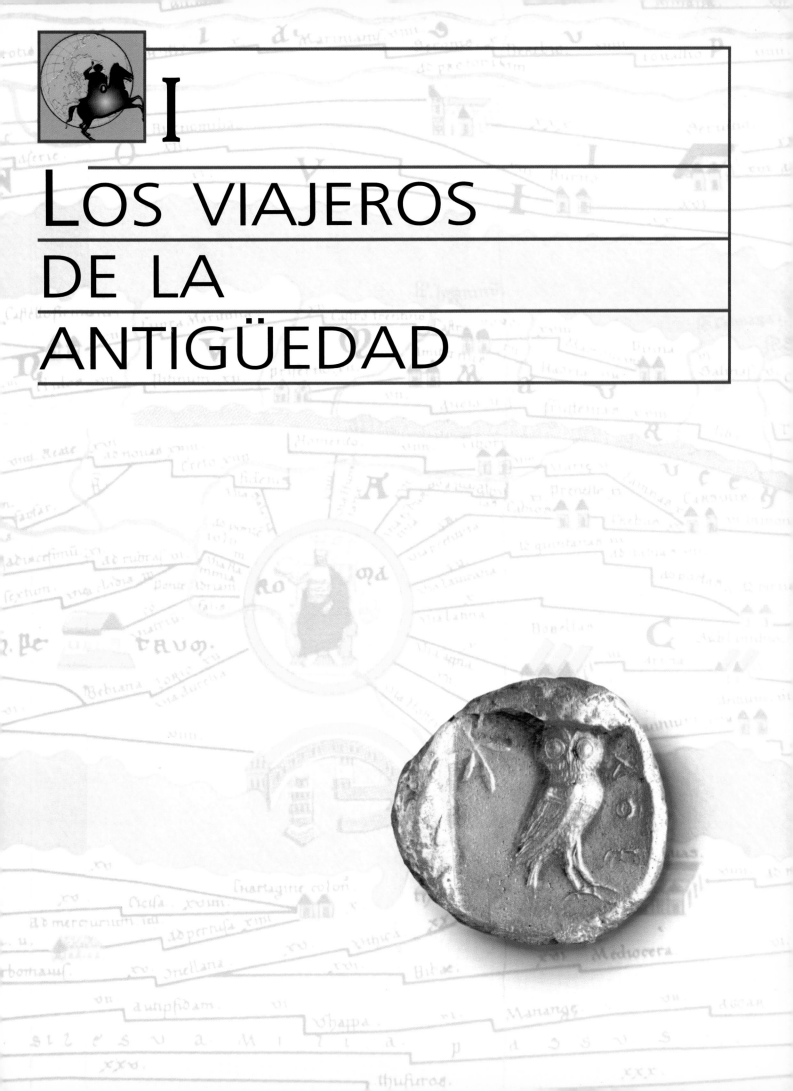

I

LOS VIAJEROS DE LA ANTIGÜEDAD

 Los viajeros de la antigüedad

Desde sus orígenes, el hombre ha sido viajero. A lo largo de los milenios, el *Homo sapiens* se ha extendido por todo el globo terráqueo hasta alcanzar los lugares más remotos, ya fuese en busca de subsistencia, empujado por el clima adverso o por simple curiosidad.

La exploración de nuevos territorios ha sido una inquietud permanente de nuestra especie y ha dado lugar a leyendas y mitos que aún perduran. Por todo ello no es de extrañar que los viajes y las exploraciones hayan cautiva-

do la imaginación de generaciones enteras. Ya en las culturas más antiguas —Egipto, Fenicia, Cartago, Grecia, Roma y China— el anhelo de saber qué hay más allá del horizonte movió a muchos a adentrarse en lo desconocido. Y así, cruzando peligrosos mares, atravesando montañas y desiertos, estos intrépidos pioneros descubrieron lugares que se les antojaron maravillosos. En las narraciones de sus aventuras muchos otros encontrarían el acicate para aventurarse a su vez por tierras extrañas.

La senda de los pioneros

Barca encontrada en la tumba de Tutankamón (s. XIV a.C.). Museo Egipcio. El Cairo.

Las grandes civilizaciones del pasado necesitaron comerciar; el intercambio de bienes ha formado parte de la civilización, ha sido un elemento más de la misma. En muchos yacimientos prehistóricos encontramos adornos, herramientas y otros bienes procedentes de lugares tan lejanos que sólo pudieron llegar a esa comunidad a través del comercio.

Fue esta necesidad de asegurarse el suministro de bienes exóticos la que impulsó a muchos gobernantes a organizar las primeras grandes expediciones de exploración. Gracias a ellas, aumentaron notablemente los conocimientos geográficos y se abrieron nuevas rutas de comunicación que facilitaron los contactos entre los pueblos. Aparte del comercio, la necesidad de encontrar nuevas tierras fue otro de los grandes motores de las primeras exploraciones. Algunas civilizaciones agrícolas pronto se encontraron con la necesidad de buscar nuevos lugares para asentar a su creciente población: había empezado la era de las colonizaciones.

Las expediciones de Herjuf

De todas las expediciones a Nubia emprendidas durante el Imperio Antiguo, sin duda las más famosas y mejor documentadas son las que realizó Herjuf en el III milenio a.C., y que le llevaron más allá del país de Yam. El testimonio de las mismas se ha conservado en un texto encontrado en la tumba de este gobernador egipcio.

L as relaciones entre Egipto y las diversas tribus que poblaban Nubia fueron siempre ambivalentes. La estructura política y social de este territorio hacía que la situación fuese muy cambiante, alternándose períodos de paz con otros de guerra y sublevación contra el poder del faraón. El interés de Egipto se centraba en la minería, sobre todo en la extracción de oro, cobre y piedra para la construcción de edificios monumentales, aunque existen referencias a diversas campañas militares según las cuales en alguna de ellas se capturaron 7 000 prisioneros y 200 000 cabezas de ganado.

▲
Fragmento de un fresco procedente de la tumba del faraón Ramsés III (1198-1166 a.C.), situada en el valle de los Reyes (Tebas). En él se pueden ver unos criados nubios. Los egipcios mantuvieron relaciones con los nubios desde los inicios de su historia. La anexión de Nubia a Egipto se produjo durante la III Dinastía (2686-2613 a.C.).

◄
Partiendo del Delta del Nilo, Herjuf emprendió un largo viaje rumbo al país de Yam, situado en Nubia.

LOS VIAJES DE HERJUF EN BUSCA DEL PAÍS DE YAM

Herjuf era el gobernador de Elefantina en tiempos de Merenre y Pepi II, faraones de la VI Dinastía (2345-2173 a.C.). Tras el abandono del asentamiento de Buhen, durante la Dinastía V, parece que la responsabilidad de dirigir el comercio con Nubia recaía en estos funcionarios reales, que aparecen designados en los textos como "directores de las tropas extranjeras", y realizaban las funciones de jefes de caravana, exploradores y diplomáticos.

Tras dos expediciones sin incidentes, la tercera puso de manifiesto las crecientes dificultades con las que se topaban los egipcios en sus expediciones hacia el sur. Algunos estudiosos han interpretado estas dificultades como una prueba de un proceso de unificación de las diferentes tribus de la Baja Nubia. Esta hipótesis está sustentada en las observaciones del propio Herjuf, según las cuales los territorios de Sachu, Irchet y Uauat, situados

LA CARTA DE UN FARAÓN IMPACIENTE

Este fragmento de una carta enviada por Pepi II a Herjuf expresa toda la inquietud infantil del faraón Pepi II por ver al pigmeo del misterioso país de Yam.

(...) También dices en esta carta que te acompaña un enano de bailes divinos de la tierra de los que viven en el horizonte. Como el enano que el tesorero del dios trajo de Punt en tiempos del rey Isesi. Dices a mi majestad que nunca uno como él ha sido traído por ningún otro desde Yam.

Cada año haces lo que tu señor desea, pasando día y noche con la caravana. Ven de inmediato hacia el norte, a la corte. Debes traer al enano, vivo, sano y listo para regocijar y alegrar el corazón del Rey del Alto y Bajo Egipto.

Cuando [el enano] venga contigo en barco, escoge personas de confianza para que estén junto a él y vigilen para que no se caiga al agua.

Cuando duerma por la noche, escoge gente fiable para que duerman a su lado. Inspecciónalo diez veces cada noche, porque mi majestad desea ver a este enano más que a todos los productos del Sinaí y Punt.

Si llegas a la corte y el enano está contigo, vivo y bien, mi majestad te concederá muchos excelentes honores para que ensalcen al hijo de tu hijo para siempre. Que toda la gente diga cuando oiga lo que mi majestad hace por ti: "Es algo igual a lo que fue hecho por el consejero privado Herjuf, cuando vino de Yam".

A
Fragmento de un mosaico helenístico que representa a dos pigmeos originarios de Nubia, en una pequeña y rudimentaria barca de remos, navegando por el río Nilo.

---

de sur a norte a lo largo del Nilo, se habían unido bajo la autoridad de un solo gobernante.

Una vez llegado a su objetivo, el misterioso país de Yam, Herjuf utilizó sus dotes diplomáticas y el prestigio de Egipto para lograr una tregua entre los habitantes de Yam y sus invasores. Agradecido, el rey de Yam puso a su disposición una fuerte escolta para el viaje de vuelta a través de los territorios hostiles de la Baja Nubia. El temor a un asalto no era vano, si tenemos en cuenta que la expedición comprendía hasta trescientos asnos cargados de incienso, ébano, pieles y marfil.

EL DANZARÍN DE LOS DIOSES

Fue su última expedición la que dio más fama a este experimentado explorador y diplomático. Realizada bajo los auspicios del nuevo faraón, Pepi II, aún niño, esta expedición tenía, de nuevo, como objetivo el país de Yam. La conflictividad de algunas de las tribus de la región obligó a los egipcios a seguir otra ruta.

En lugar de la habitual, que seguía el curso del río, Herjuf optó por adentrarse en el desierto siguiendo una línea de oasis para abastecerse de agua, rodeando así los territorios de la Baja Nubia más hostiles a la presencia egipcia. Una vez llegado al país de Yam fue agasajado por el monarca de aquellas tierras.

Cuando regresó a Egipto, Herjuf llevó consigo grandes riquezas, aunque, paradójicamente, el bien más apreciado por el faraón fue un "danzarín de los dioses", un pigmeo. Los pigmeos eran muy apreciados en Egipto para la ejecución de danzas sagradas. El joven faraón Pepi II se mostró entusiasmado con la noticia de que la expedición de Herjuf traía a uno de estos bailarines y envió al gobernador una misiva con precisas instrucciones sobre los cuidados que debía dispensar a tan preciado personaje.

Los restos arqueológicos de Elefantina se yerguen en una isla del Nilo, en el Alto Egipto. Elefantina fue un destacado centro mercantil gobernado por Herjuf en tiempos de los faraones Merenre y Pepi II.

∨

Hatshepsut en el país de Punt

Una de las personalidades más interesantes de la historia de Egipto, la reina Hatshepsut, esposa de Tutmés II, faraón de la XVIII Dinastía, subió al trono a la muerte de éste, un hecho sin precedentes en el país del Nilo, ya que era la primera vez que una mujer ceñía la corona de las Dos Tierras.

G racias sobre todo al apoyo de sus conseje-ros Senenmut y Hapusenb, y, tal vez, de Amón, dios del que se proclamaba hija, Hatshepsut logró mantener las riendas del poder hasta su muerte, acaecida hacia 1484 a.C. Su sobrino Tutmés III la sucedió en el trono.

El reinado de Hatshepsut se caracterizó por su pacifismo. En contra de la política de sus pre-decesores, apoyó el comercio, la administración y las construcciones monumentales. En una de estas construcciones, su templo funerario de Deir-el-Bahari, se ha encontrado la narración ilustrada de una de las expediciones comerciales más impor-tantes emprendidas bajo su reinado: el viaje al país de Punt.

En la antigüedad, las transacciones comercia-les eran una forma más de incrementar el prestigio de un monarca. La capacidad de un rey de pro-veer a los artesanos de las materias primas favore-cía su imagen de poder y magnificencia, dos ele-mentos muy importantes en toda monarquía.

El pacifismo del reinado de Hatshepsut ha de ser considerado bajo esta perspectiva: se trataría de conseguir los mismos fines con otros medios.

LA EXPEDICIÓN AL PAÍS DE PUNT

En 1493 a.C., la reina Hatshepsut envió una flotilla de cinco naves, con treinta remeros cada una, desde Kosseir, en la costa del Mar Rojo, a la tierra de Punt, también conocida como Tierra de los Dioses, situada al norte de la actual Somalia.

La travesía de la expedición de Hatshepsut supuso unos mil kilómetros de navegación bordeando la costa oriental de África.

El objetivo comercial de esta expedición es evi-dente; sin duda pretendía acceder directamente al lugar de producción de mirra, incienso y varios perfumes y ungüentos, ahorrándose los interme-diarios que suponía la ruta terrestre Nilo arriba.

Probablemente, entre los expedicionarios no sólo había marineros y militares, sino también ar-tistas, a juzgar por la exactitud y viveza de las repre-sentaciones pictóricas y los grabados del templo de Deir-el-Bahari.

La travesía por el Mar Rojo, con unas naves de entre 20 y 30 metros de eslora y un solo palo, sería accidentada, dada la gran cantidad de arrecifes de este mar y los vientos fuertes del norte que soplan durante el invierno. Es probable que los expedicio-narios, dirigidos por el canciller Nehesy, optasen por

⋀
*Representación de la
expedición al país de Punt
del templo de Hatshepsut
en Deir-el-Bahari*

➤
*Relieve que reproduce un pez
visto en el país de Punt y que
se conserva en Deir-el-Bahari.*

PECES, JIRAFAS, RINOCERONTES...

Los ojos de los artistas enviados con la expedición de Nehesy pudieron contemplar grandes maravillas, que luego representaron con absoluta fidelidad. Si las gentes de Punt les sorprendieron, la fauna, tanto del Mar Rojo como de tierra adentro, sin duda no les dejó indiferentes.

Sus ilustraciones constituyen un preciado tesoro para la posteridad, ya que su permanencia en el tiempo ha dado a los especialistas una valiosísima información sobre la zoología de la región. Algunos ictiólogos han quedado maravillados al ver la exactitud con la que se muestran los peces del Mar Rojo, que permite distinguirlos a nivel de especie. Lo mismo ha ocurrido con la fauna: jirafas y rinocerontes, que han permitido localizar con relativa exactitud el país de Punt, basándose en la ecología de la región representada.

la navegación de cabotaje, que les permitiría fondear y ponerse a resguardo en la costa cada noche.

EL PAÍS DE PUNT Y SUS HABITANTES

Tras la travesía, los expedicionarios arribaron a las costas de Punt, a unos 1 000 kilómetros al sur de Kosseit, el lugar de partida. Allí fueron recibidos por el rey de estas tierras, al que ofrecieron los presentes enviados por la reina Hatshepsut: joyas y estatuas de culto.

Las descripciones de este lugar, halladas en el templo de Deir-el-Bahari, ponen el énfasis en las cabañas circulares, construidas sobre pilones, que servían de morada a las gentes de Punt. Incluso la escalera que servía de acceso a las viviendas está fielmente reflejada en los relieves. Otro detalle interesante es el lugar de culto, con una estatua de una divinidad.

La expedición de Nehesy partió de este núcleo poblado para marchar, tierra adentro, en busca de las preciadas materias primas que su reina les había pedido: maderas preciosas, ébano para la elaboración de muebles suntuarios y plantas aromáticas como el incienso y la mirra, que eran arrancadas con las raíces para ser trasplantadas en Egipto. A su regreso, la expedición mandada por Nehesy llevó a Egipto grandes riquezas.

Las exploraciones micénicas en el Mediterráneo occidental

A lo largo del siglo XIII a.C., los micénicos realizaron varias incursiones, hasta ahora poco conocidas, a las islas del Mediterráneo occidental. Las excavaciones realizadas a finales del siglo XIX y principios del XX sacaron a la luz imponentes construcciones que dan muestra del poderío de este pueblo.

Los griegos que vivieron en la Edad del Bronce son conocidos con el nombre de micénicos, en referencia a la ciudad de Micenas, en la Argólida. En aquellos tiempos, Grecia estaba gobernada por una serie de reyes que ejercían su poder desde unos palacios fortificados. Conocemos los nombres de estos reinos por las referencias que a ellos hace Homero en la *Ilíada* y la *Odisea*: Micenas, Tirinto, Pilos..., los reinos de los aqueos.

Uno de los aspectos de su poder era el control del comercio, ya que, siguiendo los parámetros de la época, los intercambios comerciales se realizaban a través del palacio, donde además se centralizaban las actividades artesanales, fiscales, como la recaudación de impuestos, y administrativas.

El hecho de que el comercio estuviera centralizado en el palacio, junto con la necesidad de proveerse de materias primas, llevó a los gobernantes micénicos a organizar expediciones marítimas en busca de los productos valiosos, el más importante de los cuales era el estaño.

LAS RIQUEZAS DE ALLENDE LOS MARES

El estaño es un mineral imprescindible para la elaboración del bronce. En el II milenio antes de nuestra era, los conocimientos de la metalurgia del hierro eran aún muy rudimentarios, al desconocerse las técnicas del forjado; el trabajo del bronce, en cambio, mucho más fácil al requerir hornos de menor potencia calórica y ser muy dúctil, estaba muy difundido.

◄ **T**ablilla con caracteres cuneiformes silábicos procedente de Ugarit, en la costa de Siria. La escritura ugarítica muestra una interesante evolución hacia el alfabeto de los fenicios. La ciudad de Ugarit fue uno de los grandes centros de comercio del Mediterráneo Oriental.

► **L**a vida cotidiana de los micénicos aparece en pequeñas figuras de terracota como ésta, que representa a una mujer cociendo pan.

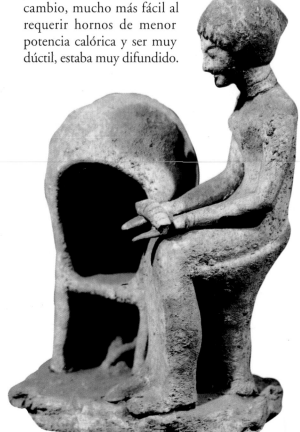

EL FIN DE UN MUNDO

La civilización micénica se extinguió con el incendio y destrucción de sus palacios. Muchas han sido las causas que se han aducido para explicar este desastre, desde invasiones de pueblos bárbaros (los dorios) hasta revueltas sociales contra las elites dominantes, pasando por guerras entre los diversos reinos a causa de las sucesivas crisis económicas.

Con la caída de los palacios fortificados de Micenas, Tirinto y Pilos, desapareció un mundo. A pesar de todo, sus ecos continuarán resonando en forma de poemas en la boca de Homero. Quién sabe, quizás las historias y leyendas surgidas de estos primeros viajes fueron las que impulsaron, siglos más tarde, a los griegos a adentrarse en el mar en busca de nuevas tierras.

Pasadizo interior de las murallas de Tirinto. Las poderosas fortificaciones de los palacios micénicos respondían a una doble intencionalidad: la defensa y el prestigio. El desciframiento de la escritura Lineal B mostró una sociedad muy jerarquizada, organizada en torno al palacio.

▼

Pero había un inconveniente: mientras el cobre era relativamente fácil de encontrar, el estaño, el otro elemento básico de esta aleación, sólo podía ser hallado en lugares determinados.

En el contexto de una economía basada en el bronce con el que se producían armas, utensilios y objetos suntuarios era fundamental disponer de una fuente de abastecimiento. Para los reinos micénicos de Grecia el acceso a los lugares de extracción del estaño se convirtió en una necesidad vital. Todo su sistema económico y social estaba centralizado en el palacio, lugar donde, como ya se ha dicho, se concentraban los artesanos. Si no era posible proveerlos de los materiales necesarios para su trabajo, una parte del sistema entraba en crisis.

Este problema se acrecentaba por el hecho de que en Grecia era muy difícil encontrar estaño y era necesario importarlo de Oriente. Ahora bien, a finales de la Edad del Bronce las tensiones crecientes entre los diversos reinos, unidas a la presión de diversos pueblos limítrofes, estaban haciendo mella en el complejo sistema de comercio de la cuenca del Mediterráneo oriental. Era necesario encontrar otras fuentes de este mineral, y los micénicos miraron hacia Occidente.

LOS MICÉNICOS EN EL MEDITERRÁNEO CENTRAL Y OCCIDENTAL

La presencia micénica en Cerdeña, Sicilia y el sur de Italia difiere mucho de las colonizaciones griegas de siglos posteriores. No se trata de una oleada de poblamiento integrada por colonos que buscan nuevas tierras, empujados por la superpoblación en sus lugares de origen, sino de una actividad comercial orientada a la obtención de los diferentes minerales, imprescindibles para la producción artesanal.

Han sido descubiertos yacimientos en Sicilia, Cerdeña y en la península italiana, aunque algunos arqueólogos sostienen que las expediciones aqueas llegaron hasta la península Ibérica, lo cual constituiría un hito importantísimo.

Esta presencia micénica, hasta hace no mucho poco conocida, sería la primera tentativa de los pueblos del Mediterráneo oriental de establecer asentamientos en tierras lejanas para explotar todos sus recursos.

La travesía de Nekao II

La expedición patrocinada por el faraón Nekao II en 600 a.C. sobrepasa los límites de lo imaginable. Por primera vez en la historia y con un equipo de navegación rudimentario, se consiguió dar la vuelta a todo un continente.

La única referencia a la expedición de Nekao II aparece en un breve apunte de Herodoto, el geógrafo griego, quien para demostrar que el continente africano se encontraba rodeado de agua, salvo por Egipto, nos da noticia de una esforzada expedición fenicia que logró circunnavegarlo tras un largo viaje de tres años.

LA VOLUNTAD DEL FARAÓN

En el momento en que se produjo este viaje, hacia el 600 a.C., Egipto ya no era la gran potencia que en otros tiempos había impresionado a sus contemporáneos. A pesar de todo, contaba con un

▲ **N**ave de guerra fenicia. Los fenicios desarrollaron una importante marina de guerra basada en su potencial bélico.

La expedición de Nekao II circunvaló la totalidad del continente africano.
▼

gobernante decidido e imaginativo, el faraón Nekao II, que ya había intentado algunos proyectos de gran envergadura, como construir un canal que conectase el Mar Rojo con el Mediterráneo.

No están muy claras sus motivaciones para patrocinar este singular periplo. Según algunos estudiosos, el objetivo era abrir una nueva ruta para viajar hasta la desembocadura del río Zambeze, de donde se importaban grandes cantidades de oro. Las fuertes corrientes del canal de Mozambique, entre el continente africano y la isla de Madagascar, hacían muy difícil el viaje de vuelta para los egipcios a través del Mar Rojo.

Por ello, Nekao II, suponiendo que África estaba rodeada por el mar, decidió abrir una nueva ruta. Los barcos, en lugar de volver por donde habían ido, continuarían su rumbo siguiendo la costa africana hasta llegar a las Columnas de Hércules (el estrecho de Gibraltar).

Cabe suponer que Nekao II consideraba que África era mucho más pequeña de lo que es en realidad. Decidido a realizar su proyecto con las mayores garantías, contrató los servicios de una flotilla fenicia, ya que los fenicios eran considerados como los mejores navegantes de la época, y la puso bajo el mando de un oficial egipcio.

UNA AVENTURA INCREÍBLE

La flota partió del Mar Rojo con rumbo sur en noviembre para aprovechar los vientos favorables que soplan del norte en esa época del año. Se perdió todo rastro de ella hasta que, tres años más tarde, cuando se habían perdido todas las esperanzas de su retorno, apareció en el Mediterráneo. Se había completado la primera circunnavegación de África tras un viaje de 27 000 kilómetros.

Cómo los expedicionarios lograron completar este fabuloso trayecto, es un misterio. Herodoto, la única fuente con la que contamos, es muy parco en detalles. Dice que, en un momento del viaje, los asombrados expedicionarios descubrieron cómo el sol había dejado de salir a su izquierda para hacerlo a su derecha, cosa que nos hace pensar que habían acabado de cruzar el cabo de Buena Esperanza y navegaban con rumbo norte, cuando antes lo habían estado haciendo con rumbo sur. Este detalle, que es narrado con cierta incredulidad por

Las relaciones de intercambio eran muy comunes en todas las expediciones de exploración emprendidas por los egipcios. Se trataba de un comercio de artesanía en pos de víveres y materias primas.

Herodoto, ha sido considerado como una prueba de la veracidad de la narración, al referir un fenómeno natural que sin duda debió acontecer.

Otro argumento que ha sido esgrimido por los defensores de la realización de este viaje fue su duración; tres años nos dan una velocidad de crucero muy razonable para los navíos de la época. Hay que tener en cuenta que en otoño, como explica Herodoto, los expedicionarios desembarcaban para reponer fuerzas, hacer reparaciones e incluso sembrar grano para conseguir víveres.

NAVEGACIÓN DE ALTURA

Algunos historiadores se niegan a aceptar la veracidad de algunas de las expediciones fenicias o cartaginesas, y su prevención es lógica. Tanto el periplo de Nekao II como el viaje de Hannón tuvieron que enfrentarse a corrientes contrarias que les impedirían progresar en una navegación de cabotaje, la única que, en teoría, podían practicar estos pueblos.

Hoy sabemos que no era así y que los fenicios eran capaces de practicar la navegación de altura gracias a sus conocimientos de astronomía, que habían adquirido de los caldeos. Por ejemplo, conocían la constelación de la Osa Menor y se orientaban gracias a ella durante la navegación nocturna. De hecho, esta constelación recibía el nombre de Phoiniké (Fenicia) en la Antigüedad.

Todo esto nos lleva a pensar que la navegación de altura era muy utilizada, ya que ahorraba muchos de los peligros de la navegación de cabotaje, como la cercanía de la costa y los escollos. En este caso, la presencia de fuertes corrientes contrarias en la costa del Senegal bien pudo ser salvada navegando mar adentro.

Los fenicios fundan Gadir

Las fechas de las fundaciones de las ciudades fenicias han sido objeto de controversia entre los arqueólogos, ya que existe una clara divergencia entre las que proponen los historiadores griegos y romanos y las que se deducen de los hallazgos. La de Gadir (Cádiz) no es una excepción.

Las dataciones obtenidas con el análisis de las piezas cerámicas no concuerdan con las fechas de fundación de Cádiz, mucho más antiguas, que dan cronistas de la talla de Estrabón. Mientras que éste propone cifras cercanas a los siglos XI y X a.C., la arqueología no ha hallado materiales anteriores al siglo VIII a. C.

La principal explicación de esta disparidad de fechas se debe a la rivalidad entre las ciudades, que las llevaba a atribuirse una antigüedad muy superior a la real para acrecentar su prestigio frente a las otras.

SURCANDO EL MAR HACIA EL OESTE

La tradición marinera y comercial de los habitantes de la costa del Líbano se remonta a mucho tiempo antes de la aparición de lo que conocemos como cultura fenicia. Ya en el II milenio antes de nuestra era ciudades como Biblos y Ugarit hegemonizaban el comercio marítimo de la región, llevando sus mercancías hasta Egipto y Grecia. A principios del I milenio antes de nuestra era fue cuando las ciudades de la costa fenicia llevaron a

➤

Nave mercante fenicia. Esta embarcación llegó a ser, al paso de los siglos, muy común en el Mediterráneo. De forma redondeada e impulsada por una vela cuadra, tenía una gran capacidad de carga.

Estatua fenicia de bronce con máscara de oro, de marcado carácter votivo. Hacia el año 1000 a.C.

▼

cabo su mayor expansión, en especial la ciudad de Tiro, una de las más importantes.

Los motivos para esta actividad de exploración y establecimiento de colonias son varios. En primer lugar, hay que señalar la necesidad de encontrar mercados para dar salida a los productos manufacturados por los artesanos fenicios, a lo que se ha de añadir la necesidad de materias primas para abastecer a estos artesanos, en especial el estaño y la plata, y por último, no hay que olvidar que la superpoblación de las ciudades fenicias obligaba a buscar nuevas tierras para asentar en ellas a sus colonos.

MÁS ALLÁ DE LAS COLUMNAS DE HÉRCULES

La fundación de Gadir (Cádiz) nos puede dar una idea del mecanismo de colonización de los fenicios. El origen de la expedición se encuentra en un oráculo por el que los dioses ordenaban la fundación de una ciudad "más allá de las Columnas de Hércules". Para cumplir con este mandato divino se organizó una expedición que, tras franquear el estrecho de Gibraltar (las Columnas de Hércules), fondeó en un lugar cerca de la actual Almuñécar, que pareció adecuado para establecer una colonia. En ese punto los navegantes fenicios realizaron un sacrificio que les fue desfavorable, y decidieron regresar a Tiro. Al poco tiempo realizaron una segunda tentativa, que llegó aún más

---

TARTESSOS, EL PAÍS DE LA PLATA

Una de las razones de los fenicios para establecerse en la costa atlántica de Andalucía era el acceso a las minas de plata, así como el control de la ruta del estaño proveniente de Galicia. El contacto con los colonizadores provocó un gran impacto en las sociedades indígenas, que llevó a la concentración del poder en caudillajes, a la aparición de una rica artesanía y al nacimien-

to de una leyenda, la del reino de Tartessos y su rey Argantonio, un personaje fabulosamente rico. Tartessos no era una ciudad fabulosa, desaparecida bajo las aguas como la Atlántida, sino más bien un conjunto de asentamientos dirigidos por una nobleza muy influenciada por las maneras orientalizantes de los fenicios.

lejos que la primera, a la altura de Huelva (Onuva), pero una vez más, los sacrificios realizados mostraron el desacuerdo de los dioses sobre el lugar elegido y la expedición, como la anterior, emprendió el viaje de retorno a la metrópolis.

Por fin, en el tercer intento los expedicionarios dieron con el lugar adecuado, aún mas lejos que los dos lugares previos. Se trataba de una isla muy cercana a tierra firme, y en ella establecieron la que sería una de sus colonias más importantes en Occidente.

La historia de la fundación de Gadir nos ofrece una muy importante información de la manera de proceder de los fenicios en sus viajes de colonización. Parece lógico pensar que los dos primeros viajes fallidos eran expediciones exploratorias que, al no encontrar lugar adecuado para establecer la colonia, regresaron a Tiro. La falta de un buen puerto natural, la presencia de nativos hostiles o, simplemente, las malas comunicaciones con el interior eran factores suficientes.

En el caso de la tercera expedición, que se beneficiaría de anteriores conocimientos, los fenicios encontraron el lugar buscado, una isla cercana a la costa, suficientemente cerca para comerciar y segura frente a una posible agresión indígena.

➤
Cabeza de felino de una jarra tartésica. Los fenicios introdujeron en la Península Ibérica una rica iconografía de carácter orientalizante.

Los asentamientos fenicios cubrían gran parte de la costa Mediterránea Occidental.

∨

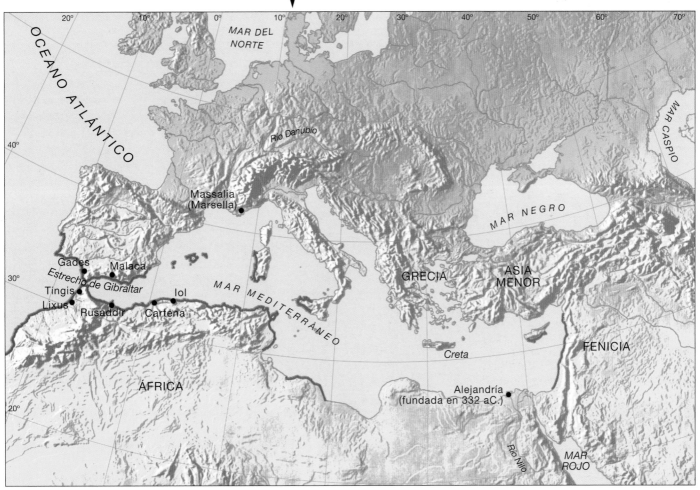

Hannón en la costa occidental de África

Entre los siglos VII y VI a.C. una numerosa flota de hasta sesenta navíos con tres mil personas a bordo, partió de Cartago navegando con rumbo al oeste. Al mando de Hannón, esta expedición pretendía colonizar la costa africana.

L a estrategia seguida por los cartagineses para la colonización de la costa occidental de África se basaba en el establecimiento de diversos asentamientos que sirviesen tanto de puntos de abastecimiento para la navegación, como de puertas de entrada para el comercio púnico hacia el interior del continente. Esta estrategia era el reflejo de la voluntad de Cartago de asegurar su hegemonía en el Mediterráneo occidental frente a la expansión colonial de los griegos.

➤ **P**aisaje de la Costa del Camerún. La lejanía de este lugar con respecto a Cartago, motivó que la expedición de Hannón no colonizara esta región.

La flota de Hannón bordeó la costa de Mauritania en su travesía.

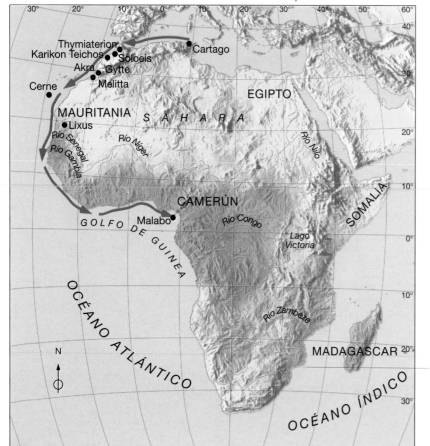

CARTAGO, LA SEÑORA DEL MEDITERRÁNEO OCCIDENTAL

Cartago, "Ciudad Nueva" en fenicio, era una colonia de Tiro, una de las más importantes ciudades de la costa de Fenicia, en el Líbano actual. Fundada en el siglo VIII a.C., según la leyenda por exiliados políticos de Tiro dirigidos por la reina Dido, pronto se independizó de su metrópolis. Mientras Tiro, al igual que el resto de las ciudades fenicias, se veía sacudida por la expansión del Imperio Asirio, Cartago, situada en la costa de Túnez, prosperó y pronto empezó a establecer sus propias colonias, tanto en la costa norteafricana como en Sicilia, las Baleares y la península Ibérica.

La historia ha presentado a los fenicios y a los cartagineses ante todo como grandes comerciantes que establecían sus colonias para que sirviesen de puertos de intercambio y transacción. Esta explicación es en parte inexacta ya que olvida que también fueron grandes agricultores; de hecho, su expansión colonial fue debida, en gran medida, a la necesidad de tierras para su creciente población. En este contexto, una expedición de la magnitud de la dirigida por Hannón puede considerarse como la continuación de este impulso poblador de la costa africana.

EN LOS LÍMITES DEL MUNDO CONOCIDO

La flota de Hannón cruzó el estrecho de Gibraltar y navegó siguiendo las costas de África. La primera colonia que fundaron fue, Thymiaterion, la actual Tánger, luego continuaron su navegación de cabotaje fundando otros asentamientos hasta llegar a la desembocadura del río Lixus, que era el límite de los territorios conocidos. Para continuar más adelante, los cartagineses se hicieron con los servicios de varios nativos de la región para que les sirviesen de intérpretes. El siguiente tramo de su recorrido les llevó hasta la desembocadura del río Oro, lugar donde establecieron otra colonia, concretamente en una isla llamada Cerne. De hecho, tanto fenicios como griegos preferían establecer sus colonias en islas cercanas a la costa para mayor seguridad hasta que no hubieran establecido vínculos más estrechos con los nativos.

La expedición de Hannón, una vez establecido este puesto avanzado en Cerne, partió de nuevo en lo que sería el último trayecto de su exploración. Navegaron siguiendo la línea de la costa impulsados por los vientos y las corrientes favorables, hasta llegar a las costas de lo que en la actualidad es Camerún.

¿HASTA DÓNDE LLEGA LA LEYENDA?

Muchos especialistas piensan que el viaje de Hannón es, en parte, una invención. El texto griego que ha llegado hasta nuestras manos contiene una serie de inexactitudes, que ponen en duda la veracidad de la última parte del periplo.

La principal debilidad argumental que encuentran los expertos es la dificultad de navegar de vuelta siguiendo la costa del Senegal a causa de las corrientes y los vientos adversos. Las naves de Hannón no estarían capacitadas para ello. La única solución sería adentrarse en alta mar, cosa que no se cree que los cartagineses estuvieran muy dispuestos a hacer.

A esta circunstancia hay que añadir el hecho de que no se han encontrado restos arqueológicos en lugares como la isla de Cerne (actual Herne), cosa que pone en duda la existencia de los asentamientos fundados por los cartagineses según la narración que ha llegado hasta nosotros.

A pesar de todo, hay que considerar que la falta de hallazgos arqueológicos no implica la no presencia de un grupo de población, falta saber si las excavaciones habían dado con el lugar preciso del asentamiento. También hay que poner en duda la supuesta incapacidad de los cartagineses para navegar en mar abierto.

➤ **F**rascos de alabastro procedentes de Beirut. La artesanía fenicia y cartaginesa alcanzaron un alto grado de refinamiento y sofisticación. No es de extrañar que las manufacturas púnico-fenicias fuesen uno de los principales productos de intercambio.

Grabado del siglo xv que se conserva en la Biblioteca Nacional de París. Muestra una recreación de cómo podían haber sido las criaturas encontradas por Hannón.
▼

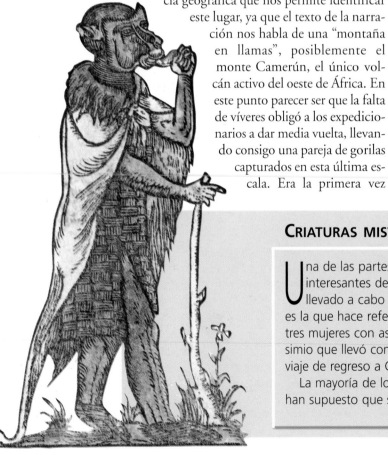

Contamos con una interesante referencia geográfica que nos permite identificar este lugar, ya que el texto de la narración nos habla de una "montaña en llamas", posiblemente el monte Camerún, el único volcán activo del oeste de África. En este punto parecer ser que la falta de víveres obligó a los expedicionarios a dar media vuelta, llevando consigo una pareja de gorilas capturados en esta última escala. Era la primera vez que esta especie podía ser contemplada por gentes de fuera del África Subsahariana.

La expedición de Hannón no tuvo continuidad ya que Cartago prefirió concentrar sus esfuerzos en la colonización de la cuenca mediterránea, en dura competencia con los griegos, a enfrentarse a las dificultades de la peligrosa navegación por la costa africana. Las grandes distancias y la presencia de lugares más propicios para la colonización en la Península Ibérica, la costa norteafricana, Cerdeña y Sicilia, convencieron a los cartagineses de la necesidad de establecerse en lugares más cercanos y con mayor proyección comercial.

CRIATURAS MISTERIOSAS

Una de las partes más interesantes del viaje llevado a cabo por Hannón es la que hace referencia a las tres mujeres con aspecto de simio que llevó consigo en su viaje de regreso a Cartago.

La mayoría de los estudiosos han supuesto que se trataría de gorilas. Posiblemente la fauna que estos primeros exploradores hallaron en sus viajes fuera tan sorprendente que diera lugar a leyendas sobre seres monstruosos que habitaban en las partes más lejanas del mundo como los cinocéfalos (cabezas de perro).

Griegos y romanos

Mosaico del santuario de Praeneste del siglo I a.C. en el que se reproduce una escena, muy idealizada, de la vida a orillas del río Nilo. La expansión comercial, colonial y militar de griegos y romanos llevó a un gran incremento de los conocimientos geográficos.

Los límites del mundo clásico se convirtieron, con muy pocos cambios, en lo que siglos después sería el mundo conocido para las gentes de la Europa medieval. En cierto modo, los griegos y romanos, con sus viajeros colonizadores, exploradores y, sobre todo, geógrafos, definieron el mundo para las generaciones que los sucedieron hasta casi el siglo XV. Durante siglos, los únicos conocimientos que se tuvieron en Europa de gran parte del mundo fueron los que habían sido recopilados en la época grecorromana.

Para las ciudades-estado de Grecia, la exploración se convirtió en una necesidad a fin de dar salida a sus excedentes de población, mientras que para la poderosa Roma las exploraciones tuvieron un carácter eminentemente militar. Sin embargo, no deja de ser irónico que, pese a la grandiosidad del mundo clásico, no fuese hasta el Renacimiento cuando los europeos cruzaron por primera vez el Atlántico Norte y descubrieron el Nuevo Mundo.

Los colonizadores griegos

Las tensiones provocadas por la creciente falta de tierras en la Grecia del siglo VIII a.C. llevaron al empobrecimiento de muchos campesinos y hallaron una válvula de escape en las colonizaciones, que aligeraban las póleis *del excedente de población y reducían el grado de conflictividad social.*

Desde mediados del siglo VIII a.C. hasta bien entrado el siglo VI a.C. se sucedieron las oleadas de colonización griegas, que llevaron a los helenos a todos los rincones del Mediterráneo. Se trató de un movimiento de población de considerable magnitud que conllevó la construcción de nuevas ciudades y la transformación del panorama cultural del sur de Europa y el norte de África. Como antes hicieron los fenicios, los griegos exportaron su civilización a sus asentamientos, lo cual implicó una importante aculturación de los pueblos indígenas, que debieron transformar su economía para adaptarla a la nueva situación.

CAUSAS DE LA COLONIZACIÓN GRIEGA

Dos fueron las causas que favorecieron el fenómeno de la colonización: políticas y económicas. Durante el siglo VIII a.C. las *póleis* (ciudades) griegas estaban gobernadas por diversas oligarquías, que poseían el poder político y económico. La creciente falta de tierras (*stenochoría*) llevó al empobrecimiento de muchos campesinos, situación que se agravó a causa de la esclavitud por deudas. Con todo, la capacidad del campesinado para hacer presión fue aumentando al mismo ritmo a causa de los cambios introducidos en las tácticas militares que

Tareas agrícolas representadas en un vaso de cerámica ática. La colonización griega fue principalmente impulsada por la urgente necesidad de nuevas tierras en las que asentar a parte de la creciente población de las póleis *(ciudades estado).*

Nave de guerra griega pintada en un vaso del siglo VI a.C. Los foceos utilizaron, con muy buenos resultados, sus galeras de guerra para la colonización del Mediterráneo Occidental.

llevaron al predominio de las grandes formaciones de hoplitas en orden cerrado (falange). No hace falta decir que estas grandes masas de infantería sólo podían proceder de un sitio, las clases bajas.

Las tensiones subsiguientes hallaron una válvula de escape en la colonización, con la que se aligeraba a las *póleis* del excedente de población y se reducía el grado de conflictividad social.

UNA PROGRESIVA COLONIZACIÓN

Las primeras *póleis* griegas en iniciar la colonización fueron Calcis y Eretria, ambas en la isla de Eubea. El caso de estas dos ciudades nos puede dar la pauta que siguieron el resto, ya que en la isla de Eubea el fenómeno de la escasez de tierras (*stenochoría*) se presentó muy pronto. Parece ser que los eubeos eligieron como lugar de asentamiento la isla de Ischia, en la costa italiana. Como en el caso de los fenicios, los griegos optaban por establecerse inicialmente en una isla, un lugar fácilmente defendible, cuando no estaban seguros de la reacción de los nativos. La colonia de Pitecusa, que se convertiría en el establecimiento más septentrional de los griegos en la península Itálica, marcó el camino para una gran oleada de colonización que llenaría de asentamientos griegos el sur de Italia,

CÓMO SE FUNDABA UNA COLONIA

La fundación de una nueva colonia (*apoikía*) era una ceremonia de gran importancia simbólica, y por ello existían unos mecanismos para su organización. En primer lugar se elegía al *oikistés*, el jefe de la colonia, responsable de la fundación; él era quien se encargaba de reclutar a los futuros colonos y de organizar la expedición naval. Una vez partía ésta de la metrópoli, llevaba consigo

el fuego sagrado del templo para la ceremonia de fundación de la colonia; también se mantenían los dioses de la ciudad madre en la colonia, así como una serie de lazos de solidaridad, aunque éstos podían llegar a romperse con el tiempo.

Una vez desembarcados en el lugar elegido, se procedía a trazar los límites del recinto de la ciudad con

un arado, a continuación se dividían las tierras de los alrededores en varios lotes, que eran repartidos por el *oikistés*, o por sus ayudantes, entre los colonos.

como Tarento, Cumas, Regio y Nápoles. Tan importante fue la colonización de esta región, que llegó a ser conocida como la Magna Grecia.

Otro de los lugares elegidos para establecer las colonias fue Sicilia, donde destacaron las de Siracusa y Gela. En el sur de la Galia y la península Ibérica la colonización griega estuvo liderada por los focenses, que se beneficiaron de la utilización de rápidas embarcaciones de guerra para el comercio, sacrificando la capacidad de transporte en aras de la velocidad. La colonia griega más importante establecida por los habitantes de Focea, ciudad griega del Asia Menor (actual Turquía), fue Massalia (Marsella), que controlaba el acceso al interior de la Galia desde la desembocadura del Ródano. Fueron también los focenses quienes fundaron Emporión (Ampurias), el asentamiento griego más importante de la península Ibérica.

Mientras Focea lideraba la colonización griega en Occidente, otra ciudad de Asia Menor, Mileto, lo hacía en el Mar Negro y sus alrededores. Esta zona era muy rica en cereales y en pesca, y su control había sido origen de disputas desde tiempos inmemoriales. Los milesios invirtieron en ello una gran cantidad de recursos y llegaron a fundar hasta noventa ciudades, las más importantes de las cuales fueron Olbia, Apolonia, Tiras, Teodosia, Fasis, al pie del Cáucaso, y Sinope. Por su parte, Mégara también participó en la colonización de la zona con la fundación de Bizancio.

Espigón del muelle de Ampurias, uno de los más importantes asentamientos griegos en la Península Ibérica.

Partiendo de Atenas, los colonos griegos se asentaron a lo largo de la costa Mediterránea.

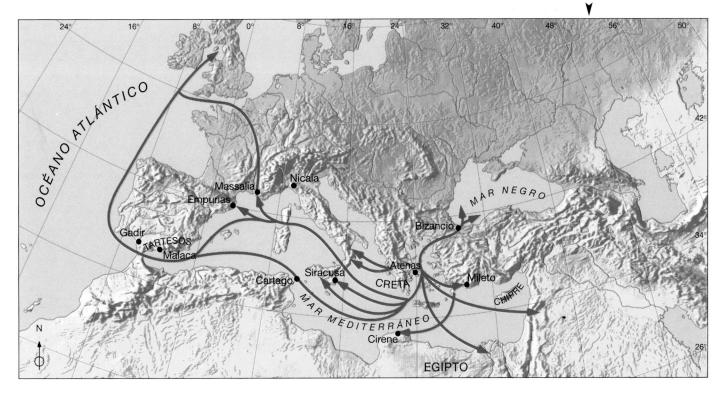

Piteas en el Mar del Norte

La elección del astrónomo y matemático Piteas para encabezar una expedición al Mar del Norte supuso todo un cambio de mentalidad respecto a la manera habitual de dirigir una misión de ese tipo, ya que, por lo general, era encomendada a los comerciantes y marineros.

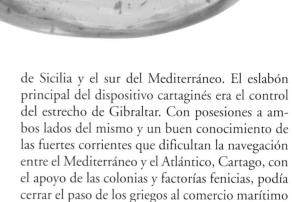

L a rivalidad entre cartagineses y griegos hizo que ambos pueblos establecieran zonas de control. El Mediterráneo occidental quedó dividido en dos partes: los griegos controlaban la zona situada al norte de este mar, además de la mitad oriental de Sicilia, en tanto que los cartagineses mantenían un férreo dominio sobre la otra mitad

▲
Pieza de ámbar con un mosquito fósil en su interior. El ámbar fue en la Antigüedad uno de los materiales más preciados para elaborar joyas.

de Sicilia y el sur del Mediterráneo. El eslabón principal del dispositivo cartaginés era el control del estrecho de Gibraltar. Con posesiones a ambos lados del mismo y un buen conocimiento de las fuertes corrientes que dificultan la navegación entre el Mediterráneo y el Atlántico, Cartago, con el apoyo de las colonias y factorías fenicias, podía cerrar el paso de los griegos al comercio marítimo del estaño de Bretaña.

LA EXPEDICIÓN MASSALIOTA

La ciudad de Massalia, la actual Marsella, era la colonia griega más importante del Mediterráneo occidental. Hacia el año 325 a.C. decidió enviar una expedición naval a los lugares de procedencia de dos de las mercancías más valiosas, el ámbar y el estaño, que hasta entonces sólo era posible conseguir a través de las rutas terrestres que seguían el valle del Ródano. El mando de esa expedición fue confiado a Piteas.

Tras zarpar de Massalia, la flotilla de Piteas navegó hacia el estrecho de Gibraltar y logró franquearlo, no sabemos si de manera furtiva tras alcanzar un acuerdo con los cartagineses. Una vez superado este obstáculo, puso rumbo al norte siguiendo la costa de la península Ibérica, primero, y de la Galia, a continuación, hasta llegar a Armórica, la actual Bretaña. De allí se dirigió a la costa de Cornualles, en lo que denominó las "Islas Británicas". Éste era uno de los lugares de donde procedía el estaño.

Para una mente menos inquieta que la de Piteas, en este punto la parte principal de la misión ya estaría completada, pero él tenía otros planes. Ordenó seguir navegando por la costa de Gran Bretaña hasta completar su circunnavegación.

Nave griega en una
vasija del siglo IV.

Tras pasar el estrecho
de Gibraltar, bajo control
cartaginés, Piteas
remontó la costa
Atlántica hasta alcanzar
el mar del Norte.

HASTA LA ÚLTIMA THULE
Y EN BUSCA DEL ÁMBAR

Una vez alcanzadas las costas septentrionales de la actual Escocia, le llegaron rumores de la existencia de una isla más al norte, Thule. Piteas, con la ayuda de navegantes de las tribus locales que conocían bien aquellas aguas, desvió su rumbo y, tras una semana de navegación, arribó a las frías costas de Islandia. Esto convirtió a Piteas y sus

UNA RUTA POCO PRÁCTICA

A su vuelta, los expedicionarios de Massalia fueron acogidos con gran expectación en su ciudad, ávida de escuchar la narración de su viaje. A pesar de toda la información recogida, la ruta de navegación que habían abierto no se volvería a utilizar en mucho tiempo, hasta la conquista de la Galia por parte de los romanos. El recorrido era demasiado largo y peligroso, ya que había que dar un gran rodeo con el cruce del complicado itinerario de las Columnas de Hércules, mientras que el comercio terrestre, aun sin contar con las ventajas de capacidad de carga de los barcos, podía realizarse a través de rutas mucho más directas. Aunque, eso sí, pagando a los intermediarios.

compañeros en las primeras personas procedentes del Mediterráneo que pisaron este lugar.

Durante esta parte del viaje tuvo ocasión de observar algunos curiosos fenómenos de la naturaleza completamente desconocidos para las gentes del Mediterráneo, como el llamado sol de medianoche en verano en las latitudes más septentrionales, la fuerza de las mareas en el Atlántico y la presencia de icebergs. De hecho, a Piteas le fue muy útil el alargamiento de las horas de luz solar, ya que le permitía calcular su latitud a partir de la duración de la luz diurna: cuanto más avanzaba hacia el norte, mayor era la duración del día.

De vuelta a Gran Bretaña, Piteas continuó la navegación por el canal de Irlanda hasta llegar de nuevo a Cornualles, donde se dispuso a emprender el último trayecto de su exploración. El ámbar, resina fosilizada, era una de las mercancías más lujosas de la Antigüedad, y llegaba al mundo mediterráneo desde el Báltico, a través de diversas rutas terrestres que cruzaban Europa. La expedición massaliota realizó una arriesgada travesía por el Mar del Norte hasta Jutlandia, de allí cruzó hasta el mar Báltico, donde estableció contacto con los habitantes de la región y accedió a los lugares donde se extraía el ámbar. Ahora sí, una vez completados todos sus objetivos, Piteas ordenó el regreso de esta singular expedición.

Las campañas de Alejandro Magno

La invasión del imperio persa por parte de Alejandro fue mucho más que un simple episodio bélico entre griegos y persas. Ya fuera por la magnitud de la empresa, ya por su éxito, el mundo antiguo no volvió a ser igual después de esos diez años de campañas ininterrumpidas de los macedonios y sus aliados por Oriente.

L as razones de Alejandro para llevar a cabo una campaña de tal envergadura y dificultad nos son desconocidas. Él mismo arguyó su deseo de vengar las invasiones persas de más de un siglo antes, aunque no hay duda de que, en parte, existía la voluntad de unir las heterogéneas ciudades-estado griegas, antes enfrentadas a Macedonia y entonces bajo su dominio, en una empresa común que aunase esfuerzos y evitase disidencias. Se trataba de buscar un enemigo exterior para evitar que se acabase pensando que el verdadero enemigo era la monarquía macedonia.

Alejandro Magno en Issos según un mosaico del siglo III a.C. La caballería macedónica tuvo un papel muy destacado en las victorias de Alejandro contra los persas, pero fue su genio militar el factor más determinante. La figura del rey macedonio, mitificada tanto por sus contemporáneos como por las generaciones posteriores, sirvió de modelo a líderes militares.

Miniatura persa sobre la historia de Alejandro. Las dificultades de la expedición naval de Nearco por las aguas extrañas del Índico fueron más que considerables. El hecho de que se viese coronada por el éxito da fe de la pericia del comandante.

A LA CONQUISTA DE UN IMPERIO FABULOSO

Para llevar a cabo sus planes, Alejandro contaba con el ejército mejor preparado de su tiempo, una combinación casi perfecta de infantería pesada, tropas ligeras y caballería. Con todo, el principal activo de la invasión era el propio Alejandro. Rodeado del aura de ser invencible e idolatrado por sus tropas, el rey de Macedonia ha pasado a la Historia como uno de los estrategas más brillantes de todos los tiempos.

A estas fuerzas se oponían la inmensidad del imperio persa y sus inagotables recursos de hombres y dinero, pero nada de ello preocupaba en exceso a Alejandro, conocedor de la poca cohesión de

EL PERIPLO DE NEARCO

Para volver a Babilonia Alejandro dividió su ejército en tres cuerpos, uno de ellos naval. La flota, capitaneada por Nearco, navegó por el océano Índico y tuvo que enfrentarse a las lluvias monzónicas, desconocidas para los griegos. A pesar de estas dificultades, la flota logró regresar a su punto de partida.

las tropas persas, reclutadas de todas las partes del imperio y poco acostumbradas a combatir juntas.

UNA MARCHA VICTORIOSA

En el 334 a.C., el ejército de Alejandro cruzó los Dardanelos y se adentró en Asia Menor (la actual Turquía). Su intención era liberar las ciudades griegas de la costa jonia del yugo persa, primer paso para asegurar el litoral mediterráneo, requisito imprescindible si quería adentrarse en el imperio persa. En dos batallas, primero en Gránico (334 a.C.) y luego en Issos (333 a.C.), derrotó a los ejércitos que Darío III el emperador de Persia había enviado para cerrarle el paso. Esta segunda batalla tuvo una gran importancia moral, porque los persas estaban dirigidos por el propio Darío, que huyó. Tras estas victorias Alejandro avanzó por la costa mediterránea asegurando su retaguardia, tomó, tras un asedio, la ciudad de Tiro (332 a.C.) y llegó hasta Egipto, donde fue recibido como un libertador, hijo del dios Amón.

La situación estaba lo suficientemente madura para llegar hasta el corazón del imperio persa. Darío III intentó detener la ofensiva de Alejandro y forzó la batalla en Gaugamela (331 a.C.), pero fue derrotado; era el fin de su imperio. Alejandro se apoderó de Mesopotamia y entró en Persia en persecución de Darío pero, una vez enterado de que éste había sido asesinado, decidió continuar

▲
Lucha entre griegos y persas representada en un sarcófago del siglo IV a.C. Alejandro Magno instrumentalizó la enemistad de los griegos contra Persia para desatar una guerra, con la que esperaba alcanzar su objetivo de unificar a los helenos en una empresa común.

su marcha. Una vez derrotados los persas, lo único que le impulsaba era el viaje y la aventura, y sus tropas, cosa sorprendente, le siguieron en una campaña que le llevó hasta Samarkanda y, más tarde, hasta el Indo. Allí, con el ejército agotado y a un paso de la rebelión, decidió dar marcha atrás y regresar a Babilonia.

REGRESO A BABILONIA

El viaje de regreso fue realmente épico para los expedicionarios. Alejandro dividió su fuerza en tres cuerpos, uno de ellos naval, que debía volver siguiendo la costa del Índico. Los griegos se vieron atenazados por la sed, al no encontrar fuentes de agua potable, y una gran riada destruyó su campamento; sólo la ayuda de la expedición naval les permitió reponer fuerzas para continuar el viaje.

Con todo, al llegar a Babilonia, Alejandro enfermó de fiebres y falleció en esta ciudad el 10 de junio del 323 a.C. Su imperio no sobrevivió a su muerte, ya que sus lugartenientes se lo repartieron y pronto comenzaron a disputar entre sí. Aun así, esta increíble campaña militar dejó una profunda huella, más allá de los hechos de armas, ya que abrió las rutas comerciales entre Oriente y Occidente, permitiendo que mercancías de lugares lejanos llegasen a Europa y con ellas, las ansias de muchos arriesgados exploradores de viajar hasta las tierras de Oriente.

Elio Galo a la conquista del reino de Saba

El emperador Augusto ordenó al gobernador de Egipto, Elio Galo, que organizara una expedición a la lejana Arabia para conquistar el reino de Saba, uno de los más prósperos del mundo entre los siglos VIII y I a.C., y origen de innumerables leyendas, como la de su mítica reina, Balkis, citada en la Biblia y el Corán.

En el año 25 antes de nuestra era, Augusto era emperador de Roma y el mundo mediterráneo gozaba, por primera vez en muchos años, de paz. Esto no significaba, ni mucho menos, que los romanos hubieran apaciguado sus ansias de conquista.

Una buena prueba de ello fue la organización de la expedición de Elio Galo a Arabia. Las intenciones de Augusto al enviar a Elio Galo eran claras: controlar una de las más ricas regiones productoras de artículos suntuarios, como perfumes e incienso, además de ensanchar sus ya vastos dominios.

No hay duda de que Elio Galo gozaba de toda la confianza de Augusto, ya que el cargo de gobernador de Egipto era uno de los más importantes del Imperio. El hecho de que controlase los

Recorrido de Elio Galo, primero por mar y luego a través del desierto, hasta llegar a Marib.

Imagen por satélite de la Península del Sinaí y el Mar Rojo. Los arrecifes, y el complicado régimen los vientos y las mareas dificultaron la navegación de los romanos y provocaron diversos naufragios. Aun así, el transporte marítimo era el más rápido en la Antigüedad.

suministros de cereales a Roma hacía que sólo a las personas más fieles al emperador se les encomendase este cargo. Tal era la excepcional importancia de esta provincia que los miembros de la clase senatorial, incluida la familia del emperador, tenían prohibido visitarla sin el permiso explícito de éste.

Elio Galo mostró pronto tanto su fidelidad como su capacidad organizativa, puesto que construyó una flota de robustas naves de carga para transportar al cuerpo expedicionario por el Mar Rojo, una travesía que ya se preveía difícil. Una vez los 130 navíos de la armada estuvieron listos y aparejados, se hizo a la mar con 10 000 hombres, rumbo a la costa oriental de Arabia, controlada por los nabateos de la famosa ciudad de Petra, aliada de Roma.

UN VIAJE MUY ACCIDENTADO

La situación pronto se complicó para los romanos. Los arrecifes del Mar Rojo y las malas condiciones meteorológicas provocaron la pérdida de varios navíos con sus respectivas dotaciones y ni la llegada a tierra firme, en territorio de sus aliados nabateos, representó ningún alivio, porque los soldados romanos fueron víctimas de diversas enfermedades endémicas de la región, que causaron numerosas bajas entre sus filas.

A pesar de todas estas dificultades, Elio Galo decidió llevar a cabo la misión encomendada y, guiado por los nabateos, que habían reforzado su expedición con sus propias tropas, reemprendió la marcha hacia el sur.

Tras abandonar el territorio controlado por los nabateos y otros pueblos amigos, los romanos se adentraron en el desierto. Lo que siguió fue una agotadora marcha de cincuenta días a través del desolado paisaje que no hizo otra cosa que incrementar las bajas. Tan pronto como llegaron al reino de Saba, Elio Galo emprendió las operaciones militares y, a pesar de las numerosas pérdidas sufridas en el desierto y del agotamiento de sus tropas, el decidido avance de los legionarios romanos los llevó hasta las puertas de la capital, Marib.

La resistencia de las gentes de Saba había sido hasta el momento mínima, pero en su capital la situación cambió de manera radical; conocedores del potencial militar romano, los soldados de Saba se habían limitado a entorpecer su camino, rehuyendo la batalla, convencidos de que el desierto y las privaciones harían el resto. Elio

▲
Galeras de guerra romanas según un fresco de la casa de los Vetii en Pompeya. El poder naval romano, con su capacidad para proteger el comercio, fue uno de los pilares sobre los que se sustentó el Imperio.

Relieve yemení del siglo I a.C. que representa un camello con su jinete.
▼

Galo se encontró con que Marib estaba muy bien fortificada, lo que hacía muy arriesgado y costoso un asalto directo. Por tanto, la única opción que le quedaba era el asedio, cercar la ciudad y dejar que la falta de víveres y agua obligase a los defensores a capitular.

A los seis días de haber empezado el asedio los romanos comprendieron que si había alguien que se iba a quedar sin agua y sin víveres serían ellos, por lo que Elio Galo, desanimado, cedió y ordenó emprender la retirada.

UNA EXPEDICIÓN DESASTROSA

Las penalidades de la ida se repitieron durante el viaje de vuelta, sólo que en esta ocasión aumentadas por el cansancio de la tropa. Diez meses tardaron los romanos en desandar el camino desde Marib hasta la costa del Mar Rojo; los soldados que consiguieron llegar a las naves de la flota de transporte anclada en las costas del territorio controlado por los nabateos eran un pálido reflejo de los guerreros que se habían puesto en camino hacía más de un año. El desierto, las enfermedades y el cansancio se habían convertido en sus más feroces enemigos, algo que, seguramente, las gentes de Saba ya sabían. De hecho, las bajas sufridas en combate fueron mínimas.

De esta manera concluyó el fracasado intento de los romanos de invadir Arabia. El único beneficio derivado de esta expedición fueron los conocimientos adquiridos de la región, su geografía y sus gentes, los únicos datos fiables sobre Arabia que llegarían a Europa en muchos años.

La busca de las fuentes del Nilo

En el año 61 de nuestra era, un contingente de soldados romanos, pertenecientes a la guardia pretoriana del emperador Nerón, bajo el mando de un tribuno, partieron Nilo arriba con el objetivo de localizar las fuentes del río, «el don de Egipto», según Herodoto.

El Nilo ha sido la razón de ser de Egipto, sus aguas crean una franja fértil que permite la agricultura a tan sólo unos pocos kilómetros del desierto. Ya antes de la construcción de la presa de Asuán, esta franja era renovada anualmente con las crecidas del Nilo que aportaban los sedimentos necesarios para mantener los cultivos a pleno rendimiento y proveer a Egipto de las mayores cosechas agrícolas de la Antigüedad.

No hace falta decir que esto no había pasado desapercibido a los propios habitantes del lugar, que veneraban al Nilo como a una deidad más. Más aún, puede afirmarse que la antigua civilización egipcia tuvo sus orígenes en la necesidad de prever y controlar, mediante la construcción de diques y canales, el crecimiento del río. Sin embargo, aun cuan-

Escena que representa un templo de Egipto en un mosaico del santuario de Praeneste. Desde el fin de la dinastía de los Ptolomeos, las relaciones entre Roma y Egipto fueron muy estrechas, tanto a nivel económico, por la gran riqueza cerealística del País del Nilo, como a nivel literario o espiritual.

do los sacerdotes y los escribas eran capaces de prever con gran exactitud las crecidas, un misterio continuaba escapándose al conocimiento humano: de dónde procedía aquel río, fuente de riqueza y vida.

UNA MISIÓN CONTROVERTIDA

No existe unanimidad entre los historiadores antiguos sobre el verdadero objetivo de la expedición romana a las fuentes del Nilo, ya que mientras Plinio el Viejo sostiene que se trataba de una exploración con fines militares, Séneca nos dice que el objetivo de la misión era mucho más académico. Ante esta disparidad de datos es difícil establecer la verdadera naturaleza de la empresa, aunque la versión ofrecida por Séneca parece más aceptable si se tienen en cuenta las restantes evidencias.

Los pretorianos eran la guardia personal del emperador, un cuerpo de elite, por lo que enviar un pequeño número a remontar el Nilo y explorar aquellos territorios con miras a una expedición militar de gran envergadura parece un poco absurdo; sin duda, en Egipto habría exploradores mucho más experimentados. Por otra parte, si se tiene en cuenta la política exterior practicada por Nerón a lo largo de su reinado, una invasión de las tierras

al sur de Egipto, el actual Sudán, no cuadra muy bien con su política no expansionista y poco interesada en nuevas conquistas.

Así pues, parece bastante razonable concluir que la misión de los pretorianos enviados por Nerón era exploratoria. El emperador, que tenía inquietudes artísticas, deportivas y filosóficas —Séneca había sido su preceptor—, decidió intentar desvelar el misterio de las fuentes del Nilo para mayor gloria de su reinado.

LA EXPEDICIÓN ROMANA, MÁS ALLÁ DE MEROE

Los pretorianos que partieron Nilo arriba llevando consigo un grupo de agrimensores para calcular las distancias recorridas, llegaron a Meroe,

Escena de fauna nilótica en un mosaico romano.

Nerón en el incendio de Roma según una ilustración del siglo XIX. La historiografía cristiana acentuó el perfil más sombrío de este emperador.

en el país de Kush, en su primera etapa de viaje. Hasta ese momento tomaron nota de la fauna y flora del lugar, informaciones que remitieron por carta al emperador y que luego sirvieron a Plinio para narrar la expedición. Una vez en Meroe, fueron recibidos por el monarca del lugar, que les ofreció ayuda para continuar su viaje por el río, por lo que, tras reponer las fuerzas, emprendieron la segunda etapa del viaje. Ésta les llevó hasta la confluencia del Nilo Blanco y el Nilo Azul.

Aunque de las dos ramas del Nilo, la del Nilo Blanco es la principal, pues procede de la región de los Grandes Lagos, no hay que despreciar la

UN EMPERADOR CONTROVERTIDO

Nerón ha pasado a la historia como un monstruo, un matricida perseguidor de los cristianos, a quien se atribuye el aparatoso incendio que sufrió Roma. Hay que decir que tan mala prensa fue resultado de la confluencia de dos tradiciones históricas, ambas con motivos sobrados para mirar mal a este emperador.

Por un lado, los historiadores "senatoriales" tendían a pintar con tonos muy lúgubres el reinado de los diversos emperadores, sobre todo cuando gobernaban haciendo caso omiso del Senado. Por otro, la historiografía cristiana acabó convirtiendo a Nerón en una representación diabólica, aunque no fue el único emperador que persiguió a los cristianos (ni el que lo hizo con mayor dureza), pero el hecho de ser el primero lo marcó para siempre.

importancia del Nilo Azul, procedente de Etiopía, ya que es el que aporta mayor cantidad de limos al curso principal. Los romanos decidieron seguir el curso del Nilo Blanco, pero pronto la navegación se hizo imposible a causa de unas marismas impracticables que les cerraban el paso, y se vieron obligados a abandonar la empresa.

El descubrimiento de América por Leiv Eriksson

Leiv Eriksson arribó, a principios del siglo XI, a lo que muchos expertos creen que era la costa de Terranova o Labrador, convirtiéndose así en el primer europeo que pisó tierra americana. Los vikingos bautizaron esta tierra con el nombre de Vinland (tierra de viñedos) y se instalaron en ella.

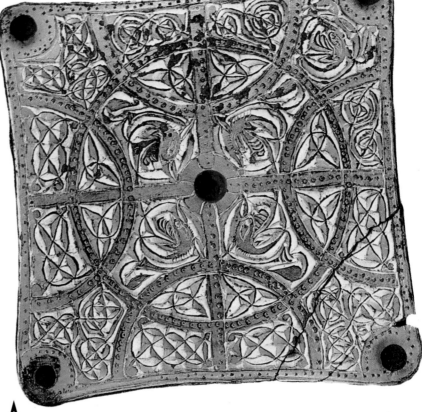

A finales del siglo VIII de nuestra era, cuando parecía que los desórdenes y el caos surgidos del hundimiento del Imperio Romano de Occidente empezaban a remitir, una nueva calamidad se abatió sobre Europa. Llegados del norte en sus ágiles navíos, los vikingos se lanzaron a la conquista y el saqueo, sin que los diferentes reinos, surgidos tras el asentamiento de los

Escudo de Bajorke (Bergen, Noruega). Los vikingos sobresalieron en muchas facetas como el arte, la literatura, la navegación y el comercio. Aunque ha sido a causa de sus campañas de saqueo por lo que han pasado a la historia, la naturaleza guerrera de este pueblo no difería en mucho de la de otros que no tuvieron tan mala prensa.

Tras arribar en Terranova a principios del siglo XI, Leiv regresó a Groenlandia.

bárbaros dentro del Imperio Romano, pudieran hacer gran cosa para frenarlos.

Los vikingos, que procedían de la actual Escandinavia, navegaban por el Mar del Norte en busca de presas fáciles para saquear y pronto la aparición de sus largos buques de guerra fue sinónimo de destrucción y pillaje. Sin embargo, estas correrías ocultaban otra de las facetas de este pueblo, el comercio y la necesidad de tierras para colonizar. Los vikingos, término de origen incierto que puede estar relacionado con la actividad de piratería en los fiordos, fueron grandes navegantes, procedían de una cultura guerrera y con sus magníficas naves extendieron sus actividades primero por las costas de la Europa norte, para llegar más adelante al Mediterráneo, los ríos de Rusia y el Mar Negro.

COMERCIANTES, COLONOS Y GUERREROS

Para estos "hombres del Norte", que era como se les conocía en Europa (normandos), hacerse a la mar en busca de fortuna era la única solución para ganarse la vida. El establecimiento de monar-

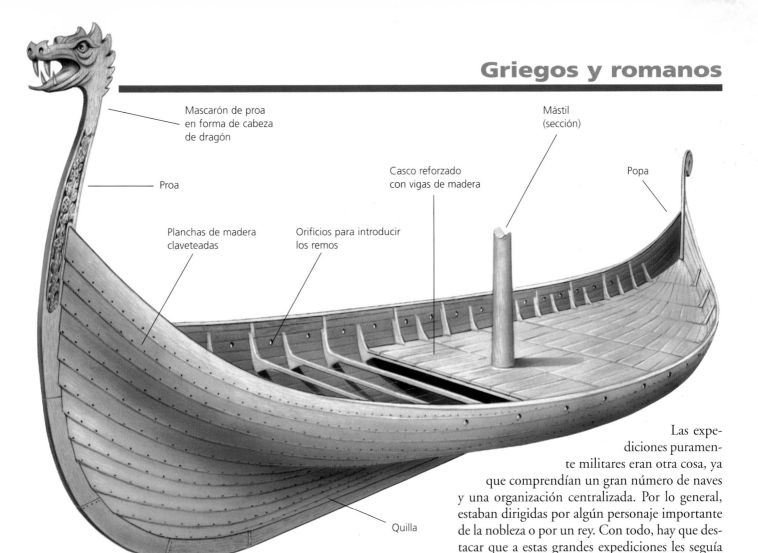

Mascarón de proa
en forma de cabeza
de dragón

Proa

Planchas de madera
claveteadas

Orificios para introducir
los remos

Mástil
(sección)

Casco reforzado
con vigas de madera

Popa

Quilla

Aspecto de la
construcción de un
drakar. Las excelentes
características marineras
de esta embarcación
permitieron a los
vikingos navegar por
las peligrosas aguas
del Mar del Norte.

Planta de un drakar.
Estas embarcaciones
utilizaban la madera
de roble y de pino
como principales
materias primas.

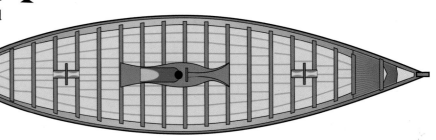

quías fuertes en Escandinavia impidió los conflictos internos que favorecieron los saqueos, por lo que fue necesario buscar el botín allende los mares. Esto coincidió con una época de fuerte crecimiento demográfico, que obligó a muchos a buscar nuevas tierras fuera de sus lugares de origen.

Por todo ello hay que tener presente que detrás de la imagen belicosa de los vikingos se ocultaba una realidad social muy particular, que favorecía la emigración de población hacia lugares como los ocupados hoy por Inglaterra, Irlanda, el norte de Francia o Sicilia. Este movimiento de población normalmente iba precedido por incursiones y piratería, aunque también por la práctica comercial y los intercambios amistosos.

Algunos historiadores afirman que, en muchos casos, a menos que se tratase de una expedición de guerra, el hecho de que un navío vikingo asaltase un pueblo o arribase pacíficamente para comerciar dependía de las defensas y de la actitud que mostrasen sus habitantes. Cuando los vikingos veían que los lugareños los esperaban empuñando las armas, comerciaban, pero si los encontraban descuidados, aprovechaban su oportunidad y saqueaban el poblado.

Las expediciones puramente militares eran otra cosa, ya que comprendían un gran número de naves y una organización centralizada. Por lo general, estaban dirigidas por algún personaje importante de la nobleza o por un rey. Con todo, hay que destacar que a estas grandes expediciones les seguía una fase de asentamiento de población.

LA HISTORIA DE ERIK "EL ROJO"

Erik, de origen noruego, vivía en Islandia, lugar al que su familia, los Asvaldsson, había emigrado. En el año 982, tras una serie de incidentes violentos y asesinatos, el *Althing*, el tribunal que regía la isla, condenó a Erik al destierro durante tres años.

Sin duda, conocedor de las historias de pescadores que hablaban de una tierra situada al oeste de Islandia, Erik se hizo a la mar con su familia en esa dirección hasta desembarcar en un lugar al que llamó Groenlandia, a causa de sus verdes prados. Al finalizar su exilio, regresó a Islandia y organizó una nueva expedición, compuesta por veinticinco barcos y setecientos hombres, para colonizar las nuevas tierras, de las cuales se proclamó rey.

EL VIAJE DE LEIV ERIKSSON

Leiv, hijo de Erik el Rojo, tras pasar un tiempo en Noruega, lugar donde se convirtió al cristianismo, regresó a Groenlandia con el encargo de cristianizar a su familia y a los habitantes de la colonia.

Las razones para aventurarse aún más al oeste que su padre son bastante confusas, así como la autenticidad del relato de sus exploraciones. Tal vez su nave perdió el rumbo a causa de la niebla y el mal tiempo, como apunta una versión, o tal vez fuera una exploración planificada para descubrir qué había de cierto en los relatos de avistamientos de tierra realizados por un mercader.

El resultado fue que Leiv arribó, a principios del siglo XI, a lo que muchos expertos creen que es la costa de Terranova o Labrador, y se convirtió en el primer europeo que pisó tierra americana. Los vikingos decidieron bautizar esta sorprendente tierra con el nombre de *Vinland*, que significa "tierra de viñedos", y se instalaron en ella.

EL ENCUENTRO
CON LOS INDÍGENAS *SKRAELINGS*

La existencia del asentamiento vikingo fue, por lo pronto, azarosa. Los colonos tuvieron que enfrentarse a la hostilidad de los nativos, a los que llamaban *skraelings* (hombres feos), y la presión que éstos ejercieron fue demasiado fuerte para la viabilidad de la colonia. Tras una escaramuza en la que resultaron muertos dos vikingos y cuatro *skraelings*, los hombres del norte se dieron cuenta de que no era posible vivir allí en paz y regresaron a Groenlandia.

Algunos antropólogos creen, basándose en las referencias de la saga de Erik, que estos *skraelings* podrían ser indios micmac o beothuk, en la actualidad extinguidos y que estaban emparentados con los algonquinos. Sus armas, que estaban hechas de cuarcita y pedernal, eran muy inferiores a las de los noruegos, pero el número y la ferocidad de quienes las empuñaban hicieron el resto.

Diversas referencias llevan a pensar que éste no fue el único viaje que llevaron a cabo los vikingos a América y que, más adelante, realizaron varias expediciones, en busca de madera, ya que en Groenlandia había muchos árboles. Por ello, estas tierras también eran conocidas como Markland (tierra de los bosques).

La gran aventura de los vikingos en Groenlandia terminó en siglo XIV, con la llegada de un cambio de las condiciones meteorológicas. El progresivo enfriamiento del clima, en lo que ha sido conocido como "la pequeña Edad de Hielo", hizo muy difícil la existencia a los habitantes de este remoto enclave.

Si bien la imagen más común que tenemos de las embarcaciones de los vikingos es la del drakar (como el aquí representado), la nave más utilizada para la exploración fue el knörr, un barco mercante con mayor capacidad de carga, mucho más adecuado para las largas travesías que requerían gran cantidad de víveres.

LOS BARCOS DE LOS VIKINGOS

Aunque la tradición ha popularizado el clásico *drakar* de formas alargadas propulsado por remos y vela cuadra, con los escudos de los guerreros colgando de los costados y una cabeza de dragón en el mascarón de proa, no podemos olvidar que ésta es sólo la mitad de la historia. Junto al "barco largo" (navislonga) de guerra, existían los buques de carga, utilizados para el comercio.

Con estas dos naves, los escandinavos fueron capaces de surcar todos los mares y adentrarse en lugares donde ningún europeo había llegado jamás hasta entonces.

El barco de carga, llamado *knörr* o *kaupskip*, era bastante ancho, tenía un gran calado, y para su navegación dependía, principalmente, de la vela. En cambio, el barco de guerra, llamado *snekkja* o *drakar*, era muy alargado, y tenía muy poco calado, por lo que era apto para navegar por los ríos; su propulsión más importante eran los remos y su tamaño —nunca era muy grande— variaba de los ligeros navíos de 26 remos a los grandes barcos de 60 y 70. Con estas dos naves los vikingos disponían de unas magníficas aliadas para su expansión comercial, colonial y militar.

Viajes a China, viajes desde China

Vista de la Gran Muralla china. La construcción de esta monumental obra fue iniciada por el emperador Qin Shi Huang Di (259-210 a.C.), de la efímera dinastía Qin, y representaba tanto una obra defensiva como la división física entre la civilización (China) y la barbarie (el resto del mundo).

A lo largo de la historia, China ha sido uno de aquellos lugares de los que se hablaba con una mezcla de admiración y misterio. Para los europeos era un imperio fabuloso y lejano, donde se mezclaban la realidad y la leyenda. Era aquél un lugar donde los más decididos podían conseguir grandes riquezas mediante el comercio o hallar la muerte en algún camino perdido de la Ruta de la Seda.

No es extraño que los chinos albergasen pensamientos parecidos sobre lugares tan alejados como Europa o el Próximo Oriente, y que algunos decididos exploradores se pusiesen en camino para descubrir las maravillas que ocultaban las tierras occidentales. Por lo tanto, ésta es una historia de viajes a China y viajes desde China, de viajeros que recorrían los mismos caminos en sentidos contrarios, dirigiéndose unos a los lugares de origen de los otros: una historia de encuentros y descubrimientos entre personas y culturas.

Zang Shiang, del río Amarillo al Indo

El viaje de Zang Shiang, un funcionario de la corte china, sirvió para iniciar los contactos de este país con Occidente. Éste sería el primer viaje de exploración documentado realizado desde este país oriental, que significó la apertura de la conocida como Ruta de la Seda.

En el siglo II antes de nuestra era, la China de la dinastía Han era acosada por un pueblo nómada, los xiongnu. Este pueblo, que ha sido relacionado con los hunos, que siglos más tarde llegarían a Europa, realizaba constantes incursiones en la frontera occidental de China, y se había convertido con el tiempo en un grave problema.

Consciente de su desconocimiento de las tierras occidentales, el emperador Wu-di decidió enviar una expedición con el doble fin de explorarlas y encontrar a los yue-chi, un pueblo que había sido expulsado de su lugar de origen por los xiongnu, por lo que Wu-di pensaba que estarían dispuestos a tomarse la revancha y aliarse con los chinos contra sus enemigos comunes.

▲
Detalle de escritura de la época de la dinastía Han (206 a.C.-220 d.C.). Fue durante el período de gobierno de los Han cuando China estableció las bases de su estado e inició contactos con el exterior.

Ruta seguida por Zang Shiang a través del continente asiático.
◄

◄
Mujeres trabajando en la elaboración de seda. Este tejido se convirtió rápidamente en uno de los productos más apreciados en todo el mundo y en una de las mercancías más importantes, hasta el punto de dar nombre a una gran ruta comercial.

CAPTURADO POR LOS XIONGNU

El mando de la expedición fue confiado a Zang Shiang, un fiel funcionario de la corte. Shiang partió con una escolta de cien hombres, que de poco le sirvió ya que toda la expedición fue capturada por los xiongnu poco después de haber entrado en su territorio. Durante diez años, Zang Shiang fue su prisionero, y pudo conocer sus costumbres y manera de ser: su habilidad como jinetes y arqueros, su economía basada en el pastoreo, así como sus instituciones de gobierno.

Sin duda, este conocimiento le ayudó a fugarse con algunos de sus hombres y llegar hasta Fergana, el actual Uzbequistán, donde esperaba encontrar a los yue-chi. No fue así, porque se habían trasladado a Bactriana, en el actual Afganistán. Sin embargo, gracias a la generosa ayuda de los habitantes de Fergana, los ta-yuan, consiguió llegar a Bactriana.

Su encuentro finalmente con los yue-chi, sin duda constituyó una gran decepción para Zang Shiang, ya que aquéllos, a pesar de ser grandes

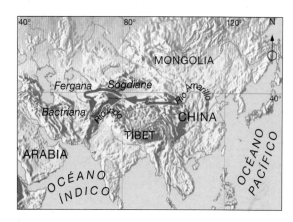

◄

*E*statuilla de cerámica vidriada mingqi, perteneciente a un ajuar funerario, que representa a un bárbaro. La gran precisión de su acabado nos permite distinguir sus ropajes y su tocado característico, lo que nos da una gran información sobre la vestimenta de estos pueblos y de la percepción de los mismos que se tenía desde China.

China. Las referencias a lugares lejanos como Mesopotamia y Siria, los rastros de la cultura griega hallados en Bactriana, sobre todo las inscripciones, que sorprendieron a los chinos por su escritura horizontal en lugar de vertical, supusieron un cambio significativo en la percepción del mundo de los viajeros. Más allá, al oeste, había otros pueblos con los que podían comerciar y relacionarse.

UN VIAJE DE VUELTA ACCIDENTADO

Con la información recogida, Zang Shiang emprendió el viaje de vuelta, que tampoco fue muy plácido, ya que volvió a ser capturado por los xiongnu. Sin embargo, el caudillo de los xiongnu murió poco después, y los nómadas se enzarzaron en una cruenta lucha por la sucesión, circunstancia que fue aprovechada por Zang Shiang para volver a escapar. Finalmente, el año 126 a.C., acompañado de su único escolta superviviente, logró alcanzar la frontera china.

A su regreso, Zang Shiang propuso la apertura de rutas comerciales con Occidente, para beneficiarse de los intercambios con aquellos lejanos países de los que había oído hablar durante su estancia con los yue-chi. Para evitar las tierras controladas por los xiongnu, sugirió una ruta que discurriese mucho más al sur que la que él había seguido. Así se abrió una de las rutas comerciales más importantes de la historia de la humanidad: la Ruta de la Seda.

guerreros, no mostraron ningún interés por enfrentarse de nuevo a sus antiguos enemigos, y menos aún después de haber arrebatado Bactriana a los griegos, que la habían dominado desde la época en que la conquistara Alejandro Magno.

Sin embargo, el viaje no fue baldío, ya que la información recogida a lo largo del mismo aumentó notablemente los conocimientos geográficos de

*I*lustración del siglo XVIII que representa a Lao Tse viajando a lomos de cebú. Durante el período Han, los viajes por el interior de China eran relativamente seguros.

◄

LA RUTA DE LA SEDA

La Ruta de la Seda fue una de las vías de intercambio cultural más importantes de la Antigüedad y la Edad Media. Por ella no sólo discurrieron mercancías tan valiosas como la seda de China, uno de los productos más lujosos de la época, o las especias y el ganado, sino también las ideas. La Ruta de la Seda fue un impresionante crisol cultural en el que se mezclaron las ideas, el arte, las costumbres y la religión. Las conquistas de Alejandro Magno y la expedición de Zang Shiang acercaron dos mundos muy diferentes que hasta entonces habían vivido separados por la distancia: Europa y China.

Chuan Zang viaja a India

Entre los años 629 y 645 el monje budista chino Chuan Zang realizó un largo viaje que le llevó hasta la India. A diferencia de muchos otros viajeros, sus motivaciones no eran ni comerciales ni políticas, sino religiosas y culturales.

La empresa de Chuan Zang, estudiar los textos básicos del budismo en su lugar de origen, entrañaba grandes dificultades, ya que el emperador no había autorizado su realización. Esto no detuvo a ese decidido monje, que fue sorprendido cuando intentaba cruzar a escondidas la frontera. Sin embargo, convenció de la legitimidad de su misión al jefe del acuartelamiento donde fue conducido y consiguió que le permitiera proseguir su camino.

UNA AVENTURA ARRIESGADA

Sus penalidades no habían hecho más que empezar, ya que poco después estuvo a punto de morir de sed en pleno desierto de Gobi. Pero encontró un pequeño manantial de agua y consiguió llegar al reino de Turpán, que en la actualidad corresponde a la provincia china de Xinquiang. Allí fue recibido por el rey de la ciudad,

Grupo escultórico de la gruta de Pinyang en el santuario de Longmen, correspondiente a la dinastía Wei del Norte. Representa a Buda rodeado de los monjes Ananda y Kasyapa. El influjo del budismo fue considerable en China.

Por espacio de dieciséis años, Chuan Zang realizó su accidentada travesía por la India.

que quedó fascinado por la inteligencia del viajero y le pidió que se quedase para dirigir el templo budista del lugar. Como no se le permitía abandonar la ciudad, Chuan Zang empezó una huelga de hambre. Su firme actitud impresionó hasta tal punto al monarca que éste no sólo le permitió partir, sino que le ofreció una escolta de treinta hombres y una importante cantidad de oro y plata para financiar el viaje.

CAMINO DE LA INDIA

Con la ayuda de estos recursos, Chuan Zang se puso en camino y llegó hasta Afganistán y Cachemira, siguiendo el curso del Indo. El viaje tampoco fue fácil, ya que el peregrino y sus acompañantes fueron atacados por los bandidos y sufrieron las

UN MONJE CON GRAN CURIOSIDAD

Chuan Zang pertenecía a una familia de letrados radicada en la ciudad de Henan. Introducido en las enseñanzas de Buda por un hermano mayor, el joven Chuan Zang pronto destacó por su inteligencia y curiosidad, y su labor intelectual no tardó en ser reconocida por la corte imperial. Con el apoyo del emperador, realizó un profundo y pormenorizado estudio de los textos sagrados del budismo, visitando todos los monasterios y lugares sagrados budistas de China. No tardó en percatarse de las importantes contradicciones en que incurrían las fuentes escritas, y decidió resolver el problema viajando a la India para estudiar directamente los textos originales.

inclemencias del clima y la difícil orografía. De hecho, ni la llegada a las orillas del Ganges representó un alivio, pues Chuan Zang fue atacado por unos piratas que, tras capturarlo, decidieron ofrecerlo en sacrificio a la deidad del lugar, la diosa Durga. De poco hubieran servido los ruegos del monje invocando su sagrada misión si una repentina tormenta no le hubiese ayudado a persuadir a sus supersticiosos captores de que su sacrificio no era del agrado de la divinidad.

Libre de nuevo, Chuan Zang pudo dedicarse en los años siguientes a viajar por el subcontinente indio y visitar los lugares sagrados del budismo, reuniendo textos, libros e imágenes. Durante este tiempo aprovechó su estancia en Nalanda para aprender el sánscrito, sin cuyo conocimiento no hubiera podido llevar a cabo su empeño de traducir esos textos al chino y resolver las controversias religiosas en su patria.

En ese tiempo adquirió tal reputación entre los monjes budistas de la India, que le pidieron que se quedase con ellos, dedicado al estudio de la filosofía budista. Sin embargo, se mantuvo firme en su propósito inicial y, tan pronto como consideró que había adquirido suficientes conocimientos sobre el budismo y que su biblioteca era adecuada para llevar a cabo su magna obra de regulación del budismo en China, partió hacia su patria por el mismo camino que le había llevado hasta allí: el Asia central.

Tras un largo viaje de 40 000 kilómetros, en el 645 Chuan Zang regresó a China llevando consigo no sólo una gran cantidad de textos sagrados del budismo de la India —cuya traducción empezó poco después de su llegada—, sino también toda la experiencia adquirida en sus viajes, una información muy útil que contribuiría a establecer las primeras relaciones diplomáticas entre China y la India.

Gracias a sus escritos, que reunió en el libro titulado *Registros de la región occidental de la gran dinastía Tang*, y en los que quedaron plasmadas tanto su gran curiosidad como su meticulosidad a la hora de describir los lugares que había visitado, los chinos ampliaron notablemente sus conocimientos sobre la India, facilitando así las futuras relaciones entre ambos países.

Peregrino budista según una ilustración del siglo IX.

Solemne llegada de Chuan Zang a la corte con su cargamento de manuscritos budistas de la India. El viaje de Chuan Zang causó un profundo revuelo en China y comportó la apertura de relaciones con la India.

Zeng He y la Flota del Tesoro

Entre 1404 y 1433 una poderosa flota china, llamada la "Flota del Tesoro", recorrió las aguas del Índico en varios viajes de exploración. Su periplo la llevó hasta lugares tan lejanos como Adén y la costa oriental de África, causando una profunda impresión entre sus contemporáneos.

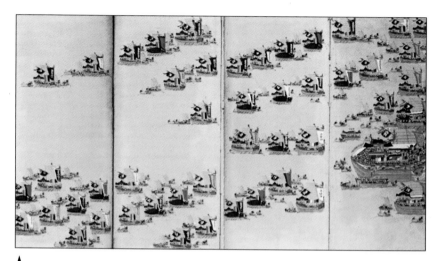

Λ

Ilustración decorativa de una flota china. El poder naval chino fue muy grande en diversos momentos de su historia, pero la secular política de aislamiento de sus gobernantes redujo su proyección exterior.

En 1400, el príncipe Chu Yi, de la dinastía Ming, encabezó una revuelta contra el emperador, su sobrino, que le llevó al trono dos años más tarde. Decidido a fortalecer el imperio y recuperar su prestigio, el nuevo emperador, conocido a partir de entonces como Yonglo, ordenó la construcción de una gigantesca flota, con la que pretendía hacerse respetar por los demás reinos. Al frente de ella puso a Zeng He, un joven y experimentado militar de humilde origen, que se había ganado cumplidamente su confianza.

De origen musulmán, Zeng He había nacido en Yunnan. Ya de muy joven mostró un gran talento que le permitió ascender desde su condición de sirviente hasta los grados más elevados de la jerarquía militar, un ascenso que no pasó desapercibido al mismo Chu Yi, que se convirtió en su mentor.

LOS VIAJES DE ZENG HE

Los dos primeros viajes de Zeng He, realizados entre 1405 y 1409, lo llevaron hasta Calcuta, tras

UNA FLOTA DE PRESTIGIO

El principal objetivo de las expediciones navales del emperador Yonglo y su sucesor Xuande fue el prestigio. La idea era impresionar a los gobernantes de los diversos reinos del Índico con una exhibición de poderío naval sin precedentes en la región. Por esta razón los buques de la flota no sólo estaban preparados para entrar en combate, sino también fastuosamente equipados para deslumbrar a los dignatarios extranjeros que subieran a bordo.

La Flota del Tesoro de Zeng He estaba compuesta por 62 naves de gran tamaño, que eran apoyadas hasta por 255 naves de menor envergadura, con una dotación total de 28 000 hombres. Se trataba de buques sin igual en la época, ya que la construcción de barcos en China estaba mucho más

avanzada que en cualquier otra parte del mundo; los juncos chinos contaban con timón de popa, compartimentos estancos, varios pisos, y sus navegantes utilizaban la brújula para orientarse. La nave capitana de Zeng He medía 130 metros de eslora y tenía nueve mástiles.

◄Λ

Ilustraciones de dos juncos de una época algo posterior a los viajes de Zeng He.

recalar en Indonesia y Sri Lanka. Tras un tercer viaje que concluyó en Sri Lanka, la cuarta expedición, llevada a cabo entre 1413 y 1415, fue mucho más ambiciosa. La fuerza naval arribó a Sri Lanka, que era utilizada para reponer provisiones, y a continuación se dividió en dos grupos: uno navegó hasta el golfo de Bengala, y el otro alcanzó el puerto de Ormuz, en el golfo Pérsico.

La siguiente expedición, realizada entre 1417 y 1419, aún llegó más lejos. Tras hacer escala en Adén, las naves de Zeng He navegaron hasta la costa oriental de África, surcando las aguas de Somalia y Kenia. Este éxito se repitió en la posterior expedición, en 1421-1422, aunque en esta ocasión la flota estaba al mando de uno de los lugartenientes de Zeng He. Pero la muerte del emperador Yonglo provocó una interrupción en los viajes, que no se reanudaron hasta 1431, cuando Zeng He, ya de edad avanzada, asumió el mando de la flota por última vez. Tras dividir sus fuerzas cerca de Java, el cuerpo principal navegó hasta Arabia para, a continuación, poner rumbo a África. Zeng He murió durante el viaje de vuelta.

LOS FRUTOS DE LAS EXPEDICIONES

China, a diferencia de las potencias europeas, no tenía necesidad alguna de fundar colonias, ya que su economía se basaba en la explotación intensiva de la agricultura, que exigió una abundante mano de obra. Así mismo, el objetivo de las expediciones de Zeng He tampoco era la instauración de un poder político en los lugares donde recalaba. Pese a la magnitud de los efectivos empeñados, no eran expediciones de conquista.

A pesar de todo, no se puede hablar de esfuerzos estériles. El prestigio del Imperio Celeste alcanzó cotas altísimas; los reyes y sultanes que recibieron la visita de la flota de Zeng He no dudaron en reconocer el poder del emperador de China. Al mismo tiempo, las rutas comerciales abiertas a través del océano Índico se mantuvieron durante siglos.

Sin embargo, la proyección naval de China nunca volvería a ser la misma. Con la muerte de Zeng He concluyó una breve y brillante etapa de dominio sobre el océano Índico.

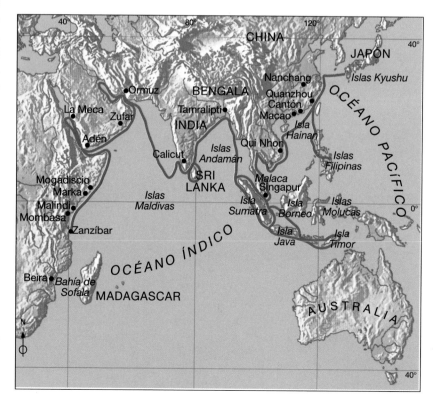

El viaje de Marco Polo a China

Marco Polo se ha convertido en uno de los referentes más importantes en la historia de los descubrimientos y las exploraciones. Sus viajes a tierras lejanas en el siglo XIII, una época en que la mayoría de los europeos apenas salían de sus ciudades y pueblos natales, han pasado a formar parte del imaginario colectivo.

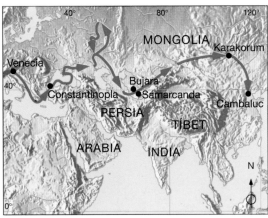

◄

Partiendo de Venecia, los Polo alcanzaron la ciudad de Cambaluc, donde Kublai Khan les encomendó una importante misión.

Niccolo y Maffeo Polo recibiendo sus salvoconductos de Kublai Khan. Gracias a estas acreditaciones, los hermanos Polo pudieron viajar desde China hasta el Cercano Oriente sin ninguna complicación. El poder de Kublai Khan era reconocido a lo largo y ancho de un imperio que iba del mar de China hasta el Danubio.

▼

Tal vez sería injusto decir que Marco Polo, al igual que su padre y su tío, eran personajes fuera de lo normal, ya que en aquella misma época eran muchos los comerciantes que se arriesgaban a viajar a países lejanos y desconocidos. Los Polo, en todo caso, fueron los más afortunados; no los que obtuvieron mayores riquezas, ni los que alcanzaron más poder en sus ciudades de origen, pero sí los que llegaron más lejos que ningún otro europeo.

LA HORDA DE ORO

Los Polo parece que fueron unos más de los muchos comerciantes de la *Serenissima* que navegaron por aquellas aguas en busca de buenos negocios. La gran diferencia fue que el padre de Marco Polo, Niccolò, y su tío, Maffeo, lograron entablar amistad con Barka Khan, el Khan de la Horda de Oro, una de las grandes hordas en las que se habían dividido los mongoles tras las grandes conquistas realizadas por Gengis Khan.

Tras viajar por el Volga, Niccolò y Maffeo llegaron a Sarai, donde Barka Khan tenía su capital y, gracias a su amistad, obtuvieron grandes beneficios con el comercio.

Una guerra en el sur, cerca del puerto de Sudak, en el Mar Negro, les cortó el camino de regreso. Sin embargo, en lugar de desanimarse, los herma-

nos Polo decidieron sacar provecho de la situación y viajaron más hacia el este, en busca del imperio de Kublai Khan, nieto de Gengis Khan, a quien todos los otros khanes consideraban su señor. Tras hacer escala en Bujara, un importante enclave en la Ruta de la Seda, los Polo lograron llegar a la corte del gran Kublai Khan en Cambaluc.

Se ganaron las simpatías del gobernante mongol y éste les encomendó una misión diplomática: debían regresar a Occidente y pedir al Papa, en su nombre, que enviase cien sacerdotes cristianos de gran sabiduría para discutir con los filósofos de la corte sobre cuestiones de fe y religión.

MARCO POLO INICIA SU VIAJE

Provistos de un salvoconducto del khan, los Polo regresaron a Venecia, donde Niccolò se reunió con su hijo, al que hacía muchos años que no veía. Marco se unió a la expedición, pero ésta debió retrasar su partida a causa de la muerte del papa Clemente IV; era necesario esperar a la elección del sucesor para transmitirle la petición de Kublai Khan. Tras dos años de infructuosa espera, los Polo partieron para Tierra Santa, primera etapa de su

Miniatura que representa la partida de Marco Polo de la ciudad de Venecia. El poder de Venecia, conocida como la Serenissima, se centraba en el dominio de las rutas comerciales marítimas. Los viajes de los Polo fueron la continuación de esta vocación comercial, más allá de los límites del mundo mediterráneo, hacia las lejanas tierras de Cathay.

viaje, ya que el khan les había pedido que le llevasen aceite de la lámpara que alumbraba el Santo Sepulcro. En Jerusalén les llegó la noticia de que, finalmente, el Santo Sínodo había elegido Papa; se trataba de un sacerdote amigo de los Polo, Teobaldo Visconti, que adoptaría el nombre de Gregorio X, y que también se encontraba en la Ciudad Santa.

Gregorio X dio a los Polo muchos presentes para Kublai Khan, pero tan sólo pudo prometerles enviar con ellos dos monjes. A pesar de todo, los Polo prosiguieron su viaje hacia Oriente. La primera etapa les llevó hasta Ormuz, en el golfo Pérsico, un camino largo y peligroso, infestado de bandidos, desde donde los dos monjes, cansados de tantas penalidades, decidieron regresar. Los Polo continuaron su viaje, que les llevó a través de Persia a las ciudades de Kerman y Tabas, para, a continuación, adentrarse en Afganistán, donde hicieron un alto en el camino para recuperar fuerzas.

Un año más tarde, tras haberse repuesto de las enfermedades y el cansancio, cruzaron las montañas del Pamir y llegaron a Kashi, en Turkmenistán; más allá se extendía el desierto de Takla Makan. Parece que los Polo siguieron la Ruta de la Seda, aprovechando las diversas ciudades y caravanas para conseguir víveres y descansar. Hicieron escala en Yarkant, Hotan y el oasis de Lop Nur, antes de emprender la parte más complicada y peligrosa del viaje: cruzar el desierto de Gobi, una travesía que duró un mes, tras el cual consiguieron llegar a la ciudad de Suchow, ya en China. Por fin se encontraban en el imperio de Kublai Khan.

EL EMPORIO VENECIANO

Los Polo eran una familia de prósperos comerciantes originarios de la ciudad de Venecia, una de las metrópolis más prósperas y bulliciosas de la Europa medieval.

A caballo entre la tierra y el mar, los venecianos habían dedicado sus esfuerzos al comercio y la navegación, y pronto se convirtieron en un verdadero poder en el Mediterráneo, en dura lucha con otras ciudades como Génova, su gran rival, Pisa, Marsella y Barcelona.

Una de la áreas comerciales más importantes para los venecianos era el Mar Negro. Por esta razón, desde tiempos muy lejanos, cuidaron sus relaciones con Constantinopla, que guardaba los accesos a este mar.

Marco Polo en la corte de Kublai Khan

Si el viaje de los Polo a la China de Kublai Khan puede ser considerado un hito en la historia, los viajes que realizó Marco Polo tanto por tierras chinas como por los países vecinos constituyen una de las aventuras más espectaculares de su época.

En cierto modo, Marco Polo fue mucho más que un viajero, ya que se integró en la sociedad que le había acogido, animado sin duda por sus buenas relaciones con Kublai Khan. Una vez en China, donde llegaron alrededor de 1274, los Polo siguieron el curso del río Amarillo para dirigirse a la corte de verano de Kublai Khan, en Shangdu. Allí fueron recibidos por el monarca, que se alegró de su llegada, aun cuando no fueran acompañados de los cien eruditos que había pedido para sus discusiones filosóficas.

No hay duda de que Marco Polo se ganó la confianza de Kublai Khan ya que el emperador le encargó innumerables misiones, que permitieron al joven veneciano recorrer el imperio y conocer muchas ciudades y regiones. Entre sus viajes más importantes se ha de destacar el que le llevó a las costas de Vietnam, Laos y la India, así como muchos otros por el interior de China.

A lo largo de estos viajes Marco Polo logró recabar gran cantidad de información, que luego transmitió a sus compatriotas en su libro *Il milione*. La mayor parte de estos datos han sido confirmados

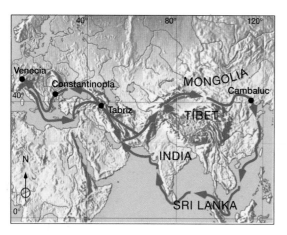

Marco Polo vestido a la manera de los mongoles durante su estancia en China. Nótese el arco compuesto, una de las armas más utilizadas por la caballería mongola y verdadero origen de la superioridad militar de este pueblo.

Tras alcanzar la corte de Kublai Khan, en Cambaluc, Marco Polo inició una ruta hacia la India que acabaría llevándolo de vuelta a Venecia.

por otras fuentes, aunque se ha de reconocer que otros son falsos o inexactos, como la afirmación de que el Gran Canal había sido obra de Kublai Khan, cuando en realidad había sido construido en una época anterior, aunque el Khan lo había hecho reparar.

Asimismo, adolece de importantes omisiones, como la falta de referencias a la Gran Muralla, de la cual, sin duda, debió haber oído alguna cosa, si es que no la había visto, ya que los Polo entraron en China muy cerca de donde se levantaba esta gigantesca obra.

También se ha criticado a Marco Polo su tendencia a presentar como ciertas algunas leyendas de los lugares que visitaba, como, por ejemplo, su afirmación de que el misterioso reino del preste Juan, un gobernante cristiano, se encontraba cerca de China, lo cual contribuyó a difundir los rumores sobre este país tan fabuloso como inexistente.

Nativos de la costa Malabar en la India, recolectando pimienta, una de las mercancías más preciadas de la Antigüedad. Utilizada para condimentar viandas en las mesas de reyes, nobles y grandes comerciantes, alcanzaba precios astronómicos en los mercados europeos. Su poco peso y su alto precio hacían de la pimienta uno de los productos más rentables.

EL VIENTO DIVINO

Uno de los acontecimientos que Marco Polo menciona en su libro, y del que fue testigo de excepción, fue el fallido intento de los mongoles de conquistar Japón. Una primera expedición fracasó por falta de entendimiento entre los jefes militares, así como por la heroica resistencia de los japoneses. Enfurecido, Kublai Khan ordenó la ejecución de los comandantes de sus ejércitos y construyó una nueva y más poderosa flota. En esta ocasión fue una terrible tormenta, frecuentes en estos mares, la que salvó a Japón, dando lugar a la leyenda del *kamikaze*, el viento divino enviado por los dioses para proteger a los japoneses de sus enemigos.

VIAJE A LA INDIA

Uno de los viajes más interesantes de Marco Polo al servicio de Kublai Khan fue el que realizó a la India. Las informaciones sobre las religiones —el hinduismo y el budismo—, así como las costumbres y las leyendas de los lugares que visitó muestran una gran curiosidad por todo lo que le rodeaba. El hecho de que no aportara datos más sólidos en sus descripciones geográficas y políticas puede deberse a su gusto por contar aquello que creía que maravillaría al público, prescindiendo de las cuestiones menos atractivas.

Sin embargo, se ha de reconocer que la mayoría de sus informaciones sobre la India fueron corroboradas posteriormente, lo cual permite deducir que Marco Polo era, además de un brillante narrador de viajes, también un geógrafo.

EL VIAJE DE VUELTA

En 1292, los Polo recibieron la autorización del ya anciano Kublai Khan para poder regresar a Venecia. Hacía casi diecisiete años que habían llegado a China y habían acumulado una gran fortuna gracias al comercio, probablemente de la sal. Aun así, el anciano Khan les encomendó una última misión, acompañar a una princesa mongola que debía viajar a Persia para casarse, sin duda una tarea muy fácil de llevar a cabo para unos viajeros tan experimentados.

La expedición estaba compuesta por 14 barcos y seiscientos hombres entre tripulantes, soldados, diplomáticos y cortesanos. La ruta elegida llevó a

Detalle del Atlas catalán de 1375. Podemos observar una caravana partiendo hacia Cathay. La cartografía europea experimentó un considerable avance a lo largo del siglo XIV gracias a los estudios de diversos geógrafos de origen judío.

➤
Los hermanos Polo en presencia de Kublai Khan. Las relaciones entre el gobernante mongol y la familia Polo fueron excelentes, hasta el punto de que Marco Polo se convirtió en uno de los agentes del Khan.

Tareas de descarga de un barco en el muelle de una ciudad según el Libro de las Maravillas. La obra de Marco Polo, aunque criticada por fantasiosa, pronto se convirtió en un clásico.
▼

IL MILIONE

En 1296, genoveses y venecianos se enfrentaron en una batalla naval, y entre los prisioneros capturados por la flota genovesa se encontraba un tal Marco Polo, miembro de una de las familias más ricas de Venecia y que era famoso entre sus conciudadanos por las increíbles historias que contaba sobre sus viajes al lejano Cathay. Encerrado en prisión y a la espera de que se acabase la guerra, Marco Polo compartió celda con un escritor, un tal Rusticello, que se ofreció a escribir sus memorias.

Fruto de esta labor fue el libro *Il milione* (El millón), en que Marco Polo, ya anciano, hace una recapitulación de sus viajes y de aquello de que fue testigo durante su estancia en China. El libro, aunque ridiculizado por algunos que tachaban su contenido de pura fantasía, se convirtió en una obra muy popular.

la pequeña flota por las costas de Indochina hasta la península de Malaya, para, a continuación, poner rumbo a Sumatra, donde esperaron a que acabase la estación de los monzones.

La siguiente etapa los llevó hasta Ceilán, la actual Sri Lanka, donde pudieron contemplar las riquezas procedentes de la explotación de las perlas. Desde Ceilán pusieron rumbo a Pakistán y de aquí al golfo Pérsico y la ciudad de Ormuz, donde desembarcaron. La última etapa de su misión la realizaron por tierra hasta Khorasan, donde debía quedarse la princesa. En esta ciudad fueron informados de la muerte de Kublai Khan.

Una vez cumplida la última misión que Kublai Khan les había encomendado, los Polo se dirigieron hacia el oeste, a la ciudad de Bizancio, pero tan pronto como pusieron sus pies en Anatolia, fueron asaltados por bandidos, que les robaron la mayor parte de las riquezas que llevaban consigo. Sólo las joyas que habían ocultado, como precaución, en los pliegues de sus vestidos pasaron desapercibidas a los saqueadores. A pesar de estos contratiempos, en 1295 los Polo llegaron a Constantinopla y pudieron embarcarse rumbo a Venecia. Veintidós años después de su partida, estaban de nuevo en su ciudad natal.

Pocos años más tarde, Marco Polo fue capturado por los genoveses y en la prisión dictó sus vivencias a Rusticello. Una vez liberado, continuó dedicándose al comercio. Con la tranquilidad que le proporcionaron las riquezas que había podido salvar del saqueo, se casó y formó una familia. A su muerte, acaecida en 1324, tenía setenta años de edad, y ya era famoso por su increíble viaje a China y por las maravillas que había contemplado.

II

EN BUSCA
DE TIERRAS
REMOTAS

 # En busca de tierras remotas

Las inmensas posibilidades que ofrecía el desarrollo de los medios de transporte dio pie al progresivo descubrimiento de los cinco continentes. Tierras habitadas desde hacía muchos siglos por sus ocupantes originarios son descubiertas con asombro por viajeros llegados de tierras lejanas. Es el caso de la actual Europa descubierta por los turcos y los hunos, o lugares de Asia que completan los descubrimientos iniciales de Marco Polo.

También los grandes desiertos helados situados en los polos reciben por primera vez la llegada de seres humanos que han alcanzado esas tierras después de viajes en condiciones extremas.
Pero tal vez la más grande de todas las aventuras fueran los grandes viajes transoceánicos que permitieron a los europeos entrar en contacto con antiguas y poderosas civilizaciones de América central y del sur.

África

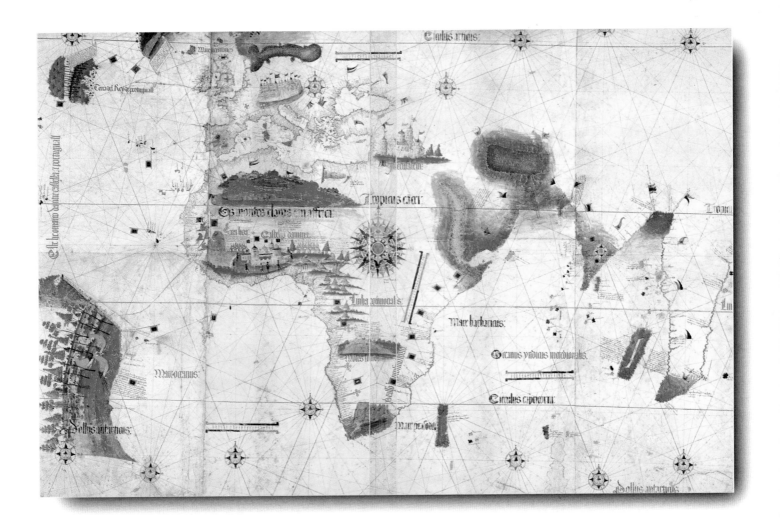

Mapa de Cantino
(siglo XVI) conservado
en la Biblioteca Estense
de Módena.

*L*a exploración del continente africano, a pesar de su proximidad geográfica con algunos de los países que la llevaron a cabo, fue muy tardía. Si bien el mundo occidental había estado en contacto con África desde los albores de la Historia, el conocimiento geográfico de estas tierras era limitado.

Desde la Antigüedad, lugares como Egipto, Cartago, Leptis Magna y Cirene, entre otros, habían sido frecuentados por viajeros llegados de todas partes, pero más allá de esta franja costera se extendía una tierra llena de misterios. Para los europeos, el descubrimiento de África empezó en fechas bastante tempranas, pero fue una exploración muy superficial: África era una etapa más en sus viajes a Oriente, una escala en asentamientos costeros para aprovisionarse de agua dulce y alimentos, o un puerto en el que comprar esclavos.

Los misterios del continente africano no serían desvelados hasta el siglo XIX, cuando se produjo una verdadera oleada de exploraciones.

Enrique el Navegante en la costa africana

A lo largo del siglo xv Portugal emprendió una de las aventuras más impresionantes de la exploración. Buena parte del mérito de esta ingente obra debe atribuirse al infante Enrique, llamado el Navegante, el hombre que promovió esta gran empresa.

➤ **E**figies de bronce de dos monarcas del reino de Benín. Los exploradores encontraron en África una gran variedad de sistemas de organización social.

Dotados de nuevos tipos de navíos y de los conocimientos astronómicos más avanzados, los portugueses fueron capaces de explorar la costa africana occidental en el siglo XIV y sentar las bases de su futuro imperio colonial.

EL PRÍNCIPE NAVEGANTE

Enrique de Avis, nacido en Oporto en 1394, era el tercer hijo del rey Juan I de Portugal, lo cual lo alejaba bastante de la línea de sucesión. Al igual que sus hermanos, recibió una esmerada educación, y pronto destacó en el campo de las armas gracias a su actuación durante el asedio de Ceuta en 1415, ciudad de la que, una vez tomada, se convirtió en gobernador. Sin embargo sus inquietudes eran muy

Las travesías de Enrique el Navegante dieron a Portugal la supremacía en la conquista de la costa occidental africana. ▼

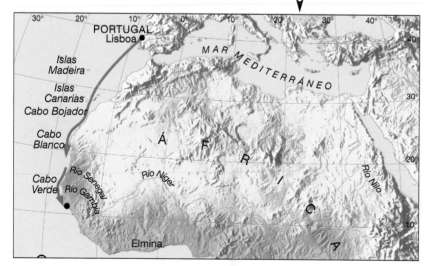

distintas ya que, de regreso en su patria, se retiró a la localidad de Sagres, en el cabo San Vicente, para fundar una escuela de navegación.

Con los recursos económicos inherentes a su condición de gran maestre de la Orden de Cristo, antigua Orden del Temple, logró financiar una escuela, a la que fueron invitados a impartir clases algunos de los más eminentes astrónomos, matemáticos, navegantes y armadores de la época. Allí se formaron los marinos que, años más tarde, protagonizarían la primera gran oleada de exploraciones portuguesas por la costa africana y las islas del Atlántico. Los navegantes formados en Sagres aprendieron a utilizar el astrolabio y la brújula, así como cartografía y técnicas para conocer la velocidad de los buques o calcular las distancias.

La intención del infante Enrique era la de cumplir con el propósito de la Orden de Cristo, la derrota del islam, al tiempo que satisfacía su gran curiosidad por el continente africano. Como muchos otros gobernantes de su época, estaba convencido de que en algún lugar de Oriente se encontraba un misterioso gobernante cristiano, el Preste Juan, con cuya ayuda conseguiría derrotar al islam, en aquellos momentos representado por el ascenso de los otomanos.

Enrique el Navegante pretendía llegar a las tierras del Preste Juan para forjar una alianza. Siguiendo los escritos del griego Eutimenes, el infante Enrique creía que un brazo del Nilo desembocaba en el Atlántico, por lo que, remontando su curso sería posible llegar a la parte Oriental de África, uno de los lugares donde se creía que se encontraba el reino del Preste Juan.

LAS PRIMERAS EXPLORACIONES

El primer objetivo de las exploraciones portuguesas fue la isla de Madeira, que fue alcanzada en 1418, tras lo cual, en 1432, Gonçalvo Velho Cabral descubrió las Azores. Mientras tanto, las expediciones a la costa africana llevaron un ritmo mucho más pausado, en buena parte debido a la superstición de las tripulaciones, temerosas de sobrepasar el cabo Bojador, el límite meridional de los territorios explorados por Portugal.

En 1434, Gil Eanes logró convencer a su tripulación para que rebasase este punto, poniendo fin al tabú que pesaba sobre aquel lugar y abriendo el camino a nuevas exploraciones. Pero esto no era suficiente para el infante Enrique, quien, desde Sagres, rodeado de mapas e informes de las expe-

NAVES PARA LA EXPLORACIÓN

Una de las facetas más importantes de los estudios llevados a cabo en la escuela de Enrique el Navegante, en Sagres, fueron los nuevos diseños de barcos. Se trataba de construir una embarcación adecuada para las exploraciones a larga distancia. Estos esfuerzos confluyeron en el diseño de una nave que sería determinante para los viajes a través del océano: la carabela.

La carabela combinaba las prestaciones de los buques europeos de vela cuadra con las naves árabes, que utilizaban velas latinas, triangulares. La vela cuadra era ideal para aprovechar, al máximo, el viento, pero sólo podía hacerlo cuando éste soplaba de popa. La vela latina, en cambio, podía aprovechar el viento fuera cual fuese su dirección, aunque con menos eficiencia. La combinación de una o dos velas latinas con una esbelta nave con velamen en cruz europea dio como resultado un buque capaz de navegar en circunstancias muy variadas que, además, gozaba de una gran autonomía.

diciones precedentes, insistía a sus capitanes para que navegasen aún más al sur. Así, en 1443, Nuno Tristão llegó hasta el cabo Blanco y, en una nueva expedición, pocos años más tarde (1446) lograba arribar a la desembocadura del río Gambia.

➤ *Escena del puerto de Lisboa. Gracias a la ingente tarea emprendida por Enrique el Navegante en Sagres, Portugal se convirtió en una potencia naval casi sin rival a inicios del siglo XVI, lo que le permitió monopolizar el comercio de especias.*

Bartolomeu Dias en el cabo de Buena Esperanza

A lo largo de la segunda mitad del siglo xv los portugueses intentaron llegar al extremo sur de África, con la intención de encontrar una ruta que les llevase hasta la India y sus especias.

P arece ser que Bartolomeu Dias procedía de una familia de marineros, y antes de emprender la decisiva expedición que cruzaría el cabo de Buena Esperanza, ya había tomado parte en numerosas expediciones, como el viaje por la costa africana que emprendió en 1481.

➤
***B**artolomeu Dias logró romper con el mito de que África estaba unida a la India, como pensó Tolomeo.*

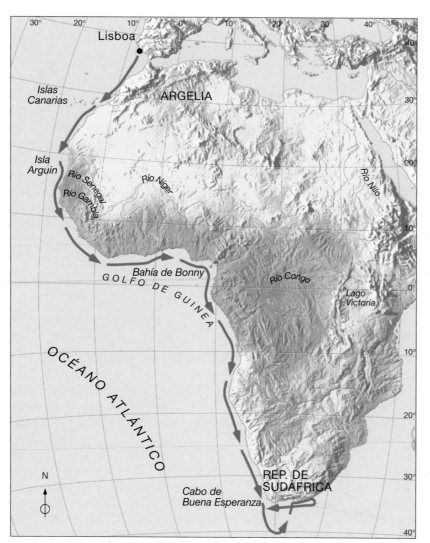

La expedición que le daría fama la inició en 1487, cuando recibió la orden del rey Juan II de navegar por el litoral africano tan al sur como fuera posible y descubrir si África estaba unida a la India, como proponía el geógrafo Ptolomeo, o era un continente independiente. Se trataba de la culminación de los preparativos del difunto Enrique el Navegante, pero había algo más: estaba en juego el control del comercio de especias.

RUMBO A LOS CONFINES DE ÁFRICA

La flotilla de tres barcos con la que Bartolomeu Dias se dispuso a llegar hasta el límite sur de África para acceder a la India, zarpó de Lisboa en el verano de 1487. A pesar de ser una fuerza muy reducida, su comandante había tomado las precauciones necesarias para que la expedición tuviese éxito. Así, una de las tres naves estaba destinada exclusivamente al transporte de víveres para tener garantizado su abastecimiento, y había reclutado como intérpretes a varios nativos de la costa africana.

La expedición navegó con rumbo sur, tal como habían hecho sus predecesores, y, tras dejar el buque con los suministros en la costa de Guinea, prosiguieron su navegación decididos a encontrar el paso que les permitiese acceder a la India.

EN MEDIO DE LA TORMENTA

Uno de los hechos más curiosos de esta exploración es que Bartolomeu Dias y sus hombres no se percataron del momento en que superaban el cabo de Buena Esperanza y entraban en el océano Índico. Una fuerte tormenta sorprendió las dos naves, y cruzaron el mítico lugar mientras se debatían contra la fuerza de los vientos y la mar. Una vez salvado el temporal, Dias buscó la costa navegando hacia el este, como había hecho siempre, pero en esta ocasión no encontró tierra y cambió el rumbo hacia el norte, y, el 3 de febrero de 1488, arribó a una bahía, a la que impuso el nombre de bahía dos Vaqueiros.

Hostigado por los nativos, Dias dio la orden de levar anclas y navegar hacia el este siguiendo la costa, pero a los pocos días su tripulación se negó a seguir adelante y no hubo forma de conseguir que continuara. Bartolomeu Dias decidió entonces emprender el viaje de vuelta, pero antes obligó a la tripulación a firmar un documento en el que se exculpaba al comandante de la expedición de la responsabilidad de no haber seguido hasta la India.

Dias era muy consciente de que el enfado del rey, por no haber aprovechado tal oportunidad para abrir la ruta de las especias, podía poner en peligro su carrera.

En el viaje de vuelta, Dias avistó el cabo de Buena Esperanza, con lo que se convenció de que había logrado superar el extremo sur de África. Con esta satisfacción regresó a Portugal, arribando a Lisboa en diciembre de 1488.

EL ÚLTIMO VIAJE

En los años siguientes, Bartolomeu Dias continuó muy vinculado a la exploración naval. En 1494 se encargó de preparar la flota que habría de llevar a Vasco de Gama hasta la India y él mismo navegó hasta Cabo Verde, en la costa africana, donde estableció un puesto avanzado para el comercio.

Años más tarde, en 1500, Dias se unió, como capitán de uno de los barcos, a la expedición de Pedro Álvares Cabral, destinada a la India. Los vientos desviaron a la flota de su ruta, hacia el oeste, y los portugueses acabaron recalando en la costa de Brasil, en América.

Un mes después, la flota volvió a zarpar con rumbo este, cruzó el Atlántico y se dispuso a flanquear el cabo de Buena Esperanza. Sin embargo, pronto se vieron envueltos en una terrible tormenta que hundió varias naves, entre ellas, la de Bartolomeu Dias, que pereció en las aguas.

Granos de pimienta negra, verde y blanca. La pimienta era una de las especias más preciadas en las mesas de Europa.
▼

LA RUTA DE LAS ESPECIAS

Las especias procedentes de Oriente se convirtieron en la Edad Media en una de las mercancías más valiosas y que mayores beneficios daban a los comerciantes. Las cualidades de las especias eran muchas y variadas: daban gusto a las comidas de los poderosos (los únicos que se las podían permitir), permitían conservar los alimentos, en especial las carnes, y eran tan caras que con una pequeña cantidad se podían conseguir grandes ganancias.

La constante presión de los turcos en Oriente dislocó las rutas comerciales de las especias en el Mediterráneo y representó para Portugal una gran ocasión para hacerse con el control de este mercado, siempre que fuera posible encontrar una ruta directa a las regiones productoras.

◄◄
La expedición de Dias partió de Lisboa en el año 1487 y bordeó la totalidad de la costa occidental africana.

René Caillié llega a Tumbuctú

*La gesta de René-Auguste Caillié (1799-1838) al convertirse en
el primer europeo que llegó a la misteriosa ciudad de Tumbuctú
y regresó con vida, quedó empañada por la incredulidad de muchos
europeos. No sería hasta años después de su muerte cuando su logro
fue reconocido de manera unánime.*

*Retrato de René Caillié,
realizado en 1830.
Su voluntad de alcanzar
Tumbuctú le permitió
superar todos los
obstáculos que se
interpusieron en
su camino.*

A lo largo de los siglos el nombre de la ciudad de Tumbuctú había enardecido la imaginación de los europeos. Se trataba de una ciudad misteriosa, protegida por el desierto, a la que ningún cristiano había conseguido llegar. Las referencias que de ella se tenían procedían de diversas narraciones de origen árabe, en especial de las *Mil y una noches*, que la presentaban como un lugar lujoso, lleno de bullicio y actividad.

Entre quienes quedaron maravillados por las historias que se contaban de esta ciudad se encontraba un muchacho hijo de una familia humilde, René-Auguste Caillié, que soñó, como muchos otros antes que él, en llegar a Tumbuctú, pasear por sus calles y contemplar sus maravillas.

UN EXPLORADOR ATÍPICO

La historia de René Caillié es un ejemplo de superación de las dificultades. De niño perdió a su madre y su padre fue encarcelado, por lo que tuvo que abandonar los estudios y empezar a trabajar como aprendiz de zapatero. Nada de esto consiguió ahogar su curiosidad ni su gusto por la lectura, en especial aquella que hablaba de lugares extraños y de grandes viajes, y a los dieciséis años de edad se embarcó como grumete rumbo a África. Tras llegar a Cabo Verde, en 1816, abandonó el barco y se unió a una expedición que se proponía recorrer el río Senegal. En el curso de la misma cayó enfermo y tuvo que regresar a Francia.

◄ *La ciudad de Tumbuctú.
Tras un acuerdo entre
Francia y el Reino Unido
para la partición de la
región del río Níger, esta
ciudad quedó bajo el
control de los franceses,
los cuales la ocuparon
en 1894. La visión de la
ciudad que Caillié había
dado fue algo matizada
por futuros viajeros como
Barth, que recalcaron
el dinamismo de su
comercio.*

► *Tras alcanzar la ciudad
de Tumbuctú, Caillié
decidió continuar
su travesía a fin
de regresar a Francia.*

De viajeros incógnitos

Las dificultades que tenían los europeos para viajar con seguridad por muchos países musulmanes —les estaba prohibida la presencia en ellos—, llevaron a muchos a hacerse pasar por árabes. Uno de los casos más sobresalientes es el de Alí Bei, nombre tras el cual se ocultaba Domènec Badia i Leblich, un barcelonés que, en 1803, inició un viaje que lo llevó a recorrer Marruecos, Egipto y Arabia. Durante su estancia en este último lugar, fue el primer europeo en visitar la ciudad sagrada de La Meca desde el advenimiento del islam. Sus andanzas están recogidas en el libro *Alí Bei en Asia y en África*, publicado en 1814.

Tras un nuevo intento fallido a causa de la enfermedad, en 1824 René Caillié viajó de nuevo a África, donde permaneció varios meses viviendo entre los árabes para aprender su idioma y sus costumbres, algo muy importante para llevar a cabo su plan de alcanzar Tumbuctú disfrazado de nativo de la región.

El camino a Tumbuctú

En 1827, tras haber trabajado durante tres años para conseguir suficiente dinero, René Caillié se unió a una caravana que se dirigía a Tumbuctú, haciéndose pasar por un árabe que pretendía viajar a Egipto por aquella ruta. Aunque el viaje fue muy duro y enfermó de fiebres, consiguió llegar a Tumbuctú en abril de 1828. La ciudad, situada en el actual estado de Malí, fue para él una sorpresa y, al mismo tiempo, una desilusión.

No se trataba del lugar que los relatos habían descrito, lleno de riquezas y actividad, sino de una pequeña ciudad de casas construidas en barro, con callejuelas estrechas y abandonadas. Sin embargo, Caillié permaneció en ella dos semanas, tiempo que aprovechó para conocer el lugar y descubrir que otro europeo se le había adelantado, el escocés Alexander Gordon Laing, aunque éste había sido asesinado por los indígenas.

El viaje de regreso de Caillié fue un verdadero calvario. Tuvo que abandonar la caravana con la que viajaba a causa de la animadversión de los componentes de la misma y, cuando llegó a Fez, la legación francesa se negó a reconocerlo, tal era su aspecto. Por ello, tuvo que dirigirse a Tánger, donde finalmente logró recursos para embarcarse de vuelta a Francia.

Enfrentado a la incredulidad

La noticia de su expedición a Tumbuctú causó sensación inicialmente; las autoridades francesas le concedieron la Legión de Honor y fue recompensado por su gesta. Sin embargo, la opinión pública acabó poniéndose en su contra; la gente estaba demasiado apegada a las antiguas descripciones de la maravillosa Tumbuctú, para creer la versión de ese viajero sin estudios que les decía que la ciudad era algo mucho más prosaico. Acusado de haberse inventado todo, Caillié se refugió en su ciudad natal, donde falleció en 1838 a causa de la tuberculosis. Diez años más tarde, el explorador alemán Heinrich Barth confirmó que todo lo que había dicho Caillié era cierto.

Alí Bei, un personaje polifacético, logró adentrarse en el corazón del mundo árabe gracias a su habilidad para hacerse pasar por un musulmán.

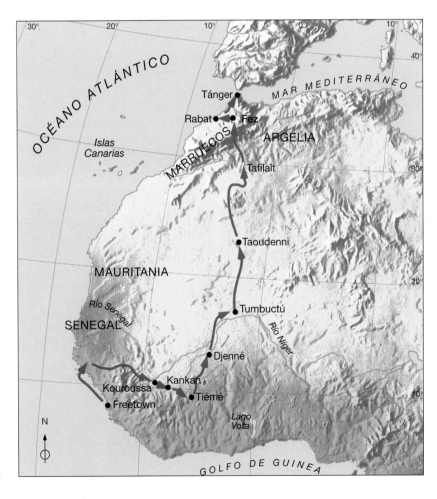

El misterio del Nilo

A principios del siglo XIX África continuaba siendo un misterio para los occidentales. Si bien las costas de este continente habían sido recorridas durante siglos por navegantes, exploradores, comerciantes y, desgraciadamente, traficantes de esclavos, el interior de África continuaba siendo una terra ignota.

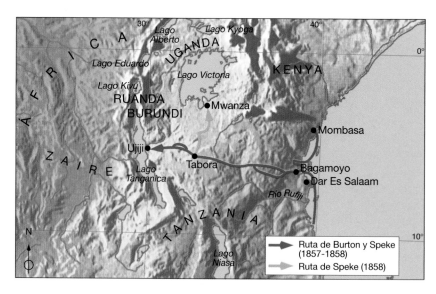

Samuel Baker posando para el fotógrafo ante un decorado. Su poco respetuosa actitud ante las culturas indígenas que visitaba contrastaba con sus cualidades de dibujante y explorador. ▾

Protegido por desiertos y selvas, el interior de África había mantenido ocultos sus misterios durante siglos. Tan sólo el sur y el norte eran mínimamente conocidos para los occidentales a principios del siglo XIX.

EN BUSCA DE LAS FUENTES DEL NILO

Uno de los objetivos más ansiados por parte de los exploradores era zanjar de una vez por todas la polémica sobre el origen del río Nilo. Ya en la Antigüedad este enigma había fascinado a muchos geógrafos y eruditos, pero ninguno había conseguido resolverlo.

En pleno siglo XIX, la persistencia de este misterio era intolerable para muchos investigadores occidentales, herederos de la Revolución Industrial. Se imponía resolverlo, y varias sociedades geográficas decidieron financiar expediciones para que se adentraran en el corazón de África y resolvieran el enigma.

De hecho, se ha de señalar que el misterio había quedado desvelado parcialmente con el descubrimiento en Etiopía del lugar de nacimiento del Nilo Azul, uno de los afluentes del Nilo y el que aporta de los limos que sirven para fertilizar su cuenca inferior. En 1617, los misioneros portugueses Páez y Álvares habían llegado hasta el lago Tississat y habían explorado el río que lo alimenta, llegando a la conclusión de que éste era el origen del Nilo.

Más de siglo y medio después, el aristócrata escocés James Bruce llegó al mismo lugar y se atribuyó el mérito del descubrimiento declarando que había localizado las misteriosas fuentes del Nilo, cuando en realidad no había hecho más que redescubrir el origen de su afluente principal.

EN LA REGIÓN DE LOS GRANDES LAGOS

Puesto que era muy difícil remontar el Nilo, pronto quedó claro que la única manera de llevar a cabo la exploración de las fuentes de este río era

UNOS EXPLORADORES ATÍPICOS

Samuel y Florence Baker que se habían conocido en las más extrañas de las circunstancias, fueron dos de los exploradores más peculiares de su tiempo; él era el arquetipo del explorador aventurero, que despreciaba a los nativos de los lugares que visitaba, y ella era de origen húngaro.

Florence había sido capturada e iba a ser vendida en un mercado de esclavos de Turquía, cuando Samuel se fijó en ella, pujó en la subasta y la liberó. Tan curioso origen y el hecho de que ambos conviviesen sin estar casados, provocó un gran escándalo en la hipócrita sociedad victoriana.

adentrándose en el continente desde su costa oriental. Ésta fue la ruta que, en 1857, siguieron los exploradores Richard Burton (1821-1890) y John Speke (1827-1864). De formación castrense, ambos protagonizaron una expedición que, bajo el patrocinio de la Real Sociedad Geográfica, se adentró en la región de los Grandes Lagos, en busca del Mar de Ujiji.

Tras un viaje agotador, llegaron a las orillas de este mar y descubrieron que se trataba de tres grandes lagos. Ambos estaban enfermos, Burton de paludismo y Speke de una infección ocular que le había dejado temporalmente ciego, por lo que se vieron obligados a detenerse y descansar.

Una vez repuesto, Speke se puso a investigar el mayor de estos lagos, que los nativos llamaban lago Ukewere, y al que Speke, siguiendo la poco respetuosa costumbre de aquellos exploradores para con la toponimia local, impuso el nombre de lago Victoria, en honor a la reina de Inglaterra. Informado por los nativos de que del sector meridional del lago surgía un gran río, Speke concluyó que había dado, al fin, con las fuentes del Nilo, cosa que fue discutida por Burton, aumentando la tensión entre ambos exploradores.

A su regreso al Reino Unido, Speke anunció que había encontrado el origen del Nilo y provocó una gran polémica, ya que muchos le acusaban de no basar su teoría sobre pruebas sólidas. Después de todo, él no había navegado por ese gran río desde el lago Victoria hasta Egipto; más aún, ni siquiera lo había visto.

Por todo ello, en 1860 Speke dirigió una nueva expedición para confirmar sus teorías. Acompañado de James Grant, llegó de nuevo al lago Victoria y lo exploró, llegando hasta el lugar donde las aguas del lago caían formando una gigantesca catarata, a la que dio el nombre de Ripon, en honor del presidente de la Real Sociedad Geográfica.

Ante la hostilidad de los nativos que vivían en el curso del Nilo, hostilidad comprensible si se tiene en cuenta que, hasta entonces, los únicos extranjeros que llegaban a sus tierras eran los traficantes de esclavos, Speke se desvió tierra adentro hasta llegar a la localidad de Gondokoro. Allí, antes de seguir Nilo abajo, se encontró con su colega Samuel Baker, el cual dirigía, junto con su compañera Florence, una expedición hacia los Grandes Lagos que les llevaría a descubrir el lago Alberto.

Este gran éxito no sirvió para acabar de resolver la cuestión del origen del Nilo. Speke fue criticado por sostener que procedía del lago Victoria sin haber seguido todo el curso del Nilo. Su muerte en un accidente de caza poco antes de cele-

El Nilo en las cataratas Munchison, en la actualidad cataratas Kabarega. Baker puso el nombre de uno de los presidentes de la Real Sociedad Geográfica, patrocinador de la expedición, a este salto de agua. La denominación local de los diversos lugares no era muy tenida en cuenta.

brar una polémica discusión pública con Burton, uno de sus principales detractores, no hizo más que encrespar los ánimos, ya que muchos pensaron que se había suicidado.

La exploración de África alcanzó un gran revuelo periodístico a partir de las expediciones de Speke, Burton, los Baker y otros exploradores. Los periódicos llevaban noticias de los últimos acontecimientos y los exploradores eran considerados verdaderos héroes. En este ambiente, la desaparición en África, de David Livingstone, un médico y misionero muy respetado por su lucha contra el tráfico de esclavos, se convirtió en uno de los temas de discusión no sólo en las sociedades geográficas. No deja de ser sintomático que la expedición de rescate la patrocinase un periódico y la encabezase un reportero.

Las expediciones de Livingstone y Stanley

La desaparición de David Livingstone, un médico y misionero muy respetado por su lucha contra el tráfico de esclavos, conmocionó a todo el mundo, en el momento en que las exploraciones a África alimentaban la imaginación de todo el mundo.

No sólo las sociedades geográficas, sino también la prensa seguían día a día las aventuras de los intrépidos exploradores del África negra. Los periódicos informaban de los últimos acontecimientos y los exploradores eran vistos como verdaderos héroes. Entre todos ellos, David Livingstone y Henry Stanley alcanzaron la gloria y un halo de misterio que ha llegado hasta nuestros días.

Los viajes de David Livingstone

David Livingstone llegó a Ciudad del Cabo, en África, en 1840, enviado por la Sociedad de las

➤ *Ilustración de una biografía de David Livingstone. Los motivos iconográficos de la misma nos muestran una alegoría liberadora y dignificadora de los nativos africanos, eso sí, bajo la égida civilizadora del hombre occidental cuyo papel patrocinador servía como excusa para la colonización.*

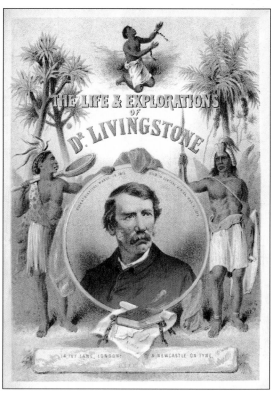

◄ *Henry Stanley posando para la cámara junto a su criado Kalulu. El periodista norteamericano logró crearse una aureola de explorador moderno gracias a los relatos de sus expediciones. Esto no impidió que, a partir de 1879, se encargase de crear un estado belga en el Congo por cuenta del rey Leopoldo II.*

Misiones de Londres. Nacido en Escocia, en el seno de una familia humilde, había logrado realizar sus estudios de manera casi autodidacta mientras trabajaba en una fábrica de seis de la mañana a ocho de la tarde, y su capacidad no había pasado desapercibida, ya que le permitió obtener una beca con la que completó sus estudios de medicina y teología.

En África contrajo matrimonio con la hija de un pastor anglicano, y pronto dio muestras de su carácter aventurero, ya que en 1849 emprendió su primera exploración, que le llevó a cruzar el desierto del Kalahari hasta llegar al lago Ngami. Su intención era llevar el evangelio a los pueblos más alejados del interior del continente africano, pero también había una gran sed de aventura, un ansia de adentrarse en lo desconocido. Para Livingstone, su ministerio eclesiástico no consistía en permanecer quieto en una misión, enfrentado a la hostilidad de la población bóer, de origen holandés, que lo consideraba un instrumento de la política exterior del Reino Unido.

En los años siguientes, Livingstone prosiguió sus exploraciones que le llevaron por el río Zambeze. En ellas le acompañaba su familia, pero pronto fue consciente del creciente peligro de las mismas, e hizo que su mujer y sus tres hijos se

embarcasen de vuelta a Inglaterra. Libre de preocupaciones familiares, Livingstone decidió llevar a cabo una expedición muy ambiciosa, recorrer los 1 800 kilómetros que separan el Zambeze de la costa occidental africana.

El viaje fue terrible, pero Livingstone, que estaba aquejado de paludismo, no sólo consiguió coronar con éxito la misión, sino que, tras un breve descanso, regresó por donde había llegado al Zambeze. En los años que siguieron a este viaje, con el apoyo de uno de los gobernantes del lugar, emprendió diversas expediciones hacia el este, en el curso de las cuales, en 1855, llegó a las cataratas Victoria, conocidas en el lugar como el humo que ruge, por la nube de vapor que se forma en el salto de agua.

Tras regresar a Inglaterra en 1856, donde fue recibido como un héroe, Livingstone publicó el libro *Missionary Travels and Researches in South Africa*, en el que daba cuenta de sus viajes y denunciaba la trata de esclavos. El éxito de esta obra sirvió para reforzar el clamor popular contra esta práctica indigna y, en 1858, fue enviado, bajo el patrocinio del Foreing Office, a África para continuar las exploraciones y extender la misión civilizadora del Reino Unido en ese continente. En esta expedición, de gran envergadura, Livingstone y su equipo llegaron hasta el lago Malawi y constataron que el Zambeze no era navegable. Sin embargo no se sintió satisfecho con los resultados y, tras regresar a Inglaterra, preparó una nueva expedición en 1866, ésta al lago Tanganika.

STANLEY ENCUENTRA A LIVINGSTONE

En 1870 hacía años que nadie sabía nada de David Livingstone. Desde que en 1866 desembarcara en una misión de la Real Sociedad Geográfica para dilucidar la cuestión de los orígenes del Nilo, las pocas noticias que habían llegado de él apuntaban a un destino trágico. Deseoso de des-

Juego de finales del siglo XIX sobre las exploraciones del interior de África. La travesía del continente y la exploración de la región de los Grandes Lagos son dos de los motivos del mismo, en consonancia con la orientación de los viajes de los exploradores de África.

"El doctor Livingstone, supongo", una frase que iba a hacer historia del encuentro entre David Livingstone y Henry Stanley en Ujiji. A pesar de su delicado estado de salud, el explorador escocés se negó a ser "rescatado" y permaneció en África explorando el río Lualaba gracias a las provisiones que le había llevado Stanley.

Hubiese corrido hacia él, pero me acobardé ante tamaña empresa; lo habría abrazado, pero, siendo él un inglés, no sabía cómo me recibiría, así que hice lo que la cobardía y el falso orgullo me sugirieron que era lo mejor; anduve tranquilamente hacia él, me quité el sombrero y dije:

-¿El doctor Livingstone, supongo?

-Sí – respondió él con una amable sonrisa.

HENRY STANLEY EN EL CONGO

Ambos hombres congeniaron y juntos circunnavegaron el lago Tanganika, pero Stanley no consiguió convencer al misionero escocés para que regresase. Livingstone falleció en 1873, agotado y enfermo, mientras proseguía sus exploraciones en el río Lualaba.

La localización de Livingstone dio a Stanley una gran fama, que él supo aprovechar para organizar, en 1874, una nueva expedición. En esta ocasión, Stanley acabó por confirmar que Speke estaba en lo cierto y que las aguas del Nilo procedían del lago Victoria.

A continuación, Stanley se dirigió al lago Tanganika y comprobó que no era uno de los tributarios del Nilo, tras lo cual, en 1876, continuó su marcha hacia el oeste, llegó hasta el río Lualaba y descendió por él hasta alcanzar el río Congo y más tarde el océano Atlántico. Se había convertido en la tercera persona que había cruzado el continente africano de este a oeste, después de Livingstone y Cameron.

velar este misterio, y de paso conseguir grandes ventas, James Gordon Bennet, editor del *New York Herald,* propuso a uno de sus periodistas que fuese a África en busca del explorador perdido. El verdadero nombre de este periodista era John Rowlands, pero se haría famoso por su seudónimo: Henry Stanley (1841-1904).

Henry Stanley llegó a África en 1871, desembarcó en Zanzíbar y se puso en camino, al frente de una numerosa expedición, que hubo de superar las terribles condiciones de la región. El 10 de noviembre de 1871, tras haber oído rumores que hablaban de la presencia de un occidental en las cercanías, Stanley se dirigió rápidamente a la localidad de Ujiji, ya que sospechaba que Livingstone no desease ser encontrado y decidiese marchase antes de su llegada. Stanley entró en el poblado y, tal como esperaba, encontró a Livingstone. Fue entonces cuando se produjo el famoso y absurdo diálogo:

Rescate de uno de los jefes de piragua atrapado en unos rápidos durante una de las expediciones de Stanley por el río Congo. La poca navegabilidad de este curso fluvial fue una de las grandes dificultades que hubo que vencer para explorar su curso.

EN LAS CATARATAS VICTORIA

El diario de Livingstone está lleno de jugosas descripciones de unos lugares que a él se le antojaban maravillosos y que hasta entonces no habían sido pisados por ningún europeo. La siguiente nota de su diario sobre las cataratas Victoria es un buen ejemplo.

El día 17 fui, con Sekeletu, a visitar las cataratas llamadas Chongoué o Mosi-oa-Tounya, cuyas columnas se divisan tras veinte minutos de navegación desde Calai. El paisaje es admirable. Pedí que me desembarcaran en una isla que está casi en medio de la cascada y que me

permitió gozar del espectáculo de un río de mil metros de anchura que se precipita como una masa en un abismo que no tendrá mucho más de veinte metros de ancho. Es el espectáculo más sorprendente que haya contemplado en África.

David Livingstone

Asia

*L*os viajes a Asia fueron el principal motor de la gran expansión colonial europea *a partir del siglo* XVI. *Se trataba de alcanzar las islas de las especias, el lugar de origen de una de las mercancías más preciosas de su tiempo, pero también existía una fuerte voluntad de cruzada religiosa, de lucha contra el islam. En esta lucha, realidad y ficción, esta última en la forma del fabuloso reino del Preste Juan, se entremezclaban para impulsar a aquellos navegantes a enfrentarse a lo desconocido.*

El peso principal de las exploraciones en Asia recayó sobre los portugueses, los cuales, gracias a sus conocimientos sobre la ruta del sur de África, lograron forjar un imperio en el océano Índico, una epopeya bélica que con el tiempo daría paso a los comerciantes y, más tarde, a los misioneros. En los años que siguieron, la supremacía portuguesa sería desafiada por otras naciones europeas, en especial Holanda e Inglaterra. Aun así, el dominio de esos mares permanecería por mucho tiempo en manos occidentales.

*T*ejido chino de seda *del siglo* XVI.

Vasco de Gama en India

Vasco de Gama, el hombre que dirigió la primera expedición a India, ocupa un lugar destacado en la gran aventura de los portugueses en el Índico.

En los últimos años del siglo XV y los primeros del XVI, Portugal llevó a cabo una de las aventuras marítimas de mayor envergadura de la Historia: la construcción de un imperio comercial en los antípodas.

En 1497 parecía claro que era posible franquear el extremo sur de África y llegar hasta el Índico, como lo había demostrado diez años antes Bartolomeu Dias. Por ello, el rey Manuel II el Afortunado confió el mando de una pequeña flotilla a Vasco de Gama con la misión de llegar a la India siguiendo la ruta de Bartolomeu Dias. Estaba en juego el comercio de especias, ya que las rutas del mismo, hasta aquel momento, eran controladas por los árabes.

La flota de Vasco de Gama estaba compuesta por dos navíos, el *Sâo Rafael* y el *Saô Gabriel*, una carabela, la *Berrio*, y un barco de suministros, con una dotación total de 170 hombres. Vasco de

➤

Vasco de Gama en un grabado del siglo XVI. La empresa exploradora de los portugueses revistió pronto un evidente cariz militar al encontrarse con la presencia musulmana en los puertos del África Oriental.

Por espacio de tres años, Vasco de Gama completó su travesía con destino a Calicut, en la India.

▼

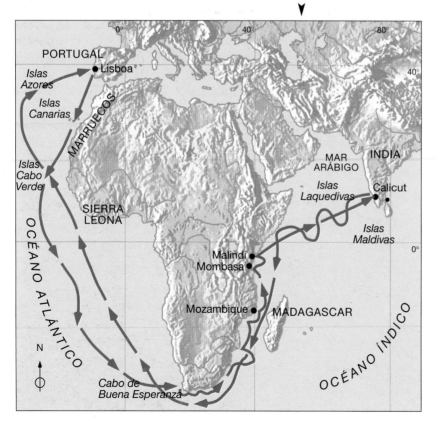

Gama navegó hasta Cabo Verde y, desde allí, se adentró en el Atlántico para evitar las peligrosas corrientes de la costa africana. Este largo trayecto sin ver tierra, que llenó de temor a las tripulaciones, terminó al cabo de tres meses, cuando avistaron de nuevo la costa africana.

A mediados de noviembre de 1497, la flotilla de Vasco de Gama cruzó el cabo de Buena Esperanza y navegó con rumbo norte bordeando la costa oriental de África. Con buena parte de la tripulación enferma de escorbuto, la expedición hizo un alto para descansar en la desembocadura del río Quelimane, tras lo cual navegaron hacia el puerto de Mozambique.

PROBLEMAS CON EL SULTÁN

El puerto de Mozambique estaba controlado por los árabes, que monopolizaban el comercio en la región. Por esta razón, Vasco de Gama decidió hacerse pasar por musulmán. En un principio la estratagema funcionó, ya que el sultán de Mozambique les recibió muy bien, e incluso les ofreció guías para que prosiguieran su viaje hasta la India. Sin embargo, pronto aparecieron las suspicacias y el sultán empezó a sospechar que Vasco de Gama lo había engañado sobre su religión. Ante el enfado del gobernante, los portugueses levaron anclas y se hicieron a la mar, pero estaban muy escasos de vituallas, por lo que se vieron forzados a desembarcar cerca de allí y aprovisionarse por la fuerza.

La navegación atravesó momentos difíciles ya que los guías árabes no eran de fiar, pero la expedición logró llegar a Mombasa, donde fueron bien recibidos por el jeque del lugar. Vasco de Gama no se fiaba de su anfitrión y sus sospechas no tardaron en ser confirmadas al descubrir que el jeque les tenía preparada una trampa. Alertados, consiguieron rechazar el ataque y huir con sus tres barcos (el buque de transporte de suministros había sido abandonado al cruzar el cabo de Buena Esperanza).

RUMBO A LA INDIA

La siguiente escala en la costa africana fue más provechosa para los expedicionarios. El jeque del lugar, Malindi, estaba enemistado con el de Mombasa, por lo que les recibió de buen grado y les dio un guía que conocía aquellas aguas. Es más, los portugueses establecieron contacto con una nave hindú, lo que les convenció de la cercanía de su objetivo. El 24 de abril de 1498 zarparon de Malindi con rumbo este, hacia la costa Malabar, y pocas semanas después arribaron al puerto de Calicut.

Allí quedó claro que los presentes enviados desde Portugal por el rey Manuel II no eran del agrado de la corte del gobernante de la ciudad, el zamorín. Esto, unido a la presión de los comerciantes musulmanes, que denunciaron que Vasco de Gama había mentido reiteradamente para ocultar su religión y había actuado con violencia en la mayoría de los puertos africanos en los que había recalado, llevó a una situación muy tensa con las autoridades de Calicut. A pesar de todo, Vasco de Gama logró contemporizar con el zamorín y zarpó

Vasco de Gama ante el zamorín de Calicut, en la costa Malabar. Las relaciones entre los exploradores portugueses y los hindúes se deterioraron muy rápidamente. Con todo, Vasco de Gama logró retornar a Portugal con un cargamento de especias.

de Calicut, de vuelta a Portugal, con un cargamento de especias.

EL LARGO RETORNO

El viaje de vuelta, como solía ocurrir en travesías tan largas y difíciles, fue durísimo. En el trayecto hasta Malindi invirtieron tres meses y sufrieron tantas bajas que Vasco de Gama, por carecer de hombres para tripular las tres naves, decidió repartir a los supervivientes en los dos barcos restantes y quemar el *Sâo Rafael*. Tras franquear el cabo de Buena Esperanza, las dos naves se separaron a causa del mal tiempo y cada una se vio forzada a regresar a Portugal por su cuenta, alcanzando ambas su objetivo. Vasco de Gama arribó a Lisboa el 9 de septiembre de 1499.

EL IMPERIO PORTUGUÉS

Portugal no desperdició la oportunidad que se le presentaba y al año siguiente envió una nueva expedición, compuesta de trece naves, al mando de Pedro Álvares Cabral. Esta expedición tuvo que afrontar grandes dificultades, primero las tormentas del cabo de Buena Esperanza que hundieron siete naves, entre ellas la del famoso navegante Bartolomeu Dias, y luego la hostilidad de los hindúes, que desconfiaban cada vez más de los extranjeros.

En 1502 Vasco de Gama volvió a la India, esta vez al frente de una flota de veinte naves. Su actuación, decididamente cruel, provocó la disrupción del comercio árabe y sirvió para establecer el poder de Portugal en la zona. Años más tarde, en 1524, falleció en el curso de una nueva expedición a la Costa de Malabar.

Los portugueses en el Índico

Las expediciones de Bartolomeu Dias y de Vasco de Gama abrieron a Portugal la ruta a la India, pero era necesario establecerse firmemente en esas aguas, para poder controlar las rutas del comercio de las especias.

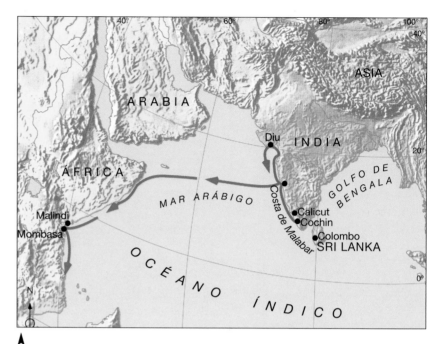

En las expediciones que siguieron a las de Bartolomeu Dias y Vasco de Gama, navegantes como Francisco de Almeida y su hijo Lorenzo o Afonso de Albuquerque, se convirtieron en personajes de leyenda. Gracias a ellos, el pequeño reino de Portugal fue capaz de crear un gigantesco imperio en el Índico que perduraría hasta el siglo XVII.

LA EXPEDICIÓN DE FRANCISCO DE ALMEIDA

Francisco de Almeida (1450-1510) pertenecía a la nobleza portuguesa y había logrado una gran fama en las guerras contra los musulmanes, una experiencia que, sin duda, avaló su nombramiento de virrey de la India, en 1505. Siguiendo las directrices del rey Manuel I organizó una flota de veintiún navíos fuertemente armados, con la que

Afonso de Albuquerque ocupó Calicut en 1512 y tres años más tarde murió durante el viaje de regreso a Europa.

Detalle del puerto de Lisboa en un grabado del siglo XVI.

navegó hacia el cabo de Buena Esperanza. Era una expedición militar con todas las de la ley.

Una vez la flota hubo pasado el cabo de Buena Esperanza, Almeida se dirigió a Kilwa, en la actual costa de Tanzania, donde construyó un fuerte que sirviese de lugar de abastecimiento para las futuras expediciones. Acto seguido, la flota portuguesa puso rumbo a Mombasa, cuyos gobernantes se habían enfrentado a Vasco de Gama, y la destruyó.

La siguiente etapa del viaje de Francisco de Almeida lo llevó hasta la costa de la India, lugar donde establecieron una cadena de fuertes para controlar el comercio de las especias. Él mismo estableció su base de operaciones en Cochín y firmó un tratado comercial con Malacca, la actual Melaka, en Malaysia.

LAS EXPEDICIONES DE EXPLORACIÓN DE LORENZO DE ALMEIDA

Siguiendo las órdenes de su padre, el virrey Francisco de Almeida, Lorenzo de Almeida realizó varios viajes de exploración por el océano Índico, que le llevaron, en 1505, a convertirse en el primer portugués en visitar Ceilán (hoy Sri Lanka), donde fundó la colonia de Colombo. Ese mismo año dirigió una nueva expedición a las Maldivas y actuó como diplomático firmando varios tratados comerciales.

La presencia portuguesa empezaba a resultar molesta a los árabes, que hasta entonces habían

El comercio de especias en el Índico

El principal problema con el que se topó Portugal en su intento de hacerse con el control del comercio de las especias fue que este comercio estaba ya plenamente establecido a su llegada a aquellas aguas. Los hindúes y los musulmanes hacía siglos que comerciaban pacíficamente y habían logrado establecer una tupida red de intercambios a la que era difícil acceder, sobre todo con los productos de poco valor que podían ofrecer los europeos a cambio de las preciadas especias. Ante ello, se impuso la solución militar; los incidentes violentos que ya habían salpicado las expediciones de De Gama y Cabral no fueron más

que el preludio de una lucha feroz por el dominio de uno de los comercios más lucrativos del momento.

controlado el comercio de las especias. En 1506, Lorenzo de Almeida destruyó una flota árabe en la costa occidental de la India y dos años más tarde hizo lo mismo con otra flota procedente de Malaca, en Chaul. Sin embargo, la llegada de una escuadra egipcia, enviada por el último sultán mameluco, cambió las tornas; bloqueado por los egipcios, Lorenzo de Almeida luchó valerosamente, pero no pudo evitar la derrota, muriendo a causa de las heridas recibidas en el combate. Dos años más tarde, sus gestas serían inmortalizadas por Luis Vaz de Camôes en su poema épico *Os Lusíadas*.

El establecimiento del dominio portugués en el Índico

La victoria de los árabes no tuvo efectos duraderos, ya que en febrero de 1509 Francisco de Almeida aplastó a la flota combinada de árabes y egipcios en la batalla de Diu tras una dura campaña en la que arrasó sus puertos y ciudades. De esta manera quedó asentada la presencia portuguesa en la región. A los pocos meses, llegó a Cochín Afonso de Albuquerque, con órdenes de sustituir a Almeida. Este virrey se negó a aceptar

Escena de una farmacia en Europa. Las especias, además de condimentar la cocina europea, eran consideradas excelentes fármacos para combatir diversas enfermedades, como la peste bubónica.

Vista de Goa, en la costa occidental de la India. Su conquista a manos de Afonso de Albuquerque en 1510 representó la implantación de la presencia portuguesa en el Índico y la convirtió en uno de los principales centros del poder portugués en aquel océano.

la orden por considerarla falsa y encarceló a Albuquerque, hasta que fue convencido de que debía liberarlo y abandonar su cargo. De regreso a Portugal, Almeida murió en África, en una escaramuza contra los hotentotes, tras haber desembarcado para abastecerse de agua.

Por su parte, Albuquerque prosiguió con la tarea de construir un imperio colonial portugués. En marzo de 1510 conquistó, tras una dura campaña, la ciudad de Goa, lo cual obligó a los gobernantes hindúes a aceptar la presencia portuguesa. Acto seguido marchó sobre Malacca y, tras romper el asedio de Goa, en 1512, ocupó Calicut. Su última expedición, en 1515, para ocupar Hormuz sólo tuvo un éxito parcial, y Albuquerque, enfermo, murió durante el viaje de vuelta.

El proyecto portugués de monopolizar el comercio de las especias y provocar la ruina de Egipto no logró completarse por carecer de los recursos necesarios para llevarlo a cabo. No era posible ocupar cada puerto y cada fondeadero, ni romper unas sólidas relaciones comerciales, establecidas en el curso de los siglos. Sin embargo, Portugal logró construir un imperio comercial en el Índico, que nadie fue capaz de desafiar hasta el siglo XVII.

Los viajes a Japón

A principios del siglo XVI, el archipiélago japonés era uno de los lugares más desconocidos para los europeos, que nunca habían puesto el pie en aquellas tierras. Fue a lo largo de este siglo, coincidiendo con la gran expansión naval portuguesa, cuando se produjeron los primeros contactos.

Uno de los primeros europeos en llegar a Japón, si creemos sus propias palabras, fue Fernão Mendes Pinto (h. 1510-1583), un viajero y escritor que se hizo famoso por la relación de sus andanzas en un libro, *Peregrinação*, publicado póstumamente en 1614, que lo convirtió en una figura de primer orden de las letras lusas.

Mendes Pinto, que había sido paje del duque de Coimbra, se embarcó hacia las Indias en 1537, en lo que sería la primera de sus muchas aventuras. Según su relato, vivió, comerció y luchó en casi todas la partes de Asia, fue capturado en trece ocasiones y vendido diecisiete veces como esclavo, por no mencionar los numerosos naufragios que sufrió. Parece ser que en el curso de sus viajes llegó a Japón y allí, cerca de Yokohama, estableció un primer asentamiento en 1548. Tras su regreso a Portugal, en 1558, Mendes Pinto se casó y se retiró a Alamanda, cerca de Lisboa.

Muchos estudiosos han puesto en duda la fiabilidad de los relatos de Mendes Pinto, por el fuerte componente colorista de los mismos, un deseo de explicar una historia más que la verdadera historia. A pesar de ello, no hay duda de que todas sus narraciones tienen una base real y que la sin-

▲
Comerciantes y misioneros portugueses desembarcando en un puerto japonés. La influencia del cristianismo fue considerable en lugares como Nagasaki.

➤
Una nave portuguesa con su tripulación fondeada en puerto según un mural japonés del siglo XVI.

➤➤
Jesuítas portugueses en Japón. Las actividades de los misioneros continuaron de manera ininterrumpida hasta la persecución iniciada en 1622.

ceridad del relato parece evidente. En cualquier caso, las exageraciones e inexactitudes se deberían al hecho de que Mendes Pinto explicaba aquello que recordaba y, por tanto, en algunas ocasiones primarían las impresiones personales.

LLEGAN LOS HOLANDESES

La llegada de los holandeses a Japón no fue nada casual si tenemos en cuenta que las Provincias Unidas llevaban tiempo intentando encontrar la manera de acceder al comercio de las especias, hasta entonces monopolizado por los portugueses, que formaban parte de la poderosa monarquía hispánica, enemiga de Holanda. Por carecer de la red de fuertes y fondeaderos seguros con los que contaban los portugueses para circunnavegar África, los holandeses resolvieron intentar la ruta opuesta, por el estrecho de Magallanes, en el extremo sur de América.

La primera expedición holandesa a aquellos mares zarpó de Rotterdam en 1598. Estaba compuesta por cinco naves y su intención era saquear los asentamientos españoles en el Pacífico, y utilizar el botín para intercambiarlo por especias. La expedición fue un desastre, una de las naves se vio forzada a volver, tres se hundían en el trayecto y el barco superviviente, el de Leifde, al mando del capitán Quaeckernaeck y guiado por el piloto inglés Adams, logró llegar a las costas del Japón.

▲
Curiosa pintura china del siglo XVII, conservada en el Art Institute de Chicago, que muestra a los jesuitas en Japón.

No es preciso decir que los holandeses se encontraron con la férrea oposición de los portugueses, que ya llevaban más de medio siglo instalados en el Japón, pero consiguieron ganarse la amistad del shogun, Tokugawa Ieyasu, en especial William Adams, quie se convirtió en su confidente. Tokugawa invitó a los comerciantes de la Compañía Holandesa de las Indias Orientales a viajar a Japón para comerciar.

La relación entre holandeses y japoneses tuvo continuidad, aun en la época en que Japón permaneció cerrado a las influencias exteriores.

OTROS VIAJEROS EN JAPÓN

En la misma época que Mendes Pinto visitó Japón, otros viajeros llegaron a este archipiélago. El primer contacto entre europeos y japoneses se produjo en 1542, cuando un barco mercante portugués fue desviado de su ruta por un tifón y recaló en las costas de Japón. Con la ayuda de la población local, los portugueses lograron reparar su navio y continuar el viaje de vuelta a Malaca llevando noticias de aquellas tierras.

Años más tarde, un grupo de jesuitas, dirigidos por san Francisco Javier, uno de los fundadores de la Compañía de Jesús, llegó al Japón. Por aquel entonces la situación política en Japón era muy inestable; el poder central residía en el Shogun, un regente que gobernaba en nombre del emperador, que era una figura decorativa, pero al mismo tiempo el poder del shogun tambien estaba amenazado a causa de las luchas entre los nobles, que creaban un fuerte clima de inseguridad. En este ambiente los jesuitas intentaron llevar a cabo su labor espiritual, contando inicialmente con las simpatías de algunos gobernantes japoneses, pero los progresos fueron muy lentos y san Francisco Javier decidió trasladarse a China, un territorio que creía más fértil para su predicación, recayendo en otras manos la tarea de la Compañía en Japón.

Los misioneros llegan a Asia

En 1327, el monje franciscano Odorico de Pordenone llegó hasta la ciudad de Lhasa. Más tarde, las expediciones de Antoni de Montserrat, Antonio de Andrade y, finalmente, de Greuber y D'Orville contribuyeron a difundir en Europa las primeras noticias sobre el Tíbet y otros lugares remotos de Asia.

La ciudad de Leh, capital del Ladakh, en la vertiente suroeste del Himalaya.

A mediados del siglo XVI los contactos, antes esporádicos y puntuales, entre Europa y China se incrementaron de manera considerable. Ello llevó a una mejora de los conocimientos geográficos de la que se beneficiaron ambas culturas; ahora bien, para los europeos, esto también representó el descubrimiento de un país oculto entre las montañas: el Tíbet. A pesar de ser mencionado tanto por Marco Polo como por Rubruk, el Tíbet no sería visitado por un europeo hasta la primera mitad del siglo XIV.

ANTONI DE MONTSERRAT, UN PRECURSOR

Nacido en Vic, cerca de Barcelona, Antoni de Montserrat (1536-1600) entró en la orden de los jesuitas y se formó en Portugal. Por esta razón, se unió a las diversas misiones jesuitas en la India, donde llegó a convertirse en embajador ante el Gran Mogol Akbar. Akbar (1542-1605) fue el gobernante mogol más importante de la India, su tolerancia hacia los no musulmanes le granjeó el apoyo no sólo de los hindúes, sino también de muchos cristianos, como Antoni de Montserrat, quien, como hemos visto, no tuvo ningún inconveniente en entrar a su servicio como diplomático.

Además de sede del poder y la nueva administración, la corte de Akbar era un importante centro cultural donde se reunían estudiosos del islam, el hinduismo y el cristianismo para discutir sobre religión bajo el patrocinio del propio Akbar, quien además extendió su protección sobre las artes y la literatura. Gracias a su posición de privilegio, Antoni de Montserrat tuvo ocasión de seguir algunas de las campañas militares de Akbar por el norte

Cerámica china de la llamada "familia rosa" por el predominio del esmaltado en este color. El origen de esta técnica es europeo. Su aparición en China nos da muestra de los contactos entre Oriente y Occidente.

de la India y acceder a diversas informaciones y rumores sobre el Tíbet. Fruto de todo ello fue el primer mapa del Himalaya, realizado en 1590, así como varios escritos en los que se describe el Techo del Mundo. Su trabajo sería muy importante para las futuras misiones a este territorio.

UNA CUESTIÓN DE CENTRALIDAD

Curiosamente, fue en la cartografía, tema de interés común para chinos y occidentales, donde aparecieron ciertas tensiones provocadas por la costumbre occidental de poner a Europa en el centro del mapa, lo cual era inaceptable para los chinos, quienes, evidentemente, situaban a su país en ese lugar preeminente. Por ello, algunos mapas, realizados con una gran precisión, recibieron grandes críticas a causa de esta divergencia da pareceres.

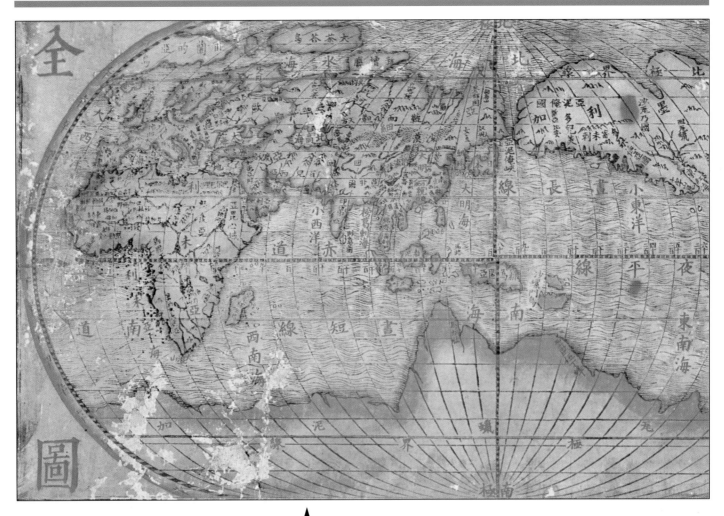

A
Planisferio realizado
por los jesuítas en China.
Nótese la posición central
de China, siguiendo los
cánones establecidos
en este país.

◄
Matteo Ricci en China.
Los jesuitas europeos
tuvieron que adaptarse
a la manera de vivir de
los chinos y adoptaron
sus costumbres y
vestimentas, así como
su lenguaje.

ANTONIO DE ANDRADE

Fue el portugués Antonio de Andrade (1580-1634) quien se encargó de seguir los pasos de Antoni de Montserrat. Andrade, otro jesuita, había permanecido largos años en la India conociendo el país y sus costumbres cuando, en 1624, emprendió un viaje hacia al Tíbet. Después de sortear grandes dificultades logró llegar a este país, donde fue bien recibido por su gobernante, que le concedió permiso para fundar una comunidad. Andrade regresó a Agra para reunir más misioneros y, acto seguido, volvió al Tíbet y fundó una misión en Chaparangue. Gracias a las cartas que de Andrade envió a sus superiores de la orden, ha podido ser recogida mucha información sobre los lugares que visitó. La tarea de Antonio de Andrade en el Tíbet terminó cuando tuvo que trasladarse a Goa para asumir el cargo de superior de su orden en las Indias.

LOS MISIONEROS CRISTIANOS EN CHINA

Desde finales de la Edad Media Oriente había despertado un gran interés en el papado como un lugar de predicación. Tras la irrupción de la Refor-

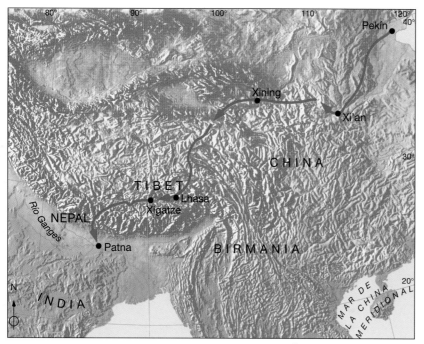

ma en Europa y la consiguiente Contrarreforma emanada del Concilio de Trento, en el Vaticano empezó a contemplarse la conversión de los pueblos de Asia como una empresa de gran importancia dentro de la contraofensiva del catolicismo.

Jesuitas como Francisco Javier (1506-1552) y Matteo Ricci (1552-1610) fueron a Oriente con la intención de fundar misiones para llevar a cabo esta labor de predicación. A causa de las grandes dificultades en Japón derivadas del clima de inseguridad político, Francisco Javier decidió probar suerte en China, un país que gozaba de una gran estabilidad interna. Su fallecimiento, al poco de llegar a este país, dejó la empresa en manos de Matteo Ricci.

En un primer momento, los jesuitas fueron bien acogidos en la corte de China. Ambas culturas, la europea y la china, se percataron de los logros que cada una había realizado, los jesuitas aprendieron chino y no dudaron en vestir a la manera mandarín y estudiar las doctrinas de Confucio, mientras que los chinos estuvieron muy interesados en aprender de los grandes avances realizados en Europa en matemáticas y astronomía.

Sin embargo, también surgieron dificultades, ya que estaba prohibida la entrada de extranjeros y existía una cierta desconfianza, provocada sobre todo por los enfrentamientos con los portugueses en la primera mitad del siglo XVI. Sólo a partir de 1555, con el establecimiento de los portugueses en Macao, la presencia de los europeos empezó a ser aceptada. Aun así, el propio Matteo Ricci, que era muy respetado por sus conocimientos cartográficos y su extraordinaria memoria, tuvo que esperar varios años antes de obtener el permiso para entrar en Pekín.

Recorrido por el interior de China de Johann Grueber y Albert D'Orville.

Jesuitas en la corte del Gran Mogol Akbar. La tolerancia religiosa de este gobernante propició un intenso contacto entre diversas culturas.

Estatuilla de porcelana blanca que representa al buda de la piedad. Mide 31,3 cm de altura y pertenece a la dinastía Qing (1644-1911).

La expedición de Grueber y D'Orville

Los siguientes en visitar el Tíbet fueron dos jesuitas, el alemán Grueber (1623-1665), y el belga D'Orville. Grueber, que se encontraba en Pekín ejerciendo de profesor de matemáticas en la corte imperial, fue llamado a Roma por su orden para realizar unas gestiones. Al darse cuenta de que el viaje por mar era muy difícil a causa del bloqueo del puerto de Macao impuesto por la flota holandesa, decidió viajar por tierra hasta la India.

Así pues, Grueber y D'Orville viajaron hasta Sinning-fu, en la frontera de Kan-su, para adentrarse, a continuación, en el Kukumor y el desierto de los kalmucos, hasta llegar a la ciudad sagrada de Lhasa. Pero las dificultades no habían hecho más que comenzar, ya que aún les quedaban por franquear los peligrosos pasos entre las montañas de la cordillera del Himalaya, para llegar a la llanura del Ganges. Invirtieron en total doscientos catorce días de viaje, una gesta de considerable valor que acabaría por cobrarse la vida de D'Orville, que murió en Agra a causa de la dureza del camino.

Después de haberse repuesto, Grueber prosiguió su camino y logró llegar a Europa siguiendo una ruta terrestre, en vez de la marítima, acompañado por el padre Henry Roth, un estudioso del sánscrito. Su viaje fue considerado un gran éxito y ello lo motivó a intentar una aventura similar; en 1664 intentó volver a China a través de Rusia, pero por desgracia surgieron complicaciones y tuvo que regresar a Estambul, la antigua Constantinopla, para seguir la antigua ruta terrestre. En esta ciudad cayó enfermo y fue llevado a Florencia, donde falleció.

Europa

Los europeos se consideran los exploradores, los descubridores que han hollado todas las partes del mundo, pero Europa también ha sido un contienente explorado por otros pueblos y, por tanto, los europeos han sido descubiertos por gentes llegadas de fuera, de lugares lejanos. Algunos de ellos llegaron en son de paz, pero otros se sirvieron de la fuerza de las armas, y para algunos de los más famosos, como Ibn Batuta, su estancia en Europa tan sólo fue una pequeña escala en un gran viaje.

Desde los navegantes fenicios, que se adentraban en el Mediterráneo en busca de mercancías valiosas, hasta los hunos de Atila, sedientos de botín y saqueo, pasando por los turcos de Bayaceto que perseguían la construcción de un imperio, Europa ha despertado el interés de muchas culturas. Esta inmensa tierra ha sido un lugar lejano situado más allá del horizonte, un lugar que había que explorar.

Griegos y fenicios en la península Ibérica

La llegada de los colonizadores griegos y fenicios a la península Ibérica a partir del siglo VIII a.C. representó el descubrimiento de una parte importante del litoral mediterráneo. Al mismo tiempo se puso en marcha un fructífero intercambio comercial.

Aunque ya se habían realizado otros viajes de exploración a las costas ibéricas, fue a partir de la llegada de estos navegantes del Mediterráneo oriental cuando la península Ibérica entró a formar parte del llamado "mundo clásico".

De hecho, fue a través de estos navegantes y colonizadores como las tribus iberas iniciaron un proceso de cambio cultural que conduciría a la denominada cultura ibérica.

Ruinas de la ciudad de Ampurias. Este pequeño asentamiento griego se convirtió en un centro de comercio así como en un punto de influjo cultural del mundo ibérico del noreste peninsular. Durante la Segunda Guerra Púnica (218-201 a.C.) Ampurias devino una de las bases de operaciones de los ejércitos romanos que operaban en Hispania.

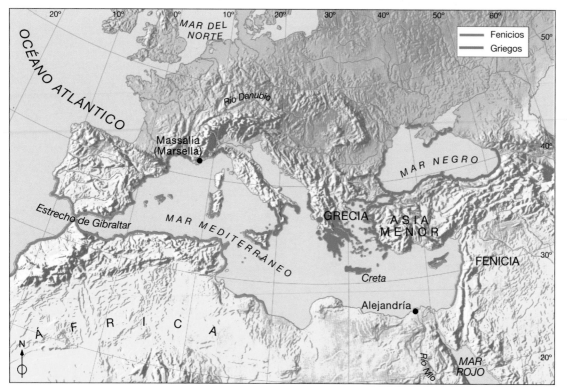

LA *ORA MARITIMA* DE AVIENO, ¿UN PERIPLO DE EXPLORACIÓN?

Rufo Festo Avieno, escritor romano de finales del siglo IV d.C., era seguidor de las doctrinas paganas y defensor a ultranza de los modos clásicos de la Antigüedad. Parece ser que un amigo suyo, que había sido nombrado gobernador de Bitinia, en el mar Negro, le pidió que hiciese una descripción de las costas de esa provincia que debía gobernar, a partir de los textos ya existentes. Avieno decidió ir mucho más allá y escribió un poema, inacabado, titulado *Ora maritima*, en el que se hace una descripción de la costa mediterránea, como si de un viaje se tratara, con sus accidentes geográficos y ciudades. Para ello se basó en textos muy antiguos, en lugar de utilizar los más contemporáneos, ya que su escrito era, de hecho, un alegato en favor de la antigüedad clásica.

Muchos estudiosos han querido ver en las antiguas fuentes utilizadas por Avieno un texto griego, posiblemente massaliota, que describía un periplo por las costas de la península Ibérica. Por lo tanto, sería un verdadero viaje de exploración realizado en fechas muy tempranas, ya que no son mencionados ni los fenicios ni los cartagineses, ni tampoco las ciudades de Emporion y Rhodes (fundadas hacia el 600 a.C.).

Por otra parte, los extraños topónimos hicieron pensar a muchos que la fecha del periplo fuese previa a algún cambio de población en la Península producido por alguna gran migración. En la actualidad se tiende a pensar que gran parte de la información contenida en *Ora maritima* es inventada, ya que no existe evidencia arqueológica que la sostenga.

LOS FENICIOS, LOS PRIMEROS COLONIZADORES

La colonización fenicia de la península Ibérica afectó al litoral andaluz. Se trataba de pequeños asentamientos que eran utilizados como puertos de comercio con el interior y como bases de apoyo para la navegación. En estas factorías es donde entraron en contacto los nativos y los fenicios, que introdujeron en la Península los productos de artesanía oriental y las técnicas de trabajo del bronce, el oro y el marfil.

Todo ello se tradujo en la aparición de un estilo propio, llamado "orientalizante", en el sur de la Península, que se caracteriza por formas y motivos propios de la iconografía de los pueblos costeros del Levante mediterráneo, lugar de procedencia de los fenicios. Así pues, figuras como el león, la esfinge y la flor de loto se convirtieron en elementos decorativos habituales de la artesanía ibérica del sur peninsular.

Sería inexacto pensar que esta aculturación se limitó a los objetos, a la cultura material, ya que fue en el campo de las ideologías donde el influjo oriental ejerció mayor impacto. Los diferentes pueblos asentados en el valle del río Guadalquivir experimentaron una evolución política y cultural que llevó a la aparición de jefaturas y caudillajes, una de las características de la civilización tartésica.

Los fenicios, por su parte, se beneficiaron de la minería, sobre todo de la plata. De la gran cantidad de pequeños asentamientos fenicios dedicados al comercio, la agricultura o la minería destaca por encima de todos Gadir, la actual Cádiz, una antigua colonia de Tiro.

LAS COLONIZACIONES GRIEGAS

La llegada de los griegos a la península Ibérica tuvo lugar hacia el 600 a.C. con la fundación de Rhodes y, más tarde, Emporion. La primera fue fundada por colonos procedentes de la isla de Rodas, mientras que la segunda fue una fundación massaliota (de Massalia, actual Marsella). Parece ser que los griegos también se establecieron en el sur de la Península, en Mainake (Andalucía) así como en varios puntos del litoral valenciano. Todas la fundaciones griegas tienen en común su pequeño tamaño, lo cual hace pensar que no se trataba de colonias de poblamiento, sino de factorías comerciales.

Los griegos utilizaron estos asentamientos para ponerse en contacto con los indígenas y establecer un fructífero comercio. Una actividad de intercambio en la que los iberos desempeñaban un importante papel, ya que dominaban las rutas al interior. Por lo tanto, no se trataba del clásico comercio desigual de baratijas, como lo demuestran los textos sobre plomo encontrados en Pech Maho, según los cuales el papel del intermediario indígena era muy importante en la transacción.

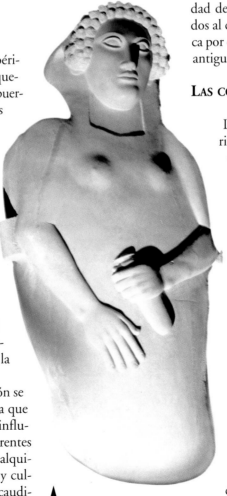

▲
Sarcógafo fenicio de alabastro hallado en la necrópolis de Gadir (siglos VI-V a.C.).

Las invasiones de Atila y los hunos

La tradición ha presentado a los hunos como un pueblo salvaje, una horda sin freno que arrasaba todo lo que se interponía en su camino.
En realidad, su actuación no fue muy distinta de la de otros pueblos bárbaros de la época.

➤
Guerrero franco en un relieve procedente de una tumba. Las invasiones de los bárbaros fueron una de las causas del derrumbe del Imperio Romano.

En el año 370 unos invasores procedentes del este arrasaron el reino ostrogodo del sur de Ucrania. Podría parecer que estos jinetes nómadas habían surgido de la nada, como una maldición divina, pero su existencia ya era conocida siglos antes tanto por los romanos como por muchos otros pueblos de la Antigüedad: eran los hunos.

Los hunos, pueblo estepario que vivía de la ganadería, han sido relacionados con los hsiung-un, un pueblo nómada que, a principios de nuestra era construyó un efímero imperio cerca de la frontera china. Se dividían en "hunos blancos" o heftalíes, que se extendieron por Irán y Afganistán, y "hunos negros", que son los que llegaron a Europa. A través de una larga migración, los hunos originarios se fueron mezclando con otros pueblos de las estepas hasta dar lugar a los feroces invasores que

Las conquistas del pueblo huno se sucedieron tanto en la Europa Oriental como posteriormente en la Occidental.

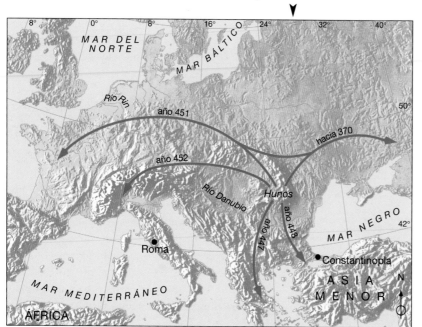

asolaron Europa en el siglo V. Sin embargo, se ha exagerado mucho tanto la destrucción como las características bárbaras de las gentes de Atila.

ATILA, EL REY DE LOS HUNOS

Atila era hijo de Mundziuch, el rey de los hunos, que se había instalado en Panonia con su pueblo. Cuando en el 433 heredó la corona junto a su hermano Bleda, no tardó en poner las tierras del Imperio Romano de Oriente en su punto de mira. Se trataba de una política consecuente con los lazos de amistad que le unían con Aecio, gobernante *de facto* de la parte occidental del Imperio.

El avance de los hunos fue devastador. Los invasores penetraron en los Balcanes, cruzaron Macedonia y llegaron hasta las Termópilas, arrasando a su paso las ciudades de Naissus, Viminacium, Singidunum y Sirmium. Tan grave era la situación que Teodosio II, emperador de Oriente, envió una embajada con un cuantioso tributo. No está claro si fue el pago del tributo o los informes aportados por Eudoxio, jefe de los bagaudas galos, unos campesinos sublevados, sobre el estado de desorden en que estaba sumido el Imperio de Occidente lo que

llevó a Atila a cambiar el rumbo de su política. En el año 451, muerto ya Bleda, remontó el Danubio y llegó hasta el Rin. Tras cruzarlo cerca de Maguncia, y después de saquear Bélgica, se adentró en la Galia. Allí le salió al paso el general romano Aecio, aliado de los francos, los visigodos y los burgundios. Atila rehuyó el combate y se retiró,

Pintura de Rafael que representa el encuentro entre el Papa León I y Atila. El Papa logró convencer a Atila para que no atacase Roma.

pero fue alcanzado en los Campos Cataláunicos. La consecuente batalla, si bien se saldó con una derrota de Atila, no cambió mucho la situación, ya que el jefe bárbaro logró retirarse con el grueso de sus tropas.

Tras reorganizar su ejército, en el 452 Atila invadió Italia; Friul, Aquilea, Padua, Verona, Mantua, Vicenza, Brescia y Bérgamo fueron tomadas, y la capital, Ravena, sólo se salvó por estar protegida por los pantanos circundantes. Sólo la intervención del papa León I consiguió disuadir al rey de los hunos de marchar sobre Roma, a cambio de un tributo y la mano de Honoria. Tras regresar a Panonia para hacer frente a un ataque del emperador Marciano, Atila murió, en su noche de bodas, en el 453.

Su imperio no le sobrevivió, ya que sus hijos Ellac y Ernac se disputaron la sucesión, situación que fue aprovechada por los germanos para sublevarse y destruir el imperio construido por Atila. Una vez perdida gran parte de su capacidad militar tras la defección de los germanos, y sin contacto con las otras tribus nómadas, los restos del pueblo huno se retiraron a las estepas del sur de Rusia o se pusieron al servicio de Roma como mercenarios.

MÁS ALLÁ DEL MITO

En realidad el grueso de las fuerzas que recorrieron Europa al mando de Atila estaba compuesto por germanos —ostrogodos, hérulos y gépidos— pueblos derrotados por los hunos, que habían acabado uniéndose a ellos. Así mismo, tal vez a causa de una fuerte aculturación, los hunos ya no combatían a la manera de los pueblos nómadas y contaban con trenes de asedio para forzar las murallas de las ciudades que se les oponían, algo impensable en los guerreros de las estepas. Parece claro que, una vez instalada su base de operaciones en la Llanura Panónica, en la actual Hungría, su organización evolucionó hacia formas más o menos cercanas a las de los reinos bárbaros sedentarios.

Murat y Bayaceto, los turcos en Europa

Sin duda, el crecimiento del poderío de los turcos otomanos provocó una gran preocupación en las cortes europeas, por lo que, como reacción, se organizó una Cruzada con el objetivo de expulsarlos del continente a finales del siglo XIV.

➤
***M**urat I condujo a los ejércitos turcos por los Balcanes, con lo que acabó por hundir la muy precaria situación de los emperadores de Constantinopla en la región. La ofensiva de los turcos en territorio europeo causó temor en toda la cristiandad.*

L os turcos, palabra árabe que significa fuertes, eran descendientes de los hiong-un, pueblo asentado en los alrededores del lago Baikal. Como ocurría a menudo en los pueblos nómadas, los turcos estuvieron, durante algunos períodos, bajo el dominio de otras tribus, en este caso los yuan-yuan, aunque a mediados del siglo VI ya se habían independizado.

Fue entonces cuando los turcos se asentaron en la Transoxiana, tras desplazar a los heftalitas, situación que les permitió controlar una parte importante de la Ruta de la Seda.

Tamerlán o Timur Lang, conocido como "el Cojo" (1336-1405), construyó a sangre y fuego un efímero imperio en el Asia Central a base de unificar a los pueblos que caían bajo su dominio.
↙

Desde este lugar llevaron a cabo una importante expansión, que desembocó en la formación de dos Estados, uno, el de los turcos orientales, en Mongolia, y otro, el de los turcos occidentales, en el Turquestán. Esta segunda rama fue islamizada en el año 705 y pronto pasó a desempeñar un papel muy importante en los asuntos del imperio abasí.

TAMERLÁN, EL INESPERADO SALVADOR DE CONSTANTINOPLA

L a ascensión de Tamerlán, un mongol islamizado por los turcos, fue fulgurante. En pocos años, gracias a su genio militar, pasó de ser un simple jefe de un grupo de guerreros nómadas a dirigir un gran imperio que abarcaba desde Georgia hasta la frontera de la China de los Ming. Su principal objetivo fue la expansión de la fe islámica, por lo cual no deja de ser paradójico que su ataque contra los turcos acabase por salvar, durante unas cuantas décadas, Constantinopla, aliviando simultáneamente la presión otomana sobre Europa. A su muerte, su imperio, con sede en Samarkanda, se disgregó.

La islamización de las diferentes tribus turcas continuó a lo largo de los siglos siguientes, hasta que en pleno siglo XIII un cabecilla de la rama de los cumanos, llamado Otman y recién convertido a la fe islámica, recibió el encargo del sultán selyuquí (familia de origen turco) de establecerse cerca de la frontera con Bizancio para defenderla.

Aprovechando la debilidad de los romanos orientales, que se enfrentaban a una sublevación de los mercenarios de la Compañía Catalana y del propio sultanato selyuquí, Otmán logró fundar un Estado a las mismas puertas de Constantinopla.

MURAT Y LA BATALLA DE KOSOVO

Murat (1326-1389) aprovechó las posesiones al otro lado de los Dardanelos de su predecesor Orján, para lanzar una ofensiva contra los Balcanes. Derrotó claramente a un ejército de griegos y búlgaros que pretendía frenar su avance cerca de Adrianópolis, y supo sacar provecho de la cambiante política de los Paleólogos de Constantinopla, la familia imperial, con los que selló una alianza antes de dirigirse al interior del continente. En su camino derrotó a húngaros, bosnios, serbios y valacos en la batalla de Maritza (1363).

Con sus enemigos batidos, se instaló en Adrianópolis, lugar que convirtió en su capital, lo cual indica una clara intención de centrar su política en Europa. Allí logró el vasallaje del emperador de Bizancio, Juan V, que le cedió las últimas posesiones bizantinas en Asia Menor. Años más tarde, en 1389, atacó contra el principado de Serbia y derrotó de manera decisiva, tras un durísimo combate, al príncipe Lázaro I en la batalla de Kosovo, consolidando así el poder otomano en los Balcanes. Sin embargo, no pudo ver los frutos de este triunfo, ya que pereció en la batalla.

BAYACETO Y LA MARCHA HACIA EL DANUBIO

Bayaceto sucedió a su padre Murat I y continuó sus campañas en Europa. Su avance le llevó a conquistar Bulgaria, estableciendo su frontera en el Danubio, y poco después reforzó su posición en Grecia, dejando al Imperio Bizantino en una situación desesperada. Contingentes de Borgoña, Inglaterra, Francia, Saboya, Escocia, Lombardía, Alemania y Bohemia se unieron al ejército húngaro enviado para rechazar a los turcos, pero Bayaceto infligió una contundente derrota a los cruzados en la batalla de Nicópolis, en 1396.

↑
Escena de la batalla de Kosovo según el Libro de los Cumplimientos. *La derrota serbia dejó las manos libres a los turcos en Europa. Bayaceto, heredero del imperio tras la muerte de Murat, durante el combate.*

Cuando parecía que nada podía oponerse al poderío turco y que la ciudad de Constantinopla estaba definitivamente condenada, los turcos fueron atacados en Oriente por los mongoles de Tamerlán. Ello obligó a Bayaceto a marchar a Asia Menor para hacerles frente.

En esta ocasión, las cosas no le fueron tan favorables, ya que sufrió una fuerte derrota en la batalla de Angora, en 1402, siendo capturado y muriendo en cautividad. Los otomanos tuvieron que esperar varias décadas para tomar la ansiada Constantinopla.

Los viajes de Ibn Batuta

En 1350 llegó al reino de Granada una expedición militar procedente de Fez, enviada por el sultán Abu Inan para defender la ciudad del acoso cristiano. Entre ellos estaba un cadí, un juez musulmán, llamado Ibn Batuta.

Ibn Batuta era un personaje que ya se había hecho famoso por sus viajes por todo el mundo islámico, así como por la India y Constantinopla. Viajó a Granada con la intención de conocer aquellas tierras tan cercanas a su lugar de nacimiento (Tánger). Se trataba de una etapa más de sus viajes, una de las aventuras más increíbles de la historia. Entre 1325 y 1354 recorrió 120 000 kilómetros, lo que le convierte en uno de los viajeros más importantes de todos los tiempos.

UN VIAJE DE PEREGRINACIÓN Y APRENDIZAJE

Nacido en el seno de una familia de juristas de Tánger, Ibn Batuta siguió la profesión familiar y estudió leyes y literatura. En 1325 partió de su ciu-

➤ *Representación pictórica de una peregrinación a La Meca. El viaje a La Meca establecido por Mahoma se convirtió en uno de los elementos de cohesión religiosa de los musulmanes y en un factor nada desdeñable de conocimiento geográfico.*

dad natal para realizar la peregrinación a La Meca, al tiempo que esperaba completar su educación estudiando en las escuelas jurídicas de Egipto y Siria. Estos estudios le permitieron convertirse en una personalidad muy respetada en las diversas cortes que visitó.

Una vez en Egipto, decidió dedicar su vida a los viajes y la aventura, lo cual no significa que olvidase sus obligaciones académicas y religiosas, sino que prefirió cumplirlas de un modo diferente. Gracias a la hospitalidad que los musulmanes ofrecían a los viajeros de su religión, sobre todo si eran personas dedicadas al estudio o en peregrinación, Ibn Batuta logró visitar casi todos los países del mundo islámico.

En Egipto decidió dirigirse al sur, hacia el mar Rojo, para luego continuar en dirección a Siria. De allí viajó hasta La Meca, donde llegó en 1327, cumpliendo así con la obligación de todo musulmán de visitar la ciudad santa como mínimo una vez en la vida. Después continuó hasta Irak y Persia, para llegar finalmente a Bagdad, ciudad que estaba bajo el dominio de Abu Said, el último de los khanes mongoles. Entre 1328 y 1330 estuvo en Medina

Mapa:

EUROPA · ASIA · CHINA · ÁFRICA · SAHARA · OCÉANO ÍNDICO

Río Volga · Río Indo · Río Ganges · Río Nilo

Constantinopla · Granada · Argel · Tánger · ANATOLIA · Tabriz · Kabul · Samarcanda · Damasco · Bagdad · Jerusalén · Isfahan · Alejandría · Shiraz · Quanzhou · El Cairo · Basora · Ormuz · Delhi · Cantón · Medina · OMÁN · Chittagong · Jidda · La Meca · INDIA · Calcuta · INDOCHINA · Islas Maldivas · SRI LANKA · SUMATRA · KENYA · SOMALIA · Mogadiscio · Mombasa · TANZANIA · Kilwa

1325-1327	1330-1346
1328-1330	1349-1354

y, de nuevo, en La Meca, ciudad a la que regresó para dedicarse a la vida contemplativa.

HACIA LA INDIA PASANDO POR CONSTANTINOPLA

Tras un período de inactividad, y cansado de tanta tranquilidad, Ibn Batuta decidió reemprender su vida aventurera y se embarcó en el puerto de Jidda para navegar por el mar Rojo hasta Yemen, país que visitó antes de embarcarse de nuevo, en Adén, hacia la costa oriental de África, donde hizo escala en los diversos puertos de la región. Tras regresar a La Meca, en 1330, decidió emprender una de sus más ambiciosas empresas, viajar hasta la corte del sultán de Delhi, Muhammad ibn Tughluq, en la India.

Allí esperaba ser bien recibido, ya que el sultán era conocido por la protección que brindaba a los estudiosos y sabios del Islam. A pesar de todo, este viaje, probablemente a causa de las dificultades de algunas rutas de comunicación más directas, tomó un rumbo peculiar, aunque ello permitiera al incansable viajero norteafricano satisfacer su ansia de visitar países lejanos.

La expedición se dirigió a Siria, a continuación se embarcó en Lakatia hasta Anatolia, cruzó esta península hasta llegar al mar Negro y se embarcó de nuevo para dirigirse a Crimea, desde donde viajó hasta el bajo Volga y llegó a la ciudad de Sarai, capital de la Horda de Oro, donde conoció al khan Muhammad Ozbeg. A partir de esta ciu-

Caravana en una miniatura de al-Wasiti, en Bagdad. Éste era uno de los medios más utilizados para viajar.

Escena de navegación en una miniatura persa.

dad, su viaje volvió a tomar una dirección inesperada, ya que, en lugar de continuar hacia el este, Ibn Batuta se unió a la comitiva de la esposa del khan —una princesa bizantina— que se dirigía a Constantinopla.

Después del viaje a Constantinopla viajó hacia la India, pero se desconoce la fecha de su llegada, ya que 1333, la fecha que Ibn Batuta nos da, es demasiado temprana si tenemos en cuenta el trayecto tan indirecto que siguió.

UNOS ESCRITOS PARA LA POSTERIDAD

Con la colaboración del poeta Ibn Juzavy, Ibn Batuta plasmó sus aventuras de tal manera que hoy día siguen siendo de gran ayuda para muchos historiadores. Sus descripciones no sólo de lugares, sino también de personajes, han permitido rescatar del olvido las vivencias de este viajero y nos han dado una visión de primera mano de muchos lugares que sólo eran conocidos por referencias generales.

Gracias a Ibn Batuta conocemos la personalidad del sultán de Delhi, de la cual hace un brillante retrato psicológico, o el aspecto que ofrecían, a los ojos de un musulmán, las calles de Constantinopla. También conocemos los sistemas de ayuda para los necesitados de la ciudad de Damasco, donde existían dotaciones económicas de todo tipo, desde las dedicadas a la mejora de las calles hasta las destinadas a sufragar el viaje a La Meca a quienes carecían de recursos económicos para hacerlo.

EN LA CORTE DEL SULTÁN DE DELHI

En Delhi, Ibn Batuta fue recibido con grandes honores y consiguió el puesto de gran cadí de la ciudad, un honor que con el tiempo demostró ser más peligroso de lo que hubiera podido imaginar, ya que el sultán era una persona muy desconfiada que no dudaba lo más mínimo en eliminar a quienes supuestamente se opusieran a sus designios. Ibn Batuta pudo considerarse afortunado de haber sobrevivido al hecho de caer en desgracia ante el soberano. Recobrada la confianza del sultán, Batuta fue nombrado embajador en China, hacia donde partió en 1342.

El viaje fue muy accidentado, ya que la comitiva primero fue atacada por insurgentes y, más adelante, su barco naufragó cerca de Calicut, perdiendo todos sus bienes en el desastre. Como también había perdido los presentes que el sultán enviaba al emperador de China, Ibn Batuta pensó que no era seguro regresar a Delhi y navegó hasta las islas Maldivas, donde ejerció de cadí, y pronto se vio immerso en la intrincada política del lugar. En el curso de estos años visitó Ceilán, Bengala y Assam, sufrió un nuevo naufragio y desarrolló una intensa actividad política que le llevó a casarse con una mujer que pertenecía a la familia gobernante.

RUMBO A CHINA Y REGRESO A MARRUECOS

Ibn Batuta decidió que había llegado el momento de completar la misión que el sultán de Delhi le había encomendado y navegó hasta Suma-

El sultán Muhammad ibn Tughluq (1325-1351). Ibn Batuta se dirigió a su corte atraído por la magnificencia de la misma y por las oportunidades que existían para eruditos de la ley como él.

Escena de un campamento musulmán. A pesar de que existía una densa red de posadas, a veces se levantaban campamentos.

tra, para luego embarcarse rumbo a China. Su barco le llevó hasta Chuan Chou, desde donde se dirigió a Pekín. Por desgracia, los detalles que sobre esta etapa del viaje ofrece en sus escritos son muy escasos, lo cual ha hecho dudar de su veracidad. Tras completar su viaje a China, emprendió el regreso poniendo rumbo oeste, y navegó hasta el golfo Pérsico, desde donde se dirigió a Bagdad y Siria, atravesando una tierra devastada por la peste negra. A continuación visitó, una vez más, La Meca y siguió hasta Egipto, desde donde salió para Fez, haciendo escala en Túnez y Cerdeña.

Después de visitar Granada, en 1349, el sultán de Fez le ordenó que se dirigiese al Sudán. Éste fue el último gran viaje de Ibn Batuta, quien, ya muy cansado, cruzó el desierto del Sahara. En este viaje pudo visitar el poderoso imperio de Malí, llegando hasta el río Níger, antes de regresar a Marruecos para cumplir la última orden del sultán: relatar por escrito sus viajes.

América

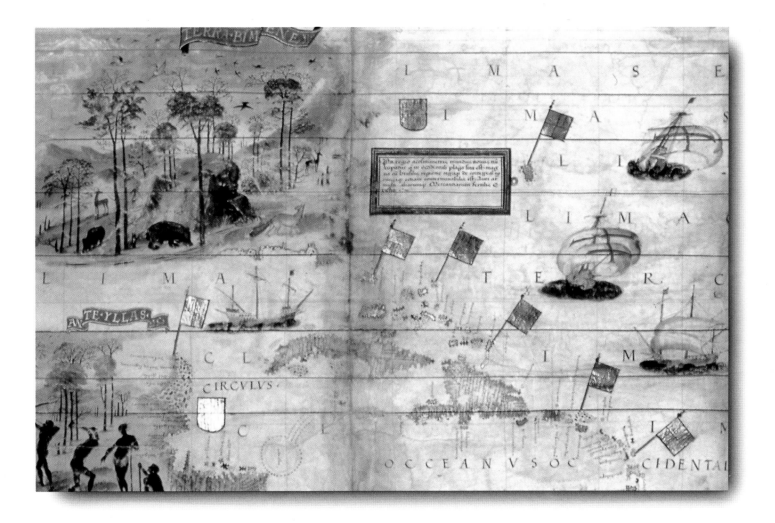

Detalle del atlas de Lopo Homen, del siglo xvi, que representa las Antillas.

A principios del siglo xv los Estados europeos medievales habían alcanzado su máximo desarrollo y se abrían a nuevas y complejas fórmulas de organización y gobierno. En este contexto, el control que los Estados musulmanes ejercían sobre el tráfico mercantil con Oriente constituía un grave obstáculo para las economías de los reinos occidentales. De aquí que fuera apremiante la necesidad de hallar una ruta marítima hacia los países orientales productores de especias. No es casualidad que reinos europeos entonces periféricos, como Portugal y Castilla, fueran los primeros en impulsar las primeras grandes empresas y animaran a sus navegantes a explorar las costas continentales africanas y buscar una ruta alternativa a Oriente.

Una vez expulsados los musulmanes de la península Ibérica, la corona castellana fue aún más allá de lo concebido hasta entonces. En 1492 financió la búsqueda de una ruta navegando hacia occidente, lo que suponía internarse en el desconocido océano Atlántico.

Los viajes de Cristóbal Colón

Intereses mercantiles y un profundo deseo de aventuras impulsaron los grandes viajes de descubrimiento en las postrimerías del siglo XV. Entre los muchos navegantes que surcaron los mares, Cristóbal Colón fue el primero en recalar en unas tierras cuyo conocimiento cambiaría para siempre la idea del mundo.

En 1485 según unas versiones y en 1491 según otras, Cristóbal Colón llegó agotado y hambriento con su hijo al monasterio de La Rábida, en Huelva. Allí contó y contagió su sueño de arribar a las Indias, siguiendo el camino del sol, a los frailes Juan Pérez y Antonio de Marchena. Al parecer, un náufrago le había relatado cómo alcanzar esas lejanas tierras de las que Marco Polo había descrito maravillas a su regreso del largo viaje.

Colón también aducía en favor de su proyecto la ciencia de Pierre d'Ally, formulada en su *Imago mundi*, y la del florentino Paolo del Pozzo Toscanelli, cuyo mapa suponía la esfericidad de la Tierra que Colón tenía como referencia.

Según declararía más tarde el padre Bartolomé de las Casas, y por si la ciencia no era suficiente para abogar por su ambicioso viaje hacia el oeste, el marino llevaba como argumento el libro *Historia de las cosas*, del papa Pío II, y la cita de algunos versículos bíblicos.

➤ *Sello de la isla Fernandina, que posteriormente sería conocida como Cuba. Los Reyes Católicos no tardaron en imponer su gobierno en las nuevas posesiones, haciendo caso omiso a los tratados que habían concertado en las Capitulaciones de Santa Fe.*

➤ *Tras zarpar de Palos en agosto del año 1492, Colón alcanzó América el 12 de octubre.*

Cristóbal Colón, después de ser rechazada su propuesta por la junta de sabios reunida en 1486 en Salamanca, no desistió. Seis años después, cuando los Reyes Católicos estaban a punto de concluir la Reconquista, éstos lo llamaron a Granada y allí, en Santa Fe, firmaron las capitulaciones que autorizaban la gran empresa.

DEL PUERTO DE PALOS RUMBO A LO DESCONOCIDO

Al frente de tres naves, la *Santa María*, propiedad del piloto Juan de la Cosa, la *Pinta* y la *Niña*, aportadas y capitaneadas por los hermanos Martín Alonso y Vicente Yáñez Pinzón, respectivamente, merced a una obligación contraída con los Reyes Católicos, y de una tripulación de casi cien hombres, Cristóbal Colón zarpó de Palos el 3 de agosto de 1492.

Sin embargo, la travesía del Atlántico propiamente dicha se inició a principios de septiembre cuando, después de reparar las naves averiadas y aprovisionarse de víveres, zarparon de la isla canaria de La Gomera.

Los vientos alisios hincharon las velas durante un largo tramo, pero fueron debilitándose progresivamente y con la inmovilidad, la soledad y el

EL REPARTO DEL MUNDO

Las peripecias del regreso del primer viaje colombino llevaron a la *Pinta*, capitaneada por Martín Alonso Pinzón, a Galicia, donde no se le permitió desembarcar a pesar de encontrarse enfermo, y la *Niña*, mandada por Colón, a Portugal. En Lisboa, el Almirante fue recibido por el rey Juan II, a quien dio cuenta de su descubrimiento antes de proseguir hacia Palos. No tardó el monarca portugués en reclamar a la corona castellana como suyas las tierras recién descubiertas merced a una sesgada interpretación del tratado de Alcáçovas. Sin embargo, las bulas del papa Alejandro VI de 1493 y el tratado de Tordesillas del año siguiente sancionaron el reparto del mundo entre las dos potencias.

miedo a lo desconocido, también decayeron los ánimos y las ilusiones de los tripulantes. Los días se hicieron demasiado largos y desesperantes, y un intento de motín estuvo a punto de hacer que las naves navegaran sobre su propia estela. El Almirante, animado y apoyado por los hermanos Pinzón, logró imponer su autoridad y ganar tiempo.

El Tratado de Tordesillas otorgó a los castellanos el Nuevo Mundo mientras que los portugueses mantenían el control de las rutas africanas a la India.

¡TIERRA!

Al fin, el 12 de octubre avistaron tierra y llegaron a la isla de Guanahaní. Ante la mirada más sorprendida que asustada de los indígenas, el almirante Cristobal Colón, que creía haber llegado a las Indias orientales, desembarcó en la isla que bautizó con el nombre de San Salvador y que probablemente es la actual isla de Watling, que forma parte del archipiélago de las Bahamas. Poco después, visitaron otras islas antillanas, entre ellas Juana, la actual Cuba, y La Española, donde naufragó la *Santa María*, con cuyos restos hizo construir el fuerte Navidad.

Tras este soberbio viaje, Cristóbal Colón realizó otros tres más, durante los cuales exploró otras islas caribeñas, como Puerto Rico y Jamaica, las costas continentales, desde la desembocadura del Orinoco, donde creyó estar a las puertas del Edén, hasta el golfo de Honduras.

Cristobal Colón regresó a España el año 504 y murió en Valladolid dos años después sin saber que las tierras a las que habían arribado sus naves eran un nuevo continente, cuya exploración, conquista y colonización habría de revolucionar la sociedad europea en todos los órdenes.

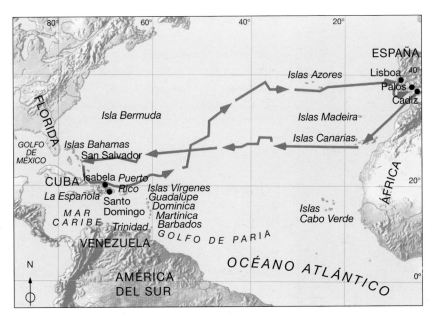

Hernán Cortés en México

La conquista de México fue el fruto de la rebeldía, la ambición y la inteligencia de un hombre. Sin estos atributos, Hernán Cortés no hubiese podido llevar a cabo, con sólo un puñado de hombres, una de las mayores empresas realizadas en América tras la llegada de Cristóbal Colón.

▲
Hernán Cortés es el prototipo de conquistador. Su manera de actuar fue la de un guerrero interesado en la apropiación de territorios.

Hernán Cortés y Malitzin, también conocida como la «Malinche», recibiendo ofrendas en el palacio de Veyotlipán. La escena pertenece al Lienzo de Tlaxcala.
▼

El 13 de agosto de 1521, tropas españolas al mando de Hernán Cortés, reforzadas con guerreros indígenas, pusieron fin a la resistencia azteca y tomaron Tenochtitlán, la capital imperial, tras dos meses y once días de asedio y encarnizadas luchas cuerpo a cuerpo por las calles de la ciudad.

Dos años antes, con el propósito de librarse de la tutela de Diego de Velázquez, gobernador de Cuba, Cortés había zarpado de La Habana al frente de once naves y setecientos hombres. Pocos días más tarde, la flota llegó a la isla de Cozumel, desde donde alcanzó la costa de Yucatán. Tras recoger al náufrago Jerónimo Aguilar, los expedicionarios llegaron a Tabasco, donde se enfrentaron a los indígenas. Cortés consiguió finalmente la amistad de los indígenas, quienes le hicieron numerosos regalos y dieron esclavas, entre ellas una de *«buen parecer y entretenida y desenvuelta»*, según escribió el cronista Bernal Díaz del Castillo.

La mujer, de nombre Malitzin o Marina —como la llamaron los españoles—, se convirtió desde el primer momento en la amante y la más eficaz intérprete y colaboradora del capitán español. Por ella supo de la existencia de otros pueblos y de la riqueza de los poderosos aztecas. También éstos supieron de Cortés, y lo creyeron una encarnación de Quetzalcóatl, dios cuyo regreso por mar estaba anunciado a finales del año Uno Caña o *Ce Ácatl*, en lengua náhuatl.

Tras recibir a los primeros emisarios enviados por Moctezuma, el *tlatoani* o soberano azteca, Cortés consideró que había llegado el momento de consumar su ruptura con Velázquez, y ordenó la fundación de la Villa Rica de la Vera Cruz en la costa y la quema de las naves. «Por donde todos perdieron la esperanza de salir de la tierra y yo hice mi camino más seguro y sin sospechar que vueltas las espaldas no había de faltarme la gente que yo en la villa había de dejar», como escribió más tarde a Carlos V.

Decidido a adentrarse en territorio azteca, Cortés buscó la alianza de los huastecas, a cuyo cacique Gordo de Cempoala apoyó en su lucha contra sus enemigos de Tizapantcinco y, especialmente, contra los recaudadores de tributos aztecas. Aprovechándose del descontento de los pueblos tributarios, Cortés engrosó sus tropas y marchó hacia el Altiplano, y en noviembre de 1519 llegó a Tenochtitlán, la capital mexica construida sobre unas islas en medio del lago Texcoco.

Los españoles en la ciudad del lago

Enterado de la llegada de los españoles, Moctezuma salió a su encuentro y los recibió amistosamente; los hospedó y colmó de regalos. Sin embargo, poco después, los españoles lo secuestraron en un audaz golpe de mano palaciego y lograron el control político de la ciudad.

A principios de 1520, Velázquez mandó contra ellos a Pánfilo de Narváez y Cortés salió a su

Los "trece de la fama" y la conquista del Incario

En 1524 y 1525, Francisco Pizarro y Diego de Almagro realizaron dos viajes que los acercó a un rico reino situado al sur del Darién. El apresamiento de una balsa nativa con un rico cargamento confirmó la existencia del poderoso imperio y, mientras Almagro regresaba a Panamá en busca de refuerzos, Pizarro y "los trece de la fama" realizaron las primeras incursiones en el reino del Virú. La conquista comenzó en 1531, pero no fue hasta el año siguiente, aprovechando las guerras dinásticas nativas, cuando Pizarro, en un audaz golpe de mano, capturó al inca Atahualpa en Cajamarca y puso fin al Tahuantinsuyu.

encuentro, dejando en Tenochtitlán un pequeño retén al mando de Pedro de Alvarado. En tales circunstancias, la creciente hostilidad de los aztecas hizo creer a Alvarado que estaba ante una inminente rebelión y, para abortarla, el 23 de mayo causó una gran matanza entre los nobles cuando celebraban en el templo la fiesta del *toxcatl*.

Cortés, tras vencer a Narváez, corrió hacia Tenochtitlán y obligó a Moctezuma a apaciguar a la enfurecida multitud, pero ésta, al parecer, lapidó a su *tlatoani*. Sin otra salida, en la madrugada del 30 de junio, que Cortés llamó la "Noche tris-

↑
Lista de los reyes incas, agrupados en dos etapas, la legendaria y la histórica, basada en datos fidedignos.

Pintura anónima del siglo XVI que presenta el encuentro entre Hernán Cortés, a caballo, y Moctezuma, llevado en brazos por sus servidores.
↓

te", los españoles huyeron de Tenochtitlán con grandes pérdidas de hombres, armas y tesoros.

Tras refugiarse en la ciudad amiga de Tlaxcala y recibir alimentos y refuerzos de Cuba, Cortés volvió contra Tenochtitlán en la primavera de 1521 y, tras vencer una encarnizada resistencia, destruyó la capital azteca, sobre cuyas ruinas construiría más tarde la ciudad de México.

Juan Ponce de León en La Florida

Juan Ponce de León es una de las figuras que ejemplifican el carácter y el espíritu de los soldados españoles que llegaron a tierras americanas. Quiso hacer realidad los mitos y fantasías de los viajeros españoles, y corrió en busca de la fuente de la eterna juventud hallando en su lugar la muerte.

◄ *Juan Ponce de León en un grabado del siglo XVII.*

Con la conquista de Cuba la corona española se aseguró una importante base naval para sus comunicaciones. ►

En 1513, Juan Ponce de León se presentó en la corte de Castilla y realizó un prolijo relato de las tierras que había visto y de lo que se decía que había en ellas. Ante el crédulo asombro del auditorio, el antiguo paje del rey Fernando habló de la existencia de unas fuentes cuyas «aguas tornaban mozos a los viejos». Al año siguiente, Juan Ponce de León, que tenía entonces cincuenta y cuatro años, obtuvo el título de Adelantado de la *isla* de la Florida y de las desconocidas islas de Bímini, y recibió autorización para tomar posesión de ellas y cristianizarlas.

Algunos creen que la aventura de Juan Ponce de León comenzó cuando, después de participar en la guerra de Granada, se alistó en el segundo viaje de Cristóbal Colón, en 1493. Como no hay testimonios fehacientes de este hecho, puede decirse que todo empezó cuando embarcó en 1502

Velázquez, conquistador de Cuba

En 1492, Cristóbal Colón descubrió la isla de Cuba, a la que dio el nombre de Juana. No obstante su importancia, no fue hasta el bojeo hecho por Sebastián de Ocampo en 1509, cuando la corona ordenó a Diego Colón, gobernador de La Española, que iniciara su exploración. El primogénito del almirante encomendó entonces la empresa a un rico hacendado de Santo Domingo, llamado Diego de Velázquez.

Pocas veces un grupo de soldados tendría tantos nombres que pasarían a la historia como el que reunió Velázquez para la exploración y conquista de Cuba. En él estaban Hernán Cortés, Pedro de Alvarado, Juan de Grijalba y Francisco Fernández de Córdoba, así como los frailes y cronistas Bartolomé de las Casas y Bernal Díaz del Castillo. Con ellos, y el apoyo posterior de Pánfilo de Narváez, Velázquez consumó la conquista de Cuba entre 1511 y 1515.

con el recién nombrado gobernador de las Indias, Nicolás de Ovando, y participó bajo su mando en la conquista de La Española.

En 1508, ante la necesidad de mano de obra indígena, el crecimiento de la población española y la ilusión de hallar oro, Ovando envió a Ponce de León a Borinquén, la actual Puerto Rico, que Vicente Yáñez Pinzón no había colonizado por estar más interesado en la navegación que en las labores de asentamiento. Como gobernador de la isla, Ponce de León, cuyo talante conciliaba la audacia y la diplomacia, logró ganarse la simpatía del cacique Agüeybana y llevar a cabo de modo pacífico la colonización.

La situación cambió cuando, sustituido Ovando en La Española por Diego Colón, éste nombró gobernador de Borinquén a Juan Cerón. Ponce de León defendió su cargo, pero Cerón deshizo en poco tiempo lo que Ponce había construido y, hacia 1512, decidió buscar otro destino: las fabulosas islas de Bímini.

EN BUSCA DE LAS FUENTES DE LA ETERNA JUVENTUD

Por boca de los indígenas de Borinquén, Ponce de León había sabido de la existencia de unas islas situadas a occidente, las Bímini, donde había manantiales que devolvían a los hombres la juventud y el vigor. En aquel entonces, las tierras de las que se hablaba habían sido avistadas por los barcos de la expedición de Vicente Yáñez Pinzón, de la que también formaban parte Américo Vespucio y Juan de la Cosa. De modo que en 1512, Juan Ponce de León armó dos naves y, al año siguiente, zarpó en busca de las preciosas y legendarias fuentes.

Con viento a favor alcanzó la costa oriental de una península —él pensó que era una isla— a la que llamó Florida, bien por exaltar su hermosa vegetación en primavera o por coincidir con la

La búsqueda de las fuentes de la eterna juventud llevaron a de León a descubrir Florida.

El mito de la fuente de la eterna juventud impulsó una de las expediciones más sorprendentes.

Pascua Florida, nombre que también recibe la Pascua de Resurrección. Con ansiedad recorrió el litoral peninsular y alcanzó la bahía de Tampa, donde intentó en vano desembarcar tras ser rechazado por los belicosos nativos. Nada supo de la isla Boyuca, una de las Bímini, donde, según la leyenda indígena, se hallaban las fuentes de la eterna juventud, y regresó a la península para conseguir las capitulaciones y el avituallamiento necesarios.

Con el título de Adelantado en su poder, Juan Ponce de León embarcó de nuevo hacia las Indias en 1514, pero no pudo dirigirse a Florida hasta casi siete años más tarde. En 1521, Ponce de León zarpó al frente de una pequeña armada en busca de las islas Bímini. El rumor del agua que le devolvería a sus años mozos parecía más próximo. Cuando él y sus hombres arribaron a la costa occidental de Florida, animados por la ilusión, desembarcaron despreocupadamente. Una lluvia de flechas ahogó para siempre el grito de muchos soldados tocaron tierra. Juan Ponce de León, herido por una flecha envenenada, regresó a su barco, y poco después moría en Cuba.

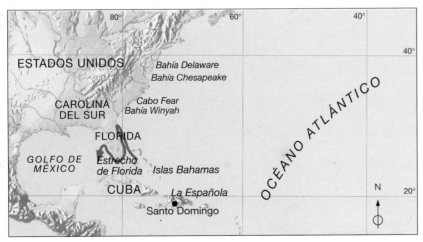

Pinzón y Cabral llegan a Brasil

Mientras el Vaticano dirimía el reparto del mundo entre españoles y portugueses, marinos de ambos reinos emprendían una frenética carrera por los mares del mundo. En este contexto, las fuerzas de la naturaleza empujaron a Pinzón y Cabral hacia las costas de Brasil.

Vicente Yáñez Pinzón fue el primer europeo que llegó a las costas de Brasil en enero de 1500. Tres meses más tarde lo hizo Pedro Álvares Cabral. La carrera por la posesión de las tierras ultramarinas y el descubrimiento de una ruta que condujese a las especias de las Indias eran prioritarios para los reinos de Castilla y Portugal. El tratado de Tordesillas de 1494, que fijaba una línea meridiana a 370 leguas al oeste de las islas de Cabo Verde, adjudicando a Castilla las nuevas tierras situadas a poniente y a Portugal las situadas a levante, se reveló en toda su magnitud.

En 1493, mientras Cristóbal Colón, tras regresar de su primer viaje, recibía el homenaje de los Reyes Católicos, Vicente Yáñez Pinzón, experto marinero y corsario onubense y capitán de la *Niña,* ambicionaba el protagonismo de un nuevo viaje. Con este propósito se propuso emprender por su cuenta una nueva expedición y, al cabo de unos años, obtuvo de las autoridades reales las consiguientes capitulaciones. Estaba listo para zarpar y lo hizo de su puerto de Palos natal a principios de 1500.

Mientras tanto en Portugal, el rey Manuel I nombraba almirante a Pedro Álvares Cabral y le encomendaba una importante misión mercantil y diplomática en las Indias, cuya ruta contorneando África por el cabo de las Tormentas o de Buena Esperanza había descubierto en 1498 Vasco de Gama. El 9 de marzo de 1500 Cabral zarpó de Lisboa al frente de una flota de trece barcos y mil doscientos hombres, entre los que se encontraban los navegantes Bartolomeu y Diogo Dias y el cronista Pêro Andrade Vaz de Caminha.

LA NATURALEZA MARCA EL RUMBO

La flota de Vicente Yáñez Pinzón zarpó del puerto de Palos y, tras cruzar el estrecho de Gibraltar, se internó en el Atlántico sin sospechar que estaba a punto de protagonizar acaso el más importante de los llamados viajes menores que sucedieron al primer viaje colombino. Al llegar a la altura de las

Mapa del Brasil de Lopo Homen realizado en 1519. Estos territorios se convirtieron en una de las más valiosas posesiones coloniales portuguesas.

islas de Cabo Verde, una violenta tormenta arrastró sus naves hacia el oeste y acabaron tocando tierra en la costa continental sudamericana. Pinzón ordenó desembarcar en el cabo San Agustín, al que denominó de Santa María de la Consolación.

Poco después reemprendió viaje bordeando la costa hacia el norte y llegó a un punto donde toparon con la tremenda fuerza de un río que penetraba en el océano y cuyas riberas no alcanzaban

a verse. Había descubierto la desembocadura del Amazonas, el río más caudaloso del planeta. Pinzón continuó con la navegación de cabotaje, y llegó a las bocas de otro gran río, el Orinoco. Sin embargo, Pinzón no valoró sus grandes descubrimientos geográficos y, decepcionado, regresó a la Península en septiembre.

Unos meses más tarde, el almirante portugués Pedro Álvares Cabral ya había superado no sin dificultades el cabo de las Tormentas y exploraba la costa sudoriental africana. No obstante, las rutas de uno y otro habían coincidido en algún momento. Poco después de zarpar, Cabral ordenó internarse en el Atlántico para evitar la falta de viento que había frente a las costas mauritanas. Tras rebasar las islas de Cabo Verde, las corrientes mari-

Representación de la llegada de Pedro Álvares Cabral a las costas del Brasil. De esta manera y merced a una interpretación muy particular del Tratado de Tordesillas, Portugal logró afianzar una posesión en el Nuevo Mundo.

Vista aérea de la cuenca del río Amazonas cerca de Iquitos.

nas arrastraron su poderosa flota hacia occidente hasta el litoral sudamericano, que casi tres meses antes había tocado Vicente Yáñez Pinzón.

El 21 de abril, grandes cantidades de algas sobre las aguas y aves nunca vistas indicaron a los navegantes la proximidad de una costa desconocida, a la que llegaron al día siguiente. El cronista de a bordo, Pero Andrade Vaz de Caminha, escribió: «En el atardecer de este día divisamos un gran monte muy alto y redondo, otras sierras más bajas al sur y una llanura con grandes arboledas, monte al cual el capitán le pone el nombre de Monte Pascual, y a la planicie el de Tierra de Vera Cruz». Los portugueses habían llegado a Brasil.

LA TIERRA DE VERA CRUZ SE LLAMA BRASIL

Informado por Cabral de la existencia de la Tierra de Vera Cruz al sudoeste de las islas de Cabo Verde, el rey portugués no tardó en enviar expediciones exploratorias. La primera, en 1501, estuvo dirigida por Gastar de Lemos, quien rebautizó el cabo de Santa María de la Consolación con el nombre de San Agustín. Las siguientes expediciones abrieron un fructífero comercio de una madera que los indios llamaban *ibirapitinga* y los mercaderes portugueses *palo brasil*. Algunos años más tarde, el nombre de Brasil se había impuesto al de Tierra de Santa Cruz, como había pretendido llamarlo el rey Manuel I.

Américo Vespucio y Venezuela

El nombre de Amerigo Vespucci ha quedado indisolublemente unido al del continente con el que tropezaron las naves de Cristóbal Colón. La diosa Fortuna, a cuyo culto eran tan dados los hombres del Renacimiento, giró su caprichosa rueda a favor del navegante y cartógrafo florentino.

ʌ

Retrato de Américo Vespucio. Este navegante está considerado el primero en identificar las nuevas tierras descubiertas por Colón como un nuevo continente.

Las noticias llegadas a la Península sobre el tercer viaje que en 1498 realizó Cristóbal Colón y durante el cual tocó las actuales costas venezolanas, concretamente frente a la isla Margarita, movieron a los Reyes Católicos a organizar nuevas expediciones. La primera de ellas fue encomendada a Alonso de Ojeda, quien había acompañado al almirante en su viaje anterior. La misma reina Isabel convocó a Laredo al capitán y cartógrafo Juan de la Cosa, quien también había sido piloto de Colón, y le recomendó la misión de cartografiar aquellas tierras para constatar de qué continente se trataba, ya que había surgido la sospecha de que no era Asia. La tripulación se completó con Américo Vespucio, agente mercantil florentino de los Médicis en Sevilla que había equipado las naves utilizadas por Colón en su tercer viaje.

El 4 de mayo de 1499, las naves al mando de Alonso de Ojeda zarparon del Puerto de Santa María y, tras veinticinco días de navegación, llegaron a la desembocadura del Orinoco, ya descubierta por Colón, e iniciaron el recorrido de la costa en dirección norte. Las características geográficas de la costa baja e inundable, así como los accidentes previos a la entrada al lago Maracaibo, recordaron Venecia a Américo Vespucio y, por ello, llamó a aquellas tierras Venezuela o pequeña Venecia. La expedición de Ojeda prosiguió su exploración hasta alcanzar el cabo de Vela, en la actual Colombia, y los cartógrafos fijaron por primera vez parte del contorno del nuevo continente.

LA FORTUNA DE AMÉRICO SE LLAMA AMÉRICA

Juan de la Cosa, experto marino cántabro establecido en El Puerto de Santa María, había contribuido con su nave, la *Santa María*, a la empresa de Colón y lo había acompañado en sus dos primeros viajes. En sus cuadernillos de papel, Juan de la Cosa perfiló con notable precisión el litoral continental y anotó en su carta la dirección de los vientos, las corrientes marinas y otros datos de interés para los navegantes. A su regreso, aunque aún sujeto a los principios cartográficos medievales, Juan de la Cosa elaboró el primer mapamundi donde aparecían África, Europa y las islas antillanas y la costa continental, entre el Amazonas y Panamá, de las nuevas tierras.

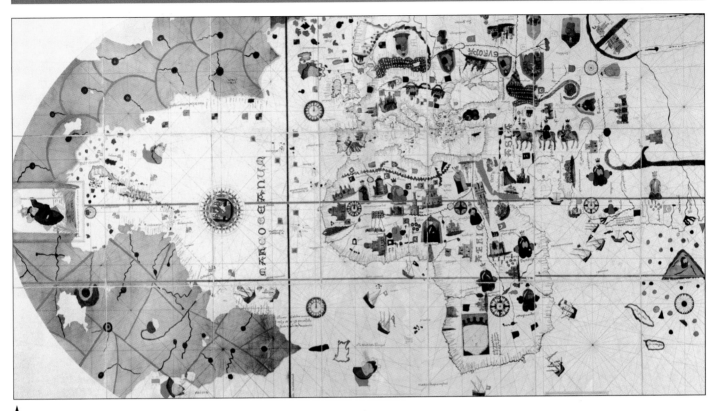

*M*apa de principios del siglo XVI, obra de Juan de la Cosa, en el cual se representan los recientes descubrimientos geográficos de la época.

◄ *F*resco de la casa Buonarroti, en Florencia (Italia), en el que aparece Vespucio, sentado, con otros navegantes.

*E*statuilla chibcha de una aleación de finas láminas de cobre y oro.

▼

Sin embargo, fue Américo Vespucio quien pasó a la historia como el primer cartógrafo del continente, y por ello éste lleva su nombre. En su favor, cabe decir que al parecer fue Vespucio el primero en asegurar, recogiendo la intuición de un capitán de Colón llamado Juan, que los territorios que había explorado no pertenecían a las Indias, sino a un nuevo y desconocido continente.

AMERICO VESPUCIO LLEGA A LA PATAGONIA

Entre 1501 y 1502, Américo Vespucio realizó, al servicio de Portugal, un segundo viaje, en el que descubrió la bahía de Río de Janeiro y exploró las costas continentales hasta la Patagonia, confirmando sus sospechas de que aquel continente no era Asia. Como consecuencia de esta constatación llamó al libro donde relataba sus viajes *Mundus Novus* y promovió los viajes de búsqueda de un paso al otro océano. Años más tarde, el título de esta obra indujo al impresor alemán Martin Waldseemüller a atribuir erróneamente el descubrimiento del nuevo continente, a Américo Vespucio, y en su homenaje lo llamó América en su *Cosmographiae universalis introductio*, publicada en 1507.

Por entonces, Vespucio ya era un cartógrafo de gran prestigio y Fernando el Católico lo convocó a Burgos y lo nombró piloto mayor de la Casa de Contratación de Sevilla. En calidad de tal embarcó, en 1508, junto a Vicente Yáñez Pinzón y Juan Díaz de Solís con el propósito de establecer lugares de asentamiento en Tierra Firme y buscar un paso por el istmo centroamericano.

JIMÉNEZ DE QUESADA EN EL PAÍS DE LOS CHIBCHAS

Gonzalo Jiménez de Quesada, que había llegado a Santa Marta, actual Colombia, en 1536, un año después recibió el encargo de remontar el río Magdalena. Atacados por los indios y las fiebres, la marcha a través de la selva fue dramática. Aunque exhaustos, él y sus hombres dejaron el curso del río e iniciaron el ascenso de la cordillera.

En marzo de 1537 llegaron a un altiplano bien cultivado donde vivía el pueblo chibcha, que contaba con hábiles orfebres y mercaderes. Conquistó entonces su territorio e hizo un rico botín de oro y esmeraldas. Poco después de someter al *zaque* (cacique) de Bogotá, el 6 de agosto de 1538, fundó la ciudad de Santa Fe de Bogotá.

Balboa descubre el Pacífico

Vasco Núñez de Balboa fue un hombre cuyo arrojo le valió adhesiones y odios entre los demás conquistadores y también entre los nativos con quienes topó. Su azarosa vida le deparó la gloria de descubrir el océano Pacífico.

Vasco Núñez de Balboa, impulsado por su indigencia y su ansia de hacer fortuna, embarcó en 1501 en la expedición a las Indias de Rodrigo de Bastidas, entre cuyos tripulantes se encontraba también el piloto Juan de la Cosa con la misión de cartografiar las costas orientales de lo que por entonces se ignoraba que fuera el istmo de Panamá.

Núñez de Balboa marchó luego a La Española, donde intentó hacer fortuna, pero sólo acumuló deudas y, en 1508, aprovechó la salida de la flota de Martín Fernández de Enciso para huir de la isla como polizón. Así fue como llegó a la región del golfo de Urabá, donde en 1511 tomó parte en la fundación de Santa María la Antigua de Darién, que fue el primer asentamiento firme de los conquistadores españoles en el continente.

El arrojo que mostró Núñez de Balboa en su lucha contra la aguerrida tribu del cacique Cemaco y su propio don de mando le granjearon la simpatía y confianza de los soldados, quienes en cabildo lo reconocieron como su jefe natural en detrimento de Enciso. Éste fue deportado a La Española y Núñez de Balboa envió emisarios a Diego de Nicuesa, para que se estableciese en el fuerte en calidad de gobernador. Sin embargo, Nicuesa rechazó su nombramiento y marchó contra él, pero fue derrotado y abandonado a su suerte en una embarcación. Núñez de Balboa se convirtió en gobernador provisional del Darién.

En busca de «la otra mar»

Dueño de la situación, Vasco Núñez de Balboa emprendió enseguida la conquista del territorio habitado por numerosas tribus muy belicosas. Con ciento noventa soldados que había logrado reunir

Grabado del siglo XVIII en el cual se representa la llegada de Balboa al océano Pacífico. La expedición a través del istmo de Panamá permitió confirmar las sospechas de que América era, en realidad, un nuevo continente.

PEDRARIAS DÁVILA, EL CONQUISTADOR DEL ISTMO

Pedrarias Dávila fue nombrado gobernador de Castilla de Oro o Tierra Firme, como fue llamado entonces el actual Panamá, en sustitución de Núñez de Balboa, a quien ordenó decapitar en 1519, a pesar de haberse convertido en su yerno. Autoritario, desconfiando y no exento de crueldad, Pedrarias Dávila fue el principal impulsor de la conquista de la zona y sus lugartenientes, entre ellos Francisco Pizarro, Juan de Ayora, Gaspar de Espinosa y Antonio Tello de Guzmán, llegaron a someter toda la región del actual istmo de Panamá.

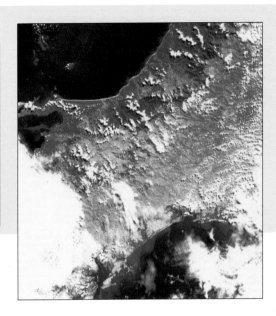

entre los hombres de Enciso y Nicuesa y gran cantidad de perros, Balboa se internó en la selva y, apelando tanto a la fuerza, e incluso la crueldad, como a la negociación, sometió sucesivamente a los caciques Ponca y Careta. Éste, además, le proporcionó sus guerreros, y con su ayuda venció a los jefes Cuarecua, Chiapes, Coquera, Pacra, Buguebugue, Bononaima, Chiorizo y Tubanamá, entre otros, de quienes obtuvo provisiones, oro y mujeres. Pero fue su amistad con los caciques Chima, —quien le dio una de sus hijas como esposa—, Ponca y Comogre la que le proporcionó el más valioso de los tesoros. Por ellos supo Núñez de Balboa de la existencia de «la otra mar», cuya senda, no obstante, no halló hasta después de someter al cacique Torrecha.

Fotografía por satélite del istmo de Panamá.

El uso de perros de guerra, feroces mastines entrenados para el combate, por parte de conquistadores españoles como Balboa, tuvo un efecto terrible entre los nativos.

Torrecha le dijo que conocía ese mar y que sabía cómo llegar a él. El cacique indio también se ofreció a acompañarlo y durante varias jornadas a través de la espesa selva del Darién, Núñez de Balboa y sus hombres caminaron en pos de la gloria, ilusionados y a la vez temerosos de ser conducidos a una fatal emboscada. Por fin, agotados, llegaron al hermoso valle de Cuarecuá, al oeste del cual se alza una pequeña sierra y detrás de ella, como Torrecha dijo a Núñez de Balboa, estaba «la otra mar».

Quizás en aquel instante el conquistador, que había huido de Santo Domingo perseguido por sus acreedores, comprendió la grandeza histórica del momento y no quiso compartirla con nadie. Dejó a sus hombres en el campamento y no permitió que ninguno lo acompañase a lo alto de la montaña, desde una de cuyas cimas fue el primer europeo en divisar el mar que muchos andaban buscando. Era el 25 de septiembre de 1513. Cuatro días más tarde, Vasco Núñez de Balboa y sus hombres descendieron a la playa del golfo de San Miguel y tomaron posesión, en nombre de la corona de Castilla, del Mar del Sur, al que años más tarde Fernando de Magallanes denominaría océano Pacífico.

Casi sin detenerse, Vasco Núñez de Balboa redactó los informes para el rey y prosiguió sus campañas de conquista y colonización, sin sospechar el impacto que la noticia de su descubrimiento causaría en la corte y la trascendencia que el mismo tendría en los futuros viajes. Sólo faltaba hallar el paso que comunicaba los dos océanos.

Magallanes en la Tierra del Fuego

Sólo el esfuerzo sobrehumano de un puñado de hombres alentados por un sueño hizo posible la primera circunnavegación del planeta y la culminación de una soberbia empresa científica y geográfica, iniciada en 1519 por Fernando de Magallanes.

SOLÍS DESCUBRE EL RÍO DE LA PLATA

Confirmado el descubrimiento del Mar del Sur, Fernando II encargó a Juan Díaz de Solís, sucesor de Américo Vespucio en el cargo de piloto mayor de Castilla, la misión secreta de descubrir un paso a dicho mar. Díaz de Solís zarpó de Sanlúcar de Barrameda en 1515 al frente de dos carabelas y sesenta hombres.

Juan Díaz de Solís descubrió, en febrero del año siguiente, el estuario del Plata y en él halló la muerte. «Desembarcó el desdichado Solís con tantos compañeros cuantos cabían en el bote de la nave mayor...», cuenta el cronista Pedro Mártir de Anglería, y fue muerto y devorado por los indios de la actual costa uruguaya.

Ante las noticias del descubrimiento del Mar del Sur por Vasco Núñez de Balboa, las cortes de Castilla y Portugal reaccionaron de inmediato. Si se encontraba el paso que comunicaba los dos océanos, era posible acceder a la tierra de las especias navegando hacia occidente.

Fernando de Magallanes, hidalgo portugués y experto navegante que había participado en varios viajes a la India y a las Molucas, se propuso buscar el paso y alcanzar las islas de las especias. El fracaso de Juan Díaz de Solís no le arredró, pero su entusiasmo no fue suficiente para convencer al

Vista de Sevilla, lugar donde se reunió la flota de Magallanes. La navegabilidad del río Guadalquivir convirtió a esta ciudad andaluza en el centro del comercio y las exploraciones americanas.

▼

monarca portugués de los beneficios de su empresa. Pasó entonces a España, donde encontró los apoyos de mercaderes, navegantes y funcionarios, como Diego Barbosa, Juan de Aranda, Ruy de Faleiro y Cristóbal de Haro.

Carlos I, nuevo rey de España, comprendió enseguida las posibilidades del ambicioso proyecto de Magallanes y el 22 de marzo de 1518 firmó en Valladolid las capitulaciones. Tras poco más de un año de preparativos, el 20 de septiembre de 1519 zarpó de Sanlúcar de Barrameda una flota compuesta por cinco navíos y doscientos treinta y nueve hombres, entre ellos el cosmógrafo y capitán Ruy

de Faleiro, Antonio de Pigafetta, en calidad de cronista, y Juan Sebastián Elcano, como maestre.

Tras rebasar las islas Canarias, bordear Guinea y recalar en Cabo Verde, la flota de Magallanes puso rumbo a América, y alcanzó la bahía de Río de Janeiro en diciembre. Aquí se aprovisionó de víveres con los indígenas y continuó la navegación hacia el sur hasta llegar al gran estuario del río de Solís, que exploró y comprobó que aquél no era el paso que buscaba.

Las costas patagónicas, más recortadas y sinuosas, hicieron mucho más lenta la exploración. Ante el crudo invierno austral, Magallanes decidió guarecerse en el golfo de San Julián, en la actual provincia argentina de Santa Cruz. Ello no impidió que realizara incursiones exploratorias, como la que llevó a cabo por el río Santa Cruz, en cuyas aguas naufragó la nave *Santiago*. A este contratiempo se sumó el conato de rebelión de un grupo de navegantes, a dos de cuyos cabecillas mandó ejecutar, a un tercero abandonarlo a su suerte y al cuarto, Elcano, le concedió el perdón.

LA PRIMAVERA DE MAGALLANES

Al llegar la primavera, las cuatro naves de la flota de Magallanes salieron del golfo de San Julián y continuaron la exploración costera en busca del paso interoceánico. El 21 de octubre, al llegar al cabo de las Vírgenes, Magallanes creyó estar ante las puertas del estrecho y ordenó su exploración, pero no todos estuvieron de acuerdo. Los víveres eran escasos y remotas las posibilidades de hallar el paso que buscaban. Además, cada día aumenta-

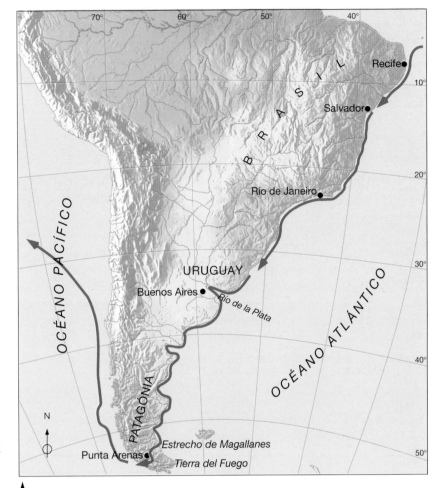

Magallanes bordeó la costa oriental sudamericana.

Magallanes navegando ante la Tierra del Fuego.

ba el descontento por el rigor impuesto por Magallanes. Prueba de ello fue la deserción de Esteban Gómez, quien aprovechando una separación momentánea de las naves, se amotinó en la *San Antonio* y puso rumbo a España. Magallanes logró controlar la situación y con las tres naves restantes, *Trinidad, Concepción* y *Victoria*, continuó la navegación. Con ellas llegó frente a una gran isla que llamó Tierra del Fuego al contemplar las hogueras nocturnas que encendían sus habitantes.

Poco después, las naves iniciaron el cruce de un estrecho donde la violencia de las aguas parecía imposible de vencer. Aun así, Magallanes llamó aquel paso de Todos los Santos, aunque más tarde se denominaría estrecho de Magallanes en su homenaje. Tras largas horas dramáticas, las naves alcanzaron el cabo Deseado y, casi enseguida, navegaron por aguas más tranquilas. Era el 27 de noviembre y ante ellos apareció la vastedad del Mar del Sur, que Fernando de Magallanes prefirió llamar océano Pacífico. La expedición había cumplido uno de sus trascendentales objetivos: hallar el paso interoceánico que permitía trazar la ruta a las Indias orientales navegando hacia occidente y, al mismo tiempo, señalar el límite meridional de los dominios españoles.

Vázquez de Coronado en el Gran Cañón

Las dimensiones del territorio que tenían ante sí y la exuberancia de su naturaleza fueron los dos factores que movieron a los conquistadores españoles de América. Francisco Vázquez de Coronado no fue ajeno a la atracción que ejercía la fantasía.

En 1528, la expedición de Pánfilo de Narváez a Florida naufragó frente a sus costas. Sólo Álvar Núñez Cabeza de Vaca y tres hombres más consiguieron sobrevivir. Durante ocho años vagaron por el territorio del sureste estadounidense hasta que al fin dieron con un poblado español. Detenidos por los soldados del cruel Nuño de Guzmán, gobernador de Nueva Galicia, Cabeza de Vaca y sus hombres fueron llevados a México, donde contaron sus aventuras y despertaron la fantasía de fray Marcos de Niza. Salió el fraile hacia el norte del virreinato de Nueva España y regresó en 1539 sin traer nada más que el relato de haber entrevisto las fabulosas Siete Ciudades de Cíbola y Quivira.

No resistió la tentación el nuevo gobernador Francisco Vázquez de Coronado, y con la anuencia del virrey Antonio de Mendoza organizó una gran expedición al norte de Nuevo México y Ari-

Tras partir de Compostela en busca de las míticas ciudades de Cíbola y Quivira, Vázquez de Coronado dio con el Gran Cañón del Colorado.

Fotografía del Gran Cañón del Colorado. Obsesionados por hallar las míticas ciudades de Cíbola y Quivira, que se decía se alzaban por la región, los conquistadores españoles no prestaron demasiada atención a esta maravilla de la naturaleza.

zona. En febrero de 1540, Vázquez de Coronado partió de Compostela y al cabo de varias jornadas llegó a Culiacán, donde coincidió con Melchor Díaz que venía del norte y le confirmó haber visto a lo lejos las ciudades de las que hablaba fray Marcos, aunque también le dijo no haber encontrado riquezas. Al cabo de dos meses de penosa marcha por el desierto, Vázquez de Coronado llegó por fin a Cíbola.

LOS ESPEJISMOS DEL DESIERTO

Ante Vázquez de Coronado y sus hombres, la fantástica visión del fraile se tornó en polvoriento lugar y las ciudades en miserables poblados indígenas. El desencanto de los soldados dio paso al malestar, pero el capitán no cedió al fracaso y ordenó seguir la búsqueda. Más al noroeste había otras ciudades, las de Tusuyán, donde, decían, los

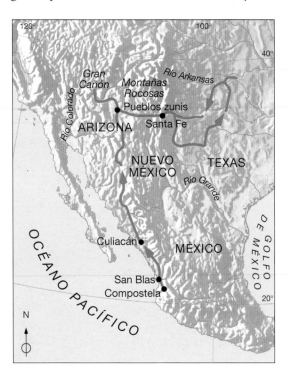

La expedición de Vázquez de Coronado representó un hito en la exploración de América del Norte. Sólo la falta de botín y conquistas hizo que se tuvieran en poca consideración los descubrimientos de la misma.

La energía de Vázquez de Coronado fue uno de los principales motores de su expedición.

tesoros eran cuantiosos. En pos de ellas mandó, en sendas expediciones, a sus lugartenientes Pedro de Tovar y García López de Cárdenas.

Pedro de Tovar halló nuevas ciudades, pero apenas si eran más prósperas que las descubiertas hasta entonces. Sólo la particular y original arquitectura de los indios pueblo podía inducir a la creencia de que aquellos pequeños poblados eran ciudades. Por su parte, Cárdenas marchó durante veinte días por el desierto sin encontrar ninguna ciudad ni poblado, salvo un profundo tajo en el fondo del cual discurría un río que llamó Tizón. Aunque no le dio la importancia que tenía, había descubierto el gran Cañón del Colorado, cuya boca descubría por esas mismas fechas la expedición al golfo de California de Hernando de Alarcón.

Tampoco a Vázquez de Coronado pareció importarle demasiado el hallazgo del espectacular cañón. Obsesionado por descubrir ciudades fabulosas, estableció su campamento en Tiguex, cerca del río Grande, y se ocupó de organizar una expedición a la mítica Quivira. En su búsqueda invirtió casi siete meses, durante los cuales atravesó las inmensas y fértiles llanuras entre el Mississippi y las montañas Rocosas, hasta que al fin alcanzó el ansiado país de Quivira, en el actual estado norteamericano de Kansas.

Pero una vez más la realidad se impuso a la fantasía. Las ricas ciudades no eran sino pueblos de cultura primitiva, cuyas construcciones de tierra, casas rectangulares, fortificaciones y túmulos se organizaban alrededor de una misma plataforma ritual.

Profundamente decepcionado después de haber recorrido casi todo el territorio de los actuales estados norteamericanos de Kansas, Texas y Oklahoma, Francisco Vázquez de Coronado renunció a continuar la exploración y, con ello, a perseguir un espejismo. En la primavera de 1542 regresó a México, donde el virrey, su protector, también le mostró su frustración residenciándolo, es decir, pidiéndole cuentas judicialmente.

HERNANDO DE SOTO EN EL MISSISSIPPI

En 1538, Hernando de Soto, quien siendo muy joven había pasado a las Indias y participado en las conquistas de Panamá con Pedrarias Dávila, de Nicaragua con Hernández de Córdoba y de Perú con Francisco Pizarro, emprendió su última gran aventura. Nombrado gobernador de Cuba y adelantado de la Florida, al llegar a estas tierras sufrió una serie de percances que lo llevaron a vagar por ellas durante tres años. En su transcurso, y siempre acosado por los indios, descubrió y remontó el Mississippi hasta alcanzar las mesetas que flanquean el río White. Aquí se sintió enfermo y decidió regresar, pero murió al llegar a la desembocadura del Wichita en el gran río que había descubierto el 21 de abril de 1542.

El periplo de Jacques Cartier en Canadá

Los descubrimientos del océano Pacífico y del estrecho de Magallanes movieron a Inglaterra y Francia a emprender la conquista de nuevas tierras. Jacques Cartier fue el primero de los navegantes franceses que exploró e intentó colonizar gran parte del actual territorio canadiense.

➤
Jacques Cartier llegó a la altura de la isla de Terranova en 1534. Sus posteriores exploraciones, aunque no se vieron coronadas por el éxito, sirvieron sin embargo para cartografiar amplias regiones de Canadá.

Francisco I, rey de Francia, alentado por las noticias de la existencia de ricas tierras entre Europa y las Indias, decidió sumarse a su exploración. Con este propósito convocó a la corte a Jacques Cartier, uno de sus mejores navegantes y topógrafos, y le encomendó la misión de hallar un paso septentrional a Cipango y Catay y «descubrir algunas islas y países donde se dice que deben hallarse grandes cantidades de oro y otras riquezas».

En los primeros meses de 1534, Cartier, al frente de dos naves y sesenta hombres, puso rumbo al Nuevo Mundo. Era el mes de mayo cuando llegó a la altura de la isla de Terranova y se adentró en el estrecho, al que llamó Belle-Isle, desde donde observó las verdes costas de la península del Labrador. Sin mayores dificultades, las naves francesas salieron a un abrigado golfo, donde, frente a una isla, la Isle d'Anticosti, desembocaba un gran río,

al que impusieron el nombre de San Lorenzo. Tras desembarcar en la península de Gaspé, explorar la zona durante unos meses y entablar amistad con los indios, a los que llamó hurones, Cartier regresó a Francia con dos de ellos para informar sobre las grandes perspectivas para el comercio de pieles y madera que ofrecían aquellas tierras.

CHAMPLAIN, EL FUNDADOR DE QUEBEC

Después de las exploraciones y asentamientos realizados por Jacques Cartier, Francia se despreocupó del territorio canadiense. No fue hasta los reinados de Enrique IV y, sobre todo, de Luis XIII cuando reanudó la colonización. Su artífice fue Samuel de Champlain, explorador, navegante y cartógrafo que es considerado el fundador de la Nueva Francia y padre de Canadá. A él se debe el establecimiento de

una población francesa estable con las fundaciones de varias poblaciones, entre ellas la de Quebec, en 1609.

Ese año, después de atracar en el poblado de Tadoussac y abortar una conspiración de mercaderes españoles para asesinarle, Samuel de Champlain remontó el río San Lorenzo y cerca de las ruinas del primer poblado de Cartier, el 3 de julio construyó un almacén

y varios edificios rodeados de una empalizada y un foso, al que llamó Quebec, asentamiento destinado a convertirse en la cabecera de la colonización francesa en el norte del continente. Ésta fue la cuna de los llamados *coureurs des bois* o «corredores de los bosques», mercaderes-aventureros que viajaban en canoa por lagos y ríos, y atravesaban bosques y montañas hasta los confines del país.

INVERNAR EN CANADÁ

Cartier convenció al rey, que financió una nueva expedición. Al año siguiente, con la guía de los hurones, el navegante francés exploró las tierras del actual Canadá. Llegó hasta un lugar donde, en

1609, se levantaría la ciudad de Quebec, y prosiguió más tarde hasta Mont-Royal, dominio de la tribu iroquesa. Aquí, no lejos de la población india de Hochelaga, pasó el invierno y demostró que podía fijarse un asentamiento para realizar exploraciones al interior del continente.

Tras tomar posesión del territorio en nombre de Francia, Cartier regresó a la metrópoli en busca de los medios necesarios para fundar una colonia. Tras armar una flota de cinco naves con soldados, agricultores, animales y simientes, de nuevo se hizo a la mar, y fundó unas leguas más arriba de la capital indígena la colonia de Charlesbourg Royal. Con la inestimable ayuda de los hurones, que se convertiría en los más fieles aliados nativos de los franceses, Cartier prosiguió las exploraciones en busca de metales preciosos y alcanzó el cabo de los Diamantes, en la desembocadura del Ottawa.

Cuando regresó a Francia, llevaba consigo diez barriles cargados de pepitas de oro y piedras preciosas. Pero, enseguida se demostró que ésa no era la verdadera riqueza. La aventura de Jacques Cartier había reportado a Francia uno de sus mayores tesoros: la posesión de las fértiles tierras y los ricos bosques de Canadá.

Intervención francesa durante un enfrentamiento entre hurones e iroqueses. El favor que los franceses concedieron a los primeros convirtió a los hurones en los más fieles aliados de Francia en el continente americano, fidelidad que se prolongó hasta la derrota francesa en la Guerra de los Siete Años.

John Cabot en Terranova

Cinco años después de la llegada de Cristóbal Colón a América, Inglaterra fletó sus primeros barcos para romper el monopolio de los viajes atlánticos. John Cabot fue el primero en llevar la bandera inglesa al Nuevo Mundo y en buscar un paso que lo condujera al Catay.

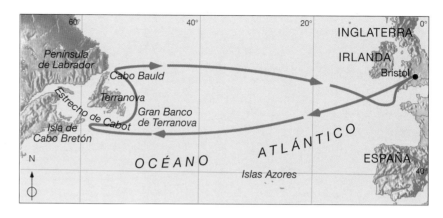

El 20 de mayo de 1497, poco antes de que Colón emprendiera su tercer viaje, John Cabot, capitaneando el *Matthew*, zarpó del puerto inglés de Bristol. Las protestas del embajador español por la violación del tratado de Tordesillas fueron inútiles. El rey Enrique VII había dado la orden de explorar las nuevas tierras y descubrir un paso que llevara a las Indias orientales.

Giovanni Caboto era un avezado y prestigioso navegante genovés que, en 1476, había obtenido la ciudadanía veneciana para navegar bajo la bandera de la poderosa República de Venecia por el Mediterráneo y comerciar con los musulmanes. Para atender sus negocios marítimos basados en

▲

En su travesía, Cabot creyó haber dado con las Tierras del Gran Khan como ya hiciera Colón pocos años antes.

Partida de Bristol de John Cabot con rumbo al Nuevo Mundo. Con esta expedición, Inglaterra dejó claro que no quería ser marginada en la exploración americana.

▼

el comercio de especias, perfumes y otros productos orientales, en 1484 Giovanni Caboto se estableció en Inglaterra, donde adoptó el nombre de John Cabot.

Las noticias del resultado de los dos primeros viajes de Colón lo animaron a intentar la empresa de hallar una ruta occidental a Oriente por el norte, para lo cual buscó el apoyo de otros mercaderes ingleses. Éstos comunicaron su propósito a Enrique VII, que estaba interesado en romper el monopolio hispano-portugués de los viajes. Así fue como John Cabot entró al servicio del rey de Inglaterra y, tras aparejar una pequeña nave, se aventuró a buscar la ruta de las especias.

Más allá de Groenlandia

John Cabot, acompañado de su hijo Sebastian, que entonces tenía veinte años, y de dieciocho marineros, navegó hacia occidente durante cincuenta y dos días antes de llegar a las tierras americanas, siguiendo al parecer la misma ruta que quinientos años antes había seguido el vikingo Leiv Eriksson.

En los primeros días del verano, Cabot dejó atrás las verdes tierras de Groenlandia y el 24 de junio desembarcó en una playa de la *Terra de prima vista*, probablemente de la actual isla de Cabo Bretón. Exploró poco después las costas de Terranova, Saint Pierre y Miquelon. Como Colón, también él creyó haber llegado a tierras del Gran Khan, pero eso no le impidió tomar posesión en nombre del soberano inglés de «la nueva tierra descubierta» y regresar a Inglaterra para dar cuenta de ello.

Ante la envergadura de la empresa, John Cabot armó una nueva flota de cinco naves y al año siguiente volvió a la zona y exploró la península del Labrador y Nueva Inglaterra. A partir de este punto se pierde el rastro de la expedición. Según unos, bordeó las costas norteamericanas hasta Florida, frente a las cuales naufragó. Según otros, su segundo viaje fue en realidad el de su hijo Sebastian, en el curso del cual murió. Pero lo cierto es que el destino final de John Cabot sigue siendo un misterio.

Abandonado por su tripulación, junto a su hijo y ocho marineros que permanecieron fieles, el 23 de Junio de 1611, la figura de Henry Hudson abandonó la Historia para entrar en la leyenda. A pesar de su fracaso, muchos otros siguieron intentando encontrar el esquivo Paso al Noroeste que les daría acceso a las grandes riquezas del comercio por los mares del norte.

◄◄

Ilustración del siglo XVI de una carabela. La versatilidad de esta embarcación fue crucial para las exploraciones.

Hudson abre camino a los holandeses

A principios del siglo XVII la búsqueda de un paso marítimo intercontinental por el norte seguía siendo una obsesión para muchos navegantes y mercaderes europeos. En 1607, la compañía inglesa de Moscovia encargó al explorador Henry Hudson la búsqueda de este paso. Tras dos intentos fallidos, Hudson pasó al servicio de la Compañía Holandesa de las Indias Orientales y embarcó por tercera vez con el mismo propósito.

No sin penurias llegó a la bahía de Nueva York, donde descubrió la desembocadura de un río que recibiría su nombre y lo remontó en canoa. Creyó que al fin había dado con el paso del noroeste, pero al llegar a la zona de rápidos, próxima a donde se levantaría la ciudad de Albany, desistió de seguir remontando el río. A pesar de ello, el conocimiento de aquellas tierras dio a la compañía holandesa un territorio propicio para el comercio de pieles.

Mientras llegaban a la zona nuevas expediciones mercantiles, Hudson prosiguió la búsqueda por el norte y así descubrió, en 1610, un estrecho que comunicaba el Atlántico con una amplia bahía al norte del continente. Ambos, estrecho y bahía, llevan hoy su nombre. Sorprendido por el invierno ártico, que congela durante siete meses las aguas de la bahía, Hudson decidió invernar y esperar la llegada de la primavera para continuar la búsqueda del paso del noroeste. Sin embargo, aquél sería el último invierno de su vida. La tripulación se rebeló y lo abandonó sin víveres en una pequeña embarcación junto a su pequeño hijo John y unos pocos marineros.

De la Condamine explora el Amazonas

La comunidad científica tomó el relevo de los conquistadores y viajó a los confines del mundo para calcular y precisar las dimensiones del planeta. Ésta fue la misión que llevó al francés Charles-Marie de la Condamine al virreinato del Perú y a descender por el Amazonas.

C harles-Marie de la Condamine y Pierre Bourguer fueron los elegidos por la Academia de las Ciencias de París para realizar una de las misiones científicas más importantes del siglo XVIII: medir, según el método de Jean Picard, el arco de meridiano de un grado localizado al sur de Quito, en Ecuador. Ambos científicos llegaron en mayo de 1735 a Cartagena de Indias, que por entonces había vuelto a la jurisdicción del virreinato del Perú, y se reunieron con los marinos y científicos españoles Jorge Juan y Antonio Ulloa, quienes habían sido designados por Felipe V para formar parte de la misión en representación de España.

Todo el equipo viajó a Portobelo, en la costa panameña, donde comenzaron los arduos trabajos que llevaron a los expedicionarios a través de la selva y las altas cumbres andinas. Un año más tarde, el 29 de mayo de 1736, los científicos llegaron a Quito, por cuyas inmediaciones pasa la línea ecuatorial y donde se estableció la base de

operaciones para los trabajos que se prolongarían siete años más.

A partir de ese momento, los científicos se dividieron en dos grupos para realizar las mediciones y triangulaciones del arco de meridiano de un grado. Pero no fue una tarea fácil. Las altas cimas, como la del imponente Chimborazo, las selvas, el clima y las nieblas entorpecieron los trabajos de

▲
La *imponente masa del Chimborazo comportó grandes dificultades para la misión científica francesa.*

◀◀
La *ruta de De la Condamine por el Amazonas le reportó importantes hallazgos científicos.*

ORELLANA, EL PRIMER ESPAÑOL QUE DESCENDIÓ POR EL AMAZONAS

E n 1541, Gonzalo Pizarro organizó una expedición en busca del país de la canela y el oro, donde creía se hallaba el mítico reino de El Dorado. Al frente de 220 españoles y unos 4 000 indios marchó entre valles y riscos cordilleranos hacia las selvas de oriente. En el valle de Zumaco se le unió Francisco de Orellana. Al cabo de sesenta días, ambos llegaron en un bergantín hasta la confluencia de los ríos Napo, Aguarico y

Cararay hambrientos y sin haber hallado nada. Marchó entonces Orellana en busca de provisiones, pero no regresó. Con una cincuentena de hombres continuó viaje a lo desconocido siguiendo el curso de los caudalosos ríos que se abrían paso en la selva. Luchó con los indígenas y las mujeres guerreras y, por ello, llamó Amazonas al gran río que lo llevó hasta el Atlántico tras siete penosos meses.

los científicos. Tampoco faltaron las tensiones personales y las dificultades económicas.

EL DESCENSO POR EL AMAZONAS

Mientras proseguían los cálculos geodésicos, La Condamine aprovechó para hacer otros experimentos, como comprobar el grado de atracción que ejercían las masas montañosas sobre determinados metales o estudiar la rica vegetación ecuatorial. En este campo, en el que también trabajaba Joseph Jussieu —que permanecería treinta y cinco años en el continente—, La Condamine fue el primero en hacer la descripción del árbol de la quina, que él llamó «de la quinina», y dio al látex de un árbol tropical el nombre de «caucho», cuyas aplicaciones alcanzarían su apogeo tras la Revolución Industrial.

En 1744, las mediciones de la expedición confirmaron los cálculos realizados años antes por Maupertuis, jefe de la misión enviada a Laponia, y con ello se dio por finalizada la tarea. Definitivamente se constataba que la Tierra era un globo ligeramente achatado por los polos.

Sin embargo, Charles-Marie de la Condamine continuaría durante algún tiempo su extraordinario viaje. Como siglos antes hicieran los conquistadores españoles Orellana y Lope de Aguirre, La Condamine descendió por el Amazonas hasta Guayana. Pero lo que vio no fueron naves sobre los árboles ni mujeres guerreras, tampoco imaginó fabulosos tesoros en el fondo de misteriosas lagunas, en el reino de El Dorado, sino que constató algo más sutil: que la velocidad de propagación del sonido estaba condicionada por la temperatura.

Cuando regresó a París, Charles-Marie de la Condamine, que había desentrañado de las montañas y de la selva los secretos de las medidas de la Tierra y percibido en el aire cómo el sonido se «agotaba» con el calor, propuso a sus colegas de la

▶ *Pieza de orfebrería chibcha. Los chibchas no fueron un pueblo particularmente belicoso y se caracterizaron por su artesanía.*

Fotografía del río Amazonas al noroeste de Santarém.

▼

Academia de las Ciencias que se adoptara como medida universal la longitud del péndulo que marca un segundo en el ecuador. Su propuesta, si bien no fue seguida al pie de la letra, estuvo presente en las mediciones orientadas a determinar la diezmillonésima parte de un cuarto de meridiano terrestre como unidad de medida del sistema métrico decimal.

Cavelier de La Salle en el golfo de México

Desde la fundación de Quebec, y hasta el siglo XVII, la expansión colonial francesa se apoyó en el negocio peletero y la acción de las compañías mercantiles. Pero Luis XIV dio un cambio radical a la situación y hombres como Cavelier de La Salle crearon un verdadero imperio francés en América.

A partir de 1663, cuando la presencia francesa había cimentado la colonia de Nueva Francia merced a la acción de las compañías mercantiles, el rey Luis XIV adoptó una serie de disposiciones orientadas a arrebatar a éstas el poder y sentar las bases de una administración real.

En este nuevo contexto, los colonos franceses iniciaron una lenta prosperidad y su expansión hacia el interior del territorio llegando a dominar el área de los Grandes Lagos.

Pierre Radison y su cuñado, Medard Chouart des Geroseilliers, dos *coureurs des bois* a quienes los ingleses llamaban *Radisch & Gooseberry*, viajaron hasta más allá del lago Superior y tuvieron noti-

Botadura del Le Griffon, construido en el lago Erie. La nave permitió a Cavelier de la Salle navegar por el Mississipi hasta el Golfo de México.

cias de la existencia del «mar del Norte», nombre que se había dado a la bahía descubierta en 1610 por Henry Hudson.

Los dos mercaderes aventureros advirtieron enseguida que la ruta a través de la bahía resultaría mucho menos costosa que la habitual en canoa desde el lago Superior hasta Montreal, pero no consiguieron el necesario apoyo de las autoridades francesas. Por ello, expusieron su idea a los ingleses, quienes en el año 1668 fletaron el *Nonsuch* con un rico cargamento de pieles. Dos años más tarde se fundó la Compañía de la Bahía de Hudson, que no tardó en superar a la compañía francesa del norte.

MACKENZIE, EL ESCOCÉS INCANSABLE

Alexander Mackenzie tenía diez años cuando, en 1774, pasó de su Escocia natal a las colonias americanas de Inglaterra. Al estallar la revolución fue enviado a una escuela de Montreal, donde cinco años más tarde comenzó a trabajar para la compañía de pieles «Gregory, MacLeod & Co». Sin embargo, pronto se puso de manifiesto su espíritu inquieto y decidido y, cuando apenas tenía veinte años, la empresa lo envió a Île-à-La Crosse. Allí permaneció hasta 1787, cuando empezó a trabajar para la Compañía del Noroeste, interesada en descubrir una ruta al Pacífico por el norte. Con este propósito marchó con su jefe, Peter Pond, y ambos fundaron Fuerte Chippewan a orillas del lago Athabasca, en la actual provincia canadiense de Alberta. Desde allí, Mackenzie llevó a cabo las dos expediciones que le dieron un puesto de honor en la historia de las exploraciones.

En 1789, a bordo de una canoa, siguió el curso del río que con el tiempo llevaría su nombre. Su objetivo era establecer la ruta del Pacífico. A lo largo de casi 4 000 km, Mackenzie navegó entre lagos y montañas y al final alcanzó el amplio estuario que no estaba en el Pacífico como él pensaba, sino en el mar de Beaufort, en el océano Ártico. De regreso a Fuerte Chippewan, preparó una segunda expedición que, en 1792, también partió del lago Athabasca, aunque esta vez optó por el curso del río Peace. Tras duras jornadas superó las montañas Rocosas y llegó al Pacífico, cumpliendo así su objetivo. Alexander Mackenzie, quien más tarde recibió el título de sir, se convirtió en el primer europeo en cruzar el continente americano de este a oeste por la zona boreal.

EL IMPERIO FRANCÉS DE LOUISIANA

Hacia 1673, el explorador Louis Jolliet y el padre Jacques Marquette partieron de la región de los Grandes Lagos y, siguiendo el curso del Wisconsin, descubrieron el curso alto del Mississippi. Por este río descendieron hasta la confluencias del Missouri y el Ohio y regresaron remontando el Illinois. Las noticias de este descubrimiento animaron a René-Robert Cavelier de La Salle a explorar el sur de los dominios franceses. La Salle, que había llegado a Nueva Francia en 1667 y se había establecido en Montreal, consiguió la autorización del rey en 1674. Como parte de su estrategia exploradora, fijó su base en fuerte Frontenac y construyó el fuerte Conti y el *Griffon*, un navío de

MACKENZIE

Alexander Mackenzie en el momento de realizar una inscripción que conmemoraba su llegada al océano Pacífico tras una travesía por el Canadá.

Cavelier de la Salle toma posesión de la Luisiana en nombre de Luís XIV. De este modo, Francia cortó la vía de expansión natural de las colonias inglesas de Nueva Inglaterra.

cuarenta y cinco toneladas, para cruzar los Grandes Lagos.

Bien pertrechado, penetró ese mismo año en territorio de los indios illinois, y en él levantó el fuerte Crévecoeur, pero no prosiguió una decidida exploración del territorio. En los años siguientes fue ampliando sus conocimientos geográficos de la zona hasta que en 1682 decidió dar un paso importante, descendiendo por el Mississippi hasta su confluencia con el Missouri. La siguiente etapa le llevó hasta la reunión del Arkansas y, con la guía de los indios natchez, alcanzó la desembocadura del gran río en el golfo de México. La Salle se había convertido en el primer europeo en recorrer el curso completo del Mississippi y llegar al territorio que en 1541 descubriera el español Hernando de Soto. Tomó entonces posesión de aquellas tierras en nombre de la corona francesa y les dio el nombre de Louisiana, en honor del rey Luis XIV.

El hecho tuvo especial trascendencia. Por un lado, la colonia inglesa de Nueva Inglaterra quedó rodeada y su expansión hacia el oeste, frustrada; por otro, la penetración francesa en la región fue vista por los españoles como una amenaza. Entre 1685 y 1689, varias expediciones terrestres y marítimas españolas llegaron al territorio para desalojar a los franceses. Mientras tanto, en 1684, después de una breve estancia en Francia, La Salle intentó una nueva expedición por el Mississippi, pero fue asesinado tres años más tarde en el curso de la misma. El capitán Alonso de León, quien el 22 de abril de 1689 llegó a la bahía de San Bernardo al frente de un centenar de hombres, encontró allí las ruinas de un fuerte y a dos supervivientes de la expedición de La Salle.

La Kon Tiki *de Thor Heyerdahl expuesta en Oslo, Noruega.*

LA ETERNA AVENTURA AMERICANA

Desde que Cristóbal Colón, movido por la fe en un sueño y una poderosa intuición, navegara hacia occidente y encontrara en su camino el continente americano, éste ha atraído a miles de viajeros y aventureros.

La impresionante naturaleza del continente y la diversidad y originalidad de sus gentes y pueblos mantienen viva la atracción que despierta todo universo inagotable. Desde mucho antes de que las naves colombinas toparan camino de las Indias con una pequeña isla antillana en la antepuerta del continente, los pueblos nativos ya eran presa de la misma pasión del viaje.

Uno de los más bellos ejemplos del espíritu que inspiraba el viaje y la conquista de nuevas tierras está precisamente en la religión de los pueblos del altiplano mesoameri-

cano. Así, los *pochteca*, voz náhuatl que designa a los mercaderes, se conducían de acuerdo con el ritual del dios Quetzalcóatl. Desde los tiempos de Teotihuacán viajaban a las costas orientales del golfo de México o a los confines de Guatemala no sólo para traficar con sus productos, sino para llevar el mensaje civilizador de su divinidad.

El mismo impulso animó, en el otro extremo andino, a las gentes de Tiahuanaco, de cuyo lago divino, el Titicaca, surgieron los dioses y los hijos del sol que fundaron el poderoso incario en el valle del Cusco. Hay quienes dicen que los héroes civilizadores de los Andes llegaron de Asia a través de la Polinesia, como el antropólogo noruego Thor Heyerdahl, quien se aventuró en una asombrosa travesía por el Pacífico para probar su teoría.

Tras la finalización la Segunda Guerra Mundial, Heyerdahl construyó una balsa indígena de juncos y otros materiales que probablemente utilizaron los primitivos navegantes. El 28 de abril de 1947, a bordo de la *Kon-Tiki*, como llamó a la primitiva embarcación, y cinco compañeros zarpó del puerto peruano de El Callao, dejándose arrastrar por los vientos y las corrientes marinas.

El 7 de agosto, después de ciento un días de difícil travesía por el océano, la *Kon-Tiki* se estrelló contra las costas rocosas de la isla de Raroia, en el archipiélago de las Tuamotu. Heyerdahl había cumplido su objetivo y realizado una gran hazaña. Sin embargo, el misterio que alienta la aventura sigue latente en el continente americano.

Oceanía

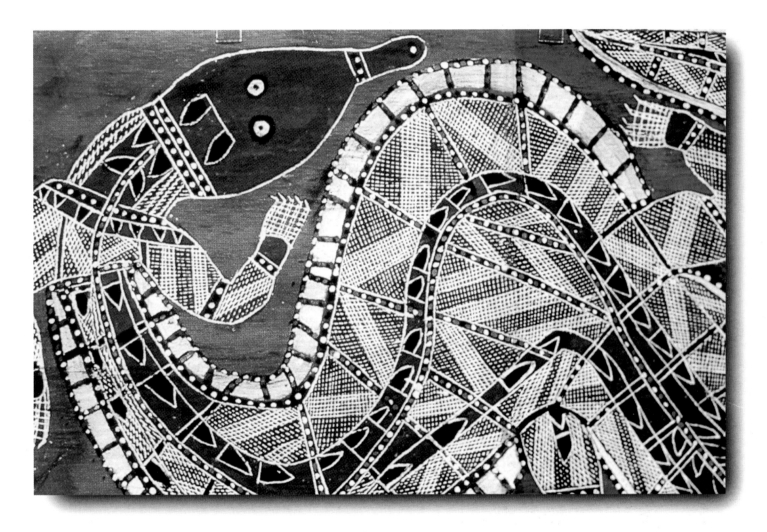

Pintura de los aborígenes australianos del siglo XVIII, realizada sobre madera de eucalipto.

Las exploraciones de Oceanía y el océano Pacífico se realizaron en el contexto de la gran expansión naval de los países europeos a lo largo de los siglos XVI, XVII y XVIII. Fueron viajes de descubrimiento en el sentido más estricto del término, el equivalente marítimo de las expediciones terrestres al interior de América, ya que era un océano desconocido para los occidentales hasta que Vasco Núñez de Balboa atravesó el istmo de Panamá y contempló aquel mar tan tranquilo.

El mito del Gran Continente Austral movió a muchos exploradores a intentar emular a Cristóbal Colón y lograr una fama imperecedera para sí y el poder y las riquezas para sus naciones y, aunque no hallaron ese mítico lugar, sí descubrieron innumerables islas, así como la gran masa continental de Australia, la cual por sí misma ya era un continente. La ironía para quienes buscaban la Terra Australis Incognita, *era que, sin saberlo, ya se encontraban en ella mientras navegaban por aquellas islas: una tierra en medio del mar, Oceanía.*

Andrés de Urdaneta atraviesa el Pacífico

La exploración española del Pacífico se realizó desde de las posesiones de la corona hispánica en América. La figura de Andrés de Urdaneta, junto con la de Miguel López de Legazpi, fue crucial para el establecimiento de estas colonias en el Pacífico.

Retrato de Andrés de Urdaneta conservado en el Monasterio de El Escorial. Las acciones de este navegante fueron cruciales para el establecimiento de las colonias españolas en las Filipinas y el descubrimiento de rutas de navegación por el Pacífico.

Codicilo de Miguel López de Legazpi, realizado en México, en el cual encargó la celebración de misas antes de su viaje a las Filipinas.

Andrés de Urdaneta (1508-1568) abandonó sus estudios para hacer carrera en el ejército, y tomó parte en las guerras de Italia, donde alcanzó el grado de capitán. Tras este interludio bélico, decidió regresar a la vida civil en España. De nuevo en su país, Urdaneta reemprendió sus estudios y se decantó por las matemáticas y la astronomía, lo cual fue de gran ayuda para sus navegaciones posteriores. En 1525 tomó parte en la expedición de Jofre de Loaiza a las Molucas, donde permaneció quince años, y se familiarizó con la vida colonial y las técnicas de navegación portuguesas.

Su retorno a la península Ibérica fue como mínimo tumultuoso, ya que, una vez en Lisboa, fue acusado por los portugueses de revelar información a la corona española sobre las posesiones portuguesas. Disgustado por este incidente y por

EL LEGADO DE URDANETA Y LEGAZPI

Tras la partida de Andrés de Urdaneta, Legazpi inició la expansión de los dominios españoles en las Filipinas, que fue contestada infructuosamente por los portugueses, quienes lanzaron sendos ataques en 1568 y 1571. En 1570 envió una primera expedición a la isla de Luzón, que estaba bajo el gobierno de los musulmanes, al año siguiente depuso al gobernante y trasladó su base de operaciones a la ciudad de Manila, que se convirtió en el principal puerto comercial de la corona española en Oriente hasta 1898, cuando España perdió el control de las Filipinas a manos de los norteamericanos. Paralelamente a la acción militar, los conquistadores españoles emprendieron una enérgica campaña de cristianización, que marcó de manera duradera el carácter de las Filipinas. Con todo, se ha de señalar que la influencia del cristianismo fue mucho más fuerte en el norte del archipiélago que en el sur, donde la religión islámica estaba sólidamente asentada. La resistencia de los musulmanes en las islas del sur perduró hasta bien entrado el siglo XIX.

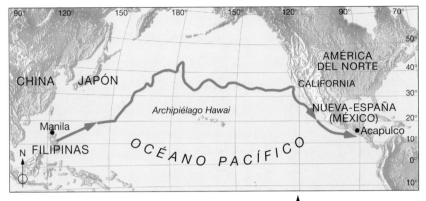

el poco interés que el emperador Carlos V prestó a sus viajes, Andrés de Urdaneta se dirigió a Ciudad de México, donde ingresó en la orden de los Agustinos.

RUMBO A FILIPINAS

En 1564, el virrey de Nueva España, Luis de Velasco, siguiendo las directrices emanadas de la corte de Felipe II, ordenó la formación de una flotilla para explorar las Filipinas, unas islas que Magallanes había visitado, pero que no habían sido colonizadas. Dados los grandes conocimientos en el arte de la navegación de Andrés de Urdaneta, así como su gran experiencia en los viajes a las Indias, el propio rey le pidió que tomase el mando de la expedición, a lo que Urdaneta se negó. Accedió a acompañar a los expedicionarios, pero prefirió que fuese otro quien ejerciese el mando, resultando elegido el adelantado Miguel López de Legazpi.

La expedición, compuesta por las naves *Capitana*, *San Pablo*, *San Pedro*, *San Juan* y *San Lucas*, zarpó de Acapulco el 21 de noviembre de 1564. Meses más tarde, en abril de 1565, la expedición española arribó a las Filipinas, y desembarcó en la isla de Cebú, lugar donde se fundó el primer asentamiento español en el archipiélago.

URDANETA VUELVE A ESPAÑA

Tras dedicar un tiempo a explorar las islas, Legazpi decidió enviar a Urdaneta de vuelta a Nueva España con la misión de encontrar una ruta de regreso con vientos favorables y buscar ayuda para la nueva colonia. Urdaneta dejó la isla de Cebú en julio de 1565 y navegó en dirección norte en busca de vientos favorables para el viaje de regreso, lo cual le llevó más tiempo de lo esperado, ya que tuvo que navegar hasta los 42º de latitud norte, alargando notablemente el trayecto. Como la situación empeoraba de manera dramática a bordo de la nave que ya había perdido a

Ruta de regreso de Andrés de Urdaneta.

Islario General de Alonso de Santa Cruz (1560).

catorce miembros de la tripulación, Urdaneta asumió el mando y logró arribar a Acapulco el 3 de octubre de 1565, tras 123 días de navegación. Se dice que tan solo él y Felipe de Salcedo, sobrino de Legazpi, tenían fuerzas suficientes para echar el ancla cuando tocaron puerto. Todas estas penalidades tuvieron la recompensa de haber hallado una ruta a las Filipinas, que en el futuro sería conocida como "la ruta del galeón de Manila", un elemento clave para la colonización española del archipiélago asiático.

Aunque le hubiera gustado volver a las Filipinas, Urdaneta, con la salud muy quebrantada, se embarcó para España, donde dio cuenta tanto de los viajes que había realizado en las colonias portuguesas como de su expedición a las Filipinas, antes de morir pocos años después.

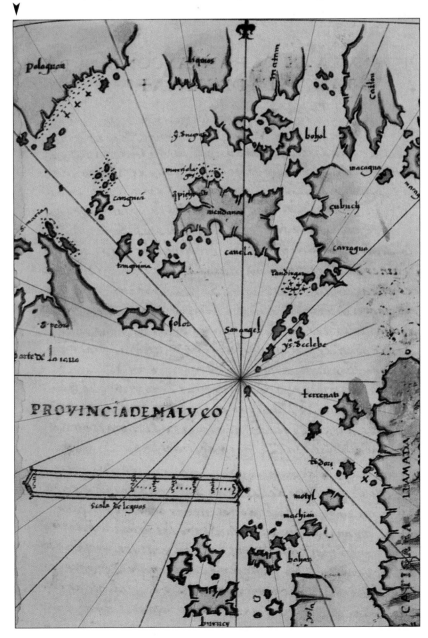

Abel Tasman
y el Gran Continente Austral

Si se tiene en cuenta el gran número de expediciones enviadas en busca del Gran Continente Austral, la búsqueda de esta esquiva tierra se convirtió en una de las fuentes de conocimiento geográfico más importantes de los siglos XVII y XVIII, y en uno de los grandes alicientes para la exploración.

L a era de los grandes descubrimientos llevó consigo la aparición de mitos y leyendas sobre los lugares explorados. Algunas de estas leyendas era meras supersticiones, otras estaban basadas en cuentos e historias míticas de los pueblos indígenas que los occidentales visitaban, como el célebre caso de El Dorado. Pero había otro tipo de leyendas que no habían surgido de la cultura popular o de la superstición, sino de las elucubraciones de la naciente ciencia moderna, y entre ellas se encontraba la leyenda del Gran Continente Austral.

A

Abel Tasman y su familia, en un óleo del siglo XVII. La expedición austral de Tasman no dio los frutos esperados.

LA EXPEDICIÓN EN BUSCA DEL CONTINENTE AUSTRAL

Abel Tasman (1603-1659), nacido en el seno de una familia de campesinos holandeses, dedicó la primera parte de su vida a las actividades agrícolas. En 1634 entró en la Compañía de las Indias Orientales e inició su vida de marinero en varios navíos de la misma, alcanzando pronto cargos de responsabilidad hasta llegar a mandar sus propios barcos. Partiendo de Batavia, la actual Yakarta, lugar donde se había instalado, realizó varios viajes por el Pacífico Norte y se enfrentó a todo tipo

de contratiempos —en una de sus expediciones, su flotilla perdió dos de los tres barcos que la componían en una tempestad.

El viaje que le haría famoso por el sur del Pacífico se inició por razones de gran estrategia. El gobernador general de Batavia, Van Diemen, le encomendó el mando de una flotilla compuesta por los navíos *Heermskerck* y *Zeehean* para explorar el Pacífico Sur en busca de una ruta hacia el Perú y, sobre todo, del Continente Austral. En

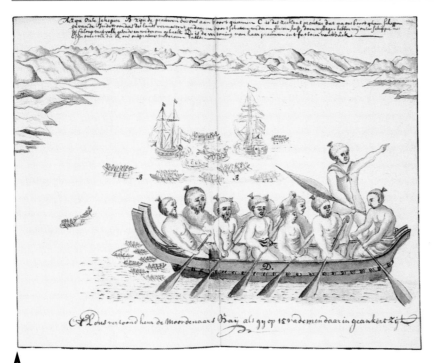

Ilustración del incidente con los maoríes el 18 de diciembre de 1642.

Indígenas de la Tierra de Van Diemen, según un grabado del Atlas histórico del viaje a tierras australes, publicado hacia 1820.

La posible existencia de un continente en las regiones australes se convirtió en una obsesión para los navegantes.

Holanda existía el convencimiento de que ese misterioso continente, que estaba lleno de riquezas, representaría para las Provincias Unidas (Holanda) lo que América para la corona española, y las posesiones del Índico para los portugueses. En una época en que Holanda estaba en guerra con España, los supuestos recursos de ese continente no hacían más que revaluarse.

EL VIAJE AUSTRAL DE ABEL TASMAN

El 14 de agosto de 1642, los dos barcos de la flotilla de Abel Tasman zarparon de Batavia con rumbo este, hacia Mauricio, lugar donde recalaron algún tiempo para reponer víveres y hacer las reparaciones necesarias. A continuación navegaron rumbo al sur, decididos a encontrar algún rastro

de tierra, pero las cada vez más duras condiciones meteorológicas provocadas por el frío de esas latitudes les obligaron a regresar. Fue entonces cuando Tasman decidió navegar de nuevo hacia el este, rumbo que mantuvieron hasta avistar tierra, el 24 de noviembre, dando al lugar el nombre de Tierra de Van Diemen en honor del gobernador general de Batavia, la actual Tasmania.

Una vez provistos de agua, los expedicionarios se hicieron de nuevo a la mar hasta que el 13 de diciembre avistaron tierra de nuevo. Esta vez Tasman bautizó el lugar como Staten Landt, ya que creía que era la costa oeste de América del Sur, aunque se encontraba muy lejos de este lugar. Sin saberlo, había llegado a Nueva Zelanda, y la recepción que le dispensaron los nativos maoríes no fue precisamente amistosa. El 18 de diciembre tuvo lugar un enfrentamiento entre holandeses y maoríes, en el que murieron tres tripulantes de la expedición de Tasman, y el *Zeehean* tuvo que abrir fuego para repeler el ataque de hasta once canoas.

Tras este incidente, las dos naves abandonaron el lugar, al que Tasman impuso el nombre de Bahía de los Asesinos, y bordearon la costa de Nueva Zelanda para dirigirse a continuación a Tonga, donde consiguieron víveres para el viaje de regreso. La flotilla llegó a Batavia, en Java, el 15 de junio de 1642, tras superar un maremoto y una fuerte tormenta. Aunque la exploración fue considerada un éxito, se criticó que no hubiesen explorado las tierras recién descubiertas. Tasman continuó vinculado a la Compañía de las Indias Orientales, realizando otros viajes de exploración, hasta su retiro en 1653.

TERRA AUSTRALIS INCOGNITA

También conocida como *Terra Australis Nondum Cognita*, fue una de las obsesiones de los geógrafos y descubridores de los siglos XVII y XVIII. El fundamento teórico para afirmar la existencia de este continente era la creencia de que en el hemisferio sur había de existir una gran masa de tierra que sirviera de contrapeso a los grandes continentes del hemisferio norte. Según los estudiosos de la época, la *Terra Australis Incognita* cubriría la superficie de la Antártida, pero se extendería mucho más al norte, llegando muy cerca de los extremos sur de América y África. De hecho, se pensaba que las islas del Pacífico, así como las costas de Nueva Guinea, primero, y Australia, después, eran los límites al norte de este Continente Austral.

Vitus Bering entre Siberia y Alaska

Las expediciones de Vitus Bering (1681-1741), marino danés al servicio de la corona rusa, representaron la llegada de los occidentales al confín más oriental de Siberia y el descubrimiento de una región hasta entonces inexplorada.

ʌ

Vitus Bering, enfermo de escorbuto, agoniza atrapado por el mal tiempo en su refugio en las Islas del Comandante. Esta enfermedad, provocada por la carencia de vitamina C, fue una de las dolencias más comunes y temidas por los marineros hasta bien entrado el siglo XVIII.

Las inclemencias climatológicas, unidas a la concepción de los viajes, hicieron de estas empresas unas verdaderas gestas para un país, Rusia, que a duras penas acababa de dejar atrás la Edad Media e intentaba lograr un sitio junto al resto de países occidentales.

WILLEM BARENTS, UN PRECEDENTE

Los viajes del holandés Willem Barents (1550-1597) por el Ártico fueron en cierta medida un aviso de los grandes peligros que encerraban esas heladas aguas. Sus intentos de encontrar una nueva ruta para viajar a Oriente le llevaron a investigar la posible existencia de un paso en el Ártico. Tras dos expediciones fracasadas, en 1596 Barents lo intentó por última vez y llegó hasta las islas Spitzberg, pero allí quedó atrapado por los hielos y tuvo que construir un refugio para pasar el invierno.

Tras haber sobrevivido a lo peor, falleció en el viaje de regreso.

UNA NACIÓN EN BUSCA DE PRESTIGIO

Cuando en 1723 Vitus Bering recibió el encargo del zar Pedro el Grande de dirigir una expedición naval en la costa este de Siberia, su experiencia y reputación en la joven marina rusa ya estaba bien asentada. La misión que le fue encomendada tenía unas características que la hacían peculiar: debía explorar el extremo oriental de Siberia, pero debía llegar por tierra. Las razones de esta decisión del zar, que pueden parecer poco prácticas si se tiene en cuenta que viajar por mar, aunque hubiese representado un largo trayecto habría sido mucho más rápido, hay que buscarlas en la doble necesidad de secreto y prestigio.

Los rusos no querían que otras potencias coloniales europeas conociesen sus intenciones de explorar la costa siberiana y llegar a América, ya que temían que se les adelantasen al contar con mayores recursos navales. Por otro lado, el que la expedición cruzara Siberia era una manera de demostrar el poder del zar en aquel extremo tan alejado de su imperio.

LA PRIMERA EXPEDICIÓN DE BERING

Con una dotación inicial que no superaba el centenar de hombres Bering partió de San Petersburgo en dirección a Siberia. No hace falta decir que a lo largo del camino fue agregando efectivos a su comitiva, hasta alcanzar un tamaño respetable. El viaje a través de la inmensidad de Siberia fue por sí mismo una gesta, ya que no sólo hubieron de hacer frente a las adversidades meteorológicas, sino también a las tribus hostiles de la región. Cuando finalmente alcanzaron las costas del Pacífico en Ojotsk, tres años después de su partida, construyeron un barco con el que navegaron hasta la península de Kamchatka, donde desembarcaron.

Una vez allí construyeron una nueva embarcación, el *San Gabriel,* que utilizaron para bordear, hacia el norte, el litoral siberiano. Esta ruta les llevó a un punto en el cual perdieron de vista la tierra al oeste, lo cual confirmaba que Asia y América estaban separadas por el mar. Sin embargo, como persistían las dudas, Chirinov, uno de los lugartenientes de Bering, propuso continuar con la exploración. Bering rehusó, pues era consciente de los peligros de pasar el invierno en aquellas latitudes, y dio la orden de regresar.

Aunque la decisión de no continuar las exploraciones fue duramente criticada en la corte rusa a su regreso, dos años más tarde, la fama del marino no se vio mermada, ya que había demostrado unas grandes dotes de organizador al dirigir con éxito una empresa de tal magnitud y sus decisiones habían estado orientadas a salvaguardar a su tripulación.

LA SEGUNDA EXPEDICIÓN: LOS RUSOS EN ALASKA

El siguiente viaje de Bering a la costa de Siberia obedeció al deseo de explotar el éxito de la primera expedición y completar sus objetivos. En esta ocasión la preparación fue mucho más concienzuda; se decidió formar una flota de trece barcos con una dotación de tres mil hombres, pero la obligación política de llegar a la costa de Siberia tras cruzar por territorio ruso continental complicó de nuevo las cosas.

En esta ocasión, y de acuerdo con el tamaño de la expedición, se tardaron ocho años en establecer la base de Ojotsk, un retraso que enfureció al gobierno ruso. Es más, al final sólo dos naves de

las trece previstas participaron en la exploración. Para colmo de males, una tormenta separó a los dos barcos, y cada uno hubo de arreglárselas por su cuenta. Bering, cuyo navío, el *San Pedro,* acabó frente a las costas de Alaska, se dedicó a explorar este litoral así como las islas Kodiak y las Aleutianas. Sin el apoyo de la otra nave y temiendo la llegada del invierno, Bering decidió regresar a su base; por desgracia, una tormenta le obligó a buscar refugio en las Islas del Comandante, donde falleció antes de que la llegada del buen tiempo permitiese a la tripulación del *San Pedro* construir una barca para regresar a Ojotsk.

▲
El mar de Bering, cuyo clima adverso y dificultades de comunicación no impidieron las observaciones de Vitus Bering, que le llevaron a la conclusión de que Asia y Europa no estaban unidas por tierra firme.

◄
Bloqueados por los hielos en las islas Spitzberg, Willem Barents y sus hombres se vieron forzados a construir un refugio e invernar. La cabaña, de grandes dimensiones (unos 10 por 6 metros), permitió a los expedicionarios convertirse en los primeros europeos que pasaban el invierno en el Ártico.

La travesía australiana de Burke y Wills

La expedición de Robert O'Hara Burke (1821-1861) consiguió cruzar Australia de sur a norte, pero las dificultades orográficas y climatológicas y la propia inexperiencia de Burke provocaron el fatal desenlace de la misma.

Al igual que había ocurrido en África, la exploración de Australia se había centrado sobre todo en su litoral, fácilmente accesible por barco. Así mismo, el poblamiento de los colonos había seguido esta distribución costera, por lo cual el interior del país continuaba siendo desconocido para los habitantes de origen europeo hasta bien mediado el siglo XIX.

UNA ELECCIÓN ARRIESGADA

La decisión de elegir a Burke para dirigir la expedición que debía cruzar Australia de sur a norte fue muy arriesgada. A pesar de su formación militar, en el ejército austro-húngaro, y policial, Burke carecía de experiencia en la organización de expediciones exploratorias y desconocía los peligros del desierto australiano. Sin embargo, en una época de exploraciones y descubrimientos no era extraño que la elección recayera en una persona con poca experiencia. Sin ir más lejos, en África, la elección de Stanley para rescatar a Livingstone hubiese podi-

Burke, Wills y King fueron los protagonistas de uno de los más intensos episodios de la exploración del continente australiano. Buena parte de las penalidades que padecieron los expedicionarios pudieron haberse evitado con una dirección más eficaz y experta.

A la altura de Menindee, Burke y Wills abandonaron al grueso de la expedición y prosiguieron rumbo al norte.

do recibir las mismas críticas. Lo que sí debieron pasar por alto los patrocinadores de la expedición fue el carácter impaciente y poco sociable de Burke, lo cual, a la postre, conduciría al desastre.

HACIA EL NORTE

La expedición con la que Burke partió para su viaje por el interior de Australia parecía sobradamente preparada para tal cometido; contaba con dieciocho hombres, veinticuatro camellos, con sus tres cuidadores, veintiocho caballos y veintiuna toneladas de suministros. El problema era la capacidad de Burke para dirigir este equipo. Ya en Menindee, a unas cuatrocientas millas de su punto de partida, vio cómo su lugarteniente lo abandonaba, acompañado por el médico; y todo a causa del mal carácter de Burke.

Ante esta situación, Burke decidió dejar atrás al grueso de sus hombres, y la mayor parte de los suministros, y con el cartógrafo William John Wills (1834-1861) como nuevo lugarteniente se dirigió

La partida de la expedición de Burke fue saludada por una gran multitud. Durante la segunda mitad del siglo XIX, la exploración de nuevos territorios empezó a convertirse, gracias al seguimiento de la prensa, en un fenómeno de masas. Orgullo nacional, afán civilizador y curiosidad científica se confundieron con las ansias de aventura de los exploradores y la fascinación del público.

con siete hombres a Cooper Creek. Una vez allí Burke envió a William Wright de regreso para que condujese al resto de la expedición. Una vez más Burke dio muestras de impaciencia, ya que decidió no esperar a Wright, y dejando atrás a tres de sus hombres al mando de Brahe con buena parte de las provisiones, el 16 de diciembre de 1860 continuó hacia el norte con Wills, King y Gray.

ENTRE EL DESIERTO Y LAS TORMENTAS

El viaje a través del desierto hacia la costa norte fue muy duro, y los expedicionarios pronto empezaron a sufrir agotamiento a causa del sofocante calor. A pesar de todo lograron alcanzar el río Flinders y seguir su curso hasta el golfo de Carpentaria, pero las marismas les impidieron llegar al mar. Considerando que había cumplido su objetivo, Burke decidió regresar. En esta ocasión fueron las lluvias y no el calor el principal obstáculo; fuertes tormentas sacudieron a los agotados expedicionarios hasta el punto de quedarse sin fuerzas y, lo que es peor, sin víveres. Forzados a buscar comida en un medio tan poco favorable, redujeron aún más su marcha. Gray murió de disentería.

Cuando el 21 de abril de 1861 llegaron al lugar donde Brahe debía esperarles con las provisiones, descubrieron que éste, que había recibido instrucciones de no esperar más de tres meses, había abandonado el lugar con las vituallas aquella misma mañana. De hecho, Brahe había esperado

un mes más de lo debido, dejando en el lugar unas pocas provisiones y una nota con su ruta. Wills y King abogaron por seguirlo, ya que sólo les llevaba unas millas de ventaja y disponían de algunos víveres. Burke, en cambio, consideró que no lo alcanzarían y optó por seguir otro camino hacia el lugar habitado más cercano, Mount Hopeless, una decisión que a la postre resultaría fatal.

Sin provisiones, agotados, los tres exploradores acabaron perdiéndose en el desierto; forzados a comer ratas y hierba, sus últimas fuerzas les fueron abandonando. Burke y Wills, después de haber conseguido atravesar Australia tras un trayecto de 1 500 millas, murieron a finales de junio y tan sólo King, que fue encontrado por una tribu de aborígenes australianos, consiguió sobrevivir.

Telégrafo de W. E. Sawyer. Este sistema de comunicación revolucionó la sociedad inmediatamente posterior a la Revolución Industrial.

▼

LA CONSTRUCCIÓN DEL TELÉGRAFO

En 1860 se decidió la construcción de una línea telegráfica que cruzase el continente australiano de norte a sur; se trataba de un proyecto ambicioso, ya que implicaba el tendido de la línea por territorios poco explorados, cruzando desiertos y marismas. Por esta razón se ofreció una recompensa de dos mil libras al primero que lograse cruzar Australia. El gobierno de Australia del sur eligió a John MacDuall Stuart y el de Victoria, a Burke.

Los viajes de James Cook

En la segunda mitad del siglo XVIII la exploración adquirió una nueva dimensión, un nuevo enfoque que iba más allá de llegar a un lugar y dominarlo: a partir de entonces se trataba de llegar a un lugar y, antes que nada, intentar entenderlo. James Cook es un ejemplo emblemático de este espíritu.

➤
Representación pictórica de la Resolution *y la* Adventure *en la bahía de Matavai, Tahití, en 1773. Este archipiélago se convirtió en uno de los fondeaderos más concurridos durante esta fase de las exploraciones marinas del Pacífico. La benignidad del clima y la hospitalidad de los nativos contribuyeron decisivamente a ello.*

La figura del capitán Cook en el mundo de las exploraciones es, sin duda, una de las más carismáticas de todos los tiempos. Con él apareció un nuevo tipo de explorador, un hombre que se movía más por su afán de conocimientos, que por la sed de conquistas, un científico antes que un guerrero.

Unos principios humildes

James Cook (1728-1779), nacido en el seno de una familia de campesinos escoceses, antes de enrolarse como grumete trabajó en varias profesiones, pero el trabajo de su vida lo encontró a bordo de los carboneros que recorrían las bravías aguas del mar del Norte. En ellos aprendió los rudimentos de la navegación y, cuando estalló la guerra de los Siete Años entre Gran Bretaña y Francia, el joven Cook era ya un marinero experimentado. Tras entrar en la Royal Navy, ascendió rápidamente en el escalafón naval y pronto recibió el mando de un barco, el *Mercury*, con el que realizó varias misiones de exploración al Canadá. En 1762 contrajo matrimonio y a continuación realizó varias expediciones cartográficas, en una de las cuales dio muestras de sus conocimientos científicos al calcular la longitud de Terranova a partir de un eclipse solar.

La primera expedición de Cook

La motivación principal del primer gran viaje de exploración de Cook fue la decisión de la Sociedad Real Astronómica de observar el paso del planeta Venus por delante del Sol, un fenómeno que podría ser observado desde Tahití en el verano de 1769. Así mismo aún estaba pendiente de solución la llamada *Terra Australis Incognita*, un supuesto continente austral que aún no había sido descubierto, y parecía que ambos objetivos podían alcanzarse en el mismo viaje.

Cook recibió la orden de navegar hasta Tahití con el *Endeavour*, un carbonero, cuya capacidad conocía a la perfección; una vez observada la trayectoria de Venus, investigaría la existencia del continente austral.

Para esta expedición Cook decidió prevenir la enfermedad del escorbuto y se encargó de que el barco estuviese bien abastecido de cítricos, verduras y sauerkraut. Él mismo venció las reticencias de la tripulación haciendo que los oficiales fuesen los primeros en comer estos alimentos.

La expedición llegó a Tahití el 13 de abril de 1769, y los tripulantes quedaron sorprendidos de la amabilidad de los nativos, cualidad que haría famosa a la isla.

Tras su estancia en Tahití, con la ayuda de un guía indígena, Cook navegó hacia el oeste, en busca del continente austral. Llegó hasta un grupo de islas, a las que llamó islas Sociedad, y luego puso rumbo sur hasta arribar a las costas de dos islas que circunnavegó. Se trataba de la futura Nueva Zelanda, pero no era el primer europeo en llegar allí, ya que el holandés Tasman había surcado aquellas mismas aguas un siglo antes.

El siguiente tramo de la navegación de Cook lo llevó hasta una costa desconocida, la futura Australia. Por desgracia, mientras exploraban sus costas, la nave embarrancó en un arrecife coralino que

ᐱ *A pesar de la repugnancia que le causó, James Cook asistió a un sacrificio humano en Tahití, en 1777. Los nativos llevaban a cabo estos rituales para asegurar la benevolencia de los dioses antes de alguna operación militar.*

formaba parte del Gran Arrecife de Coral. Allí la preparación y pericia de la tripulación de Cook se pusieron de manifiesto; parchearon como pudieron el casco y esperaron a que la marea los pusiese de nuevo a flote, tras lo cual realizaron las reparaciones imprescindibles antes de navegar hasta Batavia, la actual Yakarta, una colonia holandesa donde completaron las reparaciones antes de emprender el último tramo de regreso, doblando el cabo de Buena Esperanza.

SEGUNDA EXPEDICIÓN EN BUSCA DEL CONTINENTE AUSTRAL

En 1772, Cook emprendió su siguiente expedición. Se trataba de dilucidar de una vez por todas la existencia del famoso y esquivo continente austral. La expedición, compuesta por las naves *Resolution* y *Adventure*, navegó hasta el sur del Atlántico, pero una vez doblado el cabo de Buena Esperanza, mantuvo el mismo rumbo. Se trataba de encontrar el misterioso continente, pero lo único que encontraron fue hielo y frío, por lo que Cook decidió dar media vuelta. A causa de la niebla, los dos buques se separaron, pero volvieron a encontrarse en Nueva Zelanda, que era el punto de reunión previsto.

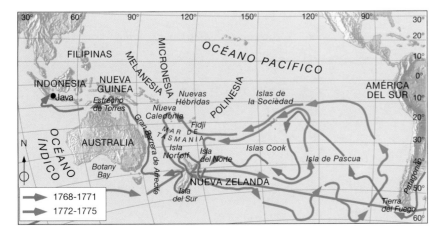

▲
A pesar de algunos incidentes violentos, James Cook siempre mostró un gran respeto por los nativos. Con todo, fue muy consciente de la inevitabilidad de la absorción de sus costumbres por parte de la sociedad occidental, una vez ésta se hubiera establecido en aquellos lugares.

Tras explorar Nueva Zelanda y percatarse de la belicosidad de los maoríes, la flotilla de Cook continuó navegando hacia el sur, en este caso del Pacífico, sin encontrar nada que se pareciese al continente austral. Cansado, Cook decidió hacer escala en Tahití, para que las tripulaciones pudieren recuperar las fuerzas. A continuación volvió a navegar hasta las islas Sociedad, Tonga y Nueva Zelanda. En el curso de este viaje las naves se volvieron a separar, pero esta vez no consiguieron reencontrarse.

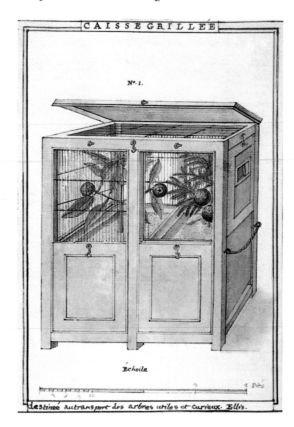

➤
La vocación científica de las expediciones de Cook representó un paso adelante con relación a las costumbres de la época. Antes de afrontar su tercer viaje, Cook destinó cajas para el transporte de plantas y otras curiosidades.

Decidido a resolver la cuestión que le había llevado hasta allí, Cook volvió a navegar hacia el sur, sin más éxito que en las ocasiones anteriores, los icebergs y el frío dificultaron la navegación y Cook cayó enfermo. Tras poner rumbo norte y una vez repuesto, Cook lo volvió a intentar por última vez, con el mismo resultado, por lo que dio la cuestión por resuelta: no existía ningún continente austral, pero sospechaba que había una gran masa de tierra en el polo Sur.

A partir de aquel momento, Cook llegó a las islas de Pascua, de nuevo a Tahití, algo que la tripulación siempre agradecía, las Nuevas Hébridas, y Nueva Caledonia, para cruzar el cabo de Hornos y entrar en el Atlántico. A su llegada a Inglaterra había navegado 70 000 millas.

EL PASO DEL NOROESTE

La siguiente expedición de Cook estuvo presidida por la búsqueda del llamado paso del Noroeste, un canal navegable por el Ártico que comunicase el Atlántico y el Pacífico, búsqueda que Barents había intentado sin éxito dos siglos antes. En 1776, una vez más con el *Resolution* y apoyado por el *Discovery,* zarpó con rumbo al Pacífico, esta vez por el cabo de Buena Esperanza. Tras pasar por Tasmania, Australia, Nueva Zelanda y Tahití, pasó el verano de 1777 estudiando las diferentes sociedades de la Polinesia, hasta diciembre, cuando puso proa hacia el norte. A principios de 1778 sus naves llegaron hasta Hawai, unas islas que nunca antes habían sido visitadas por europeos. Tras una breve estancia en ellas, pusieron rumbo al norte, en busca del paso del Noroeste, y llegaron hasta el mar de Bering, donde el hielo les impidió continuar.

Fue entonces cuando Cook decidió regresar a Hawai para hacer reparaciones. Allí empezaron los problemas a causa de los hurtos de los nativos, algo que era habitual en aquellas islas. Como en Hawai la audacia de los indígenas era mucho mayor, hasta el punto de abordar a los barcos ingleses, Cook ordenó actuar con energía, a lo que los nativos respondieron robando un bote. Cook tomó a uno de los jefes de los nativos como rehén y exigió la devolución del bote, pero cuando se dirigió a la playa, se desató una lucha en la cual el navegante fue muerto.

Aunque los posteriores intentos de la expedición de encontrar el paso del Noroeste fracasaron, la labor de Cook fue crucial en la historia de los descubrimientos, tanto por su grandiosa tarea cartográfica como por los datos aportados sobre los pueblos que visitó.

Los desiertos helados

El monte Erebus, situado en la Isla Ross en la Antártida.

La conquista de los polos terrestres constituye una nueva etapa de la exploración y reconocimiento geográfico del planeta. Tras el descubrimiento occidental del continente americano en las postrimerías del siglo XV, las naciones europeas y miles de exploradores, soldados y aventureros se lanzaron en pos de lugares ignotos y fortuna. Pero a finales del siglo XIX los únicos lugares vírgenes de la Tierra eran sus regiones polares.

Los polos Ártico y Antártico aparecieron entonces como una nueva y prometedora meta. Pero a diferencia de las perseguidas hasta entonces, en éstas la recompensa no eran improbables tesoros ni civilizaciones perdidas, sino algo más intangible e impreciso como lo es el desafío que supone dominar la naturaleza en su forma más adversa. Los desiertos helados que rodean los puntos extremos del planeta, se convirtieron en el objeto de una suerte de portentosa justa.

La expedición ártica de Fridtjof Nansen

Llegar a los puntos más extremos e inhóspitos de la Tierra supuso una nueva meta en la que se ponía a prueba la inteligencia y la resistencia física del individuo en condiciones extremas. Fridtjof Nansen fue el gran precursor de los exploradores polares en 1893.

En el siglo XIX, países de tradición marinera como Gran Bretaña, Rusia, Noruega, Francia y EE.UU. emprendieron la conquista de los polos terrestres, el Ártico primero y el Antártico más tarde. Lo que alentaba a los exploradores que se comprometieron en esa carrera fue, más allá de sus objetivos científicos, el afán de gloria de sus protagonistas, tanto de individuos como de naciones. Uno de los primeros en intentar expresamente la conquista de los gélidos territorios polares fue el naturalista y explorador noruego Fridtjof Nansen.

Si bien la mayoría de los predecesores de Nansen había realizado algunas aproximaciones a las regiones árticas en la estación estival al considerar insoportables las condiciones invernales, la invernada de William E. Parry entre 1819 y 1820 supuso un paso determinante. Nansen tuvo muy en cuenta esta experiencia junto a otras grandes aportaciones exploratorias cuando, en 1888, emprendió su propia aventura al Ártico. Ese año, Nansen rea-

➤
Dibujo que muestra a Fridtjof Nansen con sus perros en el Ártico, durante el verano de 1888.

lizó su primera expedición viajando de este a oeste a través de Groenlandia, territorio cuya condición insular se ignoraba. Más tarde volvió a Groenlandia y exploró la zona comprendida entre Umivik y el fiordo de Ameralik, localizado unos kilómetros al sur de Godthaab, la capital groenlandesa. Sin embargo, estas expediciones no eran sino un duro ejercicio de preparación para la gran empresa de conquistar el polo Norte y hallar el paso del Noroeste.

UN BARCO A LA DERIVA SOBRE LOS HIELOS

Después de publicar el libro *A través de Groenlandia* en 1891, Nansen dedicó todas sus energías a la organización de la expedición destinada a conquistar el polo Norte. El explorador noruego trazó un plan muy audaz cuyo sustento era aprovechar la deriva de los hielos para alcanzar su objetivo. Para ello diseñó un barco, el *Fram*, capaz de «navegar» sobre los bloques de hielo polares y derivar con ellos hacia el punto polar.

A bordo de su bien equipada nave partió en 1893 a una aventura que duraría casi tres años. Penetró en el océano Ártico y llegó al archipiélago ruso de Nueva Siberia, rodeado por los mares de Laptev y Siberia Oriental. Desde aquí se dejó llevar por un enorme banco de hielo que derivaba hacia el noroeste hasta alcanzar los 84° 4' de latitud. En este punto, Nansen en compañía de Johansen acampó para pasar la larga noche polar. Al cabo de ella, continuó su viaje al extremo boreal en trineo desafiando muy duras condiciones. Sufriendo grandes penurias, Nansen llegó hasta los 86° 12', latitud que nadie antes que él había alcanzado.

Nansen no logró alcanzar el Polo Norte en su ruta.
▼

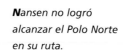

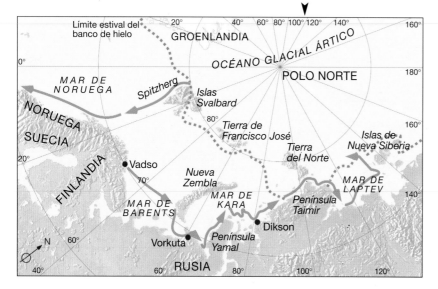

oss y Parry en un
encuentro con unos
esquimales, según
una pintura de John
Sacheuse, miembro
de la expedición.
La experiencia adquirida
en el viaje con Ross,
así como en otras
navegaciones árticas,
fue de gran utilidad
a Parry para resistir
el invierno polar.

Pero sus fuerzas y las de Johansen estaban exhaustas y las posibilidades de recorrer los menos de cuatro grados que quedaban para alcanzar el polo eran nulas. De este modo, con su sueño casi al alcance de la mano, Nansen se vio obligado a renunciar a él y emprender el regreso. Marchó durante varias y muy penosas jornadas hacia el archipiélago Tierra de Francisco José, mientras el *Fram* había reemprendido su viaje en dirección noroeste primero y después hacia el sur hasta arribar al puerto noruego de Tromso, frente a la isla de Kvaloy.

El relato de la extraordinaria aventura que lo llevó al umbral del polo Norte quedó plasmado en el libro *Hacia el polo*. La capacidad de Nansen para soportar los rigores del Ártico y su sensibilidad por las causas científicas y las empresas humanitarias le merecieron el premio Nobel de la Paz de 1922.

PARRY PASA LA NOCHE POLAR

William Edward Parry fue uno de los primeros exploradores del Ártico que se animaron a acampar e invernar en las tierras polares. El marino y explorador británico, quien había acompañado al capitán John Ross al mar de Baffin, organizó en 1819 su propia expedición. En el curso de la misma exploró los estrechos de Lancaster y Wellington y descubrió las islas canadienses de Melville. Aquí desembarcó y allí soportó durante largos meses la noche polar, sus terribles fríos y tempestades.

En los años siguientes, Parry no cejó en su intento de hallar un paso septentrional a Asia e incluso de llegar al mismo polo, pero en este cometido sólo alcanzó los 82° 47' en 1827.

Nansen a bordo del
Fram. El explorador,
consciente de su
importancia para
el exitoso desarrollo
de la misión, diseñó
personalmente el navío.

Peary llega al polo Norte

El marino estadounidense Robert Peary, desafiando las condiciones más adversas jamás imaginadas, fue en 1909 el principal protagonista de una hazaña muchas veces intentada por otros audaces exploradores. Sólo una voluntad inflexible como la de Peary hizo posible que fuera él el primero en llegar tan lejos.

➤

Robert Peary vestido con un traje de pieles de oso y zorro.

Portada de la publicación italiana Domenica del Corriere *que representa la llegada de Frederick Cook al polo Norte.*

Los fallidos intentos por conquistar el polo Norte de William E. Parry y Fridtjot Nansen, entre otros, no hicieron sino fortalecer el carácter y convertir en una obsesión el sueño de gloria del joven marino estadounidense Robert Edwin Peary. Vencer lo invencible y alcanzar lo inalcanzable, llegar «al norte más lejano era el único modo de ser tan grande como Colón». Y lo consiguió el 6 de abril de 1909.

Desde muy joven Peary mostró su vocación exploratoria y en 1886, cuando tenía treinta años, organizó el primero de sus varios e importantes viajes a Groenlandia. En el curso de los mismos, Peary no sólo demostró la insularidad del territorio, sino que adquirió una gran experiencia para moverse en ese medio inhóspito. Aprendió que los hombres que se aventuraran por aquellos terribles parajes debían tener condiciones para resistir algo más importante que el frío. Debían saber soportar la soledad.

En 1901, después de su última expedición a Groenlandia, Peary creyó llegado el momento de preparar la conquista del polo Norte. El Ártico no era como se había supuesto tierra firme sino un inmenso océano helado, con bloques de hielo de hasta 4 m de grosor. En 1905, Peary exploró primero las tierras de Grinnell, en la isla canadiense de Ellesmere, y de Grant, algo más al norte, y al año siguiente intentó el primer ataque al polo. No lo consiguió, pero obtuvo una importante información sobre el terreno, las condiciones climáticas y el equipo necesario para la gran aventura. A pesar

FRANKLIN DESAPARECE EN EL ÁRTICO

John Franklin, marino británico, dedicó casi toda su vida desde 1818 a explorar la costa septentrional norteamericana con el propósito de hallar el paso del Noroeste. En 1845, después de haber ejercido el cargo de gobernador en Tasmania, emprendió una nueva expedición con este fin. Al frente de una flota se internó por el «mar polar», como le llamaba al Ártico, pero dos años más tarde, después de perder dos barcos, decidió escapar de los hielos. Le fue imposible. Su nave quedó atrapada y él pereció. Uno tras otro los restantes expedicionarios también fueron muriendo. James Ross y muchos otros lo buscaron en vano durante años sin hallarlos nunca. Sin embargo, las noticias que recogieron permitieron que Amundsen descubriera el paso del Noroeste en 1903.

La trágica expedición de Franklin según un cuadro de W. Thomas pintado en 1895.

de esto, Peary fracasó dos veces más en su cometido y sufrió la pérdida de varios dedos de los pies a causa de las congelaciones padecidas. «Unos cuantos dedos no son un precio demasiado elevado a cambio de alcanzar el Polo», dijo a sus compañeros cuando preparaba su cuarto intento en 1909.

Apremiado por la noticia de que el noruego Roald Amundsen también se aprestaba a conquistar el polo Norte, cosa que resultó ser falsa, Robert E. Peary organizó la nueva expedición con su amigo Matthew Henson y cuatro esquimales. Con ellos salió en busca de la gloria sobre varios trineos tirados por cuarenta perros, deslizándose como sombras extrañas sobre las planicies heladas del océano Glacial Ártico.

Soportando terribles ventiscas de nieve y temperaturas extremas durante casi un mes, los expedicionarios padecieron hasta el límite de sus fuerzas. Al fin, el tiempo mejoró y al trigésimo sexto día, con una máxima de 15 ºC y una mínima de 33 ºC bajo cero, Peary cumplió su sueño. Ese 6 de abril de 1909 iba a pasar a la historia asociado a su nombre. «La recompensa de más de tres siglos, mi sueño y ambición durante 23 años ¡El Polo, por fin, mío! No puedo creerlo...», anotó un Peary exultante en su diario. Ya más calmado escribió esta reflexión: «No había imaginado que podríamos llegar tan lejos como fuimos consiguiendo. A no ser por una voluntad inflexible, nadie hubiera podido resistir el hiriente frío. El viento laceraba nuestros rostros de tal forma, que se agrietaban y (...) el dolor era tan fuerte que a duras penas podíamos dormir».

En el punto exacto del hasta entonces inalcanzable grado 90 el comandante Robert Edwin Peary plantó la bandera de los EE.UU. dando fe, en nombre de su país, de la hazaña que acababa de realizar. Todo parecía concluir felizmente para el gran explorador. Sin embargo, un antiguo compañero suyo de fatigas, Frederick Cook, cuestionó su logro al proclamar sin llegar a probarlo nunca que él había alcanzado primero que nadie el polo Norte un año antes. La gloria fue definitivamente para Peary.

Caricatura periodística de la pugna entre Peary y Franklin por el honor de haber sido el primer hombre en llegar al polo Norte.

PÔLE NORD

Amundsen alcanza el polo Sur

La conquista del polo Sur en 1911 por el explorador noruego Roald Amundsen cerró el último capítulo de las conquistas geográficas del planeta. Su firme carácter, su capacidad de sufrimiento y su espíritu aventurero fueron determinantes para vencer el paraje más riguroso e inhóspito de la Tierra.

Roald Engeberth Amundsen tenía veinticinco años cuando se le presentó la primera ocasión de viajar a la Antártida. Era un muchacho alto, delgado, de nariz prominente, mirada melancólica y carácter decidido. Como a muchos otros, los relatos de los viajes que el capitán James Cook realizara un siglo antes alrededor del continente helado lo habían impresionado y soñaba con conquistar algún día esa tierra. Una tierra que, como escribiera Cook, «no podría ofrecer a los pájaros u otros animales ninguna guarida más que hielo, del que está, según toda apariencia, enteramente cubierta».

Enterado en 1897 de que De Gerlache preparaba una expedición a la Antártida, Amundsen se presentó ante él y, a pesar de su inexperiencia, fue contratado como segundo oficial. Roald sabía que aquella expedición debía servirle como preparación para realizar por su cuenta una exploración más profunda al país de los hielos perpetuos. Estuvo en el polo Sur durante varios años y cerca de uno dentro del círculo polar antártico realizando estudios

Roald Amundsen se convirtió en una de las figuras más célebres de la exploración de principios del siglo XX. Su gesta sirvió para realzar el prestigio de su joven país, Noruega, y para poner de manifiesto la importancia de la preparación física y espiritual en las exploraciones polares.

y adaptando su cuerpo a las duras condiciones del clima. Cumplida esta misión regresó en 1903 a Oslo, la capital de Noruega, y enseguida se puso a trabajar para emprender su propia expedición. Esta vez al Ártico con el propósito de hallar el paso del Noroeste, cosa que consiguió ese mismo año. Pero su obsesión era conquistar el polo Sur, al igual que otro joven explorador inglés llamado Robert Scott.

AMUNDSEN GANA LA GRAN CARRERA DEL POLO SUR

A partir de 1910, Amundsen y Scott emprendieron una apasionante carrera por ser los prime-

LOS PIONEROS DE LA ANTÁRTIDA

El continente Antártico ha ejercido una poderosa atracción en los viajeros desde que el capitán Cook lo avistara por primera vez en 1772. Fue precisamente el explorador de los Mares del Sur el primero en intentar explorarlo en el invierno del año siguiente, pero sus naves no pudieron pasar de los 71° de latitud. En 1820, Fabian Gottlieb von Bellingshausen, encomendado por el zar de Rusia de circunnavegar la Antártida, logró superar el círculo polar y descubrir la isla de Pedro I.

También exploraron las costas antárticas hacia 1838 el estadounidense Charles Wilkes y el francés Dumont d'Urville, pero fue cuatro años más tarde el inglés James Ross el primero en penetrar en el continente y descubrir el mar que hoy lleva su nombre.

ros en llegar al polo austral de la Tierra. A bordo del *Fram,* Amundsen partió de Oslo aparentemente con rumbo al Ártico, aunque su verdadero destino era la Antártida. Aquí llegó en octubre de 1911 y fondeó en la bahía de las Ballenas. No había sido fácil encontrar ese lugar, pues las costas estaban formadas por altos farallones de hielo y en las aguas flotaban peligrosos témpanos.

Vista del Valle de Taylor a los pies de la cordillera Asgard en la Antártida. Aún en la actualidad, este continente oculta numerosas maravillas naturales, objeto de habituales investigaciones científicas.

Cofa ideada por el capitán William Scoresby en la primera mitad del siglo XIX, empleada por los balleneros que operaban en latitudes polares para avistar icebergs. El barco de Amundsen, el Fram llevada algunas cofas de este tipo.

A diferencia de otros expedicionarios que utilizaban vehículos mecánicos o pequeños caballos, Amundsen había optado por emplear trineos tirados por veinticuatro perros esquimales para llevar los víveres e instrumentos necesarios, salvar montañas heladas y profundos abismos y soportar tormentas, vientos huracanados y temperaturas extremas sin gastar demasiadas energías arrastrando las cargas. Pero además del buen equipo material, Amundsen armó a sus cuatro compañeros con un elemento fundamental para el éxito de la aventura: «Es necesario que estemos espiritualmente preparados para sufrir», les dijo.

Fue así como Amundsen y los demás miembros de su expedición soportaron temperaturas entre 50 ºC y 80º C bajo cero y violentas tormentas y vientos huracanados antes de alcanzar la meta. Al fin, el 14 de diciembre de 1911, Amundsen y sus cuatro compañeros llegaron al punto fijado como polo Sur y pusieron en él la bandera noruega.

Tiempo después, Roald Amundsen, recordando aquel momento histórico excepcional, escribió: «Hicimos un alto y nos felicitamos mutuamente. Después, celebramos una ceremonia llena de emoción (...) Entre todos, no uno solo, plantamos el pabellón. Asiendo los cinco el asta, la elevamos en el aire y de un golpe la clavamos en el hielo: "Enseña querida, emblema de la patria venerada –exclamé–, te hincamos en el Polo Sur de la Tierra, y la llanura que nos rodea la bautizamos Meseta del Rey Haakon VII, en honor de nuestro venerado soberano"».

Enseguida y a pesar de las adversas condiciones climáticas, Amundsen y los demás realizaron numerosos estudios y mediciones solares antes de emprender el camino de vuelta. Un mes más tarde llegaría Scott al mismo punto extremo del planeta.

Scott en la Antártida

Alcanzar el polo Sur se convirtió en una empresa competitiva, en la que coincidieron los intereses científicos y económicos de las naciones europeas y las ambiciones personales de algunos exploradores. Roald Amundsen y Robert Falcon Scott fueron los protagonistas paradigmáticos de esta pugna de aventura y prestigio.

La Antártida es un vasto territorio desértico e inhóspito, de planicies, montañas, volcanes y abismales grietas bajo un manto helado, en cuyos mares periféricos flotan colosales témpanos de hielos como islas; un territorio donde los vientos pueden soplar a más de 200 km/h y las temperaturas descender a casi 90 ºC bajo cero. La conquista de este continente aparecía en las primeras décadas del siglo XX como un ineludible desafío para el hombre occidental. Dominar este soberbio medio físico y lograr el éxito personal fueron los acicates de una dramática carrera en la que, aun a costa de la vida, sólo valía vencer.

Robert Falcon Scott había partido en 1901 por primera vez hacia la Antártida al mando del navío

El Discovery *fotografiado en su fondeadero del cabo McMurdo. La dureza del invierno antártico provocaba que los barcos quedaran inmovilizados por los hielos durante toda la estación. Este aislamiento era una dificultad añadida para la exploración.*

▼

Discovery, barco fletado por la Royal Geographic Society. Durante los tres años que duró su misión científica, Scott superó la barrera de hielo, fijó los límites de la Tierra del Rey Eduardo VII y llegó hasta los 82º 17' de latitud sur. A su regreso, no obstante el éxito científico de la misión y ser considerado un héroe, Scott no encontró apoyos suficientes para retornar al continente helado enseguida. Finalmente, logrados con dificultad los fondos para financiar la expedición, en 1911 se dispuso conquistar al fin el polo Sur y partió con rumbo a la Antártida a bordo del *Terra Nova.* Durante la travesía tuvo conocimiento de que también Amundsen se dirigía al mismo destino y no al polo Norte como había difundido antes de partir.

UNA RUTA FIABLE PARA ATRAVESAR LAS TIERRAS HELADAS

Entre 1837 y 1840 Dumont D'Urville viajó a la Antártida. En el curso de este viaje que realizó con Jacquinnot descubrió y exploró las tierras de Luis Felipe, Joinville y Adelia y, sobre todo, trazó una de las rutas más fiables para penetrar en el continente helado.

El marino francés Jules Sébastien César Dumont D'Urville dedicó su vida a explorar los mares del mundo desde que en 1819 ingresara en la marina. Enseguida formó parte de las expediciones arqueológicas al mar Negro y al Egeo, en el curso de las cuales fue descubierta la *Venus de Milo*. Entre sus otros importantes viajes hay que destacar los de circunnavegación del globo y el de la Polinesia en busca de los restos de La Pérouse.

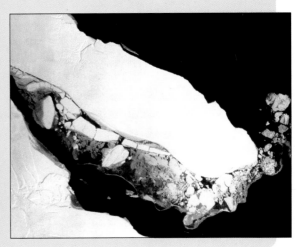

En el mes de octubre, Robert Scott desembarcó en la isla de Ross y puso rumbo al polo desde cabo Evans, un punto algo más distante del objetivo del que había partido Amundsen. A diferencia de éste, cuyos hombres y equipos iban en trineos tirados por perros esquimales, Scott y los demás arrastraban ellos mismos los trineos. La marcha se reveló lenta y penosa, mientras las fuerzas y la comida se agotaban irremisiblemente bajo las duras condiciones climáticas. Finalmente, entre el 15 y el 18 de enero de 1912, la expedición de Robert Scott llegó al polo Sur. Al terrible agotamiento que sufrían todos se sumó la profunda decepción que sintieron al ver la bandera noruega y el acta que testimoniaba que Roald Amundsen había ganado la carrera al extremo austral del planeta. «¡Dios mío, éste es un lugar espantoso! –escribió Scott en su diario–. Y espantoso sobre todo para nosotros, que nos hemos esforzado tanto sin vernos premiados por la prioridad...»

Pero aún no había pasado lo peor. Cansados y casi sin víveres, la expedición emprendió el camino de vuelta. El primero en morir fue el teniente Evans, cuyo debilitamiento le impidió seguir a sus compañeros. Después le siguió el capitán Oates, quien, agotado y enfermo, tomó una dramática decisión que dejó escrita en su diario: «Por aquí murió el capitán L.E.G. Oates, de los Dragones de Inniskilling. En marzo de 1912 caminó voluntariamente hacia la muerte, bajo una tormenta, para tratar de salvar a sus camaradas, abrumados por las penalidades».

Aun en esas penosas condiciones, los tres supervivientes, el teniente *Birdie* Bowers, el doctor Edward Wilson y Scott, caminaron durante más de un mes hasta que una prolongada ventisca les impidió llegar a un depósito de víveres que habían dejado y debieron permanecer en el interior de las tiendas agonizando lentamente. Robert Falcon Scott fue el último en morir. Tenía cuarenta y cuatro años y había perdido una carrera decisiva. Lo último que escribió en su diario fue: «Parece una pena, pero no creo que pueda seguir escribiendo. Por Dios santísimo, cuiden de nuestra gente». Los cuerpos fueron hallados más tarde por sus compañeros a sólo 18 km del campamento base.

Iceberg desprendido de la región de Ross. Algunas de estas masas de hielo pueden alcanzar dimensiones gigantescas y han representado, a lo largo de los siglos, un gran peligro para la navegación.

La catástrofe se cerniría sobre la expedición de Scott tras alcanzar el Polo Sur en enero de 1912.

Retrato de Dumont D'Urville. A bordo del Astrolabe realizó una importantísima labor de exploración de las aguas de la Antártida, así como parte de su litoral.

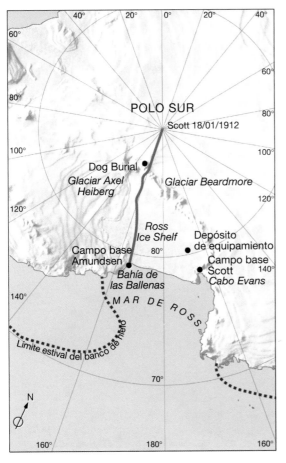

Los intentos de Shackleton de llegar al polo Sur

Como los antiguos caballeros medievales, Ernest H. Shackleton entabló un duelo singular a muerte con el continente antártico. Su desafío fue más allá de cualquier otra competición que tuviera como meta ser el primero en llegar. Su gran ambición fue conocer aquella tierra indomable y alcanzar su corazón.

➤ ***R**etrato de Sir Ernest H. Shackleton. Sus expediciones a la Antártida hicieron de él una verdadera leyenda de la exploración polar, aunque no pudo coronar sus esfuerzos con la conquista del polo Sur.*

Nacido en Kilkee, Irlanda, en 1874, Sir Ernest Henry Shackleton entró al servicio de la Marina Real Británica, en la que pronto destacó por su inteligencia, su ambición y su valentía. Estas cualidades pesaron sobremanera en el ánimo del capitán Robert F. Scott para elegirlo como miembro del equipo que realizó su primer viaje de exploración y estudio de la Antártida en 1901. Junto a Scott, Shackleton perma-

CHARLES WILKES, EL AMERICANO DE LOS HIELOS

También Charles Wilkes, marino nacido en Nueva York, quedó impresionado desde muy joven por los relatos de James Cook acerca de sus viajes por los Mares del Sur. Sin embargo, debieron pasar muchos años antes de que pudiera hacer realidad su sueño y navegar por aquellas aguas del lejano Pacífico. Fue en 1838 cuando se le encomendó una misión científica y partió hacia Australia. Su periplo lo llevó a las costas meridionales de la Antártida y, maravillado por este continente de hielo y exóticos animales, lo bordeó y recogió gran cantidad de datos de suma importancia para las futuras navegaciones y exploraciones. Hoy esos parajes que observó se llaman Tierra de Wilkes y se localizan frente al mar de Dumont D'Urville.

***E**l Endurance, navío que Shackleton utilizó para su expedición de 1914, inmovilizado por los hielos.* ▼

neció tres años en el continente austral y quedó atrapado para siempre por la extraña belleza de sus planicies y montañas heladas, los colosales témpanos que flotaban como islas de hielo a la deriva, los días y las noches interminables y las auro-

ras que reflejaban a los ojos humanos los recónditos secretos del Universo.

En el paisaje antártico que Shackleton vio palpitaba la vida y entre las tempestades y la calma surgían las visiones de gigantescas ballenas, numerosas tribus de focas y largas procesiones de pingüinos emperadores que se agrupaban para soportar de pie los vientos huracanados. Acabada su primera estancia en la Antártida y fascinado por ella, Shackleton logró organizar una nueva expedición con el propósito de alcanzar el corazón mismo del continente.

LA PRIMAVERA DE SHACKLETON

En la primavera meridional de 1908 partió de Nueva Zelanda a bordo del *Nimrod* y, tras atravesar la barrera de hielo, penetró en el mar de Ross. Ya en el continente su expedición avanzó no sin esfuerzo hasta la cordillera de la Reina Maud, pero los medios de transporte que utilizaba se revelaron inapropiados para continuar, como insuficientes los víveres que había llevado para la empresa. Entonces Ernest H. Shackleton, quien ya había localizado el polo magnético, tomó una sensata y dolorosa decisión cuando faltaban apenas 175 km para llegar al polo Sur. El 9 de enero de 1909 clavó la bandera británica en el punto meridional de 88º 23' y ordenó el regreso. Hasta entonces nadie había llegado tan lejos.

El desafío había quedado pendiente de resolver y el caballero aprontó nuevamente sus armas para el siguiente combate. Éste se produjo en 1914, cuando Shackleton salió hacia la Antártida a bordo del *Endurance*. Mientras tanto había tenido tiempo de reflexionar y escribir sus sensaciones y observaciones en dos míticos libros que tituló significativamente *El corazón de la Antártida* y *Mediodía en la Antártida*.

En su nueva tentativa el explorador irlandés atacó al continente por el lado del mar de Weddell. Con grandes dificultades bordeó la costa de Leopoldo y alcanzó la barrera de hielo de Ronne, donde al llegar la primavera de 1915 su barco estuvo a punto de quedar atrapado. La amenaza lo

El mar de Weddell en una fotografía tomada desde un satélite.

▼▼

Colonia de pingüinos, una imagen que Shackleton evoca con nostalgia en su libro Desde el sur.

▼

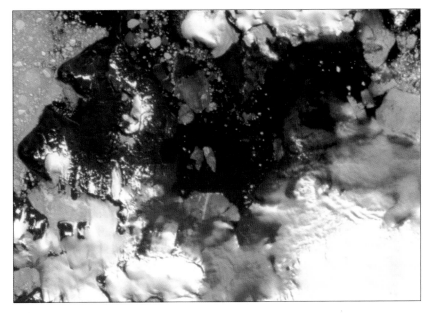

obligó a bordear la península Antártica, que actualmente forma parte de la Antártida argentina, y salir al Atlántico. No se alejó demasiado y buscó asentamiento en las islas próximas, durante cuya estancia escribió un nuevo y pormenorizado libro, donde desde el mismo título se percibía su profunda angustia frente al poderoso e indomable rival: *Desde el sur; la historia de la expedición perdida de Shackleton (1914-1917)*.

Tras una breve estancia en Inglaterra, Ernest H. Shackleton, ahora ennoblecido por la Corona británica, volvió por última vez a los mares antárticos en 1921. Pereció al año siguiente cerca de las islas Georgias del Sur en el curso de una expedición. De este infatigable explorador irlandés podrá decirse que no llegó a conquistar el polo Sur, pero nadie podrá negarle que conoció como pocos el verdadero corazón de la Antártida.

El viaje en dirigible de Nobile

La conquista terrestre de los polos no apaciguó los ánimos de los exploradores de principios del siglo XX. El carácter deportivo que los viajes geográficos habían adquirido por entonces y la eclosión de los medios de transporte aéreo abrieron nuevas vías de competitividad nacionales y personales. En este contexto se inscriben los viajes aéreos polares de Byrd, Amundsen y Nobile.

▲
Umberto Nobile
fotografiado a los
93 años de edad.

Tras despegar de Italia,
el dirigible de Nobile
sobrevoló el Polo Norte
antes de caer en aguas
del Océano Glacial
Ártico.
▼

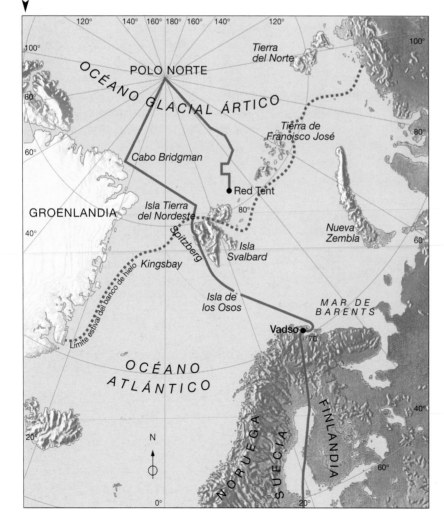

El coronel italiano Umberto Nobile no fue ajeno a la fiebre por los viajes polares. La primera vez que lo intentó lo hizo junto a Roald Amundsen y el estadounidense Lincoln Ellsworth. Después de descubrir el paso del Noroeste y conquistar el polo Sur, Amundsen pretendía aumentar su gloria siendo el primero en llegar al polo Norte en avión.

Su intento junto a Ellsworth en 1925 había fracasado cuando, a 250 km del objetivo, se habían visto obligados a tomar tierra. Tras este fracaso, Amundsen convino con Ellsworth en llamar a Umberto Nobile y realizar un nuevo intento a bordo de un dirigible.

LA TRAVESÍA DEL *NORGE*

En una expedición cuidadosamente planificada, los tres exploradores partieron a bordo del *Norge* y, el 11 de mayo de 1926, sobrevolaron el polo norte haciendo la travesía Svalbard-Alaska. Dos días antes, los estadounidenses Richard Byrd y Floyd Bennet habían sido los primeros en sobrevolar el polo septentrional de la Tierra en aeroplano. El viaje de Nobile, Amundsen y Ellsworth fue breve y no exento de peligro. Sus observaciones fueron de gran importancia científica, ya que sirvieron para comprobar el comportamiento de las corrientes de aire en la zona polar y el modo en que afectaban a la navegación aérea. En cualquier caso, y a pesar de los honores con los que fue distinguido a raíz de su expedición polar, Nobile no era un hombre a quien le gustase compartir la gloria.

Los avances en el campo de la aviación, los cuales ya habían propiciado grandes hazañas como la travesía atlántica protagonizada este mismo año por el español Ramón Franco a bordo del hidroavión *Plus Ultra*, o los logros de Richard Byrd, el primero en aterrizar en el polo, aumentaron su afán de emulación y de ansiedad por conquistar en solitario el polo Norte.

PERDIDO EN LA NIEBLA ÁRTICA

Nobile desplegó una gran energía y, con la ayuda del ejército, organizó una nueva expedición polar exclusivamente italiana para la cual equipó el dirigible *Italia*. Bajo un gran despliegue propagandístico generado desde el gobierno fascista de Benito Mussolini, Nobile partió hacia la gloria en mayo

de 1928. No obstante, el destino le había preparado una trampa.

Sin incidentes de navegación importantes, el dirigible alcanzó el núcleo polar y se situó sobre él. Nobile estaba sobre el mismo polo austral de la Tierra, pero la niebla le impedía el descenso. El empeoramiento de las condiciones atmosféricas aconsejaba el regreso y así lo hicieron, pero los fuertes vientos lo hicieron del todo imposible. Inmediatamente, Roald Amundsen salió en socorro de su amigo y también él fue víctima de las terribles tormentas árticas. El 18 de junio de 1928 el avión en que viajaba el expedicionario danés desapareció en las heladas planicies del Ártico.

LA CAÍDA DEL HÉROE

Umberto Nobile, cuyo dirigible había caído cerca de la isla de Red Tent, salió finalmente con vida de la catástrofe. Sin embargo, el gobierno de Benito Mussolini le hizo responsable del fracaso

ʌ
Fotografía del Italia realizada durante su despegue, el 15 de mayo de 1928.

El Italia era un dirigible semirrígido que transportaba una tripulación de dieciséis miembros.
v

y el hasta entonces heroico soldado fue expulsado del ejército. Denostado por la prensa fascista italiana, Nobile se exilió de su país.

Después de residir en la Unión Soviética y EE UU, acabada la Segunda Guerra Mundial regresó a Italia y escribió una versión exculpatoria del accidente que publicó con el título de *Puedo decir la verdad*.

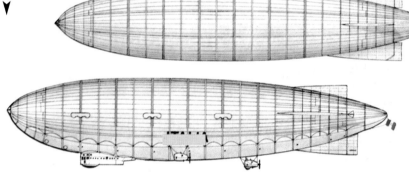

LOS POLOS TERRESTRES BAJO LAS ALAS DE BYRD

En la soberbia carrera por la conquista de los polos terrestres, sólo el aviador estadounidense Richard Evelyn Byrd fue capaz de alcanzar ambos en un mismo año. Tras el fallido intento de Amundsen de 1926, Byrd aprestó su avión *Fokker* al que llamó *Josephine Ford* y el 9 de mayo salió de Svalbard y, después de ocho horas de vuelo, aterrizó en el polo Norte. Tras tomar fotografías y realizar algunas comprobaciones científicas, emprendió el regreso recorriendo en un mismo día 2.500 km. Sesenta y dos horas más tarde, llegó también al polo a bordo de un dirigible Roald Amundsen.

Pero el inquieto piloto naval norteamericano aún tenía algo más que decir. El 29 de noviembre de ese mismo año repitió la hazaña en la Antártida y poco después fundó frente a la bahía de las Ballenas la estación antártica estadounidense de *Little America*. Desde esta base científica emprendió a lo largo del año siguiente varias expediciones por la gran barrera de hielos y el mar de Ross. Richard E. Byrd fue el principal artífice de la presencia estadounidense en la Antártida y del impulso que obtuvieron los estudios geográficos, geológicos y meteorológicos de este continente.

ʌ
Richard Evelyn Byrd fue uno de los grandes pioneros de la exploración polar desde el aire.

Auguste Piccard alcanza la estratosfera en globo

Al iniciarse la década de 1930 los exploradores y científicos coincidían en que la verdadera aventura estaba en los cielos y las profundidades marinas. Auguste Piccard fue el primer ser humano en llegar más alto que ningún otro y alcanzar la estratosfera terrestre.

Auguste Piccard se sirvió de aerostatos con cabina presurizada para el estudio de la alta atmósfera. En esta foto aparece el día que cumplió 49 años, con una tarta en forma de globo. ▼

Al año siguiente, el 18 de agosto, batió su propio récord al ascender en compañía de Max Cosyns hasta los 16.201 m. Había llegado a unos 5 km más arriba de lo que llegarían a volar los grandes aviones de pasajeros interoceánicos a finales del siglo XX.

La hazaña científica de Auguste Piccard marcó un hito en los estudios y experimentos de la estratosfera terrestre y también en la industria aerostática. Más adelante, aplicó los mismos principios

E n la Escuela Politécnica de Zurich, donde era profesor de física desde 1917, Auguste Piccard transmitía a sus alumnos la misma pasión que él sentía por los fenómenos físicos y naturales. «Para conocer lo que sucede en la naturaleza en otras condiciones que las normales, el hombre debe llegar hasta esos lugares y estudiarlos», les decía. Más tarde pasó a la universidad belga de Bruselas y allí continuó abogando por la necesidad de experimentar en medios enrarecidos y difíciles para la vida humana.

Comprendió que tanto para ascender a los cielos como para descender a las profundidades marinas era necesario dotarse de recursos técnicos para soportar y sobrevivir en unos y otras. En consecuencia, con la ayuda de su discípulo Kiepfer, Auguste Piccard diseñó y construyó una cabina presurizada la cual, situada en un globo aerostático, abría la posibilidad de realizar experimentos en la estratosfera.

LAS PRIMERAS ASCENSIONES DE AUGUSTE PICCARD

Con este propósito Piccard y Kiepfer viajaron a la ciudad alemana de Augsburgo y desde las orillas del Lech, el 27 de mayo de 1931 subieron en globo hasta los 15.781 m de altitud. Después de esta primera ascensión, en la cual el fallo de una válvula estuvo a punto de causarles la muerte a ambos, Piccard realizó varias ascensiones más haciendo mediciones y comprobaciones en un medio carente de oxígeno.

para desarrollar su batiscafo *Trieste* y descender a las profundidades marinas, con lo que unió dos campos de exploración hasta esa época considerados opuestos.

En 1935, Auguste Piccard en compañía de otros investigadores como Orvil Anderson y Albert Stevens, se elevó en globo hasta los 22.066 m. Veintidós años más tarde, el estadounidense D. G. Simons lograría elevarse hasta 31.000 m de altitud.

TRAS LAS HUELLAS DE PICCARD

Su hermano gemelo Jean Félix, quien se había nacionalizado estadounidense, le emuló dos años más tarde y, el 23 de octubre de 1934, batió nuevamente el récord de altitud fijándolo en 17 500 m. Por otra parte, su hijo Jacques se sumergió en

Elevación de un globo en la Rosenbaumshergarten de Viena según una acuarela del siglo XVIII. Los globos aerostáticos fueron los primeros vehículos aéreos. El primer globo tripulado fue lanzado en París en 1783.

LOS PIONEROS DEL GLOBO

La ascensión en globo, la primera de las cuales protagonizaron en 1783 los hermanos Montgolfier, fue mucho más que un desafío deportivo. Desde el principio estuvo alentada por el deseo de conocimiento del medio aéreo, tanto de su composición a distintas alturas como del tipo e intensidad de las corrientes que existen alrededor del planeta. En el cumplimiento de este propósito pereció, en 1785, el francés Pilantre de Rozier, cuando intentaba cruzar el Canal de la Mancha. En 1852, otro francés, Henri Giffard, ideó un globo más ligero que el aire, al que equipó con un motor de vapor y una hélice de propulsión y dirección, pero no pudo poner en práctica su invento.

Otro importante motivo que impulsó inicialmente la investigación del globo, fue el militar. De hecho, el aerostato de los hermanos Montgolfier había surgido como un recurso frente al sitio de Gibraltar de 1782. Sin embargo, el primer artefacto de esta naturaleza empleado con fines bélicos fue el *Entreprenant*, durante la batalla de Fleurus en 1794, y desde entonces fue empleado por el ejército francés como medio de observación.

Las exploraciones protagonizadas por Piccard no se limitaron a la ionosfera, ya que también se dedicó al estudio de las profundidades oceánicas, gracias al desarrollo de diversos batiscafos.

las profundidades marinas hasta los 11,5 km y, en el batiscafo *Benjamín Franklin*, se dejó arrastrar por la corriente del Golfo más de 2 000 km a 200 m de profundidad.

En 1999 Bertrand Piccard, junto con su auxiliar Brain Jones, consiguió dar la vuelta al mundo en globo sin escalas, una proeza en la que invirtió diecinueve días. El globo utilizado, el *Breitling Orbiter III*, medía 55 metros de alto, volaba a 12 000 m de altura y alcanzaba una velocidad de 200 km por hora. En la actualidad, el *Orbiter* está expuesto en el Museo del Espacio de Washington, cerca del Apolo XI, la primera nave que alcanzó la Luna. Como el propio Piccard declararía, "viajar en globo es como volar en una alfombra mágica, donde uno tiene la impresión de no moverse y que es la Tierra la que se mueve a lo lejos".

El submarino *Nautilus* bajo el hielo polar

A medida que avanzaba el siglo xx cambiaba radicalmente el carácter de las aventuras humanas. La hazaña del submarino atómico Nautilus *de atravesar sumergido el casquete polar ártico en 1958 fundó la idea de que la ciencia podía hacer realidad lo que hasta entonces sólo era pura imaginación.*

En abril de 1958, en Bruselas abría sus puertas la primera Exposición Universal celebrada tras la Segunda Guerra Mundial. Aún reciente el lanzamiento, por parte de los soviéticos, del primer satélite artificial, el *Sputnik*, el rey belga Balduino I inauguraba la muestra planetaria dedicada a la era atómica bajo el lema «Equilibrio mundial, para un mundo más humano». El símbolo de esta Exposición Universal y, en consecuencia, de la fe en el progreso humano era la construcción bautizada como «Atomium», obra del arquitecto belga André Waterkeyn. La energía nuclear aparecía en-

➤
El comandante William R. Andersen fotografiado tras el histórico viaje del Nautilus.

El submarino atómico Triton, *de 5.900 toneladas, se añadió al arsenal de la flota de EE.UU. tras la Segunda Guerra Mundial*
▼

tonces como una gran promesa derivada de los avances científicos y tecnológicos.

En consonancia con este espíritu, apenas acabada la Segunda Guerra Mundial, en 1947 el almirante estadounidense Hyman Rickover emprendió los estudios para la aplicación de la energía atómica en la propulsión de los submarinos. El gobierno

estadounidense no prestó demasiada atención a los mismos hasta que sus servicios de espionaje constataron que los soviéticos trabajaban ya en un proyecto de esta naturaleza.

EL PROGRAMA NAUTILUS

El desarrollo del submarino de propulsión nuclear se realizó a través del Programa Nautilus de la marina norteamericana, el cual tardó diez años en ofrecer resultados prácticos. Las altas temperaturas y la radiactividad constituían problemas graves cuya solución se resistía a los científicos y técnicos. Finalmente, mucho antes que los técnicos soviéticos, el 21 de enero de 1954, los estadounidenses botaron el primer submarino atómico bautizándolo con el nombre de *USS Nautilus*, en recuerdo de la nave subacuática ideada por Jules Verne en la novela *20 000 leguas de viaje submarino* (1870).

El *Nautilus* fue el resultado del trabajo de un nutrido grupo de ingenieros militares bajo la direc-

ción del capitán Hyman G. Rickover. El famoso submarino fue desarmado en 1980 y en la actualidad se puede visitar en el Museo Naval de Groton, Connecticut (EE.UU.).

A la izquierda, la sala de torpedos del Nautilus. A la derecha, camarote de la tripulación.

CRONOLOGÍA DE LOS SUBMARINOS

1620 Cornelis Drebbel construye en Inglaterra un barco sumergible de madera y cuero, capaz de estar varias horas bajo las aguas del río Támesis.

1772 David Bushnell inventa en EE.UU. un submarino militar conocido popularmente como *The Turtle* (La tortuga), que tiene forma de huevo y capacidad para una sola persona.

1800 El estadounidense Robert Fulton construye un submarino llamado *Nautilus* de algo más de 6 metros de eslora. Se desplaza gracias a una hélice accionada manualmente.

1859 Narciso Monturiol experimenta con su submarino propulsado a vapor *Ictíneo*, que es botado en el puerto de Barcelona.

1864 Ante la indiferencia de las autoridades españolas, Monturiol concibe el proyecto de su segundo *Ictíneo*.

1885 Isaac Peral desarrolla un motor eléctrico alimentado por acumuladores, muy apropiado para ser utilizado en los submarinos.

1898 John Philip Holland diseña un submarino dotado de dos motores,

uno de gasolina y otro eléctrico, que más tarde sería adquirido por la marina estadounidense y bautizado con el nombre de *USS Holland*.

1899 Simon Lake concibe la superestructura de inundación libre, pieza básica de los submarinos modernos.

1906 Los motores diesel entran a formar parte del equipamiento de los submarinos alemanes.

1914 Los submarinos de la serie *U-boats*, de la armada alemana, entran en combate durante la Primera Guerra Mundial.

1946 Se incorporan a los submarinos adelantos tecnológicos como el sonar, la chimenea de ventilación o el equipo de rescate conocido con el nombre de pulmón Momsen.

1953 Se bota el *USS Albacore*, dotado de un novedoso casco en forma de gota que hace incrementar la velocidad del navío considerablemente.

1954 La flota británica incorpora el *HMS Explorer*, un submarino propulsado por turbinas.

1955 Travesía experimental del primer submarino nuclear del mundo, el *Nautilus*, desde New London, Connecticut, a San Juan de Puerto Rico.

1956 Botadura del submarino nuclear experimental *USS Skipjack*.

1958 El *Nautilus* cruza el polo Norte al mando del comandante William R. Anderson. Unos meses más tarde repetirían la hazaña los también submarinos nucleares estadounidenses *USS Seawolf* y *USS Swordfish*.

1963 Desaparece en el océano Atlántico el submarino *USS Thresher* con una tripulación de más de cien personas.

1981 Se bota el *USS Ohio*, dotado de cañones capaces de alcanzar más de 7 000 kilómetros.

1988 Las dos grandes potencias mundiales del momento, la Unión Soviética y los Estados Unidos, disponen cada una de algo más de cien submarinos nucleares.

2000 Se hunde el submarino nuclear ruso *Kursk* con 118 tripulantes a bordo.

EL OTRO *NAUTILUS* QUE INTENTÓ SUBNAVEGAR EL POLO NORTE

Desde que el escritor francés Jules Verne describiera su célebre novela *20 000 leguas de viaje submarino* en 1869, los nombres del capitán Nemo, su protagonista, y del *Nautilus*, su nave subacuática, han quedado grabados para siempre en el imaginario popular.

De todas sus novelas de anticipación, *20 000 leguas de viaje submarino*, en la que relata una travesía submarina por el Ártico, es acaso la de mayor impacto por su enorme precisión para prever un futuro que se hizo realidad en menos de un siglo.

Esta impresión y el deseo de hacer realidad el futuro movieron al explorador australiano George H. Wilkins a convertirse en un trasunto del capitán Nemo. Wilkins, quien había intervenido en varias expediciones al Ártico y a la Antártida entre 1921 y 1922, en esta última ocasión como integrante del equipo del explorador británico sir Ernest H. Shackleton, equipó en 1931 un submarino para atravesar el polo Norte bajo su capa de hielo. Bautizó su nave *Nautilus* y partió a lo que suponía sería la mayor proeza de la navegación de todos los tiempos. Sin embargo, los hielos polares y las limitaciones técnicas del submarino la impidieron. El domingo 20 de septiembre, el *Nautilus* amarraba, derrotado, en el puerto noruego de Belsen.

Fotograma de la película 20 000 leguas de viaje submarino, dirigida en 1954 por Richard Fleischer y basada en la obra homónima de Jules Verne. George H. Wilkins bautizó su submarino con el nombre de Nautilus en homenaje al escritor francés.

EL NAUTILUS NAVEGA BAJO LOS HIELOS DEL ÁRTICO

El 23 de julio de 1958, cuatro años después de su puesta en funcionamiento, el *Nautilus* zarpó del puerto hawaiano de Honolulú para iniciar una asombrosa travesía de 3 500 km, parte de la cual debía transcurrir bajo el casquete polar ártico. Aunque era una nave de 3 200 toneladas que podía desarrollar una gran velocidad (21 nudos en superficie y 27 nudos en inmersión) y permanecer en este estado durante un tiempo indefinido, la empresa era un gran desafío. Finalmente, el martes 5 de agosto, el *Nautilus* cumplía con éxito la misión al completar la travesía submarina, entre Point Barrow, Alaska, y la costa de Groenlandia.

Por su parte, los soviéticos, quienes habían tomado la delantera en la carrera espacial, no pudieron hacer lo propio con la navegación submarina atómica. Hasta 1962 un submarino soviético no pudo repetir la travesía de la nave estadounidense. Las hazañas del *Lininski Konsomol* y del encuentro espacial de dos astronautas soviéticos, que tuvieron lugar ese mismo año, quedaron empañadas por la reanudación de las pruebas nucleares de la URSS y EE UU en el Ártico y el océano Pacífico.

Asimismo, la guerra fría alcanzó momentos de gran dramatismo a causa de la crisis de los misiles de Cuba, que situó el mundo al borde de una tercera guerra mundial. En el campo de la subnavegación atómica, las prisas de la URSS venían dadas por la puesta en servicio en 1960 de un nuevo submarino atómico estadounidense, el *Triton*, con el que se había completado la circunnavegación del planeta. Esta poderosa nave realizó una travesía submarina de 57 600 km entre Nueva York y la localidad de Rehobot, en el estado de Delaware, en tan sólo 84 días.

Ese mismo año, la armada estadounidense armó el submarino nuclear *George Washington* con misiles balísticos. La Unión Soviética, después de la experiencia del *Lininski Konsomol*, equipó sus nuevas naves submarinas, como las de la serie *Hotel II*, con misiles SS-N-5.

III

SOBRE LAS NUBES, BAJO LAS OLAS

SOBRE LAS NUBES, BAJO LAS OLAS

En su obra *Sobre las nubes, bajo las olas, viaje en batiscafo por el fondo de los mares*, el físico suizo Auguste Piccard nos descubre un mundo sorprendente, apenas explorado. Viajar entre las nubes y sumergirse bajo las olas fue precisamente el gran reto de la humanidad cuando ya casi todas las tierras por conocer habían sido descubiertas. Si la tarea de explorar tierras ignotas había supuesto un reto para los aventureros que se disponían a afrontar largos y penosos viajes, el cielo y el mar ofrecían el acicate de un esfuerzo aún

mayor. El primero en su infinita distancia parecía inexpugnable; el segundo, a pesar de ser tan cercano, estaba cargado de misterio y era difícil conocer su profundidad.

Los trabajos de investigación teórica empezaron en la Antigüedad clásica, pero no fue hasta finales del siglo XIX cuando el hombre se sumergió en las profundidades marinas, y aún habría que esperar otro siglo para el gran desafío: salir de la Tierra y, como un nuevo Ícaro, volar entre las nubes a la búsqueda de otros mundos.

Mirando al cielo, entrando en el cielo

Imagen de la constelación del Zorro.

Desde las elucubraciones metafísicas y filosóficas de Aristóteles hasta el gran ojo del Hubble hay un largo recorrido de la humanidad para conocer y comprender el universo. Es decir, para conocerse a sí misma.

El ser humano ha mirado siempre al cielo. El hombre primitivo contemplaba las estrellas, el Sol y la Luna con mentalidad mítico-religiosa, luego, con curiosidad, y más tarde, con interés científico.

Tycho Brahe observó las «pequeñas lámparas fijas en la bóveda celeste» —las estrellas— y confeccionó un completo catálogo de gran importancia para posteriores estudios. Galileo utilizó el anteojo astronómico para «acercarse a los astros», pero sobre todo luchó para sentar las bases de una concepción científica del universo, libre de prejuicios religiosos. En la actualidad, la tecnología ha alcanzado tal grado de desarrollo que permite al científico de nuestros días sondear los confines más alejados de nuestro pequeño mundo.

Aristóteles, Tolomeo y el universo desconocido

Algunas de las ideas y conocimientos de la Grecia antigua, de sus filósofos y pensadores, a pesar de sus innegables contradicciones y errores, sentaron las bases de nuestro conocimiento del universo.

Nacido en Estagira en el año 384 a.C., Aristóteles fue el genio capaz de adaptar la filosofía platónica de la razón a las necesidades físicas de la investigación experimental. Su padre era médico en la corte del rey de Macedonia, y allí vivió en su juventud y estudió medicina; posiblemente, ello influyó en su posterior orientación científica.

Cuando, ya en edad avanzada, Aristóteles modificó sustancialmente sus principios filosóficos, y adoptó una actitud crítica del idealismo socrático, abrazando planteamientos más empíricos que especulativos, fue capaz de ofrecer a la astronomía unas ideas básicas muy provechosas.

➤ *Modelo del universo de Aristóteles según un dibujo del siglo XVI de la Cosmographia de Pedro Apio.*

Carta del cielo austral según el Almagesto de Aristóteles. La traducción de esta obra al latín, en el siglo XII, tuvo una gran influencia en la cartografía europea.

▼

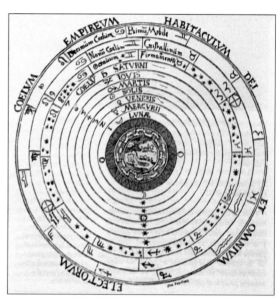

LA TIERRA ES REDONDA

El filósofo griego dio muestras de una singular penetración y unas notables dotes de observación, así como de aceptar la importancia del conocimiento sensorial. En primer lugar advirtió que las estrellas cambiaban su posición en el cielo a medida que el observador se desplazaba hacia el norte o hacia el sur. Por otra parte, consideró el hecho de que la sombra de la Tierra sobre la Luna durante los eclipses presentaba una forma sensiblemente redondeada.

De ambas observaciones extrajo la conclusión de que la Tierra no era plana, tal como se creía entonces, sino redonda. Que nuestro planeta fuera una esfera satisfacía, por otra parte, al pensamiento griego de aquel entonces, que consideraba el círculo y la esfera como las figuras en las que se manifestaba la perfección: sólo lo que no tiene principio ni fin (el círculo) puede ser incorruptible y eterno.

Las afirmaciones de Aristóteles se vieron posteriormente reafirmadas por Eratóstenes de Cirene, quien midió la circunferencia de la Tierra (con una precisión notable para su época) calculando la diferencia de ángulo entre las posiciones del Sol al mediodía entre las ciudades de Alejandría y Siena.

Planisferio copernicano aparecido en la Harmonia microcosmica *de Andreas Cellarius. Copérnico replanteó de manera drástica la visión que se tenía del universo. El modelo heliocéntrico acabó por sustituir la visión aristotélica que ponía la Tierra en el centro del cosmos.*

Busto de Aristóteles conservado en el Museo de Nápoles.

EL CENTRO DEL UNIVERSO

Pero fue Claudio Tolomeo de Alejandría quien, años más tarde, dio un impulso significativo a la astronomía, elaborando un complejo sistema, conocido como «sistema tolemaico».

De orientación polifacética, Tolomeo se interesó por la geografía, la óptica, las matemáticas y la astronomía. Partió de la teoría geocéntrica del universo elaborada por Hiparco, según la cual la Tierra ocupaba un lugar central, fijo, y a su alrededor giraban en órbitas circulares la Luna, Mercurio, Venus, el Sol, Marte, Júpiter y Saturno. Y más lejos aún se encontraba la esfera de las estrellas fijas.

No obstante, los movimientos aparentes de los planetas, observados con minuciosidad, no concordaban con el supuesto movimiento circular. Y Tolomeo intentó resolver esta contradicción con dos ideas fundamentales: por una parte la Tierra no ocupaba exactamente el centro de la órbita celeste, y esta excentricidad permitía ofrecer una explicación racional de las cuatro estaciones anuales al conferir una distancia al Sol variable a lo largo del año; por otra, supuso que cada planeta tenía una segunda órbita propia (su epiciclo), es decir, que se movía también en un pequeño círculo cuyo centro se hallaba situado en la circunferencia de la órbita del planeta alrededor de la Tierra.

En el siglo XV, Nicolás Copérnico modificó radicalmente el sistema tolemaico con la entonces escandalosa afirmación de que «la Tierra no era el centro del universo».

LA COSMOLOGÍA ANTIGUA

Los principales protagonistas

- Tales de Mileto (n. 640-548 a.C.)
- Aristóteles (384-322 a.C.)
- Aristarco (310-230 a.C.)
- Eratóstenes (276-194 a.C.)
- Hiparco (190-120 a.C.)
- Tolomeo (120-180 d.C.)

Datos e ideas fundamentales

- El universo es esférico (Tales).
- La Tierra no es plana (Aristóteles)

- La circunferencia terrestre mide 40.000 km (Eratóstenes).
- Tamaños y distancias del Sol y de la Luna (Aristarco)
- Catálogo de posición de las estrellas (Hiparco).
- Catálogo de 48 constelaciones (Tolomeo).
- La Tierra gira alrededor del Sol (Aristarco).

El catálogo de estrellas de Tycho Brahe

«Pequeñas lámparas fijas en la bóveda celeste». Ésta era la idea que se tenía en la Antigüedad de las estrellas. Pero ya en el siglo XVI, incluso antes de la invención del telescopio, Tycho Brahe elaboró un completísimo catálogo.

Tycho Brahe nació en la población danesa de Knudstrup, en el seno de una familia aristocrática, en 1546. Sus estudios se orientaron primero hacia la filosofía, la retórica y las leyes, pero pronto descubrió su pasión por la astronomía.

Orgulloso, excéntrico y temperamental, no dudó en abandonar sus estudios para dedicarse por completo a su afición favorita, y visitó los más prestigiosos centros científicos de Europa para aprender matemáticas y astronomía.

Brahe no era un teórico como Tolomeo o Aristóteles sino un agudo observador. Sus trabajos pondrían la piedra angular de un edificio que más tarde completaría un hombre paradójicamente miope y afectado de poliopía monocular o visión doble, el gran Johannes Kepler.

➤ *La constelación de Casiopea. Las observaciones de Tycho Brahe fueron las más precisas realizadas hasta el momento sin la utilización de telescopios. La influencia de sus trabajos en las investigaciones posteriores fue crucial.*

TODAS LAS ESTRELLAS DEL CIELO

En la actualidad, la moderna astrofísica permite clasificar las estrellas en función de su tipología:

Binaria. Sistema formado por dos estrellas unidas por fuerzas de gravitación universal.

Enana blanca. La de pequeño tamaño y gran masa y, por tanto, de muy elevada densidad.

Estrella de neutrones. Supernova que ha sufrido un colapso gravitacional en su núcleo, por el que reduce rápida y drásticamente sus dimensiones, quedando formada por materia superconcentrada.

Gigante. La que, por su tamaño, supera la media del diagrama de Hertzsprung-Russell.

Múltiple. Sistema formado por tres o más estrellas.

Nova. Es una variable explosiva, que aumenta miles de veces su luminosidad en un corto intervalo de tiempo, para volver de nuevo a su estado inicial.

Supergigante. Aquella cuyo diámetro llega a alcanzar el tamaño del semieje mayor de la órbita de Marte.

Supernova. A causa de una violenta explosión, la estrella supernova arroja y pierde la mayor parte de su masa, alcanza una inmensa luminosidad (a veces incluso es visible en pleno día) y nunca recupera su antiguo estado.

Variable. Aquella cuya luminosidad aumenta y disminuye siguiendo determinados ciclos.

EL CASTILLO DE LAS ESTRELLAS

Algunos años más tarde, instalado en la isla noruega de Hveen, construyó allí el Palacio del Cielo y el Castillo de las Estrellas, donde, rodeado de científicos y estudiantes, se dedicó al estudio y clasificación de las estrellas.

El observatorio de Uranieborg en Dinamarca, fundado por Tycho Brahe, según un dibujo del Atlas Azul del siglo XVII.

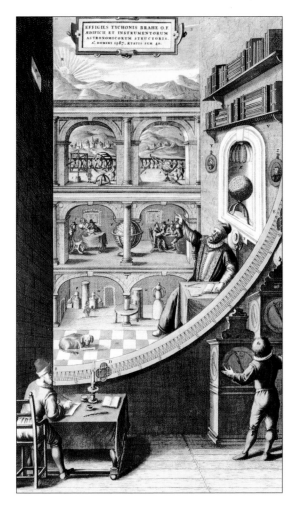

Ilustración de finales del siglo XVI que muestra a Tycho Brahe en el observatorio de la isla noruega de Hveen. Allí elaboraría su completo catálogo de estrellas.

Entonces ya había descubierto que un brillante objeto estelar de la constelación de Casiopea, que se suponía que era un cometa, era en realidad una estrella, y ello dio pie a su primera publicación: *Acerca de la nueva estrella del año 1572.*

En el observatorio de Hveen, Tycho Brahe llevó a cabo una ingente labor de estudio, investigación y clasificación que le permitió elaborar un completísimo catálogo de las estrellas.

Si hasta entonces, y desde las iniciales clasificaciones de Tolomeo, los astrónomos se limitaron a realizar una simple descripción estelar, Tycho Brahe se propuso profundizar en su estudio. Para ello construyó diversos instrumentos astronómicos, entre ellos un cuadrante de gran exactitud con el que pudo realizar mediciones con una precisión de hasta dos minutos de arco.

DE HVEEN AL CASTILLO DE BENACH

Pero las envidias y las insidias políticas le obligaron a abandonar su observatorio, para recalar finalmente en Praga, donde, en el castillo de Benach, que le ofreció el emperador Rodolfo II, prosiguió su labor clasificatoria.

Su magna obra, en la que se recoge un total de 777 estrellas, es *Astronomiae instauratae progymnasmata* (*Prolegómenos de la astronomía renovada*), que Kepler hizo publicar poco después de la muerte de Brahe.

Trabajó también en la elaboración de las Tablas Rudolfinas, llevó a cabo numerosas observaciones e investigaciones sobre las órbitas de los planetas y calculó con mayor precisión la oblicuidad de la eclíptica.

TRASCENDENCIA DE SUS ESTUDIOS

Por la meticulosidad de sus cálculos y por la amplitud de sus trabajos, puede decirse que la obra de Tycho Brahe impulsó el desarrollo de la astronomía, y fue la base sobre la que Kepler, uno de sus discípulos más distinguidos, formuló las leyes que llevan su nombre y Newton, la teoría de la gravitación universal.

El mérito del gran astrónomo danés es aún mayor, si cabe, si se tiene en cuenta que, en su época, aún no existía el telescopio, y que realizó sus precisas mediciones con aparatos en ocasiones fabricados o perfeccionados por él.

El telescopio de Galileo

Conocido principalmente por el desarrollo del telescopio, Galileo realizó numerosos descubrimientos. Entre otros, formuló la ley de caída libre de los cuerpos, perfeccionó el microscopio y estudió el movimiento de proyectiles y el isocronismo del péndulo.

Cuando era estudiante de medicina en Pisa, Galileo se interesó por la filosofía, la literatura y, en particular, por la física y las matemáticas. A los 28 años ocupó una cátedra de matemáticas en Padua.

EL ANTEOJO ASTRONÓMICO

En 1608, Hans Lippershey, un fabricante de gafas de la población holandesa de Middelburgo, patentó un anteojo provisto de un par de lentes, una cóncava y otra convexa, al que denominó *perspicillum*: había nacido el primer telescopio astronómico refractor. Poco después, en 1609, Galileo, siguiendo sus pasos, construyó su propio instrumento y con él inició una serie de observaciones astronómicas que revestirían gran importancia.

Entre los diversos descubrimientos obtenidos con sus observaciones cabe señalar la naturaleza accidentada de la superficie lunar, sus cráteres y montañas, los cuatro satélites más brillantes de Júpiter, las fases de Venus, las manchas solares y numerosas estrellas hasta entonces desconocidas. Así mismo, desentrañó la naturaleza de la Vía Láctea.

ÓPTICA, REFRACCIÓN Y REFLEXIÓN

Ya en tiempos de Euclides y Arquímedes se estudiaban los fenómenos de la refracción, base de las lentes de aumento, e incluso mucho antes se tenía conocimiento de la lupa. Y durante la Edad Media se llevaron a cabo trabajos de perfeccionamiento de la talla y el pulido de cristales para, recogiendo la tradición de los árabes, construir lentes ópticas.

Dibujos de la Luna realizados por Galileo. Gracias al estudio de la luna terrestre y al descubrimiento de las lunas de Júpiter, Galileo pudo corroborar los planteamietos heliocéntricos de Copérnico.

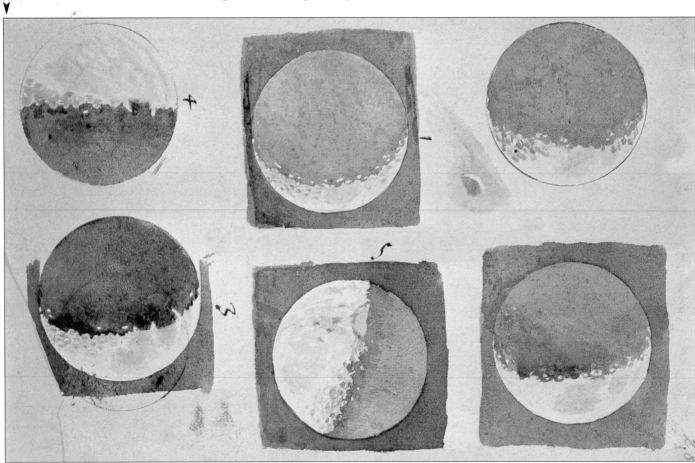

EL PODER DE LA IGNORANCIA

El gran matemático italiano Galileo Galilei (1564-1642) fue uno de los principales defensores de las teorías cosmológicas de Copérnico, aunque no dieran una respuesta satisfactoria a numerosos interrogantes. Sin embargo, a pesar de su entusiasmo no sólo no logró que sus contemporáneos las aceptasen, sino que fue perseguido por sustentar que la Tierra es un planeta como todos los demás, sin carismas añadidos.

En 1633, cuando Galileo tenía ya setenta años, fue procesado en Roma por la Inquisición y obligado a «abjurar y abandonar la absurda idea de que la Tierra gira alrededor del Sol». Sometido a una vejatoria vigilancia durante el resto de sus días, falleció en Arcetri, cerca de Florencia, nueve años después. En 1993, tres siglos y medio más tarde, la Iglesia Católica reconoció formalmente la validez de sus trabajos científicos.

Aprovechando estos conocimientos, Galileo construyó varios telescopios cada vez mayores y más perfeccionados. Pero en ningún caso pudo obviar el grave inconveniente de la denominada aberración cromática, por la que las imágenes aparecen distorsionadas y rodeadas de un halo iridiscente.

Este problema no fue resuelto hasta 1671, cuando Newton presentó el primer telescopio reflector, con una óptica basada en un espejo, en vez de las lentes de Galileo. Posteriormente, en 1733, se consiguió construir telescopios refractores «acromáticos» mediante la combinación de lentes de cristales con distinto índice de refracción.

LA IMPORTANCIA DEL TELESCOPIO

Los descubrimientos realizados gracias a las observaciones llevadas a cabo con los telescopios tuvieron una gran trascendencia científica e incluso filosófica. Por una parte, revolucionaron el concepto que se tenía del universo al poner de manifiesto que era más complejo y más extenso de lo que se había imaginado hasta entonces. Se desmoronaban así las teorías cosmológicas, vigentes desde la época de Aristóteles. Y, por otra parte, la existencia de los satélites de Júpiter confirmaba que este planeta giraba alrededor del Sol.

Portada de una de las obras de Galileo Galilei publicada en el siglo XVIII. Su explicación del universo no fue aceptada por la Iglesia y le valió un proceso inquisitorial que le obligó a abjurar.

Galileo Galilei mostrando su telescopio al dux de Venecia. Este instrumento de observación revolucionó la astronomía de forma radical y dio a la Humanidad una de las herramientas más importantes para la exploración visual del universo.

Las primeras fotografías de las estrellas

La contemplación del oscuro cielo nocturno, tachonado de brillantes estrellas, hizo suponer a los antiguos que éstas eran «agujeros en el firmamento», a través de los cuales nos llegaba la luz desde el más allá.

Aunque a simple vista, sin ayuda de ningún aparato óptico, sólo pueden verse unas 2 000 estrellas, su número es infinitamente mayor. Con la ayuda del telescopio y, más tarde, gracias a la fotografía estelar se fueron descubriendo y clasificando miles de estrellas.

LOS PIONEROS DE LA FOTOGRAFÍA ESTELAR

El astrónomo estadounidense Edward E. Barnard (1857-1923) fue uno de los pioneros que consiguieron fotografías de las estrellas. Para ello utilizó grandes lentes esféricas como las que se empleaban para obtener retratos. En aquel tiempo, un magnate de la construcción y fabricante de tranvías, Charles Yerkes, hizo un generoso donativo a

➤ *El astrónomo George Ellery Hale observa una imagen del Sol a través de su telescopio de 60 pies en el monte Wilson.*

la Universidad de Chicago para que se construyera un observatorio. La obra se llevó a cabo bajo la dirección del astrónomo George Ellery Hale, y se instaló en él un telescopio refractor de 1 m de diámetro y casi 20 m de distancia focal. Por desgracia, su localización casi a nivel del mar no era la más idónea para realizar observaciones astronómicas.

Por su parte, G. E. Hale fue el inventor (1889) del espectroheliógrafo, con el que obtuvo fotografías monocromáticas del Sol con la luz de una sola de las radiaciones de su espectro.

Posteriormente, se nombró director del observatorio Yerkes a Christiaan Neethling Barnard, quien

El astrónomo norteamericano Edward Barnard fue uno de los pioneros en la utilización de la fotografía para el estudio y observación de las estrellas. ◄

FOTOGRAFIAR LO INVISIBLE

Casi todos los conocimientos que se tienen sobre la estructura y constitución de una estrella se han conseguido mediante su análisis espectral, es decir, mediante la «fotografía» del amplio espectro de radiación que emite la estrella, donde reviste quizás mayor importancia la información que se obtiene del espectro «no visible».

Son los radiotelescopios los aparatos encargados de recoger y concentrar, mediante gigantescas pantallas, la débil radiación procedente de lejanas estrellas. Luego, la radiación recibida es analizada con espectrómetros que permiten determinar la composición química de las estrellas.

realizó en él todos sus trabajos de investigación, y permaneció en el cargo hasta su muerte, en el propio observatorio, en 1923. Entre otros cuerpos celestes descubiertos por Barnard se cuenta la estrella que lleva su nombre y que investigaciones posteriores hicieron suponer que tanto por su tamaño como por su peculiar movimiento de traslación, podría tratarse de un planeta o de una estrella asociada a un planeta no visible.

EL TELESCOPIO DE UN AFICIONADO

El carpintero californiano James Lick, tras amasar una gran fortuna fabricando pianos, decidió hacer una sustanciosa donación para la construcción de un observatorio astronómico. Así nació el observatorio Lick, construido en la cima del monte Hamilton (1 200 m), cerca de San Francisco. El primer telescopio que se instaló, un refractor de 90 cm de diámetro, era el mayor de su tiempo, y con él se tomaron interesantes fotografías de la

La cúpula del observatorio de Monte Palomar. Al igual que muchos otros telescopios ópticos, este observatorio se encuentra situado a gran altitud, alejado de las zonas urbanas para evitar la contaminación atmosférica y lumínica.

Ilustración del siglo XV que muestra el antiguo sistema geocéntrico, así como una agrupación de estrellas.

superficie lunar. Poco después, el observatorio compró un telescopio reflector «de segunda mano» a un aficionado británico apellidado Crossley. En 1898, James Keeler adecuó el telescopio de Crossley mediante un montaje axial y lo utilizó intensivamente para fotografiar estrellas y nebulosas.

LOS «OJOS GIGANTES»

Ya en pleno siglo XX, la fotografía estelar recibió un fuerte impulso con el telescopio del observatorio de Monte Palomar, un refractor tipo Cassegrain cuyo espejo superaba los 5 m de diámetro. Mucho más tarde, la puesta en órbita del telescopio espacial Hubble dotó a los astrónomos de la herramienta más potente para fotografiar el espacio.

ESTRELLAS Y CONSTELACIONES

Mucho antes de que la astrofísica abordara el estudio de las estrellas, los astrónomos conocían y ponían nombre a las constelaciones. Visibles a simple vista, sin necesidad de telescopios ni fotografías, estas supuestas «agrupaciones» de estrellas llamaron la atención del hombre desde la más remota antigüedad, y durante siglos fueron útiles para localizar en el firmamento cualquier estrella conocida y para orientar la posición y el rumbo de los navegantes.

No obstante, hay que tener en cuenta que, físicamente, no existe relación alguna entre las estrellas que las componen, y que su existencia se debe tan sólo a la imaginación humana.

Los largos viajes de las sondas espaciales *Pioneer* y *Voyager*

En la segunda mitad del siglo XX, la conquista del espacio se propuso como meta la exploración de los planetas gigantes mediante la puesta en práctica de dos programas espaciales estadounidenses: las misiones llevadas a cabo por las sondas Pioneer *y* Voyager.

EL EQUIPAMIENTO DE LAS SONDAS PIONEER

- Detector de asteroides.
- Telescopio espectral para estudiar los rayos cósmicos.
- Fotopolarímetro para detectar y medir la luz zodiacal.
- Detector-analizador de partículas con carga eléctrica.
- Magnetómetro para determinar el valor de los campos magnéticos planetarios.
- Fotómetros en la banda ultravioleta para analizar la emisión de las atmósferas planetarias.
- Radiómetros para realizar mediciones en la banda infrarroja.

Pioneros en la exploración espacial fueron tanto el lanzamiento del primer satélite artificial (el satélite soviético Sputnik), lanzado en 1957, como las primeras exploraciones de los astros más cercanos a la Tierra: la Luna, en primer lugar, y, en segundo lugar, los planetas Marte y Júpiter.

Pero más ambiciosos aún fueron los programas de exploración de los más lejanos planetas exteriores: Júpiter, Saturno, Urano, Neptuno y Plutón. Para ello la NASA puso en marcha dos históricas misiones que recibieron los nombres de Pioneer y Voyager.

Fotografía de Júpiter realizada por la sonda espacial Voyager II en la que puede observarse la órbita de los satélites Io, a la izquierda, y Europa, a la derecha.

LAS MISIONES PIONEER

Las misiones Pioneer se propusieron como principal objetivo el estudio del cinturón de asteroides y el entorno de Júpiter y Saturno. Las sondas Pioneer 10 y Pioneer 11, provistas de numerosos instrumentos de observación, tras un recorrido de millones de kilómetros realizado a una velocidad superior a 50.000 km por hora, llegaron a las proximidades de Júpiter entre finales de 1973 y finales de 1974.

Ambas sondas llevaban una placa de aluminio revestida de oro en la que se había grabado un mensaje que pudiera ser interpretado por posibles extraterrestres. En ella figuraban las imágenes de un hombre y una mujer, así como indicaciones astronómicas para una interpretación del lugar de origen y un saludo amistoso.

Después de obtener valiosos datos sobre el planeta Júpiter, la sonda Pioneer 11 fue dirigida hacia Saturno, a cuyas inmediaciones llegó en 1979, tras seis años de vuelo. Luego, esta sonda y la Pioneer 10 se perdieron en el espacio.

DESCUBRIMIENTOS DE LAS *PIONEER*

Durante su largo periplo, las sondas Pioneer reunieron y enviaron valiosos datos. Entre otros: se consiguió saber mucho más sobre el poco conocido cinturón de asteroides; se confirmó que Júpiter (cuyo campo magnético es varios miles de veces superior al terrestre) emite al espacio más energía radiante que la que, por otra parte, recibe del Sol,

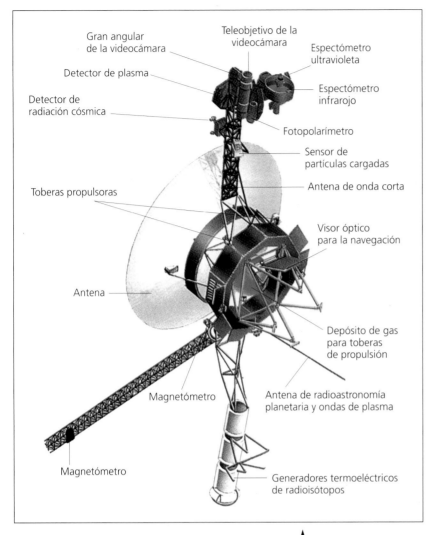

Gran angular
de la videocámara

Teleobjetivo de la
videocámara

Espectómetro
ultravioleta

Detector de plasma

Espectómetro
infrarojo

Detector de
radiación cósmica

Fotopolarímetro

Sensor de
partículas cargadas

Toberas propulsoras

Antena de onda corta

Visor óptico
para la navegación

Antena

Depósito de gas
para toberas
de propulsión

Magnetómetro

Antena de radioastronomía
planetaria y ondas de plasma

Magnetómetro

Generadores termoeléctricos
de radioisótopos

LOS LOGROS DE LA MISIÓN VOYAGER

- Nuevos análisis de los rayos cósmicos.
- Estudio de la magnetosfera de los planetas exteriores. Medición de los campos magnéticos.
- Análisis de la composición química de la superficie de los satélites.
- Características físicas de su atmósfera y medición del balance energético.
- Medición de la masa, densidad y campo gravitatorio de los planetas y de sus satélites.
- Descubrimiento del anillo de Júpiter.
- Características físicas de la gran mancha roja.
- Estudio de la naturaleza de Ganimedes y Calisto.
- Detección de vulcanismo activo en el satélite Io.
- Estudio de los anillos de Saturno.
- Identificación de 17 satélites de Saturno.
- Datos precisos sobre Titán.
- Descubrimiento de nuevos satélites de Urano.

fenómeno que también se produce en Saturno; además, se pudieron observar detalles desconocidos de los anillos de Saturno, y se descubrió un nuevo anillo que circunda este planeta.

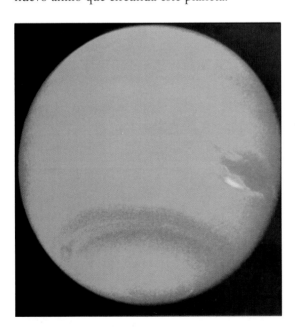

La sonda interplanetaria Voyager. A pesar de que la tecnología con la cual fue construida en la década de 1970 quedó rápidamente superada, estas sondas fueron muy eficaces en su momento.

◄ *Fotografía de Neptuno realizada por la Voyager II. El proyecto Voyager permitió a la Humanidad observar de cerca los planetas exteriores del Sistema Solar.*

LAS MISIONES VOYAGER

Cuando la Pioneer 11 llegó a las inmediaciones de Saturno, ya hacía dos años que habían sido lanzadas las sondas Voyager, equipadas con instrumentos más precisos y con sistemas operativos y de maniobra mucho más sofisticados.

Además de las precisas mediciones de numerosos parámetros astrofísicos, el más espectacular logro de las Voyager fue el numeroso conjunto de imágenes fotográficas, de alta resolución, que consiguieron obtener y transmitir a la Tierra rápidamente, mediante complejos sistemas radioeléctricos e informáticos.

Durante seis semanas, las sondas recopilaron datos de Júpiter; y a continuación, aprovechando la elevada gravedad del planeta, se propulsaron hacia Saturno, a cuyas inmediaciones llegó la *Voyager 1* en noviembre de 1980 y donde, de nuevo, se obtuvieron espectaculares documentos gráficos.

Con posterioridad, la Voyager 2 fue dirigida, sucesivamente, hacia Urano, que sobrevoló en 1986, y Neptuno (1989).

El gran ojo del Hubble

Desde los anteojos astronómicos de Galileo hasta el gran telescopio reflector de Monte Palomar, el hombre ha utilizado instrumentos cada vez más sofisticados para observar el firmamento. Con el Hubble, esta misión se trasladaba al espacio.

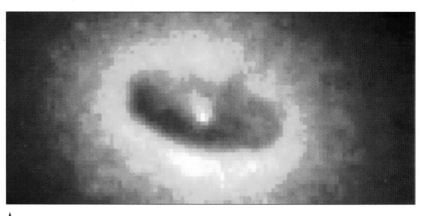

Posible agujero negro detectado por el Hubble en el centro de la galaxia NGC 4261. La existencia de estos fenómenos de la física sólo había sido una conjetura teórica hasta ese momento.

La principal dificultad que presentan los telescopios situados en la superficie terrestre reside en el hecho de que la atmósfera de la Tierra actúa a modo de filtro que absorbe gran parte de la radiación procedente del objeto celeste observado.

UN TELESCOPIO EN EL ESPACIO

A pesar de que los observatorios astronómicos suelen construirse en la cima de montañas elevadas y lejos de la contaminación luminosa de las ciudades, ello no resuelve el problema de la llamada «radiación de fondo» que, procedente de diversas fuentes luminosas, enmascara la nitidez de cualquier observación.

A los mencionados inconvenientes se añaden otros factores más, como los fenómenos de turbulencia atmosférica, que así mismo dificultan la investigación astrofísica. Por todo ello, ya en la década

Fotografía del telescopio Hubble después de su reparación. Este telescopio espacial ha mejorado la capacidad de observación del espacio de manera considerable.

de 1920 el astrónomo alemán Hermann Oberth habló de las grandes ventajas que representaría un telescopio situado en el espacio. Más tarde, en 1946, L. Spitzer describió con todo lujo de detalles las características que debería tener este instrumento.

LA IDEA ADQUIERE CONSISTENCIA

Ya en 1960, en el seno de la NASA, empezó a considerarse la idea de un Large Space Telescope (LST), y doce años más tarde, a institución decidió desarrollar el proyecto, alentada por la puesta a punto del transbordador espacial que haría posible la misión, prevista inicialmente para 1980.

Pero surgieron dificultades presupuestarias que postergaron la puesta en marcha del proyecto y fue necesario recurrir a la cooperación de los organismos científicos europeos.

Cuando ya todo estaba listo, la explosión de la nave Challenger, en 1986, difirió de nuevo el pro-

LA PIEZA PRINCIPAL

El espejo primario del telescopio es su principal pieza. Consiste en un espejo hiperbólico de 240 cm de diámetro, con un peso total que supera los 700 kg. Su grosor es de 30 cm. A fin de mantener constantes sus dimensiones y características, se fabricó con un vidrio especial de sílice, al que se añadió una pequeña proporción de titanio, con lo que se consiguió un coeficiente de dilatación muy reducido. El proceso de pulido fue un trabajo de gran precisión que se realizó a lo largo de dos años. El espejo secundario, convexo, tiene un diámetro de 34 cm, y el telescopio presenta una distancia focal de 57,6 m. Ambos espejos están recubiertos de una delgada capa de fluoruro de magnesio y aluminio.

yecto Hubble. Por fin, con diez años de retraso, el proyecto se hizo realidad en 1990.

EL OJO QUE TODO LO VE

En la mañana del 24 de abril de 1990, el transbordador espacial Discovery partía de Florida llevando en su seno el preciado telescopio espacial, con un peso total próximo a las 11 toneladas. Fue

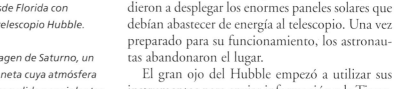

El transbordador espacial Discovery *despega desde Florida con el telescopio Hubble.*

Imagen de Saturno, un planeta cuya atmósfera es sacudida por violentas tormentas.

colocado en una órbita casi circular, a una altitud aproximada de 600 km, y los astronautas procedieron a desplegar los enormes paneles solares que debían abastecer de energía al telescopio. Una vez preparado para su funcionamiento, los astronautas abandonaron el lugar.

El gran ojo del Hubble empezó a utilizar sus instrumentos para enviar información a la Tierra. El HST (Hubble Space Telescope), además del telescopio propiamente dicho, dispone, entre otros aparatos, de un sistema de cámaras planetarias de campo ancho —conocido como WF/PC—, formado realmente por ocho cámaras, situadas en sentido perpendicular al eje del telescopio; otra cámara, ésta para detectar objetos de baja luminosidad, es la FOC (Faint Object Camera), formada por dos contadores de fotones y una cámara de vídeo. Cuenta también con un espectrógrafo de alta resolución (HRS) y otro espectrógrafo especial (FOS) para estudiar los objetos de baja luminosidad, además de fotómetros y magnetómetros.

FUNCIONES Y LOGROS

Son numerosas las funciones que desempeña el Hubble, y éstas abarcan los principales trabajos que ocupan a los astrónomos y astrofísicos. Una de las

La reparación del Hubble. En 1993, los astronautas del transbordador espacial sustituyeron los paneles solares averiados.

variaciones de 10 microsegundos) así como la realización de mediciones más precisas sobre los satélites del sistema solar.

Cabe señalar, así mismo, la importante característica de globalización que afecta a los trabajos del Hubble. En efecto, tanto su uso como el acceso a los archivos de los centenares de datos obtenidos están a disposición de los científicos de todo el mundo, sin excepciones.

Hasta la fecha, el Hubble ha recorrido miles de millones de kilómetros en su órbita, ha tomado más de 100 000 fotografías de unos 10 000 objetos distintos y ha generado más de 2 000 publicaciones científicas. Se calcula que seguirá en activo hasta el año 2010, aproximadamente, cuando se supone que estará trabajando en paralelo con su proyectado sucesor, el Next Generation Space Telescope (NGST).

LIMITACIONES, MANTENIMIENTO Y REPARACIONES

Una clara limitación que se debe tener en cuenta es que para que el Hubble pueda llevar a cabo sus observaciones debe evitar estar enfocado en determinado ángulo con la luz solar o con la reflejada por la Luna. Por esta razón, la operatividad del telescopio se queda reducida al 30 % de su período orbital.

Por otra parte, a lo largo de su corta vida, el Hubble ha sufrido numerosas averías, muchas previsibles y otras no tanto, que han obligado a realizar «viajes» de mantenimiento, y algunos de sus instrumentos han sido sustituidos por otros de más avanzada tecnología, que han mejorado el rendimiento del sistema. Ya en 1993 un equipo de astronautas sustituyó varios paneles solares, giroscopios, magnetómetros y la cámara planetaria de campo ancho.

grandes cuestiones es la determinación de las dimensiones y edad del universo en su conjunto, lo cual requiere realizar mediciones y obtener datos sobre las galaxias más lejanas, inalcanzables desde los observatorios terrestres.

Otros temas no menos importantes son la observación de los objetos celestes de muy baja luminosidad, el estudio del campo espectral ultravioleta, en especial el procedente de los quasares y las nubes de gas interestelar, y la detección de las variaciones rápidas de luminosidad de los astros (un fotómetro de alta velocidad permite detectar

EDWIN POWELL HUBBLE

El astrónomo estadounidense Edwin Powell Hubble nació en Marshfield, en el estado de Misuri, en 1889. Cursó estudios de leyes en Oxford y, posteriormente, se matriculó en la Universidad de Chicago para estudiar matemáticas y astronomía, recibiendo el doctorado en 1917. Dos años después entró a trabajar en el observatorio astronómico del Monte Wilson, donde, tras exhaustivos estudios, principalmente sobre la naturaleza de las cefeidas, pudo establecer la existencia de galaxias exteriores a la Vía Láctea,

poniendo de manifiesto con ello que las dimensiones reales del universo eran muy superiores a las supuestas hasta entonces.

Después de varios años de paciente clasificación de las galaxias descubiertas —clasificación que sigue vigente hoy en día—, pudo demostrar que el universo no es estático, sino que se halla en constante expansión, ya que las nebulosas extragalácticas se alejan de la Vía Láctea, a una velocidad que es proporcional a su distancia en cada momento dado (ley de Hubble).

Edwin Powell Hubble, uno de los grandes astrónomos del siglo xx.

Los viajes espaciales

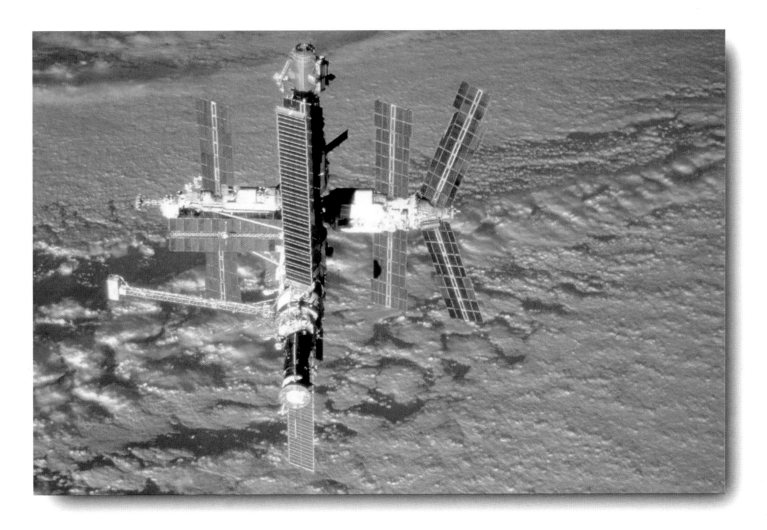

Fotografía de la estación espacial rusa MIR.

Desde el principio de los tiempos el ser humano ha mostrado un deseo innato de explorar lo desconocido. Primero, los vastos bosques que se hallaban más allá de la primitiva aldea; luego, las lejanas e ignotas montañas y más tarde, la inmensidad de los mares.

El hombre aprendió a volar no sólo para recorrer grandes distancias, sino también para penetrar en un nuevo lugar pendiente de conquista, el espacio. Y los escritores y poetas empezaron a fantasear con imaginarios viajes espaciales, hasta que la ciencia los hizo posibles.

El pequeño paso de un hombre fue un gran paso para la humanidad. Poner el pie en la Luna fue un gran logro en la conquista del espacio. Pero no lo han sido menos los descubrimientos científicos logrados con innumerables misiones que, a lo largo de los años, han permitido un mayor conocimiento de los planetas y satélites, de las radiaciones y del espacio interestelar.

La epopeya de Yuri Gagarin

Tras el lanzamiento del primer satélite artificial, el Sputnik 1, el 4 de octubre de 1957, surgió el proyecto de realizar vuelos tripulados, y se planteó la incógnita de si el hombre podría resistir las condiciones de aceleraciones elevadas, radiaciones y ausencia de gravedad.

➤ *Fotografía del cosmonauta Yuri Gagarin. Su gesta traspasó las fronteras de la Unión Soviética y lo convirtió en un héroe de toda la humanidad.*

La gran atracción que el espacio ejerce en el hombre le llevó en tiempos pasados a realizar ascensiones en globos aerostáticos y aviones hasta alturas que resultaban estremecedoras en su momento. Pero salir al «espacio exterior» se convirtió en una obsesión cuando se dispuso de potentes cohetes que podían hacer realidad dicho propósito.

Tras los pioneros no humanos, la perra «Laika» y el chimpancé «Ham», cupo al comandante soviético Yuri Alekséevich Gagarin (1934-1968) la gloria de ser el primer hombre que rodeó la Tierra en un vuelo orbital.

LA CONQUISTA DEL ESPACIO

La nave Vostok 1 despegó de la base de Tyuratam-Baikonur, situada al nordeste del mar de Aral a las 6 horas y 7 minutos del 12 de abril de 1961. En su cápsula se encontraba Yuri Gagarin, el primer hombre del espacio. En tierra se quedaba su suplente, el mayor Titov.

El vuelo duró tan sólo 1 hora y 48 minutos. A los tres minutos del despegue se separó la cofia del lanzador, y dos minutos después se inició la se-

Los seis primeros cosmonautas soviéticos: Gagarin, Titov, Nicolaiev, Popovitch, Poylowski y Tereshkova. Con ellos la humanidad accedió al espacio exterior.
▼

gunda fase. A las 6 horas y 21 minutos, ya en órbita, la cápsula abandonó la tercera fase del lanzador y quedó libre. Poco antes de las 7 de la mañana Gagarin sobrevoló América, y cinco minutos antes de las 8 horas, aterrizó cerca de Engels, en la región de Saratov. En poco menos de dos horas

LOS PRIMEROS VUELOS TRIPULADOS

- El primer «viajero espacial» fue la perra «Laika», lanzada al espacio el 2 de noviembre de 1957 a bordo del Sputnik 2. Por desgracia, no sobrevivió a la experiencia, pero demostró que los viajes espaciales eran posibles.
- El primer hombre lanzado al espacio fue el soviético Yuri Gagarin. El 12 de abril de 1961, con la nave Vostok 1,

orbitó la Tierra en 1 hora y 48 minutos a una altitud comprendida entre 180 y 320 km.
- Alan B. Sephard fue el primer estadounidense lanzado al espacio, el 5 de mayo de 1961, en un vuelo balístico, no orbital, que alcanzó una altitud de 185 km, a 8 000 km/h, y tuvo una duración de sólo 15 minutos.

- El mayor soviético German Titov orbitó 17 veces la Tierra con la nave Vostok 2, los días 6 y 7 de agosto de 1961.
- El astronauta estadounidense John Glen completó con éxito tres órbitas terrestres el 20 de febrero de 1962, a bordo de la nave Friendship 7.

el hombre había dado el primer paso para la conquista del espacio, y Yuri Gagarin fue aclamado como héroe tanto en la Unión Soviética como fuera de ella. Un hecho de tal trascendencia no volvió a repetirse hasta que los astronautas estadounidenses pisaron el suelo lunar en julio de 1969.

LA NAVE VOSTOK 1

El vehículo lanzador (A-1) de la nave Vostok 1, que superaba los 37 m de altura, era un cohete de tres fases completado con cuatro aceleradores. Éstos se desprendieron a los pocos minutos del lanzamiento, junto con la cápsula o cofia que había protegido a la nave al atravesar la atmósfera. Poco después se desprendió la segunda fase y se realizó el encendido de la tercera, que colocó la nave definitivamente en órbita.

La nave propiamente dicha, de poco más de 7 m de altura y 4 730 kg, estaba formada por la cabina del cosmonauta, una esfera de 2,30 m de diámetro, y un compartimento que acogía el instrumental científico. La cabina era muy sencilla ya que el pilotaje era completamente automático.

Para realizar el descenso se activaron retrocohetes para salir de la órbita e iniciar la aproximación a la Tierra. Luego, se separó la cápsula del compartimento instrumental. La entrada en la atmósfera se hizo mediante un ingenioso procedimiento: una parte de la esfera está dotada de un recubrimiento más grueso que el resto, con lo cual, por su mayor peso, se convierte en la cara que afronta el mayor roce con la atmósfera y protege al astronauta del consecuente aumento térmico.

Cuando la altitud era de sólo 7 000 m, se produjo la eyección del asiento con el pasajero; se fueron abriendo de forma gradual diversos paracaídas y a los 4 000 m el cosmonauta se separó de su asiento alcanzando el suelo a una velocidad razonable, mientras que la cápsula lo hacía a bastante más velocidad.

LAS SIGUIENTES VOSTOK

Después de la hazaña del astronauta soviético Yuri Gagarin aún hubo otras cinco naves Vostok, antes de que se iniciara el programa Vosjod. Titov voló en la Vostok 2 en agosto de 1961. Nikolaiev y Popovich viajaron en las Vostok 3 y 4, lanzadas con un solo día de intervalo; y en junio de 1963, en la Vostok 5, Bikovski estuvo cinco días en órbita. Finalmente, la nave Vostok 6 llevó al espacio a la primera mujer astronauta, Valentina Tereshkova.

Imagen del Sputnik en la que se muestran sus diversas partes. Se trataba de una esfera de 58 cm de diámetro que pesaba unos 83 kgs. Se convirtió en el primer objeto que la humanidad logró hacer llegar al espacio.

John Glenn, el nuevo héroe norteamericano

Tras el éxito conseguido por Yuri Gagarin en abril de 1961, Estados Unidos redobló sus esfuerzos para alcanzar a su contrincante en la carrera espacial. John Glenn sería uno de los elegidos para la gloria.

Lanzamiento desde cabo Cañaveral del Mercury, con John Glenn a bordo, el 20 de febrero de 1960.

Pocos días después del éxito soviético, el 5 de mayo de 1961, Estados Unidos lanzó al espacio al comandante Allan Shepard, primer norteamericano que viajó por el espacio exterior, si bien no se trataba de un vuelo orbital, sino de una trayectoria balística, a 190 km de altitud, que tuvo la escasa duración de 15 minutos. No obstante, fue el precedente de los verdaderos vuelos espaciales norteamericanos.

EL PROYECTO MERCURY

Cuando se inició el proyecto Mercury, centenares de estadounidenses se presentaron voluntarios a una dura selección para elegir al que sería el primer astronauta norteamericano.

Los candidatos debían cumplir unas condiciones muy restrictivas. Tenían que ser pilotos muy cualificados, poseer estudios superiores y gozar de una indudable estabilidad psíquica. Entre las restricciones físicas impuestas, debían gozar, por supuesto, de una salud excelente y, además de tener menos de cuarenta años, no podían medir más de 1,80 metros de altura.

Tras numerosas y rigurosas pruebas, fueron seleccionados siete candidatos. A continuación se les sometió a un duro entrenamiento que duró no menos de dos años, durante los cuales aprendieron a familiarizarse con las características de la astronave y del vehículo lanzador. Ensayaron meticulosamente todas las operaciones que deberían realizar en las tres fases cruciales del proceso: el lanzamiento, la navegación en órbita y la fase de regreso a la Tierra.

JOHN GLENN, EL HÉROE NORTEAMERICANO

Uno de los siete futuros astronautas seleccionados fue el teniente coronel John Glenn, de la Infantería de Marina. John Herschel Glenn nació el 18 de julio de 1921 en Cambridge, Ohio. Cursó sus estudios en el Muskingum College, y en 1943 fue destinado al cuerpo de marines tras seguir un programa de aviación naval. Durante la Segunda Guerra Mundial participó en más de sesenta misiones de combate, y en otras tantas en la guerra de Corea, recibiendo varias condecora-

Tras el éxito conseguido por Glenn, en el marco del proyecto Mercury se realizaron tres misiones más. El 24 de mayo del mismo año, el teniente coronel Scott Carpenter realizó un vuelo parecido al de Glenn, completando tres órbitas terrestres. Cinco meses después, el comandante Walter Shirra duplicó el número de órbitas.

Finalmente, en mayo de 1963 el mayor Gordon Cooper llevó a cabo la última misión del proyecto Mercury realizando un vuelo en el que completó 22 órbitas con un recorrido total de más de 600 000 km; realizó un descenso mediante control manual y, con gran precisión, consiguió amerizar a menos de 7 000 metros del buque que le esperaba.

◄ *La fama de John Glenn se vio aumentada cuando, en 1998, a los 77 años de edad, protagonizó una nueva aventura espacial a bordo del transbordador Discovery con el objeto de estudiar los efectos de la ingravidez en personas de edad avanzada.*

ciones. Tenía treinta y ocho años de edad cuando, en abril de 1959, fue asignado al proyecto Mercury. Casado con Anna Margaret Castor, tenía entonces dos hijos.

En la mañana del 20 de febrero de 1962, la nave Friendship 7, impulsada por un cohete Atlas, emprendió el vuelo con el primer astronauta norteamericano a bordo. Sólo habían transcurrido diez meses desde el vuelo orbital de Yuri Gagarin.

John Glenn despegó de Cabo Kennedy (en aquellas fechas aún Cabo Cañaveral), alcanzó una órbita estable y dio tres vueltas a la Tierra. Se produjo entonces una ligera avería en el sistema de mando automático, y Glenn tuvo que maniobrar manualmente los retrocohetes para efectuar el descenso, que se realizó con éxito, amerizando a 265 km de la isla Grand Turc, en las Bahamas.

El Atlas-Friendship 7

La nave en que se llevó a cabo el primer vuelo orbital norteamericano tuvo que limitarse en peso y dimensiones a la potencia del cohete impulsor Atlas. De peso inferior a una tonelada, su diámetro no superaba los 1,9 metros. La forma de la Friendship 7 recordaba la de un tubo de rayos catódicos, y estaba constituida por diversas bóvedas de una aleación de níquel, soldadas entre sí.

El astronauta iba sentado justo ante la cara frontal, que disponía de una pantalla térmica de un material plástico que quedó volatilizado al efectuar la entrada en la atmósfera terrestre, proceso denominado de «refrigeración ablativa» que impide el sobrecalentamiento interior de la cápsula.

El sistema de regreso a la Tierra estaba formado por retrocohetes instalados en el centro de la pantalla térmica, y la cápsula, que carecía de asiento eyectable, efectuaba el descenso, con el astronauta en su interior, mediante paracaídas que procuraban la necesaria desaceleración.

► *La importancia de la misión de John Glenn hay que entenderla dentro del contexto de Guerra Fría entre la Unión Soviética y los Estados Unidos. En cierto modo se puede afirmar que la rivalidad entre estas grandes potencias favoreció la investigación espacial.*

Mujeres en el espacio

Aunque la mayoría de los astronautas fueron varones, los nombres de Valentina Tereshkova y Svetlana Savitskaya figuran en la historia de la astronáutica como las primeras mujeres que realizaron un viaje espacial.

Valentina Vladimirovna Tereshkova nació el 6 de marzo de 1937 en la localidad de Maslennikovo, cerca de Yaroslav, a algo más de 100 km de Moscú. Hija de un tractorista y de una trabajadora de la industria textil, desde muy temprana edad practicó el deporte de salto en paracaídas, e incluso obtuvo el título de instructora en dicha especialidad.

LA PRIMERA MUJER EN ÓRBITA ESPACIAL

Trabajadora en una fábrica textil, Tereshkova completaba sus estudios en una escuela nocturna. Fuertemente atraída por la investigación espacial, no dudó en presentarse voluntaria como futura

Yuri Gagarin, el primer hombre en el espacio, y Valentina Tereshkova, la primera mujer, representaron dos golpes de efecto propagandísticos a favor de la Unión Soviética al principio de la década de 1960.

▼

astronauta, y aunque carecía de la formación adecuada para ello, la agencia del espacio soviética decidió prepararla, junto con otras tres mujeres.

Tras un duro entrenamiento, el 16 de junio de 1963 Tereshkova fue lanzada al espacio a bordo de la nave Vostok 6, con la que orbitó 48 veces la Tierra en un viaje espacial de 70 horas y 50 minutos de duración, que finalizó el 19 de junio. Para el descenso, tuvo que lanzarse en paracaídas desde más de 6 000 m de altura, después de abandonar la cápsula espacial, y tomó tierra en Karaganda (Kazajstán).

DEL PROGRAMA VOSTOK AL PROGRAMA VOSJOD

La nave Vostok 6 en que viajó Valentina Tereshkova puso fin al programa Vostok. Habían transcurrido poco más de dos años desde que la primera Vostok puso al primer hombre en el espa-

LA MUJER DEL SIGLO

En enero de 2001, la Asamblea Mujer del Año, con sede en Londres y presidida por la marquesa lady Lothian, decidió nombrar «Mujer del Siglo» a la primera mujer astronauta, Valentina Tereshkova.

Después de su misión espacial, Valentina Tereshkova se graduó en Ingeniería en la Academia de la Fuerza Aérea Soviética. Miembro del Soviet Supremo de la URSS, diputada del Congreso en diversas ocasiones, presidió la Unión de Sociedades de Amistad y Relaciones Culturales y ha colaborado en numerosos programas de cooperación con los países en vías de desarrollo y en diversas actividades de conservación del medio ambiente.

Pocos meses después de su vuelo espacial, en noviembre de 1963, Valentina Tereshkova se casó con el también cosmonauta Andrian G. Nikolayev. La hija de ambos fue el primer bebé cuyos padres habían realizado vuelos espaciales.

cio, y se inició entonces un programa cuya primera misión fue lanzar tres cosmonautas a la vez: la Vosjod 1 llevaba a bordo a Komarev, Feoktistov y Yegorov. Poco después, la Vosjod 2 permitió a Leonov salir al espacio exterior con la única protección de su traje espacial.

LA SEGUNDA COSMONAUTA

Entre los ventiún astronautas que, en etapas sucesivas, permanecieron a bordo de la estación espacial Salyut 7 se cuenta la cosmonauta soviética Svetlana Savitskaya. Tuvieron que pasar 19 años desde que Valentina Tereshkova surcara el espacio para que otra mujer se sumara a la lista de astronautas.

Svetlana Evguenievna Savitskaya nació en Moscú el 8 de agosto de 1948. Desde muy joven practicó el paracaidismo, obtuvo el título de piloto de aviación y estudió ingeniería aeronáutica. En 1980 fue seleccionada para recibir preparación como cosmonauta.

El 19 de agosto de 1982, a los treinta y cuatro años de edad, realizó su primer vuelo espacial en la nave Soyuz 7, lanzada desde el cosmódromo de Baikonur, para permanecer durante casi ocho días en la estación espacial Salyut 7. Le acompañaban en la misión los astronautas Leonid Popov y Alek-

La tripulación de la nave Soyuz T12 fotografiada junto a Dzhanibekov y Volk, antes del lanzamiento en 1984. Svetlana Savitskaya, se convirtió en la segunda mujer en ir al espacio y en la primera en realizar un paseo espacial.

Valentina Tereskova tuvo una importante carrera dentro de la política del régimen soviético, que no desperdició la oportunidad de sacar provecho de su gran popularidad.

sandr Serebrov, y los tres se reunieron en la estación espacial con Berezovoy y Lebedev.

Dos años después, el 17 de julio de 1984, Savitskaya voló de nuevo, en esta ocasión como ingeniero de vuelo, en la nave Soyuz T12, y permaneció más de once días en la estación espacial Salyut 7 junto con los astronautas Vladimir Djanibekov e Igor Volk. En esta ocasión, el 25 de julio salió al espacio exterior durante tres horas y media para realizar diversas operaciones tecnológicas de soldadura y ensamblaje de placas metálicas y de recubrimiento metálico de paneles.

LA PRIMERA ASTRONAUTA ESTADOUNIDENSE

El 18 de junio de 1983, Sally Kristen Ride, de nacionalidad estadounidense, se convirtió en la tercera mujer astronauta al realizar un vuelo de seis días de duración en la lanzadera espacial Challenger. Joven promesa del tenis profesional, Sally Ride obtuvo la licenciatura en Ciencias Físicas por la Universidad de Stanford, y se especializó en astrofísica. Fue seleccionada por la NASA, y se entrenó como piloto durante años. En octubre de 1984 realizó una segunda misión espacial, y en 1989 asumió la dirección del Instituto de Ciencias Espaciales de la Universidad de California.

Un gran paso para la humanidad

El gran sueño de los científicos, novelistas y cineastas de pisar la Luna se hizo realidad el 21 de julio de 1969, cuando Edwin Aldrin y Neil Armstrong descendieron sobre el Mar de la Tranquilidad.

E n 1958, Estados Unidos había enviado a la Luna, sin éxito, el Pioneer 1. El Lunik 1 soviético pasó de largo (aunque cerca), y en septiembre de 1959 el Lunik 2 hizo impacto en nuestro satélite. Un mes después, el Lunik 3 orbitaba la Luna y enviaba impresionantes fotografías de su superficie y, por primera vez, el hombre podía ver su cara oculta.

LOS PASOS PREVIOS

Posteriormente, los Ranger y los Lunar Orbiter obtuvieron miles de fotografías de la superficie lunar, lo cual permitió que se empezara a buscar el lugar idóneo para un futuro alunizaje. Pero era evidente que se necesitaba más información. Para ello era necesario «descender» hasta el suelo

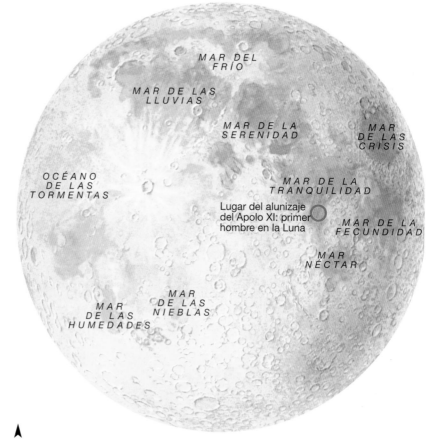

MAR DEL FRÍO

MAR DE LAS LLUVIAS

MAR DE LA SERENIDAD

MAR DE LAS CRISIS

OCÉANO DE LAS TORMENTAS

MAR DE LA TRANQUILIDAD

Lugar del alunizaje del Apolo XI: primer hombre en la Luna

MAR DE LA FECUNDIDAD

MAR NÉCTAR

MAR DE LAS NIEBLAS

MAR DE LAS HUMEDADES

▲

El alunizaje del Apolo XI, tripulado por Armstrong. Aldrin y Collins, se produjo el 21 de julio de 1969.

◄

Fotografía de la huella dejada por la bota de Neil Armstrong al pisar la superficie de la Luna por primera vez. Finalmente el ser humano deambulaba por un cuerpo celeste diferente al planeta Tierra, un verdadero hito en la Historia y más si se tiene en cuenta que fue presenciado en directo por millones de personas a través de sus televisores.

lunar, colocar sondas y explorar físicamente la naturaleza del terreno.

Además, había que contar con el factor humano, y preparar a los astronautas para su dura misión. Los últimos ensayos se sucedieron con rapidez; en diciembre de 1968, el Apolo 8 situó en órbita lunar a tres astronautas, y poco después el Apolo 9 realizaba pruebas de separación y ensamblaje del módulo lunar. Finalmente, todo estaba a punto.

DEL PROYECTO A LA REALIDAD

El reto que el presidente Kennedy lanzó en mayo de 1961 de que fuese su país el primero que lograra «poner un hombre en la Luna y hacerlo regresar a la Tierra» había fijado un plazo, que se cumplió el 21 de julio de 1969, exactamente a las 2 horas y 56 minutos, cuando Neil Armstrong pisó el suelo lunar.

El 16 de julio de 1969, un potente cohete Saturno partía de Cabo Kennedy con el vehículo espacial Apolo 11, llevando a tres astronautas: Neil Armstrong, Edwin Aldrin y Michael Collins. El

◄
Edwin "Buzz" Aldrin en el Mar de la Tranquilidad de la Luna. Neil Armstrong aparece reflejado en el visor del casco. Esta fotografía se ha convertido con el tiempo en un icono de la gran aventura de la conquista del Espacio.

El águila americana en el emblema de la misión Apolo 11.

▼

La aspiración del ser humano por llegar a la Luna se reflejó en la literatura y el cine. La novela De la Tierra a la Luna (1865) de Jules Verne inspiró la película de Georges Méliès Viaje a la Luna realizada en 1902.

▲

«viaje» constaba de varias etapas. En primer lugar, se alcanzaría una órbita terrestre; desde ella, la nave se desplazaría hasta situarse en órbita lunar, donde permanecería la nave principal (con Collins a bordo), y el módulo lunar Eagle, con Armstrong y Aldrin a bordo, descendería hasta la superficie de la Luna.

Los términos «aterrizaje» y «amerizaje» resultaron entonces insuficientes para describir el nuevo logro del hombre: «alunizar». El Eagle descendió suavemente sobre la superficie lunar y Armstrong fue el primero en salir, dar unos históricos pasos y recoger algunas muestras de roca lunar. Pronto le siguió Aldrin, y entre ambos instalaron diversos instrumentos científicos, como un sismógrafo y un medidor de viento solar. Durante dos horas y media tomaron diversas fotografías y recogieron 22 kg de muestras.

DE VUELTA A CASA

Finalizada su misión, los astronautas realizaron la arriesgada maniobra de despegar con el Eagle para alcanzar el módulo de mando, que orbitaba a 100 km de altitud. Una vez conseguido su propósito, abandonaron el módulo lunar y emprendieron el viaje de regreso. A pesar del uso de retrocohetes para reducir la caída, la nave penetró en la atmósfera terrestre a una velocidad de 40 000 km/h, quemando la pantalla térmica protectora. Era el 24 de julio, y el primer viaje a la Luna había terminado satisfactoriamente. Tras una obligada y previsora cuarentena, los astronautas fueron aclamados de forma multitudinaria.

NUEVAS MISIONES APOLO

En años sucesivos se realizaron nuevos viajes a la Luna, quizás más provechosos desde el punto de vista científico, pero ninguno tan sublime como el primero. En la última misión, la del Apolo 17 (diciembre de 1972), se permaneció largo tiempo sobre la superficie lunar, recogiendo gran cantidad de muestras y realizando largos recorridos con el vehículo de exploración.

VOLVER A LA LUNA

Las prolongadas estancias en la estación espacial MIR primero y en la ISS después, así como las numerosas misiones para aprovisionamiento y para realizar reparaciones en el espacio han dado suficiente experiencia como para pensar en establecer una base en la Luna. Allí los astronautas no tendrían mayores dificultades para llevar a cabo sus investigaciones.

Es cierto que aún se han de perfilar muchos detalles, pero las grandes posibilidades científicas y técnicas que de ello se derivarían hacen que las autoridades de la NASA estén planeando el que consideran uno de los grandes objetivos de la institución.

Kovalenko e Ivanchenko en la Soyuz 29

Las estancias prolongadas en el espacio, con las dificultades que comportan para la salud y seguridad de los astronautas, han sido el reto al que se ha enfrentado la astronáutica en las últimas décadas del siglo xx.

Habían transcurrido doce años entre el lanzamiento de la primera nave Soyuz, no tripulada, en 1966, y el de la Soyuz 29 con los astronautas Kovalenko e Ivanchenko a bordo, en junio de 1978, en dirección a la estación orbital Salyut 6.

LAS NAVES SOYUZ

El reto de conseguir largas estancias en el espacio exterior dio lugar a los proyectos soviéticos Soyuz y Salyut. La nave Soyuz, con un peso al completo del orden de 6 800 kg, consta de tres compartimentos: el orbital, el instrumental y la cápsula de descenso. Esta última es la parte más delicada, va situada en el centro y alberga a los astronautas (tres en las primeras versiones, luego sólo dos). Está recubierta exteriormente por una capa refractaria para paliar el recalentamiento producido en su reentrada en la atmósfera. En su interior se hallan los asientos de la tripulación, diseñados especialmente para soportar las sobrecargas inherentes a las fuertes aceleraciones tanto en el despegue como en el regreso; contiene también los dispositivos de mando.

LAS ESTACIONES ORBITALES SALYUT

Las Salyut son complejos orbitales diseñados para permanecer en el espacio y albergar una tripulación durante estancias prolongadas. Mucho mayores que las naves de transporte Soyuz, suelen tener una longitud de 15 metros y pesan unas 19 toneladas. Disponen de motores adecuados para modificar su posición (especialmente para

orientar sus paneles al Sol) o bien para efectuar cambios de órbita o de trayectoria.

Las sucesivas estaciones Salyut fueron incorporando progresivas mejoras tanto técnicas como de habitabilidad, hasta el punto de que la Salyut 6 pudo considerarse una estación orbital «de segunda generación». También su tamaño era mayor; con dos naves Soyuz acopladas el conjunto alcanzaba casi 30 metros de longitud y una masa de 33 toneladas. Lanzada a finales de septiembre de 1977, estuvo operativa hasta mediados de 1982.

Despegue de un cohete desde el cosmódromo de Baikonur, el equivalente ruso de Cabo Cañaveral.

Durante este tiempo fue visitada por veintisiete cosmonautas.

El 15 de junio de 1978 la nave de transporte Soyuz 29 despegaba del cosmódromo soviético de Baikonur en dirección a la estación espacial Salyut 6. Llevaba a bordo a dos cosmonautas, Kovalenko e Ivanchenko, que permanecieron en el espacio 79 días, hasta que regresaron a la Tierra el 3 de septiembre.

Vladimir Vasilievich Kovalenko nació en Boloie el 3 de marzo de 1942. Piloto destacado de la Fuerza Aérea soviética, fue seleccionado para participar en misiones espaciales en mayo de 1967. Durante su vida como cosmonauta ha permanecido en el espacio 216 días.

Aleksandr Sergueievich Ivanchenko nació el 28 de septiembre de 1940. Ingeniero civil, fue seleccionado en marzo de 1973 para recibir formación como astronauta. Su permanencia en el espacio es de 139 días.

TECNOLOGÍA EN EL ESPACIO

Durante su estancia en la estación espacial Salyut 6, Ivanchenko y Kovalenko llevaron a cabo diversos experimentos y numerosas investigaciones técnicas y científicas. De los muchos trabajos que se realizan en el espacio cabe destacar tres de

➤ *Alexander S. Ivanchenkov fue miembro suplente de la tripulación de dos hombres que debía unirse en pleno espacio a una misión americana en 1975.*

Los trabajos de cartografía de la Salyut 6 tuvieron una gran importancia para el estudio de las grandes extensiones del planeta y mostraron las posibilidades de esta técnica de trabajo.
▼

ellos por su importancia. En primer lugar deben citarse los trabajos cartográficos y de prospección. A este respecto hay que destacar que, gracias a la privilegiada posición en el espacio, en sólo 4 o 5 minutos puede cartografiarse con gran precisión una extensa zona de la superficie terrestre que con los métodos convencionales de cartografía aérea se tardaría en completar más de un año.

Pero, además, los sofisticados métodos de exploración permiten sobreponer a esta cartografía datos de gran importancia sobre la existencia y situación de yacimientos petrolíferos y minerales en general. Así mismo permiten el estudio, con gran fidelidad, del suelo y la vegetación y las migraciones de los bancos de peces.

Otra importante misión que se lleva a cabo es la de los trabajos químicos y metalúrgicos. No sólo se trata de realizar delicadas operaciones de ensamblaje, soldadura y recubrimientos metálicos necesarios para el mantenimiento y reparación de las naves, sino que, además, en las favorables condiciones que se dan en el espacio se consigue obtener microcristales, compuestos químicos y aleaciones con una pureza muy superior a la que se consigue en la Tierra. Finalmente, esta cualidad se extiende a la fabricación de determinados medicamentos, que pueden obtenerse en estas condiciones con un grado de pureza impensable en la atmósfera terrestre.

A la conquista del planeta rojo

Desde que el hombre se aventuró en el espacio, se sintió impulsado a visitar alguno de los planetas del sistema solar. Pero si la Luna se halla a sólo tres días de viaje, el planeta más cercano, Marte, está a no menos de tres meses.

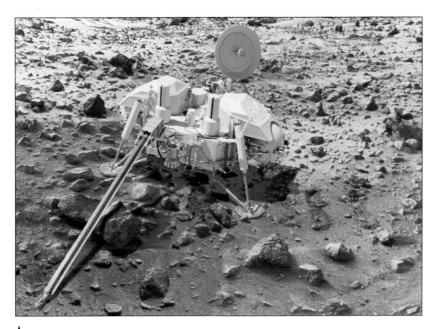

⋀
Montaje fotográfico del Viking sobre la superficie del planeta Marte. Dos naves no tripuladas Viking fueron enviadas a Marte en 1975. Después de un largo viaje lograron posarse sobre este planeta. Allí tomaron fotografías e hicieron un análisis de la composición del suelo y la atmósfera.

Marte, nombre del planeta rojo y del dios romano de la guerra, es el planeta del sistema solar más parecido a la Tierra. Quizás por ello el hombre ha fantaseado con la posible existencia de «marcianos» —casi sinónimo de extraterrestres— en vez de hablar de «uranianos» o «plutonianos».

DOS INTENTOS FRUSTRADOS

La Unión Soviética fue la primera que se propuso alcanzar las proximidades del planeta rojo con la sonda Marte 1 lanzada el 1 de noviembre de 1962. Por desgracia, se interrumpieron las transmisiones cuando la nave se hallaba a más de cien millones de kilómetros de la Tierra y aún muy lejos de Marte, por cuyas cercanías debió de pasar en junio de 1963.

El segundo intento frustrado corrió a cargo de Estados Unidos. La Mariner 3, que partió el 5 de noviembre de 1964, quedó inutilizada durante el lanzamiento al no poder desprenderse de la cofia de protección que recubría la sonda.

LAS SONDAS MARINER

El primer éxito lo consiguió la sonda Mariner 4 que, lanzada el 28 de noviembre de 1964, pasó a menos de 10 000 km de la superficie de Marte casi ocho meses más tarde (14 de julio de 1965), después de recorrer más de quinientos millones de kilómetros, transmitiendo a la Tierra las primeras 22 imágenes del planeta. La sonda llevaba, además, numeroso instrumental científico para el estudio

LAS «VENTANAS DE LANZAMIENTO»

Existe una limitación temporal para enviar sondas al planeta Marte, a causa de las características de su órbita. Dada la gran distancia que lo separa de la Tierra, es evidente que el momento más propicio es cuando ambos planetas están más próximos.

Esto se produce cuando la Tierra se encuentra entre el Sol y Marte: entonces la distancia es «sólo» de unos cincuenta millones de kilómetros, en vez de los algo más de cien millones de kilómetros que los separan cuando el Sol está entre Marte y la Tierra.

Aun así, se ha de tener en cuenta que el recorrido de las sondas es muy superior a estas distancias, ya que el camino seguido no describe una línea recta, sino una especie de tirabuzón de órbita a órbita. Teniendo en cuenta que el «año marciano» es de 687 días, los momentos propicios se dan con una periodicidad considerable; entonces se dice que existe una «ventana de lanzamiento» propicia.

Representación artística del aterrizaje del Mars Polar Lander. La misión de esta sonda estaba encaminada a encontrar restos de agua congelada en los casquetes polares del planeta rojo, así como vestigios de vida extraterrestre. Desafortunadamente, el 3 de diciembre de 1999 sus antenas perdieron la orientación y las comunicaciones con la Tierra se interrumpieron, con lo que se perdió todo contacto con la sonda.

y medida de diversos parámetros del espacio interplanetario. La Mariner 4 sobrevoló Marte durante 30 minutos escasos, y después se perdió en las inmensidades del espacio.

Las Mariner 6 y 7, lanzadas ambas en 1969, consiguieron corregir con precisión su trayectoria, y sobrevolaron Marte a poco más de 3 000 km de distancia. Obtuvieron numerosas imágenes y realizaron mediciones y estudios de la atmósfera del planeta.

La Mariner 9, cuyo lanzamiento se realizó el 30 de mayo de 1971, consiguió colocarse en órbita marciana (13 de noviembre) a poco más de 1 000 km de la superficie. Desde allí obtuvo varios miles de imágenes de gran interés.

LAS SONDAS MARTE, VENUS Y VIKING

Simultáneamente, la antigua Unión Soviética envió a Marte varias sondas. Las Marte 2 y Marte 3 (ambas lanzadas en mayo de 1971) se situaron en órbita marciana y lanzaron una cápsula científica que «aterrizó» en la superficie del planeta. Parecida función desempeñaron las siguientes sondas Marte.

La mayor efectividad en la investigación del planeta Marte se consiguió con las sondas orbitales Viking. Las Viking Orbiter 1 y 2, que fueron operativas entre 1976 y 1980, lanzaron ambas sondas de aterrizaje que se posaron sobre la superficie del planeta. Éstas, provistas de abundante instrumental científico, realizaron numerosos experimentos, análisis y mediciones, mientras las naves situadas en órbita cartografiaban la superficie de Marte. De

Imagen del planeta Marte tomada mediante un telescopio de 1,5 metros.

CARACTERÍSTICAS FÍSICAS DE MARTE

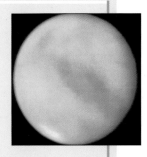

Distancia media al Sol: 228 millones de kilómetros
Inclinación del eje: ligeramente superior al de la Tierra
Período sidéreo (año marciano): 687 «días terrestres»
Período de rotación (día marciano): 24 h 37 m
Diámetro: 6 780 km (aprox., la mitad del terrestre)
Densidad: 3,1 (mucho menor que la de la Tierra: 5,5)
Masa: 0,11 de la masa de la Tierra
Volumen: 0,15 del de la Tierra
Gravedad: 0,38 de la terrestre
Atmósfera: muy tenue, y compuesta principalmente de dióxido de carbono
Temperatura: entre –10 y –80 °C
Satélites: Fobos y Deimos

GRANDES HITOS EN LA CONQUISTA DEL ESPACIO

1957	*Sputnik 1*	Primer satélite artificial (URSS).
1957	*Sputnik 2*	La perra «Laika» viaja al espacio (URSS).
1958	*Explorer 1*	Primer satélite espacial estadounidense.
1959	*Lunik 2*	Primer impacto sobre la Luna (URSS).
1960	*Echo 1*	Primer satélite de comunicaciones (EE.UU.).
1961	*Vostok 1*	Yuri Gagarin realiza el primer vuelo orbital.
1962	*Mercury 6*	John Glenn, realiza el primer vuelo estadounidense.
1963	*Vostok 6*	La primera cosmonauta: Valentina Tereshkova.
1964	*Vosjod 1*	Primer viaje espacial en grupo: Feokistov, Komarov y Yegorov (URSS).
1965	*Vosjod 2*	El cosmonauta soviético Leonov realiza el primer paseo espacial.
1966	*Lunik 10*	Nave soviética en órbita lunar.
1967	*Venera 4*	Primera sonda espacial que aterriza en Venus (URSS).
1969	*Apolo 11*	Armstrong y Aldrin, primeros astronautas en pisar la Luna (EE.UU.).
1970	*Lunik 17*	Alunizaje y vehículo lunar de control remoto (URSS).
1971	*Salyut 1*	Primera estación espacial soviética.
1971	*Apolo 15*	Irwin y Scott permanecen 67 horas en la Luna (EE.UU.).
1975	*Venera 10*	Sonda espacial en la superficie de Venus (URSS).
1977	*Voyager 1 y 2*	Obtienen las primeras imágenes de Júpiter, Saturno, Urano y Neptuno (EE.UU.).
1981	*Columbia*	Vuelo orbital con reentrada y aterrizaje (EE.UU.).
1983	*Challenger*	Primer lanzamiento del transbordador espacial Challenger (EE.UU.).
1986	*Challenger*	Explota la nave y perecen sus siete tripulantes.
1988	*Mir*	Récord de permanencia en órbita; Titov y Manarov, 367 días (URSS).
1988	*Buran*	Primer transbordador espacial soviético.
1990	*Discovery*	Cinco astronautas estadounidenses ponen en órbita el telescopio Hubble.
1992	*Columbia*	Lanzamiento del transbordador espacial Columbia (EE.UU.).
1995	*Mir*	Gidzenko, Andreiev y Reiter, 20ª tripulación de la Mir, permanecen en ella 179 días.
1997	*Sojourner*	Sonda sobre Marte colocada por el Mars Pathfinder (EE.UU.).
1998	*Discovery*	John Glenn vuelve al espacio, 36 años después de su hazaña (EE.UU.).
1999	*Stardust*	Sonda preparada para recoger polvo estelar (EE.UU.).
2000	*Endeavour*	Los astronautas del transbordador trazan el mapa tridimensional de la Tierra (EE.UU.).
2001	*Soyuz*	Dennis Tito se convierte en el primer "turista espacial", a bordo del Soyuz (EE.UU.).

▲
El transbordador espacial Challenger momentos antes de que se produjera la catastrófica explosión que acabaría con la nave y su tripulación. Esta catástrofe impuso una espera a las expediciones espaciales.

Representación artística de la Mariner 9 en su viaje a Marte.
▼

todo ello se derivó un conocimiento preciso y detallado del hasta entonces misterioso planeta rojo.

En septiembre de 1997, la National Aeronautics and Space Administration (NASA) puso en órbita marciana el Mars Global Surveyor, para sustituir al ya caduco Mars Observer de 1993, que cartografió extensas zonas del planeta. En diciembre de 1998, el Mars Climate Orbiter sufrió un error de navegación y se estrelló contra la superficie de Marte. Finalmente, cabe citar el Mars Polar Lander (enero 1999-marzo 2000), lanzado con el objetivo de estudiar el clima del planeta y detectar posibles vestigios de agua.

La desaparición de varias de las sondas enviadas a Marte, el planeta rojo, ha desencadenado todo tipo de especulaciones, entre ellas la posible existencia de vida animal o humana en ese planeta, algo que la ciencia aún no ha podido aclarar.

El desafío del mar

Desentrañar los misterios de la inmensidad de los mares fue desde tiempos remotos un desafío para el ser humano.

La exploración de las profundidades oceánicas fue un camino lento que se inició con meras suposiciones a partir del estudio de los sedimentos marinos que las olas arrastraban regularmente a las orillas, y que continuó con el uso de cables y sondas submarinas, lanzadas desde la superficie, y con la aparición de las naves submarinas.

El método más simple y antiguo de evaluar la profundidad del mar fue la sonda de mano, compuesta por un cabo a cuyo extremo se sujetaba una pieza de plomo. Para medir profundidades mayores se utilizó la máquina de sondar, uno de cuyos modelos fue ideado por lord Kelvin a mediados del siglo XIX, consistente en un torno, donde se enrollaba un cable delgado, y un contador que indicaba la longitud del cable a medida que iba saliendo a la superficie.

En la actualidad, el sondador radioeléctrico, ideado poco después de la Primera Guerra Mundial, determina la profundidad por la captación del eco producido al chocar con el fondo los impulsos que emite.

Las suposiciones de Plinio

Las aguas ocupan las cuatro quintas partes de la superficie terrestre, y en sus profundidades los sedimentos marinos albergan una gran parte de la historia y evolución de nuestro planeta. En el siglo I de nuestra era, Plinio el Viejo estudió por primera vez los sedimentos marinos.

El hecho de que ya el ser humano prehistórico se aventuró a cierta profundidad bajo las aguas queda probado por los datos arqueológicos aportados a los largo del tiempo. Estos datos revelan que usaba como instrumentos conchas de moluscos que sólo podía haber recogido en el fondo del mar.

Pero los primeros datos históricos, confundidos a veces con la leyenda, dan como hecho probado que el primer submarinista que pudo rozar los se-

Galeras de guerra romanas. El mar Mediterráneo se convirtió en tiempos del Imperio en el Mare Nostrum (mar nuestro) para los romanos. A pesar de todo, era poco conocido en sus profundidades.

◄ **M**iniatura de 1481 de la Historia Naturalis de Plinio. La fama de Plinio se extendió por toda Europa y perduró hasta el Renacimiento y los albores del pensamiento científico, en el siglo XVII.

dimentos marinos fue un joven pescador cretense llamado Glauco.

Más tarde, el historiador griego Herodoto (hacia 450 a.C.) habla de la familia Scilla, cuyos miembros poseían una gran habilidad para las inmersiones submarinas, y que recibieron el encargo del rey de Persia de recuperar numerosos tesoros hundidos en buques naufragados.

Tucídides, filósofo e historiador ateniense, hombre de escrupulosa objetividad, cuenta que, en el asedio de Siracusa, soldados especialmente entrenados en la «exploración submarina» procedieron, bajo las aguas, a derribar las defensas del puerto.

LA INSACIABLE CURIOSIDAD DE UN ESCRITOR ROMANO

Cayo Plino Cecilio Segundo, llamado Plinio el Viejo, era un escritor romano que sentía una gran curiosidad por todo lo que le rodeaba. Pertenecía a una acaudalada familia, y fue oficial de caballería, procurador y comandante de la flota.

Plinio el Viejo era un hombre culto. Escribió numerosos tratados sobre temas tan variados como la historia y el lanzamiento de la jabalina, pero una de sus principales facetas es su gran curiosidad, que le llevó a tomar nota de innumerables datos, hechos y detalles sobre todo lo que observaba durante sus numerosos viajes.

EL MÉTODO DE LA DEDUCCIÓN

En el prefacio a la *Historia Natural* de Plinio, escrito por su amigo Vespasiano, se pondera ampliamente el indudable interés de tan extensa obra. Señala con admiración que «Plinio trata en ella nada menos que 20 000 temas distintos» y que, si hubiese querido, con el material recopilado habría podido compaginar «no 37, sino hasta 2 000 libros». Pero hay que tener en cuenta que, a pesar de su indudable erudición, Plinio recogió principalmente relatos, leyendas, rumores y hechos casi siempre referidos por terceras personas, cuando no elucubraciones y suposiciones basadas en tan frágil material.

De su obra cabe destacar todo lo que se refiere al mar. Como comandante de la flota con base en Miseno, surcó las aguas con frecuencia, y sus dotes de observador se centraron en este medio. Por ello, además de dedicar una buena parte de su obra a la geografía —tanto terrestre como marítima—, se interesó por los fenómenos del mar. A este respecto, los conocimientos de la época eran limitados. Se conocía el Mediterráneo, pero las inmensidades oceánicas más lejanas eran terreno propicio para la fantasía, la imaginación y la leyenda. No se sabía por qué el agua del mar era salada, y en cuanto al fondo marino conocido, éste no iba más allá de unos centenares de metros, donde los sedimentos eran quizás abundantes, pero recientes y poco variados.

Plinio dedicó un libro de su *Historia Natural* (el libro nueve, según su propia ordenación) a la descripción de los animales marinos, en especial de las ballenas, delfines, moluscos y crustáceos, y en él teoriza sobre el medio en que viven dichos animales y sobre los sedimentos que pueden dejar en el fondo. Pero en cuanto se refiere a los profundos fondos abisales, tanto Plinio como sus contemporáneos mantenían cierto distanciamiento por suponer que tales lugares estaban poblados por animales extraños e incluso monstruosos, de los que convenía mantenerse alejado, evitando provocar su ira.

▲
Pintura del siglo V a.C. correspondiente a la Tumba del Bañista en Posidonia (Grecia).

Conchas fosilizadas que nos muestran la composición de los antiguos sedimentos marinos.
▲

Su gran obra, de carácter enciclopédico, es la *Historia Naturalis* (Historia Natural), en 37 libros (editados por primera vez en 1469), en la que, junto a leyendas populares y opiniones particulares, ofrece numerosos datos y noticias de gran interés. Plinio falleció víctima de la histórica erupción del Vesubio. Los trágicos momentos que precedieron a su muerte son contados de forma magistral en una carta de su sobrino, Plinio el Joven, dirigida al historiador Tácito.

LA *HISTORIA NATURAL* DE PLINIO

Esta magna obra, formada por treinta y siete libros, es una extensa recopilación en la que el autor recoge innumerables datos sobre los más diversos temas. A lo largo de sus páginas Plinio expone noticias, leyendas y hechos referentes a las más variadas cuestiones:

- Astronomía y meteorología
- Geografía de Europa, África, Oriente Medio y Turquía
- Antropología y fisiología humanas
- Animales terrestres y marinos. Pájaros. Insectos
- Plantas, especias y perfumes
- Propiedades medicinales de las plantas
- Los metales. El oro, la plata y el mercurio
- Las piedras. Los minerales. Escultura y arquitectura

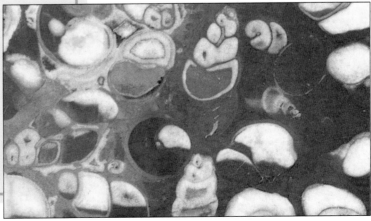

Los trabajos de Robert Boyle

El paso de la suposición y la leyenda, o la simple elucubración, a la experimentación, la crítica y la observación objetiva marca el desarrollo de la ciencia moderna. En este contexto fueron decisivos los estudios realizados por el científico británico Robert Boyle en el siglo XVII.

➤
Robert Boyle fue uno de los pioneros en la investigación científica de la física de los gases.

Campana de inmersión inventada por Edmond Halley. Su lastrado permitía que permaneciese en la posición adecuada.
▼

En el ámbito científico, el modelo escolástico de la Edad Media dio paso, con el Renacimiento, a una profunda modificación de los procesos epistemológicos. La «nueva ciencia» sería el fruto de la experimentación, la observación y el raciocinio. Lejos ya del oscurantismo medieval y del individualismo posterior, el siglo XVIII vio florecer los institutos y sociedades científicas, a cuyo amparo la ciencia experimentó un notable desarrollo, consecuencia del fructífero intercambio de ideas y de la puesta en marcha de proyectos de investigación colectiva.

Una de las más preclaras y eficientes sociedades fue la Royal Society, de la que Robert Boyle fue cofundador. Inicialmente se trataba de un grupo de científicos de Londres y Oxford, conocido como «The Invisible College», que a partir de la década de 1640 empezaron a intercambiar datos e informaciones. Años más tarde, en 1660, se constituyó formalmente la Royal Society of London for the Promotion of Natural Kwouledge. Entre los fundadores y primeros miembros se contaban Robert Boyle, John Wilkins, Joseph Glanvill, John Wallis y Robert Hooke, y más tarde se incorporaron Issac Newton y Edmond Halley.

EL «OTRO» BOYLE

Recordado y siempre considerado «padre de la química moderna», es poco conocido otro importante aspecto de su vida: el gran fervor religioso que inspiraban todos sus actos, hasta el punto de que los contemporáneos llegaron a llamarle «el científico santo». En los últimos años de su vida, a pesar de hallarse enfermo y torpe de memoria, se dedicó a estudiar el griego, el hebreo y el sirio, para poder leer en original los textos sagrados. Anteriormente, había financiado la traducción y publicación del Antiguo Testamento en gaélico y turco.

La sociedad pronto alcanzó prestigio internacional por sus trabajos científicos, y en la actualidad cuenta con un millar de miembros británicos y casi un centenar extranjeros.

EL MISTERIO DE LAS PROFUNDIDADES MARINAS

Robert Boyle nació el 25 de enero de 1627 en Lismore, Irlanda, en el seno de una familia noble —era el decimocuarto hijo de Richard Boyle, conde de Cork— y estudió en el exclusivo Colegio de Eton. Especializado en física y química, fue uno de los hombres más eminentes de su época. En su obra *The Sceptical Chemist* rechazó la vieja teoría aristotélica de los cuatro elementos (tierra, agua, aire y fuego) y sentó las bases de la química moderna.

Una de las cuestiones que Boyle se planteó, y que expuso a sus colegas de la Royal Society, afectaba en parte al fondo de los mares y a los sedimentos marinos. La pregunta que se formulaba era si el fondo del mar tenía una temperatura elevada —como consecuencia de su proximidad al magma terrestre—, o bien si, por el contrario, era muy frío, incluso helado, debido a que los rayos solares no podían llegar hasta allí. Paralelamente, se buscaba también la forma de medir la profundidad del fondo en cada lugar. Los métodos utilizados por los navegantes eran muy rudimentarios, ya que no iban más allá de un plomo atado al extremo de una cuerda, y de este modo, por razones prácticas, no podían llegar a superar los noventa metros, profundidad insuficiente incluso para la plataforma continental, e irrisoria para los fondos oceánicos.

No obstante, con este método se hicieron los primeros estudios sobre los sedimentos marinos. Se untaba con sebo el plomo y se arrastraba por el fondo, quedando pegados a él los lodos y are-

Moisés según un óleo del siglo XVII. El pensamiento científico rompió con la visión mítica del mundo.

nas de los sedimentos que tras ser extraídos, eran analizados. La Royal Society, y en particular Robert Hooke, desarrolló diversos instrumentos para tratar de medir con mayor precisión la profundidad a que se hallaban los sedimentos marinos, pero ninguno de ellos consiguió resultados apreciables. Por otra parte, las mediciones realizadas carecían de un plan sistemático que permitiera éxito alguno.

Tampoco Hooke obtuvo resultados brillantes con una sonda que debía medir la profundidad mediante un ingenioso —pero poco fiable— procedimiento. Se trataba de un peso unido a un flotador y dotado de un sencillo mecanismo que liberaba el flotador al tocar fondo; el tiempo que tardaba en subir el flotador a la superficie permitiría calcular la profundidad alcanzada. Por desgracia, la velocidad no era constante, pues dependía de la presión en cada punto, lo cual dificultaba notablemente la medición.

El conde Marsigli en Montpellier

En su Histoire physique de la mer, *Ferdinando Marsigli consignó, en el siglo* XVII, *las conclusiones de gran parte de sus trabajos. En ella describe con minuciosidad los distintos tipos de sedimentos recogidos en los fondos marinos. Además, trata también de las olas, las mareas y las corrientes marinas, así como de la naturaleza del agua del mar.*

▲

Edición francesa de la obra de Ferdinando Marsigli sobre el Danubio.

Las investigaciones sobre los sedimentos marinos y, en general, sobre el fondo de los mares fueron limitadas, insuficientes y aisladas, y los conocimientos adquiridos, poco consistentes, hasta principios del siglo XVIII. Durante años se creyó que el coral, esa extraña formación que se encuentra junto a los sedimentos marinos, era un mineral. Luego, al ver que crecía y observar lo que parecían flores, se pensó que era un vegetal. Sólo más tarde se descubrió que se trataba de un animal.

UN NATURALISTA EJEMPLAR

El 10 de julio de 1658 nacía en Bolonia, en el seno de una antigua familia noble, Luigi Ferdinando, conde de Marsigli. Tras recibir la educación propia de su rango, estudió matemáticas, anatomía y ciencias naturales. La República de Venecia le envió a Constantinopla para que evaluara el potencial bélico de los turcos, y aprovechó la ocasión para realizar interesantes estudios topográficos y descriptivos del Bósforo. Poco después fue herido, hecho prisionero y tratado como esclavo durante casi un año, hasta que fue liberado.

Prosiguió luego sus trabajos como geógrafo tanto para la República de Venecia como para el emperador Leopoldo de Austria. Su formación y espíritu científico le llevaron a compaginar sus misiones diplomáticas con numerosos y diversos trabajos de gran interés. Realizó observaciones astronómicas, estudió los productos minerales, los fósiles, pájaros y peces, y midió el caudal de los ríos y la velocidad de sus aguas. También recogió instrumentos, utensilios y objetos antiguos, colec-

➤

Para sus estudios de la costa mediterránea Marsigli se valió de diversos artilugios con los que sondear las profundidades y recoger muestras de los sedimentos marinos.

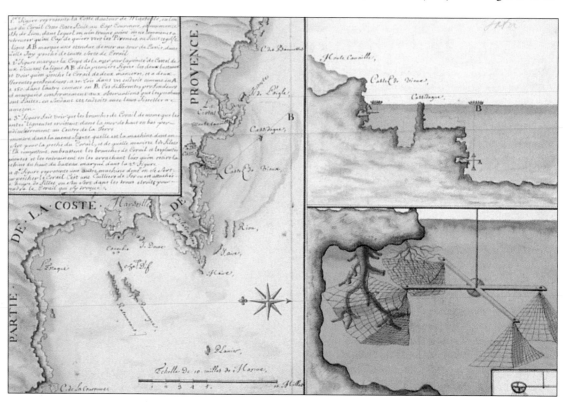

ción que donó a la ciudad de Bolonia, donde fundó el Instituto de las Ciencias y las Artes.

APASIONADO DEL MAR

A Ferdinando Marsigli se deben los primeros trabajos realizados con un plan sistemático sobre los ríos, el fondo del mar y los sedimentos marinos. Estudió en particular la cuenca del Danubio, y es conocida su obra titulada *Description du Danube, depuis la montagne de Kalenberg en Autriche, jusqu'au confluent de la rivière Jantra dans la Bulgarie*, que escribió en latín y después fue traducida al francés. En ella se recogen observaciones geográficas, astronómicas, hidrográficas, históricas y físicas.

Marsigli, miembro de la Royal Society de Londres y de las Academias de Montpellier y París, inició en 1706 diversos estudios geológicos sobre las costas de Montpellier. Allí, por encargo de la Academia, recogió y analizó sedimentos marinos; viajó con los pescadores locales, utilizando sus mismos enseres para recoger muestras del fondo, las cornisas y las cuevas submarinas, que estudió y analizó minuciosamente.

LA VERDADERA NATURALEZA DEL CORAL

En particular, resultaba interesante el estudio del coral, tanto desde el punto de vista científico como por su valor económico. Las curiosas formaciones coralinas que Marsigli recogió en sus muestras le parecieron inicialmente de naturaleza mineral, similares a las estalactitas y estalagmitas, pero en

Cefalópodos ammonoideos caracterizados por su concha enroscada.

Con un material muy rudimentario, Marsigli no pudo darse cuenta de que el coral no era una planta sino un animal.

una de las muestras observó lo que le parecían «flores», y no dudó en considerar que los corales eran, en realidad, una forma de vegetación submarina.

Hubo que esperar hasta el siglo XVIII para que se descubriera la verdadera naturaleza de las formaciones coralinas. Lo que Marsigli, en las observaciones realizadas con los rudimentarios instrumentos de la época, había confundido con las flores de un vegetal, pertenecía en realidad al reino animal: eran las colonias de pólipos cuyas secreciones calcáreas forman los corales.

FÓSILES ANIMALES Y VEGETALES

Los diversos fangos que constituyen una parte importante de los sedimentos marinos contienen una gran proporción de fósiles de origen tanto animal como vegetal, cuya naturaleza es característica de determinadas profundidades marinas. Así cabe distinguir los siguientes:

– El **fango de diatomeas**, que se encuentra en los sedimentos localizados cerca de los 4 000 m de profundidad, es un sedimen-to formado por vegetales: las diatomeas.

– El **fango de radiolarios** (entre los 5 000 y 5 500 metros de profundidad) está constituido por los restos de animales.

– El **fango de foraminíferos**, donde abunda el carbonato cálcico, ya que es un sedimento que se ha formado a partir de restos de estos minúsculos animales, cuya concha calcárea no alcanza el milímetro de diámetro.

El *Challenger*, una misión que duró cuatro años

El viaje de John Murray a bordo del Challenger *en 1872 a través del Atlántico puso los cimientos de la oceanografía moderna y aportó una valiosa información de la vida y características del fondo marino.*

Tras zarpar del puerto de Portsmouth el 21 de diciembre de 1872, el Challenger *tardó tres años y cinco meses en regresar a Inglaterra.*

▼

Charles Wyville Thomson (1830-1882), profesor de historia natural de la universidad de Edimburgo, fue el inspirador de una exploración científica de las profundidades marinas, donde el doctor William-Benjamin Carpenter (1813-1885) había apreciado la existencia de vida más allá de lo que todo el mundo suponía, siendo la Royal Society de Londres, de la que era miembro, la institución que presentó al Almirantazgo británico la petición de una nave a propósito para llevar a cabo la exploración.

El almirantazgo aceptó la propuesta y le destinó el *Challenger*, totalmente acondicionado para ese cometido. Se retiró la artillería, excepto dos piezas, y se destinó el espacio a los laboratorios apropiados. El *Challenger* era una corbeta de vapor de 1 500 toneladas de desplazamiento y 1 200 caballos de vapor, construida en Woolwich en 1858. El proyecto del viaje lo preparó la Royal Society en estrecha colaboración con George Henry Richards (1820-?), hidrógrafo de la Marina británica.

69 000 MILLAS A TRAVÉS DEL OCÉANO

El mando de la nave fue confiado al capitán de navío George Nares (1829-1915), que alcanzaría el grado de contraalmirante. Al frente del grupo científico, integrado por seis personas y a quienes los tripulantes calificaban de filósofos, iba el ya citado profesor Thomson, siendo el biólogo John Murray (1841-1914) el encargado de la publica-

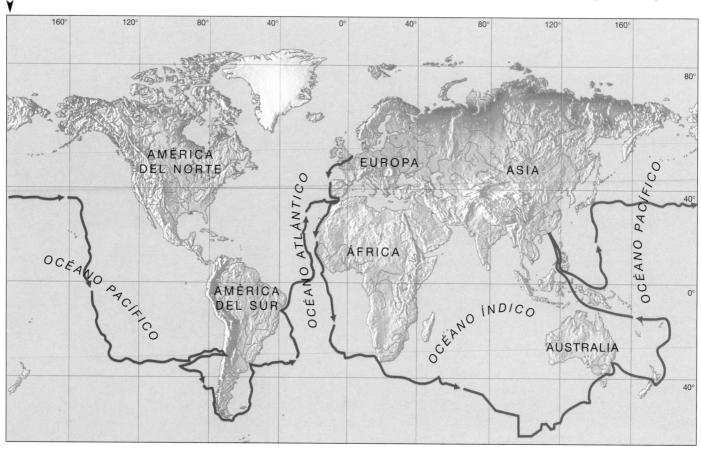

ción de los resultados del viaje. La nave zarpó el 21 de diciembre de 1872 y empezó con una travesía de ida y vuelta del Atlántico, dirigiéndose luego al cabo de Buena Esperanza, donde llegaron diez meses más tarde. Desde allí, el *Challenger* puso rumbo a las islas Kerguelen y luego cruzó el círculo polar antártico, siendo el primer vapor que lo hacía, para dirigirse a continuación a Melburne.

Desde ese puerto australiano pusieron rumbo a las islas Tonga, Fiji, Nueva Guinea y la actual Indonesia, dirigiéndose luego a Hong-Kong, donde se produjo el relevo en el mando, que pasó al capitán de navío Frank Tourle Thomson, al recibir George Nares la orden de regresar a Londres, donde recibió el encargo de dirigir una expedición al Ártico. Desde Hong-Kong, el viaje prosiguió hasta las Filipinas y el 23 de marzo de 1874, cerca de las islas Marianas, en latitud 11º 24' N y longitud 143º 16' E, se obtuvo la mayor profundidad medida hasta entonces: 4 475 brazas, es decir, unos 8 184 m, rompiéndose, por exceso de presión, los dos termómetros acoplados al escandallo de plomo de 180 kg de peso del extremo de la sondaleza.

A continuación, la nave visitó Yokohama, siendo uno de los primeros vapores que hicieron escala en un puerto japonés. De allí puso rumbo a las Hawai, donde el rey aborigen Kalakaua hizo una visita a bordo. A continuación, el *Challenger* se

Respresentación del Challenger *en una acuarela sobre el diario de a bordo. Esta expedición puede considerarse un gran hito dentro de las investigaciones oceanográficas, el buque se convirtió en un verdadero laboratorio en el cual los diversos especímenes eran analizados, clasificados y conservados.*

dirigió a Tahití, las islas de Juan Fernández y al estrecho de Magallanes, que entonces, cartografiado por el *Beagle,* ofrecía menos riesgos a la navegación. A continuación hizo escala en las islas Malvinas, Santa Elena y Cabo Verde, dirigiéndose luego al puerto británico de Spithead, donde llegó el 24 de mayo de 1876. El viaje había durado tres años y cinco meses, con un recorrido de 69 000 millas. Aunque en algunos momentos la vida a bordo fue muy dura, sólo se produjeron nueve muertes. La navegación fue básicamente a vela.

UN VIAJE DECISIVO

El resultado del viaje fue la obtención de una inmensa cantidad de información y de muestras de especímenes, muchos de ellos desconocidos hasta entonces, que vivían a distintas profundidades, pescados con redes de arrastre usando la fuerza del vapor. Abundaban también las muestras del fondo. Entre los datos obtenidos figuraban las mediciones de la corriente marina, temperatura y profundidad en 362 lugares distintos. Aportó también valiosos conocimientos antropológicos de tribus y razas jamás estudiadas hasta entonces. En la práctica, el viaje del *Challenger* dio lugar al nacimiento de la oceanografía, lo que justifica las palabras del editor del informe, que ocupó cincuenta gruesos volúmenes y cuya redacción le costó a John Murray más de veinte años de trabajo, quien no dudó en calificarlo como "el mayor avance en el conocimiento de nuestro planeta desde los famosos descubrimientos geográficos realizados durante los siglos XV y XVI". El viaje suscitó también el interés de otras naciones, destacando las campañas del pesquero de vapor noruego *Michael Sars* (1910) y de la nave de vapor danesa *Thor* (1908-1910), entre otras.

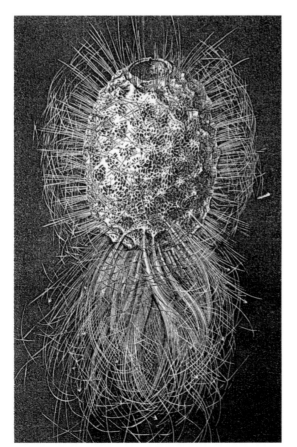

Uno de los grandes descubrimientos de finales del siglo XIX fue la constatación de que la vida submarina podía existir mucho más allá de los 700 metros de profundidad, una cifra que había sido considerada, hasta entonces, como el límite de lo soportable para cualquier ser vivo.*

Los *Hirondelle* y los *Princesse-Alice*

Con los yates Hirondelle *y* Princesse Alice, *el príncipe Alberto I de Mónaco elevó la oceanografía a un gran nivel. De 1885 a 1922 se dedicó al estudio del Mediterráneo y del océano Atlántico.*

Albert-Honoré-Charles (1848-1922) heredó el trono monegasco de su padre, Carlos III (1818-1889), el 10 de septiembre de 1889. En su juventud hizo carrera en la Marina de guerra española, donde alcanzó el grado de capitán de navío, y posteriormente, en la guerra franco-alemana de 1870-1871, estuvo alistado en la Marina francesa. Su interés y dedicación a la investigación lo convirtieron en un verdadero oceanógrafo, cuya capacidad fue reconocida por la Academia de Ciencias de París al nombrarle miembro correspondiente en la sesión del 27 de abril de 1891. Al mecenazgo de este príncipe se deben las fundaciones del Instituto Oceanográfico de Mónaco, instalado en el Museo Oceanográfico del mismo principado, cuya primera piedra se puso en 1899 y se terminó en 1910, y la del Instituto Oceanográfico de París, en 1906, instituciones que siguen ocupando un lugar destacado en el mundo de la ciencia y de la investigación actual.

Obra suya fue también la creación del Museo Antropológico de Mónaco, construido en 1902, y la fundación de la Comisión Internacional para el Estudio del Mediterráneo, así como de otras dos con la misma denominación, pero relativas al Atlántico y al Adriático, creadas en el VI Congreso internacional de Geografía celebrado en Ginebra en el verano de 1908, y cuyas comisiones presidió.

CAMPAÑAS DE INVESTIGACIÓN

Cuatro años antes de subir al trono del principado, Alberto inició las campañas intensivas de investigación y exploración del medio marino, logrando "conocer más íntimamente todos los mis-

ᐱ

Alberto I a bordo del Hirondelle.
Las investigaciones oceanográficas en el siglo XIX representaron un gran avance en este campo y pusieron las bases para futuros descubrimientos. Aun así, se vieron limitadas por la falta de medios para la observación directa.

El fisiólogo Charles Robert Richet logró una importante aplicación de la hipotoxina en el campo de la medicina.

ᐯ

terios del mar". De 1885 a 1922 se dedicó al estudio del Mediterráneo y del océano Atlántico, utilizando medios técnicos de investigación totalmente nuevos. En las campañas le acompañaba un grupo de científicos, integrado principalmente por físicos, biólogos y químicos, que aportaron a la ciencia muchos éxitos.

Objeto fundamental de su estudio fueron las corrientes marinas, en particular el Gulf Stream, la flora y la fauna del mar y la topografía submarina, lo que permitió la publicación, bajo su dirección, del primer mapa batimétrico de los océanos, en 1905.

Alberto I hizo las campañas con sus yates. El primero era un buque de pequeño tamaño, con el que pasó grandes dificultades. Se trataba del *Hirondelle I*, que utilizó en las exploraciones de 1885 a 1888. En una de ellas sumergió por primera vez fuentes de iluminación, con fines distintos de los fotográficos, ya que las usaba de cebo para atraer a los peces y poder capturarlos con redes a más de 1 000 m de profundidad. A continuación hizo otras cinco campañas con el *Princesse-Alice I*, once con el *Princesse-Alice II*, y cinco más con el nuevo *Hirondelle II*, financiando en total veinticinco campañas a lo largo de treinta y siete años. La región de las Azores fue el ámbito principal de estudio, aunque sin olvidar otras regiones del Atlántico y, a menor escala, del Mediterráneo y de la zona ártica.

Tampoco dejó de lado la atmósfera circundante, y en 1904 y 1905, con globos-sonda dotados de aparatos de registro, obtuvo datos hasta una altura de 16 000 m.

La investigación coronada por el éxito

En la campaña de 1901 se realizaron importantes descubrimientos, como la obtención por el fisiólogo francés Charles Robert Richet (1850-1935) de la *hipotoxina*, que permitió la aplicación de la anestesia local en las operaciones quirúrgicas, así como de otros productos farmacológicos de gran interés. Ese año también se consiguió capturar con gran esfuerzo un pez a 6 035 m por debajo del nivel de las aguas, el de mayor profundidad pescado hasta entonces.

Los resultados de sus estudios y de muchas campañas de investigación los publicó en numerosas monografías, algunas de las cuales registraron una segunda edición, lo que demuestra su buena acogida. Además escribió interesantes estudios, entre otros: *Sur le Gulf Stream*, 1886; *L'industrie de la sardine sur les côtes de la Galice*, 1887; *Sur l'alimentation des naufragés en pleine mer*, 1889*;* y *La guerre allemande et la conscience universelle*, 1918.

Las Azores se convirtieron en uno de los lugares más estudiados por las expediciones del príncipe Alberto I de Mónaco. Sus investigaciones no se limitaron a la exploración de los fondos marinos, pues también dedicó su atención a la atmósfera.

Las expediciones de Alberto I sirvieron para aumentar el conocimiento que se tenía de la fauna marina. Así mismo, su papel como promotor de la investigación oceanográfica tuvo continuidad en el museo que fundó en Mónaco.

La aventura de los cables transatlánticos

El tendido del primer cable telegráfico transoceánico a través del canal de la Mancha en 1850 revolucionó las comunicaciones. Esta innovadora experiencia impulsó el sondeo de las grandes profundidades marinas.

Hasta mediados del siglo XIX el mar encerraba dos grandes enigmas. Su profundidad y la distancia de la superficie hasta la que había vida en su seno. En tiempos remotos se consideró el mar como un abismo insondable al que los sabios de la Edad Moderna trataron de delimitar con razonamientos teóricos, llegando a diversas conclusiones, aunque similares.

El astrónomo Nicolas-Louis de Lacaille (1713-1762) evaluó la profundidad marina en 500 m; Pierre-Simon Laplace (1749-1827), en una media de 1 000 m; para Friedrich Heinrich Alexander Humboldt (1769-1859) la media era de 1 843 m, unas seis veces mayor que la altura media de los continentes, que estimaba en 307 m; Thomas Young (1773-1829), basándose en la teoría de las mareas, creía que era de 5 000 m en el Atlántico y de 6 000 a 7 000 m en los mares del sur; y Franklin Bache (1792-1864), por similitud con la topografía terrestre y estudiando la velocidad de un terremoto, dedujo, en 1854, que en el Pacífico era de 4 825 m.

El problema del desconocimiento de la profundidad del mar subsistía porque su solución no era imprescindible ni se disponía de los medios necesarios para medirla. Los navegantes y pescadores precisaban, para fondear el ancla o calar el arte, unos fondos de 100 o 200 m como máximo, por lo que no tenían ningún interés en sondar más allá de esa medida, y de hacerlo, con una sondaleza de mano, el error habría sido muy grande. Uno de los pocos precedentes de una sonda grande lo ofrece John Ross (177-1856), que obtuvo una profundidad de 1 000 brazas —unos 1 829 m— en el mar de Baffin en 1818.

▲

Una escena del tendido del cable submarino entre China y Australia llevado a cabo por las naves Hibernia, Edimburgo, Scanderia y Williams Cony. Se trataba de una tarea compleja, llevada a cabo en condiciones muy duras, y decepcionante a causa de las continuas roturas del cable.

LA APARICIÓN DEL TELÉGRAFO ELÉCTRICO

La cuestión experimentó un importante cambio con la aparición del telégrafo eléctrico, cuya larga lista de inventores culmina con el británico Charles Wheatstone (1802-1875), quien en 1835 puso en servicio en Gran Bretaña el primero realmente operativo y de funcionamiento regular. Como consecuencia de ello surgió el telégrafo con cables tendidos bajo el agua, cuya primera versión práctica fue el que unía Gran Bretaña con Francia, a través del canal de la Mancha, hecho a iniciativa del inglés Jacob Brett; el cable, de 30 millas de longitud, se instaló el 28 de agosto de 1850, tras diez horas de trabajo, aunque no estuvo operativo hasta un año más tarde. El éxito de esta línea

LIBROS DE BOLSILLO

Joseph Dayman reflejó sus experiencias de sondaje del Atlántico norte en dos pequeños libros titulados *Deep Sea Soundings in the North Atlantic Ocean between Ireland and Newfoundland in H.M.S. Cyclops.*, de 73 páginas, y *Deep Sea Soundings in the North Atlantic Ocean between Newfoundland, the Azores and England in H.M.S. Gorgon*, de treinta páginas, publicados ambos en Londres en 1858 y 1859, respectivamente.

Centralita de teléfonos en París. La revolución de las telecomunicaciones a lo largo del siglo XIX representó un cambio radical en la concepción del planeta. Noticias que antes tardaban meses en llegar, podían cruzar el globo en pocas horas gracias al sistema de cables submarinos.

de comunicaciones hizo que algunos empezaran a pensar en un cable entre EE UU y el Reino Unido, siendo el primero que llevó la idea a la práctica el norteamericano F.N. Gisborne, que empezó los trabajos de instalación en tierra norteamericana en 1853.

El tendido a través del Atlántico implicaba el inconveniente del desconocimiento de la profundidad y de la topografía del fondo. El capitán de la Marina norteamericana Matthew Fontaine Maury (1806-1873) fue sin duda el primero en preverlo y poner los medios para remediarlo con dos acciones, la primera consistente en reunir todos los datos disponibles en la Marina de su país y los aportados por los franceses y trazar el perfil del fondo entre Senegal y Yucatán, en 1850, y la segunda, en hacer una llamada de atención sobre la necesidad de un mapa de las profundidades marinas.

SONDAS EN EL ATLÁNTICO

El primer buque que empezó a sondear el Atlántico, entre Terranova y Escocia, fue el norteamericano *Dolphin,* al mando del capitán de corbeta O.H. Berryman, en 1853, que hizo los sondeos a una distancia de 100 millas unos de otros, navegando directamente entre los puntos citados, en el viaje de ida, y pasando por las Azores, en el de vuelta, a fin de estudiar la conveniencia de uno u otro trazo. Tres años más tarde, el mismo Berryman, a

bordo del *Arctic,* hizo una nueva medición entre Terranova e Irlanda. Sin embargo, fue el capitán de corbeta de la Marina británica Joseph Dayman quien, al mando del *Bulldog,* en 1853, del *Cyclops,* en 1857, y del *Gorgon,* en 1858, descubrió la llamada llanura telegráfica entre Terranova e Irlanda, trazado que fue el elegido para el tendido del primer cable telegráfico submarino transatlántico.

En EE UU la sociedad de F.N. Gisborne se declaró en quiebra, pero en 1854 fue reflotada por su compatriota Cyrus West Field (1819-1892) con el nuevo nombre de Newfoundland & London Electric Telegraph Co., y, con la colaboración de Samuel Finley Breese Morse (1791-1872) y del ya citado Maury, logró que el tendido entre Nueva York y Terranova quedara terminado en 1856. Un año antes, Field se había trasladado a Gran Bretaña, donde fundó, con algunos hombres de negocios del país, la Telegraph Co., que hizo el tendido de 185 millas entre Londres y Valentia, terminado el 7 de agosto de 1857, e inició a continuación el de las 1 880 millas entre Valentia y la bahía Roberts, en Terranova, en cuya operación intervinieron tres vapores británicos, los *Leopard, Agamemnon* y *Cyclops,* y dos norteamericanos, el *Susquehanna* y el *Niagara,* quedando instalado el 5 de agosto de 1858. La tarea no fue fácil.

Modelo de uno de los primeros teléfonos, con una caja de madera y un auricular niquelado. La expansión doméstica de la telefonía fue otro avance de gran importancia.

▲

Fotografía del Canal de la Mancha realizada por un satélite. El coloreado de la imagen ha sido acentuado para resaltar los diferentes tipos de suelo. El primer cable submarino se tendió en este canal y su éxito propició el inicio de empresas más arriesgadas.

UN PROCESO ACCIDENTADO

El cable se rompió varias veces durante la operación de tendido, lo que obligó a empalmarlo. Sin embargo, cuando estuvo listo y entró en funcionamiento, surgieron los problemas de conductividad que dificultaron las transmisiones y el 1 de septiembre el cable quedó definitivamente fuera de servicio. Tras cuatro años de investigaciones se llegó a la conclusión de que el problema residía en el aislamiento, y se resolvió fabricando un nuevo cable con gutapercha como aislante. Las 2 500 millas de cable, cuyo peso era de 4 600 toneladas, las cargó un buque que se hizo muy famoso por ser el más grande de la época, el *Great Eastern*, obra del ingeniero naval británico Isambard Kingdom Brunel (1806-1859), que había realizado un proyecto, demasiado avanzado para la época.

Se trataba de un buque de 210,92 m de eslora y 32 160 t de desplazamiento, construido para el transporte de pasajeros a Extremo Oriente, con 5 000 plazas de capacidad, figurando entre sus particularidades la de salir de Gran Bretaña llevando a bordo todo el carbón necesario para el viaje de ida y vuelta; su construcción quedó terminada en 1858. Sin embargo, como el transporte de pasaje resultó un fracaso, el buque permaneció amarrado desde 1862 hasta el momento en que fue transformado en cablero para el tendido de este cable telegráfico, que inició el 23 de junio de 1865 y concluyó el 27 de julio.

Sin embargo, se produjeron roturas y fallos, además de otros muchos problemas, incluidos los financieros, que se resolvieron con la fundación de la Anglo-American Telegraph Co., que absorbió la empresa creada la década anterior. Se encargó la reparación definitiva de todo el tendido al mismo buque, el *Great Eastern*, que inició la operación de revisión en Valentia el 13 de julio de 1866 y la concluyó en Terranova el 28 de julio de ese mismo año.

La exploración por inmersión

La curiosidad del hombre por conocer los secretos escondidos en el seno de las aguas es de origen muy antiguo, al igual que su deseo de sumergirse en ellas para descubrirlos y aprovecharlos. El hallazgo de conchas de mariscos en varios lugares de la costa, cuya captura debió realizar algún buceador, así lo demuestra. Otra prueba es la leyenda del anillo arrojado al mar por el fabuloso rey Minos de Creta, autor del famoso laberinto, desafiando al héroe griego Teseo a encontrarlo. Pero éste, con la ayuda de Anfitrite y Atenea, no sólo consiguió recuperar el anillo, sino también la corona con que le obsequió Anfitrite como premio a su hazaña.

Un hecho histórico singular lo protagonizaron Escilias de Escione y su hija Ciana durante las guerras médicas, cuando cortaron las amarras de la flota de Jerjes, a la que se acercaron nadando bajo el agua. Indudablemente son un precedente de los urinatores *o submarinistas romanos y de todos los que les sucedieron, hasta nuestros días.*

Imagen de un fondo marino del océano Pacífico.

Las primeras escafandras

En la segunda década del siglo XIX aparecieron las primeras escafandras. Esta prenda estanca permitió al hombre sumergirse en las profundidades marinas y realizar todo tipo de observaciones y estudios científicos.

En términos generales, la escafandra es el complemento que viste el buceador para respirar bajo el agua. Las hay de dos tipos: la escafandra propiamente dicha, o traje de buzo, y la escafandra autónoma, cuya diferencia fundamental, prescindiendo de su aspecto, es que en el primer caso se respira el aire suministrado a través de un tubo conectado a una bomba situada fuera del agua, y en el segundo el aire lo lleva el propio submarinista en un depósito sujeto a la espalda. Es curioso destacar que el nombre de *escafandra*, compuesto de dos palabras griegas y cuyo significado es *barco del hombre*, fue propuesto por el abate francés de La Chapelle, en 1769.

Inicialmente, los buceadores hacían su trabajo a pulmón libre, hasta que apareció el primer precedente de la escafandra actual: un recipiente con

➤ *Diseño de la escafandra de Cabirol. Este equipamiento permitió una cierta capacidad de actuación submarina, pero seguía dependiendo en gran manera del apoyo de superficie para mantener el suministro de aire.*

Modelo de escafandra de la década de 1840. Se trataba de un equipo muy rudimentario y poco seguro. ▼

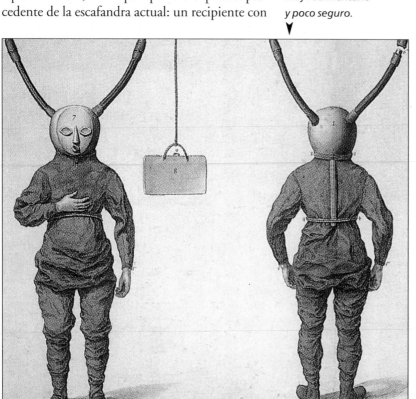

un tubo que llegaba a la superficie y una boquilla que el nadador se aplicaba a la boca, según explica en *De re militari* el escritor militar romano Flavio Renato Vegecio, nacido hacia el año 400 de nuestra era, aunque luego, en la primera edición de esta obra, publicada en 1511, aparece una ilustración donde se ve al buzo con la cabeza metida en una bolsa, de la que sale el tubo.

LOS PRIMEROS TRAJES DE INMERSIÓN

El primer progreso de este complemento lo registró Giovanni Alfonso Borelli (1608-1679) en *De motu animalium* (1680), con la aplicación de una bomba de suministro de aire, para que el buzo pudiera alcanzar mayor profundidad. El siguiente paso lo dio el británico John Lethbridge, en 1715, al diseñar un traje entero de piel, con mangas y perneras, y completamente estanco. Luego, el alemán C.H. Klingert, en las pruebas realizadas en el río Oder, en 1797, presentó su modelo de traje con mangas y perneras cortas, y casco metálico donde iba conectado un segundo tubo, para el aire espirado por el usuario; de todos modos, tenía el inconveniente de que el suministro de aire era natural, sin bomba.

Un poco más tarde, en 1819, el también alemán Augustus Siebe (1788-1872), residente en Londres, diseñó un modelo consistente en una simple campana a la que llegaba el aire, que el buceador llevaba sobre la cabeza, manteniéndose en esa posición por efecto del peso con que iba lastrada. Tras sufrir diversas modificaciones, entre las que es de destacar el acoplamiento a un traje estanco y el uso de calzado lastrado, en 1830 se convirtió en la base donde se inspiran los trajes de buzo actuales. En 1848, el Almirantazgo británico comprobó su eficacia y lo adoptó para la Marina.

DE LA MÁQUINA HIDROSTATERGÁTICA A LA ESCANFANDRA

Francia no permaneció al margen de la invención de la escafandra. Destaca el modelo diseñado por Fréminet, al que llamó *máquina hidrostatergática,* en 1772. Se trataba de un verdadero precedente de la escafandra autónoma, ya que el aire lo llevaba el usuario en un recipiente sujeto a la espalda. Más tarde, en 1873, el también francés Forfait ideó una escafandra clásica, provista de fuentes de luz para que el buzo pudiera ver el entorno.

Sin embargo, fue el francés Cabirol quien se llevó la palma como demostrador y propagandista de la escafandra, y en cierto modo fue el res-

ponsable de su difusión inicial en su país. Se dice que hizo numerosas inmersiones públicas en el río Sena durante la Exposición Universal de 1855, celebrada en París, y posteriormente diseñó un modelo, patentado en 1862, similar al de Siebe. Era de traje completo, hecho de tela impermeable, con una pletina metálica alrededor del cuello, a la que se atornillaba el casco esférico, provisto de cuatro mirillas de cristal, y al que iban conectados el tubo de alimentación de aire y el de evacuación del producto de la espiración, con una válvula en cada uno, manejable por el usuario.

Como complemento del traje, el buzo llevaba calzado lastrado, dos planchas metálicas suspendidas de los hombros y dispuestas sobre el pecho y la espalda, también para lastre, así como un cinturón al que iba sujeta la cuerda de seguridad que lo unía al barco de apoyo, sirviéndole además de medio de comunicación por medio de un código de señales.

Ilustración de la novela de Julio Verne Veinte mil leguas de viaje submarino, *que representa un paisaje subacuático. Los avances tecnológicos en la exploración submarina despertaron la imaginación de escritores e ilustradores.*

EL TESORO DEL *EGYPT*

Los trajes de buzo de Siebe siguen siendo comercializados por la empresa británica Siebe & Gorman. A sus modelos es preciso añadir los de tipo rígido de otras procedencias que, aunque son de uso bastante engorroso, permiten alcanzar los 250 m de profundidad, frente al centenar de metros de los normales.

Entre 1932 y 1935, la empresa italiana Sorima utilizó con éxito una escafandra rígida para recuperar el tesoro formado por unas 45 toneladas de oro que llevaba el buque de pasaje británico *Egypt,* hundido en 1922 al ser embestido por el vapor francés *Seine* a la entrada del canal de la Mancha, a 120 m de profundidad cerca de la isla de Ushant.

William Beebe se sumerge en las Bermudas

El interés del naturalista estadounidense William Beebe por la vida submarina le llevó a buscar el modo de alcanzar la profundidad de los mares. Lo consiguió con una nave submarina de su invención, la batisfera, en cuya construcción, en 1930, intervino el ingeniero Otis Barton.

William Beebe (1877-1962) estudió Ciencias Naturales en la Universidad de Columbia y después se especializó en ictiología y ornitología, lo que le permitió acceder al cargo de director de la Sección de Estudios Tropicales de la Sociedad Zoológica de Nueva York. Deseoso de estudiar la fauna marina de las grandes profundidades, diseñó una nave de forma esférica, por considerarla adecuada para soportar grandes presiones. La Watson-Stillman Hydraulic Machinery Company, la construyó en 1930 con la colaboración del ingeniero Otis Barton y la financiación de la sociedad de zoología antes citada. Se trataba de una esfera de acero de fundición, con 1,42 m de diámetro interior, 3 cm de grosor y 2 250 kg de peso, que llevaba una puerta circular de acceso sujeta al marco con diez tornillos. Para la visión del exterior disponía de tres portillos cilíndricos, de unos 20 cm de diámetro, y cristal de cuarzo fundido de 7,5 cm de grosor.

La batisfera, nombre genérico que recibió la nave, carecía de medios de propulsión y funcionaba suspendida de un cable de acero de 1 000 m de longitud y 2 cm de diámetro, con una carga de rotura de 29 t, que se enrollaba en el tambor de un torno montado en la cubierta de la embarcación auxiliar *Ready*, que era remolcado por el buque *Gladisten*. Llevaba además un conducto, sujeto cada 60 m al cable de acero, conectado al buque, por donde pasaban un par de cables telefónicos y dos cables eléctricos que alimentaban un reflector de 250 watios destinado a alumbrar el exterior, con encendido y apagado a voluntad. La nave tenía capacidad para dos tripulantes, con respiración asegurada para seis horas, mediante el oxígeno contenido en dos depósitos, en tanto que la cal sodada y el cloruro de sodio de unos recipientes se encargaban de absorber el dióxido de carbono y la humedad, respectivamente.

INMERSIONES A GRAN PROFUNDIDAD

Otis Barton y William Beebe realizaron las primeras pruebas de inmersiones submarinas, quince en total, entre el 25 de mayo y el 30 de junio de 1930, alcanzando, a 10 millas de las Bermudas, los 428 m de profundidad el día 11 de este último mes y año. Los autores estaban convencidos de la viabilidad del ingenio y de la posibilidad de alcanzar hasta el doble de esa cota.

Dos años más tarde, alcanzaron los 650 m de profundidad y el 11 de agosto de 1934, los 906 m, la mayor conseguida hasta entonces. Sabemos también que durante el tiempo en que la batisfera estuvo operativa William Beebe realizó treinta y tres inmersiones, de las cuales sólo dos superaron los 600 m de profundidad.

En la práctica, la batisfera abrió el camino a las grandes profundidades, aunque su uso era bastante arriesgado, ya que al carecer de movilidad propia, su seguridad dependía completamente del cable que la sostenía. En 1949, Otis Barton, el antiguo colaborador de William Beebe, construyó una esfe-

Fotografía de William Beebe en el interior de su batisfera. Esta embarcación tripulada abrió el camino a la investigación de las grandes profundidades. Sin embargo, el hecho de ir sostenida por un cable reducía mucho su operatividad.

ra similar a la utilizada antes por ambos, a la que llamó *bentoscopio* y con la que alcanzó los 1 300 m de profundidad.

LOS DESCUBRIMIENTOS DE BEEBE BAJO EL AGUA

Las inmersiones de Beebe, cuyo objetivo era el estudio de la vida submarina, aportaron notables descubrimientos. Uno de ellos fue la existencia de peces por debajo de la cota donde llega la luz solar, que en aguas claras es de unos 80 m, donde no se produce clorofila, por cuyo motivo deben alimentarse de los restos que caen a esa profundidad o son carnívoros.

Por lo general, los peces de las grandes profundidades tienen una boca muy grande, para facilitar la captura del alimento, y ojos de gran tamaño, situados generalmente en el extremo de los pedúnculos, que les proporcionan una visión telescópica. Hacia los 1 500 m de profundidad disponen de un órgano que emite luz, con la que atraen a sus víctimas. En concreto, Beebe tuvo ocasión de contemplar, a 630 m de profundidad, el paso de dos peces de 2 metros de largo, a una distancia de 3 metros de donde se encontraba, apreciando perfectamente sus características y a cuya

⋀
Los trabajos de Beebe permitieron identificar varias especies de plancton vegetal.

Pez abisal.
⋁

especie dio el nombre de *Bathysphaera intacta*. Otra especie que logró identificar fue la llamada *Bathyembryx istiophasma*. William Beebe nos ha legado una notable producción científica, consistente en más de media docena de obras de gran interés y numerosos artículos monográficos.

El batiscafo *Trieste* y Auguste Piccard

El batiscafo Trieste, *diseñado por el físico suizo Auguste Piccard, alcanzó la máxima profundidad marina conocida hasta el momento, 10 916 metros, en la fosa de las Marianas en 1960. La popularidad del* Trieste *se completó con sus posteriores tareas de localización de submarinos nucleares hundidos.*

Auguste Piccard (1884-1962) estudió ingeniería en la Escuela Politécnica de Zurich. Una vez obtenido el título, permaneció en esta institución docente como asistente del profesor de física Pierre Weiss, obteniendo en 1920 la titularidad de dicha cátedra. Poco después, en 1922, se trasladó a Bélgica, donde ocupó el cargo de director del laboratorio de física de la Facultad de Ciencias de Bruselas hasta su jubilación. De

Auguste Piccard y su hijo Jacques en las islas Canarias en 1954. Los trabajos de Piccard llevaron a la construcción de una nave capaz de sumergirse en las fosas más profundas de los océanos.

▼

mente muy clara, construyó varios sismógrafos muy sensibles a los temblores de tierra y un aeróstato que utilizó para realizar estudios meteorológicos en la estratosfera, alcanzando con él las alturas de 15 581 y 16 210 m en 1931 y 1932, respectivamente.

Otra de sus preocupaciones eran las profundidades marinas y en 1937 obtuvo del gobierno belga los fondos necesarios para la construcción, con la colaboración del físico belga Max Cosyns, de un batiscafo de su invención, diseñado en 1905, que recibió el nombre de *FNRS-2*, siglas del *Fonds National de la Recherche Scientifique* de Bélgica, ya que el número 1 de la serie había sido el aeróstato antes citado. El batiscafo consistía en un habitáculo formado por una esfera de acero, de 2 m de diámetro interior, con un espesor que oscilaba entre los 9 y 15 cm y un peso de 10,5 t, unida a un flotador de material ligero donde iban unos grandes depósitos de gasolina.

EL BATISCAFO, UN INVENTO SINGULAR

Con la palabra batiscafo, derivada de los términos griegos *batys*, profundo, y *scafós*, nave, se designa la nave de inmersión diseñada para alcanzar grandes profundidades submarinas. Su principal aplicación es la exploración submarina y la recogida del fondo marino de muestras de interés científico, aunque en algunos casos se ha utilizado para la localización de naufragios.

Su construcción quedó interrumpida durante la Segunda Guerra Mundial, pero fue reemprendida en 1946 y concluida dos años más tarde. Transportado hasta Dakar por el buque belga *Scaldis* y con la cooperación de la Marina francesa, se hicieron dos pruebas en las islas de Cabo Verde. En la primera, con el propio Piccard y el profesor Théodore Monod a bordo, se descendió a poca profundidad. En la segunda, sin ningún tripulante, se sumergió hasta los 1 080 m, pero una vez en la superficie y debido a su escasa aptitud marinera el mal estado del mar causó desperfectos en el flotador, obligando a suspender las pruebas.

A continuación, movido por el deseo de hacer un nuevo intento y con el apoyo del gobierno francés, una vez cedido el batiscafo por los belgas al Groupe d'Études et de Recherches Sous-marines, de Tolón, se decidió construir, aprovechando la esfera de la anterior, una nueva unidad bajo la dirección de Piccard y el comandante Cousteau, que recibió el nombre de *FNRS-3*. Sin embargo, ante las desavenencias surgidas durante el proceso, Piccard se retiró. En las pruebas pertinentes, realizadas con éxito a la altura de Dakar el 16 de febrero de 1954, el nuevo batiscafo alcanzó los 4 050 m de profundidad

LA CONSAGRACIÓN DEL *TRIESTE*

Auguste Piccard no cejó en su empeño y, en colaboración con su hijo Jacques, decidió construir un nuevo batiscafo, el *Trieste*, de 15 m de eslora y 220 t de desplazamiento. De la fabricación de la esfera se ocupó la empresa Acciaierie di Terni; del flotador, los Cantieri Riuniti dell'Adriatico, en Trieste, y del montaje final, los astilleros Navalmeccanica, en Nápoles. Las primeras pruebas se realizaron en las inmediaciones de la isla de Ponza, situada al oeste de Nápoles, en 1953, con el apoyo de la Mari-

En 1964 la exploración submarina dio un paso gigantesco con la inmersión de la nave Deepstar 4000.

El batiscafo Trieste, *botado tras ser modificado en 1960, se convirtió en la primera embarcación que alcanzó la fosa de las Marianas, uno de los grandes hitos en la historia de las exploraciones.*

na italiana, alcanzando en agosto los 1 005 m de profundidad y un mes más tarde, los 2 926 m.

En 1958, la Marina de Estados Unidos compró el *Trieste* y el 23 de enero de 1960, después de haber sufrido las modificaciones necesarias para aumentar la profundidad de inmersión y una vez superadas las pruebas iniciales en aguas de California, el batiscafo fue transportado a la isla de Guam, alcanzando Jacques Piccard, hijo del inventor, y el teniente de navío de la Marina norteamericana Donald Walsh el fondo de la fosa de las Marianas, la más profunda de todas, situado a 10 916 m bajo el nivel del agua, con lo que quedó demostrada su capacidad para explorar a cualquier profundidad marina.

Poco tiempo después, en 1963, el *Trieste* aumentó su popularidad en la operación de búsqueda y localización del submarino nuclear de la Marina de Estados Unidos *Thresler*, hundido por accidente en el Atlántico y del que sacó algunas piezas a la superficie. Poco tiempo después hizo fotos del *Scorpion*, otro sumarino nuclear hundido.

El programa FAMOUS

El interés de un grupo de científicos franceses y estadounidenses de conocer con detalle una parte del relieve submarino, para fundamentar sus estudios sobre la formación y evolución de las placas y fracturas de la superficie terrestre, impulsó la creación y el desarrollo del programa FAMOUS en 1971.

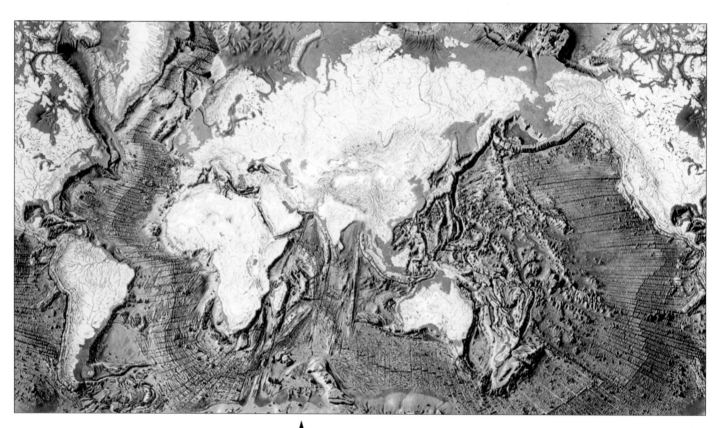

Λ
Mapa general del relieve de los fondos oceánicos de la Tierra.

Cientíﬁcos franceses del Centre National pour l'Exploitation des Océans (CNEXO) y norteamericanos de la National Oceanographic and Atmospheric Agency (NOAA) decidieron ﬁnanciar el programa French American Mid-Oceanic Undersea Survey (FAMOUS) en 1971, que señaló el comienzo de una nueva era oceanográﬁca.

El primer objetivo era conseguir un mapa topográﬁco preciso y detallado de una zona relativamente pequeña de la dorsal del Atlántico central, un *rift* o valle limitado por paredes paralelas y casi verticales, formado por la subsidencia o hundimiento de su fondo con respecto a las zonas circundantes, situado a unos miles de metros de profundidad y con un margen de error de unos pocos metros. En razón de la claridad y representatividad de su morfología, la buena disposición de las líneas de fuerza del campo magnético terrestre, la

proximidad de las islas citadas y el buen tiempo reinante en la zona, eligieron una zona de 40 km de longitud situada entre dos fallas, tectónicamente activas, a 3 000 m bajo el nivel del mar y a unas 325 millas de las Azores.

➤
Detalle del fondo oceánico del Atlántico central y de la dorsal atlántica, lugar donde se llevaron a cabo los primeros trabajos submarinos.

Puesta en marcha de los trabajos de investigación

En 1973 se hicieron algunos trabajos preparatorios, en los que intervino el batiscafo francés *Archimède,* por lo que la exploración efectiva del lugar se realizó en el verano de 1974. Para la primera operación, que consistía en hacer un levantamiento cartográfico preciso y exacto de la zona, fue necesario recurrir a una nueva tecnología. Se colocaron en el fondo unas balizas emisoras, debidamente situadas por triangulación y coordenadas geográficas obtenidas de los satélites de navegación, que facilitaban la situación instantánea de los

Nuevos conocimientos sobre el mar

Se estudió minuciosamente el lugar, y se observó que las paredes verticales que limitaban el valle eran mucho más antiguas que su base, lo cual confirmaba su hundimiento. Así mismo pudo deducirse, a juzgar por el aspecto más joven de las grietas, que su base era bastante activa. Además, el resultado de un examen detallado de las fallas confirmó que el movimiento de las placas se ajustaba a la teoría de la tectónica de placas.

Otros detalles interesantes son que el fondo del valle estaba cubierto por fragmentos de rocas volcánicas unidas por un cemento sedimentario, obser-

Este esquema de un fondo oceánico, con su rift central y sus fosas, que pueden llegar a tener hasta 11 kilómetros de profundidad, pone de manifiesto la variedad del relieve submarino.

EL *ARCHIMÈDE* Y EL *ALVIN*

Nombre	Año de construcción	Profundidad en m	Velocidad en nudos	Toneladas
Archimède	1961	12 000	1	195
Alvin	1965	2 000	2,5	13

batiscafos que operaban en el fondo —el ya citado *Archimède,* el también francés *Cyana* y el norteamericano *Alvin*—, y se midió el relieve con un sonar panorámico que cubría una extensión de 1 500 m de radio. Al mismo tiempo, unas cámaras de televisión y fotográficas obtenían imágenes estereográficas del lugar y recogían muestras del fondo debidamente seleccionadas.

En el verano de 1974, el *Alvin* realizó, con los científicos a bordo, trece inmersiones, con una duración total de 72 horas y un recorrido de unas 10 millas, además de realizar mediciones en 59 sitios y recoger 320 kg de muestras. Paralelamente, el *Archimède* y el *Cyana* permanecieron sumergidos durante un total de 143 horas y recorrieron unas 28,5 millas, tomaron 10 000 fotos y recogieron 950 kg de muestras, pesando 67 kg la más grande.

vándose abundantes depósitos de óxidos de hierro y de manganeso con un espesor comprendido entre los 10 y 50 cm. Estos depósitos, formados por la circulación de las aguas, cubrían superficies de unos 20 o 40 m de lado.

Las dorsales oceánicas son cordilleras sumergidas situadas en la confluencia de diversas cuencas submarinas. En algunos casos, al sobresalir, pueden formar cadenas de islas como las Hawai, en el Pacífico.

Las inmersiones del *Ictíneo* de Monturiol

El inventor español Monturiol diseñó una nave submarina, el Ictíneo, de la que construyó dos prototipos con los que realizó varias pruebas entre 1859 y 1865. A pesar del éxito de las pruebas, los problemas financieros hicieron inviable el proyecto.

Narcis Monturiol i Estarriol (1819-1885), hijo de una familia de artesanos catalanes, obtuvo la licenciatura en Derecho (1845), pero nunca ejerció la abogacía. Militó en varios partidos políticos, y una de sus primeras actividades laborales fue la de redactor de *El Republicano*. En 1846 publicó el semanario *La Madre de Familia*, que se vio obligado a suspender por problemas financieros. Entonces se dedicó a propagar las ideas de Étienne Cabet (1788-1856) en un nuevo semanario, *La Fraternidad*, que salió a la luz el 7 de noviembre de 1847, siendo suspendida su publicación el año siguiente, cuando tuvo que exiliarse en Francia. En 1849, la promulgación de una amnistía le permitió regresar. Pocos meses después, publicó una nueva revista, *El Padre de Familia*, que fue clausurada en 1850 y sancionada con una multa de 50 000 reales.

*R*etrato de Narciso Monturiol. La imaginación y la capacidad de creación de este personaje dieron lugar a múltiples invenciones, aparte de su célebre submarino.

El sumergible Ictíneo, tras ser construido en 1859, cuando se disponía a realizar una serie de pruebas en el puerto de Barcelona. Nótese el diseño pisciforme de la nave.

En el bienio progresista de 1854-1856, publicó *La Propaganda Democrática*, que el cambio político se encargó de clausurar, optando entonces por un exilio voluntario en el pueblo costero de Cadaqués, junto a la frontera francesa. Allí pudo apreciar las penalidades de los buzos dedicados a la pesca de coral y ello avivó su capacidad de inventiva —que había iniciado en 1850 con una máquina para imprimir cartapacios y en 1854 con otra de hacer cigarrillos—, diseñando una nave capaz de navegar sumergida, a la que llamó *Ictíneo*, cuyo significado es *pez nave*. Para llevarla

a cabo fundó una sociedad a propósito el 23 de octubre de 1857, que inicialmente contó con 18 accionistas y un capital de 2 000 duros.

EL SORPRENDENTE PEZ NAVE

El 6 de noviembre de 1858 Monturiol publicó la primera memoria, en la que explicaba los fines tanto científicos como lucrativos de la nave. Unos años más tarde, con la instalación de un cañón submarino, le dio interés militar.

La nave, de madera y con forma de pez, era resistente, impermeable, estanca, con medios de regeneración del aire y producción de oxígeno, de propulsión en superficie y bajo el agua, de inmersión y emersión, de maniobra, de recolección de objetos, con órganos de visión y de iluminación del exterior, en otras palabras, de medios propios que le permitían navegar a la profundidad deseada y cumplir su cometido sin necesidad de ayuda exterior.

En el proyecto colaboró de forma altruista durante el verano de 1858, y como asalariado entre octubre de 1861 y diciembre de 1868, el conocido Juan Monjo Pons (1818-1884), experto en construcción naval y autor del *Curso metódico de arquitectura naval, aplicada a la construcción de buques mercantes*, publicado en 1856. El carpintero de ribera fue José Missé Castells, antiguo alumno de Monjo, y José Pascual Deop, ingeniero industrial y después yerno del inventor, fue el proyectista de mecanismos.

EL PRIMER Y EL SEGUNDO *ICTÍNEO*

En 1857 se inició en Barcelona la construcción del primer *Ictíneo*, de tipo experimental. Su botadura tuvo lugar el 28 de junio de 1859 y la primera prueba pública, el 23 de septiembre de ese mismo año. A partir de entonces se hicieron más

de cincuenta pruebas, todas ellas con éxito. Esto indujo a Monturiol a construir otra unidad, con el mismo nombre, cuya quilla se puso el 10 de febrero de 1862, y se botó el 2 de octubre de 1864. La sociedad inicial se convirtió en comanditaria, con el nombre de La Navegación Submarina. Las primeras pruebas del nuevo *Ictíneo* se realizaron en mayo de 1865, también con éxito, aunque se puso en evidencia la lentitud de avance de la nave en inmersión, movida por una hélice accionada a mano, por lo que se decidió instalar una máquina de vapor, generado, en superficie, por carbón de coque y, en inmersión, por una reacción química.

La máquina se instaló en julio de 1867, y la primera prueba se realizó el 22 de octubre del mismo año. A pesar del resultado positivo y de las buenas expectativas, las dificultades financieras obligaron a suspender los trabajos el 1 de enero de 1868. Un mes después, los acreedores procedieron al embargo definitivo de las naves, lo que significó el fin del proyecto.

Reconstrucción a escala del Ictíneo en el Museo Marítimo de Barcelona. A pesar de los grandes avances técnicos que representó la iniciativa de Monturiol, este proyecto acabó por fracasar a causa de la falta de apoyo institucional y privado.

LOS DETALLES DE UN SUEÑO

	Ictíneo I	Ictíneo II
Eslora	7 m	7 m
Manga	2,5 m	3 m
Puntal	3,5 m	3,5 m
Desplazamiento en superficie / en inmersión	~10 m3/?	64/72 m3
Velocidad en superficie / en inmersión (m/seg)	1/0,5-1	1-2/0,5-1
Propulsión	4 hombres	16 hombres/6 CV
Profundidad alcanzada	20 m	30 m
Tiempo máximo bajo el agua	3 h	7 h
Tripulación (máximo)	5	20

Las expediciones del *Calypso*

Las aportaciones de la mítica nave oceanográfica del comandante Jacques Cousteau fueron muy importantes. Más allá de su superexplotación como soporte publicitario de innumerables productos mediáticos, el Calypso abrió un nuevo camino a las ciencias y a muchas actividades desconocidas hasta entonces.

E l marino, oceanógrafo y ecologista francés Jacques-Yves Cousteau (1910-1997), conocido submarinista e inventor, con Émile Gagnan, en 1942, de la escafandra verdaderamente autónoma, tuvo el acierto de rodar un par de películas bajo el agua, tituladas *A dieciocho metros de profundidad* y *Pecios*.

Al término de la segunda guerra mundial, estas películas y el artículo *La plongée et la photographie sous-marine au service de l'océanographie*, publicado en la revista *Neptunia* en 1947, despertaron el interés por la inmersión. La fundación del Groupe d'Études et de Recherches Sous-marines le dio a Cousteau la oportunidad de ponerse al mando del *Ingénieur Élie Monnier*, el primer barco que Francia dedicaba a esa actividad.

Jacques Cousteau al recibir una condecoración en el Museo de la Marina Francesa, en 1973. Este investigador recibió gran número de reconocimientos por su labor científica y de divulgación a lo largo de su carrera.

CARACTERÍSTICAS DEL *CALYPSO*

E l *Calypso* tenía 42,35 m de eslora y 7,47 m de manga; calado, 3,10 m; desplazamiento, 402 t; dos motores propulsores de la General Motors de 580 CV; velocidad, 10 nudos. Inicialmente, era el dragaminas *JB 26* construido en Seattle, Estados Unidos, y terminado el 20 de agosto de 1942. Cedido a la Marina Británica durante la Segunda Guerra Mundial, tuvo como bases los puertos de Malta, Tarento y Nápoles, siendo devuelto a la Marina estadounidense en 1947. Dos años después fue puesto en venta, y fue adquirido por Joseph Gazan, quien le impuso el nombre de *Calypso* y lo dedicó al transporte entre las islas de Malta y Gozo. Su capacidad de carga era de 11 automóviles y 400 pasajeros. Cousteau lo adquirió el 19 de julio de 1950, en una operación financiada por Loël Guinness.

En 1950, Cousteau decidió independizarse y en cuanto obtuvo la excedencia de la Marina, donde había alcanzado el grado de capitán de corbeta, buscó un buque adecuado, y compró el *Calypso* un año más tarde, que pasó a ser armado por Campagnes Océanografiques Françaises y a partir de 1988 por la Cousteau Society, una asociación sin ánimo de lucro fundada por el propio Cousteau en Norfolk, Estados Unidos.

LA FRENÉTICA ACTIVIDAD DEL *CALYPSO*

Una vez transformada y adecuada para su nueva misión, la nave *Calypso*, tripulada inicial y parcialmente con personal aportado por la Marina de Guerra francesa, realizó, entre 1951 y 1991, numerosas misiones en las que los hombres rana o submarinistas con escafandra autónoma desempeñaron un papel fundamental. En resumen, podemos clasificar estas expediciones en dos grandes grupos: propias y ajenas o de servicio a terceros.

Las propias corresponden a las realizadas por Cousteau y su equipo en la búsqueda, reconocimiento y filmación de la flora y fauna submarinas, así como de las bellezas que presenta la topografía del fondo marino y la recuperación de objetos de interés arqueológico, adoptando nuevas tecnologías, mientras que en las ajenas el *Calypso* y su personal eran simples colaboradores o ejecutores de los trabajos que otros, tanto instituciones públicas como empresas privadas, les encargaban.

Las primeras fueron las que dieron más renombre al buque y su tripulación, ya que las películas de largometraje obtenidas se emitieron por televisión, siendo muy apreciadas por la crítica y los espectadores. Su realización les llevó a recorrer todos los mares del mundo, situados en ámbitos tan septentrionales como Alaska y meridionales como la Antártida. Entre sus logros cabe destacar *El mundo del silencio*, filmada en el mar Rojo y el océano Índico, la serie de 36 episodios *La odisea submarina del equipo Cousteau* y *Nuestras amigas las ballenas, La mar herida, El mar de Cortés, Cousteau en el Amazonas* y *El mundo sin sol*.

TRABAJOS POR CUENTA AJENA

Entre las obras al servicio de terceros destacan: el estudio de la topografía submarina para los proyectos de instalación de conductos de gas entre Argelia y España, y entre Túnez y Sicilia; la supervisión del montaje de un tubo submarino en Cas-

sis; la localización y recogida de piezas de un avión caído en las proximidades de Niza; la búsqueda infructuosa de otro avión caído ante Guayaquil; la colaboración en unas prospecciones petrolíferas en aguas de Abu Dhabi, realizadas por una filial de la British Petroleum; la colocación de La Isla Misteriosa, una boya-laboratorio de 60 m de altura por la que desfilaron veintiún equipos de científicos para realizar estudios de todo tipo, y que

El Calypso, *la célebre nave de Jacques Cousteau, navega entre los icebergs de la Antártida. Los diversos viajes de investigación llevaron a Cousteau y su tripulación por todos los mares del planeta.*

Jacques Cousteau en el puerto de Montecarlo se prepara para una inmersión a 100 metros de profundidad para estudiar la fauna y la flora marinas de esta región de la costa mediterránea.

➤
Esta imagen que nos muestra a Cousteau observando admirado el vuelo de los pájaros es definitoria de su personalidad. Cousteau se caracterizó por su defensa del medio ambiente y por sus campañas de sensibilización sobre la biodiversidad del planeta.

Cousteau unos años antes de su fallecimiento, acaecido en 1997, impartiendo un curso en una universidad estadounidense.
▼

fue destruida por un incendio trece meses después de su instalación.

Además, se señala la colocación y prueba de la casa submarina ideada por el médico norteamericano George Bond, que primero se instaló a 10 m de profundidad y luego a 25 m, siendo habitada durante un mes y una semana, respectivamente; una segunda casa submarina, situada a 100 m de profundidad, ocupada por cuatro hombres durante veintisiete días, que salían a trabajar cada jornada a 20 m por debajo de esa cota; la colaboración con la NASA en un estudio de telemetría obtenida desde un satélite o avión y su comparación con la topografía submarina, por citar sólo algunas.

La realización de algunos trabajos exigió, además de submarinistas, la utilización de diversos instrumentos. Entre ellos se encuentran el llamado platillo buceador, un vehículo submarino con versiones no tripuladas, de dos plazas, y la llamada pulga, de una plaza; una sonda especial que registraba sobre el papel la profundidad y los menores relieves del fondo a 500 m a una y otra banda del *Calypso*; un globo de aire caliente que, por su condición de silencioso, les permitía acercarse a los mamíferos marinos sin asustarlos; un helicóptero; etc.

LAS APORTACIONES DEL *CALYPSO*

Además de todo lo dicho, el *Calypso* y sus hombres proporcionaron a la humanidad otros logros, como el reconocimiento de la fosa de Matapán, la más profunda del Mediterráneo; la prueba de fondeo con un cabo de nailon, en la fosa La

Romanche, de 7 600 m de profundidad, en aguas del Atlántico ecuatorial africano; el estudio de las corrientes submarinas del estrecho de Gibraltar; las imágenes del fondo de los lagos Titicaca, entre Perú y Bolivia, y Assab, en Eritrea; el estudio de los *guyots* o montañas submarinas aisladas, de origen volcánico, forma troncocónica y cumbre plana que, en el Atlántico y en algunos casos, se elevan hasta llegar a 100 o 200 m de la superficie; la línea de fractura de la cresta atlántica; los estudios sísmicos y los de óptica, acústica y radiactividad de las aguas del mar; y finalmente la denuncia de los efectos de la contaminación marina.

También les debemos la creación de la arqueología submarina, en la que impusieron el empleo del sistema de aspiración de las arenas del fondo para descubrir los pecios enterrados y cuya primera manifestación fue la recuperación de una nave griega del siglo III a.C., a 43 m de profundidad, junto al islote del Grand Congloué, cerca de Marsella, en 1952 y 1953.

IV
LOS VIAJEROS DEL SABER

LOS VIAJEROS DEL SABER

El descubrimiento es, ante todo, la comprensión de lo nuevo, lo que nunca ha sido visto ni oído, en toda su fantástica variedad. En cierta medida toda exploración es tanto un viaje en el tiempo y en el espacio como un periplo por el interior de la mente humana, una indagación de la naturaleza de nuestra especie. Con el advenimiento de la Edad de la Razón, esta característica intelectual de los descubrimientos alcanzó una gran preponderancia sobre el resto. Ya no se trataba tanto de llegar a un lugar como de entenderlo.

El hombre occidental, dotado de las herramientas de la ciencia y la cultura, se asomó al mundo con la intención de conocerlo y en cierta medida dominarlo, no con la espada sino con el entendimiento. Lugares que ya habían sido explorados por los europeos fueron redescubiertos a la luz del saber, mientras que nuevas fronteras se abrían a los descubridores, fruto de los avances científicos que hicieron posible su exploración: los casquetes polares, las profundidades marinas y el espacio infinito.

Las expediciones científicas de los siglos XVIII y XIX

Ilustración de principios del siglo XIX en la que se representan los diversos pueblos que el capitán Cook visitó a lo largo de sus viajes de exploración.

Las exploraciones de interés científico se remontan a varios siglos anteriores a nuestra era, y la historia nos ofrece muchos ejemplos de ello, como es el caso del viaje alrededor de África realizado por unos navegantes fenicios al servicio de Necao II, faraón de Egipto entre el 617 y el 601 a.C. Sin embargo, hubo que esperar al siglo XVIII para que este tipo de viajes fueran realmente válidos y aprovechables al proporcionar la longitud geográfica del lugar, ya que pudieron calcularla con un instrumento desconocido hasta entonces: el cronómetro. Inventado por el inglés John Harrison (1693-1776) y demostrada su fiabilidad en dos viajes de prueba realizados en 1762 y 1764, uno de los primeros en usarlo fue el capitán Cook, en su segundo viaje (1772-1775), que abrió el camino de las exploraciones científicas, obteniendo las longitudes con un error máximo de 8 minutos de arco. A partir de entonces, muchos países organizaron expediciones cintíficas, y aún son bastantes los que siguen impulsándolas en la actualidad.

La expedición Malaspina

La expedición del marino español Alejandro Malaspina, realizada entre 1789 y 1794 por el Río de la Plata, y desde Tierra del Fuego hasta Alaska, Filipinas y Oceanía, tuvo un gran interés científico, aunque pocas de sus aportaciones fueran debidamente aprovechadas.

Alejandro Malaspina (1754-1810), de origen siciliano, ingresó en la Marina española en 1774. En 1782 hizo un viaje a Filipinas y la India, al mando de la fragata *Asunción,* y dos años después, en la fragata *Astrea,* otro alrededor del mundo, a través del cabo de Hornos, Filipinas y cabo de Buena Esperanza, con Cádiz como puerto de partida y de llegada.

Tras la relación de su vuelta al mundo, proyectó un viaje de exploración e interés científico, y

Esta ilustración representa la labor de Malaspina en las islas Malvinas.

En su travesía, Malaspina bordeó la costa sudamericana desde Montevideo hasta Panamá.

solicitó la pertinente autorización al ministro de Marina, Antonio Valdés, el 10 de septiembre de 1788, que respondió afirmativamente. Tras disponer los preparativos y después de haber pedido consejo en dos ocasiones al teniente general de la Armada Antonio Ulloa y en una al protomédico José Salvaresa, el 30 de julio de 1789, Malaspina, que había sido ascendido a capitán de navío, zarpó de Cádiz al mando de las corbetas *Descubierta* y *Atrevida,* capitaneada esta última por el capitán de

fragata José Bustamante Guerra (1759-1825). Formaban parte de la expedición los científicos Antonio Pineda y Tadeo Haïnke, naturalistas; Luis Nee, botánico; José Guío, taxidermista; y los dibujantes José del Pozo, Fernando Brambila, Juan Revenet y Tomás Suria.

UN LARGO Y AGOTADOR VIAJE

El 20 de septiembre de 1789 realizaron en Montevideo la primera escala del viaje. Después de levantar el plano del Río de la Plata, prosiguieron el viaje con rumbo sur, hasta Puerto Deseado, y desde allí pusieron rumbo a Tierra del Fuego, que bojearon por los 62° de latitud sur, haciendo escala luego en Valparaíso, el 17 de marzo de 1790.

Desde Valparaíso se dirigieron por tierra a Concepción. Luego, tras entrar en El Callao el 20 de mayo, se desplazaron a Lima, y reanudado el viaje tocaron puerto en Guayaquil el 29 de septiembre de 1790 y en el puerto de Perico, en Panamá, el 16 de noviembre. Allí se separaron las dos corbetas, que hicieron derrotas distintas, para reunirse de nuevo en Acapulco el 2 de febrero de 1791.

El 1 de mayo emprendieron el recorrido de la costa oeste de América del Norte, y visitaron Mulgrave el 27 de julio en el golfo de Alaska, situado a 59º N. En el viaje de regreso pasaron por Nutka, situado a 49º 40' N, el 12 de agosto, para llegar de nuevo a Acapulco el 16 de octubre. Finalmente zarparon para Oceanía el 21 de diciembre de 1791.

Después de hacer escala en las islas Marshall, Marianas y Carolinas, alcanzaron las Filipinas, donde hicieron escala en varios puertos, entre ellos Manila. Zarparon de éste el 16 de noviembre de 1792 y, después de hacer escala en la Isla Sur de Nueva Zelanda, llegaron al puerto de Sidney el 13 de marzo de 1793. De allí pusieron rumbo a las islas Vavao y de éstas siguieron al puerto de El Callao, donde llegaron el 23 de julio de 1793. Zarparon de allí el 17 de octubre y, tras hacer algunas escalas, alcanzaron Montevideo el 14 de febrero de 1794. Finalmente abandonaron este puerto el 21 de junio de 1794, llegando a Cádiz el 21 de septiembre de 1794.

EL DESENLACE DE UNA GRAN AVENTURA

El material recogido por la expedición era inmenso: muestras de todo tipo, levantamientos cartográficos de gran utilidad, datos de gran interés antropológico y lingüístico, y dibujos de gran calidad, pero no se les sacó todo el provecho que era de esperar. Poco después de la llegada a Cádiz, el rey, por orden de 17 de marzo de 1795, comuni-

*V*ista del puerto de Palapa en la Isla de Samar, en el archipiélago de las Filipinas. Estas islas eran una de las posesiones más lejanas de la monarquía hispánica y un enclave de gran valor estratégico, ya que daba acceso al comercio con Oriente.

El puerto de Cádiz, una de las bases navales más importantes de la flota española. La ciudad fue ganando en importancia a partir de finales del siglo XVII.

có a Malaspina su interés por conocer de viva voz el relato de la expedición.

Sin embargo, no todo le fue favorable, pues el 23 de noviembre de 1795 fue detenido, procesado y encarcelado, además de degradado y destituido de su cargo. Los motivos de esto no están muy claros y existen varias versiones. Según unos fue debido a su intención de promover un cambio en el sistema de gobierno y en la legislación de las colonias; otros afirman que se debió a su crítica al tratado de paz firmado por el Príncipe de la Paz con Francia; y no faltan quienes lo atribuyen a una conspiración de la reina, dos damas suyas y el citado Príncipe de la Paz. En otras palabras, fue una razón o causa de Estado. Poco después, el rey, por orden de 29 de abril de 1796, dispuso que la causa a Malaspina fuera sobreseída, y puesto en libertad, aunque le impuso la pena de destierro.

De toda la documentación aportada por el viaje sólo se publicó, casi cien años después, en 1885, la obra titulada *Viaje político-científico alrededor del mundo por las corbetas Descubierta y Atrevida*, con prólogo de Pedro de Novo y Colson.

Científicos con Cook en el *Endeavour* y el *Resolution*

El navegante británico James Cook ha pasado a la historia junto a figuras como Cristóbal Colón o Magallanes. Sus viajes, realizados entre 1768 y 1779, abrieron nuevos caminos al conocimiento.

James Cook (1728-1779) fue un gran navegante y descubridor. De origen humilde y formación en parte autodidacta, a los dieciocho años embarcó en un carbonero mercante, y en 1752 fue ascendido al cargo de piloto. Tres años más tarde embarcó de marinero en el *Eagle*, alcanzando pronto el grado que en la actualidad equivale a suboficial. En 1757 obtuvo el mando del

Solebay y al año siguiente el del *Pembroke*, con el que además de luchar contra los franceses en Canadá, demostró sus cualidades de cartógrafo. En 1766 hubo un eclipse de Sol y Cook hizo unos cálculos que la Royal Society utilizó para determinar la longitud de Terranova.

PRIMER VIAJE AL PACÍFICO

Con el apoyo de la Royal Society el Almirantazgo lo ascendió a capitán de corbeta, y le confió el mando de un carbonero reformado, el *Endeavour*, con la misión de observar el paso de Venus ante el Sol en Tahití, necesario para calcu-

Retrato de James Cook, realizado por N. Dance.

Mapa botánico de Nueva Gales del Sur, posiblemente realizado por la mano del propio James Cook.

El primero de los viajes de Cook atravesó el Pacífico entre los años 1768-1771.

lar la distancia entre éste y la Tierra, y a continuación dirigirse al sur en busca del supuesto continente meridional —la Terra Australis Incognita—, que compensaría la mayor superficie de tierra del hemisferio Norte, explorando Nueva Zelanda, descubierta en 1642 y supuesta parte del mismo. Zarpó de Plymouth el 25 de agosto de 1768, acompañado por el astrónomo Charles Green (?-1770) y el botánico Joseph Banks (1744-1820). Tras hacer escala en Madeira y Río de Janeiro, dobló el cabo de Hornos, y alcanzó Tahití el 10 de abril de 1769.

Una vez realizadas las observaciones previstas, a mediados de julio puso rumbo sur hasta la lati-

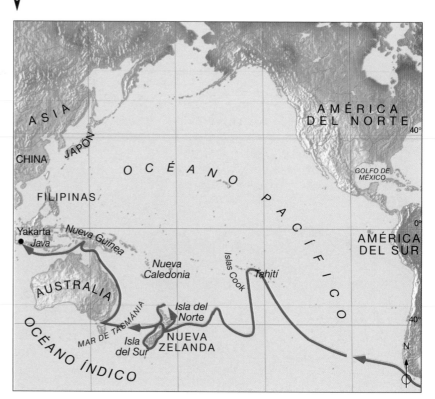

tud 40º S sin haber avistado tierra. Entonces optó por arrumbar al oeste, y el 7 de octubre de 1769 fondeó en Nueva Zelanda, apreciando su condición de islas y no del supuesto continente. Allí estuvo cartografiando hasta el mes de mayo, cuando decidió regresar a Gran Bretaña y puso rumbo al cabo Buena Esperanza, llegando al SE de Nueva Holanda, nombre de la parte conocida de Australia, el 21 de abril de 1770, cuya costa remontó hasta fondear en la bahía Botánica.

Al reemprender el viaje, la nave encalló, pero los daños fueron leves y el 21 de agosto de 1770, al bojear el cabo York, embocó el estrecho de Torres, navegando hasta Batavia —hoy Yakarta—, donde fallecieron 43 tripulantes, entre ellos Green, a causa de la malaria y la disentería. La nave llegó a Gran Bretaña el 12 de julio de 1771. Como la existencia del supuesto continente situado al sur del Pacífico no quedó aclarada, el Almirantazgo decidió organizar una nueva expedición a esas aguas.

SEGUNDO VIAJE

Al mando de los carboneros reformados *Resolution* y *Adventure*, y capitaneado este último por Tobias Fourneaux, Cook zarpó de Gran Bretaña el 13 de julio de 1772, llevando consigo un cronómetro. El 22 de noviembre, ante el cabo Buena Esperanza, ordenó arrumbar al sudeste. A los 67º 15' S, el hielo obligó a modificar el rumbo, llegando a las islas Kerguelen a mediados de enero de 1773.

Desde allí Cook se dirigió a Nueva Zelanda, poniendo rumbo después hacia el este, entre los 41º y 46º S, en busca del supuesto continente, pero al no hallarlo arrumbó a Tahití, donde llegó el 16 de julio de 1773. Luego se dirigió a las islas Tonga y de nuevo a Nueva Zelanda. En este trayecto los buques se separaron, y el *Adventure* regresó a Gran Bretaña, donde llegó en julio de 1774. La nave *Resolution* hizo una nueva expedición por el Antártico y llegó a Portsmouth el 29 de julio de 1775, donde a James Cook se le tributaron grandes honores.

TERCER VIAJE AL PACÍFICO

Cook recibió el mando de una nueva expedición, integrada por dos buques, el *Resolution* y el *Discovery*, éste capitaneado por Charles Clerke (1741-1779). La misión consistía en dirigirse a El Cabo en busca de diversas islas. En junio de 1777 zarparon de Gran Bretaña y, tras pasar por Tasmania, las Kerguelen y Tahití, descubrieron las Hawai, que Cook llamó Sandwich, el 18 de enero

CUADERNOS DE VIAJE

Además de George Forster (1754-1794) y un nutrido grupo de científicos, acompañaron a Cook en alguno de sus viajes los dibujantes Sydney Parkinson (1745-1771), John Webber (1752-1793) y William Hodges (1744-1797). A los innumerables cuadernos que llenaron con sus apuntes de la realidad que se presentaba ante sus ojos debemos el conocimiento de una flora y una fauna desconocidas hasta entonces en la vieja Europa.

▲
Una acuarela de Foster que representa la Passiflora aurantia de Nueva Caledonia.

▲
Acuarela de T. Gosse que muestra a James Cook y los naturalistas de su expedición tras desembarcar en Botany Bay durante su primer viaje, en abril de 1770.

de 1778. A continuación se dirigieron a la costa americana y, bordeando Alaska, cruzaron las Aleutianas y el estrecho de Bering hasta los 70º 44' N, donde el hielo les obligó a regresar, fondeando en las Hawai el 17 de enero de 1779.

Un mes después Cook murió en un enfrentamiento con los nativos. Clerke tomó el mando y, llegada la estación favorable, navegó con rumbo norte y exploró la costa asiática del estrecho de Bering hasta finales de julio, en que dio la orden de regresar a Gran Bretaña. Un mes después fallecía en Kamchatka, ocupando su puesto el teniente John Gore, del *Resolution,* que llegó a Gran Bretaña en octubre de 1780.

Dumont d'Urville, la pasión por conocer

Dumont d´Urville recorrió todo el mundo movido por su pasión de conocer, pero el viaje decisivo, que le reportó una gran fama, fue el que realizó a la Antártida en 1837, donde descubrió las tierras de Luis Felipe y Joinville, así como la tierra Adelia.

Jules-Sébastien-César Dumont d'Urville (1790-1842) fue un destacado navegante y naturalista francés que entre 1812 y 1819 estuvo embarcado en varios buques, hasta que en el bienio 1820-1822 viajó en el *Chrevette*, al mando del comandante Pierre-Henri Gauthier-Duparc (1772-1850), con la misión de explorar y cartografiar el Mediterráneo y el mar Negro.

Durante ese viaje se despertó su interés por la hidrografía, la entomología, la botánica y todo lo relacionado con estas ciencias. La arqueología fue también otra de sus pasiones, como lo demuestra el hecho de que, en 1820, al enterarse del hallazgo de la Venus de Milo por un labrador, hizo diversas gestiones y consiguió que fuera adquirida por el embajador de su país.

LOS DOS PRIMEROS VIAJES DE EXPLORACIÓN

Entre 1822 y 1825, Dumont d'Urville navegó como segundo comandante de la corbeta *Coquille*, en un viaje de circunnavegación al mando de Louis-Isidore Duperrey (1776-1865) y con la presencia de los científicos Prosper Garnot y René Primevère Lesson (1794-1840). Zarparon de Tolón e hicieron escala en las islas Malvinas, Chile, Perú, varias islas del Pacífico, Nueva Guinea, las Molucas y Australia. Durante el viaje descubrieron algunas islas, cartografiaron numerosos lugares y reunieron una excelente colección de muestras de insectos y plantas. Dumont d'Urville colaboró voluntaria y estrechamente con los científicos, que reconocieron su aptitud, conocimientos y méritos.

El Astrolabe *en los hielos de la Antártida el 6 de febrero de 1838.*

El Astrolabe *recorrió numerosos archipiélagos del Pacífico en su segunda travesía.*

El Astrolabe *y el Bousse, reciben la bienvenida de los nativos Hawai durante la expedición de La Perouse.*

Poco después de regresar a Marsella, Dumont d'Urville presentó al ministro de Marina el proyecto de un nuevo viaje de exploración, entre cuyos objetivos figuraba, además, el de encontrar el lugar del naufragio de Jean-François de Galaup, conde de La Pérouse (1741-1788), en el transcurso de un viaje de circunnavegación, iniciado en 1785, y del que no habían vuelto a tenerse noticias desde finales de enero de 1788.

Aprobado el proyecto y ascendido a capitán de fragata, Dumont d'Urville zarpó de Tolón en abril de 1826, al mando de la corbeta *Astrolabe*. Realizó la primera escala en Tenerife, desde donde navegó directamente a Australia, para luego recorrer Nueva Zelanda y varios archipiélagos del Pacífico, llegando a Nueva Guinea en 1828. Allí,

LOS INFORMES CIENTÍFICOS DE D'URVILLE

Dumont d'Urville relató sus dos viajes a bordo de la corbeta *Astrolabe* en 51 volúmenes, 13 de ellos exclusivamente ilustrados, una ingente obra fundamental para el conocimiento de la flora y la fauna de los lugares que visitó. Pero su prolífica pluma legó a la humanidad otras dos obras que reflejan fielmente su interés por la naturaleza, *Mémoire géologique sur l'île de Santorin* (1822) y *Notice sur les galeries souterraines de l'île de Mélos* (1825).

Loro de cabeza púrpura dibujado en las playas de Tucopia el 10 de febrero de 1828.

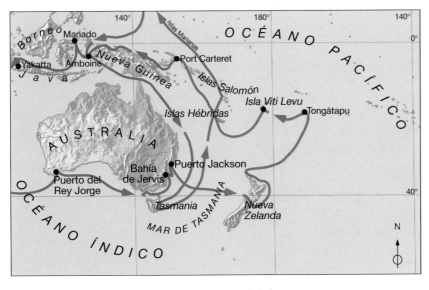

el capitán inglés Peter Dillon (¿1785?- 1847) le informó del hallazgo, dos años antes, de los restos de un naufragio. Dumont d'Urville envió a ese lugar a su segundo, Charles-Héctor Jacquinot (1796-1879), quien volvió cargado de objetos procedentes de aquellos restos, que sin duda pertenecían a la nave de La Péruse. Poco después, agotada y enferma buena parte de la dotación, Dumont d'Urville decidió regresar a Francia, llegando a Marsella el 25 de marzo de 1829. Como premio a su esfuerzo y valentía fue ascendido en seguida a capitán de navío.

EN BUSCA DE LA ANTÁRTIDA

Varios años después, Dumont d'Urville presentó un proyecto de exploración del polo Sur y aunque tuvo muchos detractores por considerarlo falto de interés científico, fue aprobado y se le confió el mando. Formaban la expedición las corbetas *Astrolabe* y *Zelée*, que zarparon de Tolón el

Desembarco de Dumont d'Urville en las playas de Tucopia, el 10 de febrero de 1828.

7 de septiembre de 1837. La derrota les llevó al sur del cabo de Hornos, donde una barrera de hielos, en latitud 64º S, les impidió acercarse más al polo, y optaron por bordearla durante varios cientos de millas en busca de un paso. Al no hallarlo, decidieron dirigirse a Talcahuano, en Chile, y desde allí, a varios archipiélados del Pacífico.

A continuación pusieron rumbo a Hobart, en Tasmania, y luego intentaron acercarse de nuevo al polo Sur, pero el hielo les cortó de nuevo el paso, ahora en el paralelo de 66º 30' S. Esto no les impidió descubrir nuevas tierras en la Antártida, a las que llamaron Clairie y Adélie, en honor de su esposa y de la del comandante Jacquinot, respectivamente. Después se dirigieron a Nueva Zelanda y de allí a Timor, regresando a continuación a Francia, donde llegaron el 6 de noviembre de 1840. El viaje fue de gran valor y enriqueció la geografía, la etnografía y las ciencias naturales, y Dumont d'Urville fue recompensado con el ascenso a contraalmirante.

Las misiones científicas al Ártico de Clark Ross

La localización del polo magnético del hemisferio Norte en 1831 fue una de las más brillantes hazañas científicas llevadas a cabo por James Clark Ross, el navegante más experto en exploraciones polares de la Marina británica del siglo XIX.

El británico James Clark Ross (1800-1862) ingresó en la Marina británica en 1812, donde alcanzó el grado de contraalmirante. Era sobrino del también contraalmirante John Ross (1777-1856), que se distinguió por la búsqueda del paso del noroeste que permitiera navegar desde el Atlántico al Pacífico, pasando entre las islas existentes al norte de Canadá. En 1818, Clark Ross hizo su primer viaje al Ártico a las órdenes de su tío, que mandaba el *Isabella* y cuyo segundo era William Edward Parry (1790-1855), comandante del *Alexander*.

Después participó en otras cuatro expediciones a ese ámbito dirigidas por Parry. En todas ellas mostró un gran interés por la historia natural y el magnetismo terrestre, animado por Edward Sabine (1788-1883), astrónomo que formaba parte de la dotación e impulsor de la instalación de pequeños observatorios del magnetismo terrestre en todo el imperio británico, mientras iba ganando experiencia y especializándose en la navegación por los mares helados, los recorridos terrestres sobre el hielo, el mantenimiento del grado de moral elevado en sus acompañantes y la lucha contra el escorbuto.

En 1827, James Clark Ross acompañó a Parry en la expedición que, tras partir de Spitzberg, pretendía alcanzar el polo Norte con botes y trineos. Entre 1829 y 1832 fue segundo comandante del *Victory*, que capitaneaba su tío, en otra expedición de búsqueda del paso del noroeste, siendo ese buque el primer vapor de ruedas que llegaba a aquellas aguas, aunque una avería en la máquina les obligó a navegar la mayor parte del tiempo a vela. Durante el viaje, a James le cupo el honor de descubrir la ubicación del polo Norte magnético, situado en la costa oeste de la península de Bootia. Unos años después del regreso al mando del *Cove,* volvió al estrecho de Davis con la misión de rescatar a varios balleneros británicos que habían quedado apresados por los hielos.

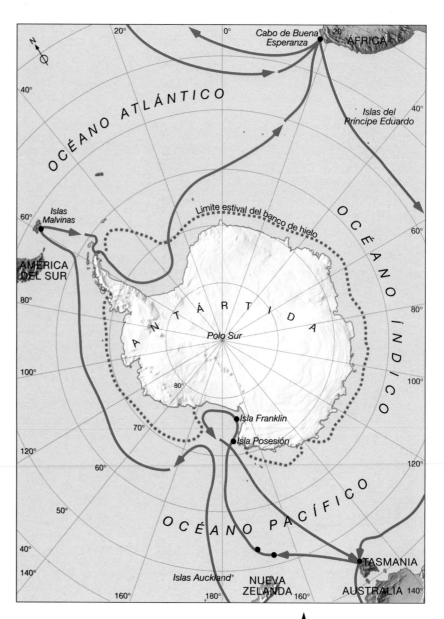

EXPEDICIÓN AL ÁRTICO

De 1839 a 1843 James Clark Ross ostentó el mando de la expedición de estudio del magnetismo en el Antártico, que había propuesto la Royal Society, de Londres, realizada con los navíos *Ere-*

Ross rompió por vez primera la barrera de hielo antártica en una de sus travesías.

Los miembros del comité organizado por el Almirantazgo para preparar la expedición de rescate de Franklin, de la cual formó parte el propio James Clark Ross.

Retrato del capitán James Clark Ross, realizado por John R. Wildman.

bus y *Terror*, comandado este último por Francis Rawdon Moira Crozier (1796-1848), otro experto navegante de los mares polares. El *Erebus* era un queche de 372 toneladas construido en 1826, estaba armado con diez cañones y tenía una dotación de sesenta hombres; el *Terror*, otro queche de características similares, pero de 326 toneladas, había sido construido en 1813.

Clark Ross fue el primero en descubrir y romper la barrera de hielo que cerraba el mar de Ross,

LOS BUQUES DE COOK

- El *Enterprise* era un balandro de 471 toneladas adquirido por el Almirantazgo británico para la expedición que, junto con el *Investigator*, fue en busca de John Franklin al Ártico.
- El *Erebus* fue un queche de 372 t construido en 1826. Llevaba 10 cañones y una dotación de 60 hombres.
- El *Terror* era otro queche similar al anterior, pero de 326 t.

en el que se adentró, llegando a los 78º 9' S, latitud que durante sesenta años fue la más cercana al polo Sur jamás alcanzada, y cartografiando la zona descubierta, a la que llamó Tierra Victoria, declarándola posesión del imperio británico y dando a dos volcanes los nombres de los dos buques expedicionarios.

Posteriormente descubrió el archipiélago de James Ross, que también reclamó para su país. Después de correr muchas vicisitudes y sortear los peligros que representaban los hielos a la deriva para la navegación, las dos naves emprendieron el regreso a Gran Bretaña, donde llegaron el 2 de septiembre de 1843.

EN BUSCA DE JOHN FRANKLIN

El último viaje de James Clark Ross a aguas polares tuvo lugar en 1848-1849, cuando, al mando de la expedición formada por los navíos *Investigator* y *Enterprise,* salió a la búsqueda de John Franklin (1786-1847), oficial de la Marina británica y explorador ártico. El *Enterprise* era un balandro de 471 toneladas adquirido por el Almirantazgo británico para esta expedición.

Más tarde se supo que las dos naves de Franklin habían quedado presas de los hielos cerca de la isla del Rey Guillermo, en julio de 1845, y al cabo de dieciocho meses, al hacerse la situación insostenible, trataron de dirigirse hacia el sur, pereciendo todos en el intento. Ross no consiguió encontrarlo, ni tampoco ninguna de las treinta y siete expediciones siguientes que se organizaron para tal fin. Por fin, la número treinta y nueve tuvo la certeza de lo ocurrido al encontrar en un túmulo el diario del viaje de la expedición de Franklin hasta el 25 de abril de 1848.

En 1847, James Clark Ross publicó el relato de su viaje al Antártico de 1839-1843 con el título *A Voyage of Discovery and Research to Southern and Antarctic Regions.*

El Erebus y el Terror frente el monte Erebus, en enero de 1841. En esta expedición, Clark Ross se adentró en el mar que más tarde llevaría su nombre y alcanzó la latitud más cercana al polo Sur jamás conseguida hasta el momento.

Charles Darwin a bordo del *Beagle*

Entre 1831 y 1836, el naturalista británico Charles Darwin realizó un largo periplo alrededor del mundo a bordo del Beagle. *Las observaciones llevadas a cabo en los diferentes lugares donde el navío hizo escala constituyeron la base de su teoría sobre el origen de las especies.*

▲

El Beagle *bordeó la práctica totalidad de la costa sudamericana.*

El Beagle *varado en del río Santa Cruz entre el 13 de abril y el 12 de mayo de 1834.*

▼

Charles Robert Darwin (1809-1882) era uno de los naturalistas y científicos británicos embarcados en el *Beagle*, al mando del comandante Robert Fitz Roy (1805-1865), que alcanzó el grado de contraalmirante de la Marina británica, en un viaje de circunnavegación de cinco años de duración (1831-1836). La razón del viaje era básicamente la verificación de la carto-

grafía existente de la costa comprendida entre el Río de la Plata y la isla Chiloé, publicada en su día por el Almirantazgo británico.

Entre los componentes de la expedición figuraban, además de Darwin, un naturalista, un dibujante y el médico Benjamin Bynoe, que le acompañó en muchas de las salidas y excursiones de estudio y recogida de muestras.

UN PROVECHOSO VIAJE

El viaje empezó el 27 de diciembre de 1831, con salida del puerto de Plymouth y escalas en San Salvador —Bahía— y Buenos Aires, pasando luego por el estrecho de *Beagle*, cartografiado por el mismo buque en un viaje anterior, hasta alcanzar Tierra del Fuego. Durante los dos años que dedicaron a cartografiar la costa oriental argentina, Darwin hizo numerosas expediciones a la Pampa, donde observó los restos fosilizados de un gran número de animales prehistóricos. El *Beagle* era un bergantín de 242 toneladas construido en Woolwich, Inglaterra, en 1820. Tenía una eslora de unos 30,5 m e iba armado con diez cañones. La dotación estaba formada por 74 hombres. El 7 de diciembre de 1833, el *Beagle* abandonó Montevideo, y llegó a Valparaíso el 22 de julio de 1834. Desde allí Darwin hizo una excursión a los Andes de seis semanas de duración, donde observó fósiles de conchas marinas a 4 000 m de altura, y empezó a interesarse por los cambios geológicos que su existencia implicaba. Tras hacer escala en El Callao y otros lugares, y después de visitar Lima, pusieron rumbo a las islas Galápagos, donde llegaron en septiembre de 1833. Allí pudo observar las tortugas, iguanas y otros animales autóctonos, y procedió a su estudio. Inmediatamente se dio cuenta de que el misterio tenía una explicación: «Aquí —dijo— todo parece indicar, tanto en el espacio como en el tiempo, que estamos ante el gran hecho —el misterio de todos los misterios— de la aparición de seres nuevos sobre la Tierra». Y la solución a ese misterio era, para él, lo que llamaría evolución de las especies.

La estancia en las Galápagos puso punto final a las observaciones de interés cartográfico y a partir de entonces el viaje fue bastante rápido. Hicieron escala en Tahití y Nueva Zelanda, y alcanzaron Sidney en enero de 1836. Tras detenerse en el puerto de Esperance y la isla de Cocos, se dirigieron a Ciudad de El Cabo, isla de Ascensión y Bahía, pasando luego por la isla de Tenerife, donde no pudieron desembarcar, a causa de la cuarentena que hubieran debido cumplir. El viaje terminó en Falmouth el 2 de octubre de 1836.

LAS CONCLUSIONES DE LAS OBSERVACIONES

El relato del viaje se publicó en tres volúmenes, el primero escrito por el capitán Philip King (1793-1856), comandante de la goleta *Adventure*, adquirida por Fitz Roy por 1 300 libras en 1833 para que acompañara al *Beagle*, si bien se vio obli-

El Beagle *fondeado en el canal del mismo nombre, en Tierra del Fuego, en 1834.*

gado a venderla en 1834, al no aprobar el Almirantazgo su adquisición; el segundo lo escribió Fitz Roy, y el tercero el propio Darwin. Este último se ha convertido en una obra inolvidable, aunque tardó mucho tiempo en ser publicada.

Darwin dedicó los diez años siguientes a clasificar las muestras que había recogido y a escribir media docena de obras sobre diversos aspectos de sus observaciones, que se publicaron entre 1839 y 1853. Tardó seis años más en formular la teoría que difundió en su obra fundamental, titulada *On the Origin of Species by Means of Natural Selection, of the Preservation of Favoured Races in the Struggle for Life*, publicada en 1859, y en la que, basándose en dichas muestras y en el fruto de sus observaciones, establecía el mecanismo y la forma en que se producía la evolución. La obra provocó tal revuelo que el mismo día en que apareció se vendieron los 1 250 ejemplares de la edición.

Darwin siempre tuvo un recuerdo de gratitud hacia Fitz Roy, a quien dijo al término del viaje: «Yo creo que la mejor suerte que he tenido a lo largo de toda mi vida ha sido su oferta de llevarme a bordo como naturalista».

Charles Darwin *(1809-1882).*

La bahía de Valparaíso *alrededor de 1834.*

La Guayana recorrida por Charles Waterton

En sus viajes a la Guayana Británica en las dos primeras décadas del siglo XIX, el natura-lista Charles Waterton tuvo ocasión de realizar numerosas e importantes observaciones que más tarde relató en varios escritos.

Charles Waterton (1782-1865) era un noble británico, de ascendencia católica, nacido en la finca de Walton Hall, próxima al pueblo de Walton y a 15 millas al sur de Leeds. Era una propiedad muy bonita, en cuyo centro había una laguna con una isla en la que se levantaba la casa que su padre Thomas, cuando la heredó en 1767, sustituyó por un palacete amplio y de dos pisos, al que se accedía desde el parque del entorno a través de un puente metálico. La heredad tenía unos 4 000 m².

En Gran Bretaña los católicos sufrían fuertes represiones, por lo que muchos emigraron al extranjero. Éste era el caso de los Waterton, que tenían parientes en Bélgica, España, América y Nueva Zelanda. Eran víctimas, además, del veto a la formación de nivel superior, por lo que Charles no pudo ir a la universidad, viéndose obligado a limitarse a los estudios en el Stonyhurst College, regido por los jesuitas, que estimularon su inclinación por la fauna.

LOS CUATRO VIAJES DE WATERTON A AMÉRICA

En 1801, Charles acabó los estudios y en noviembre del año siguiente decidió trasladarse a la ciudad española de Málaga, donde tenía unos tíos que se dedicaban al comercio. Allí practicó su afición haciendo una excursión a Cádiz, por mar, y otra a Algeciras, en asno, antes de regresar a su país en noviembre de 1803.

En Gran Bretaña, Waterton conoció a Joseph Banks (1744-1820), el botánico que había viajado con Cook, quien, al conocer su intención de ir a la Guayana Británica, le sugirió que cogiera muestras de curare, el veneno vegetal paralizante con el que los indios de la Guayana, el Amazonas y el Orinoco embadurnaban las puntas de sus flechas, y comprobara sus propiedades curativas. Una vez allí, y hasta 1812, se ocupó de la propiedad

La selva amazónica de Itarnaraty, en los alrededores de Sierra Estrella, según un grabado del siglo XIX.

azucarera de su padre, próxima a Georgetown, y de otras dos de su tío situadas en las cercanías, dedicando los ratos de ocio a contemplar y estudiar las aves y las costumbres de los lugareños. En 1805 hizo un rápido viaje a Gran Bretaña a causa del fallecimiento de su padre. En 1806, de regreso en la Guayana, se dedicó a visitar varias islas próximas, encargándose en 1808 de llevar un comunicado del gobernador al delegado del gobier-

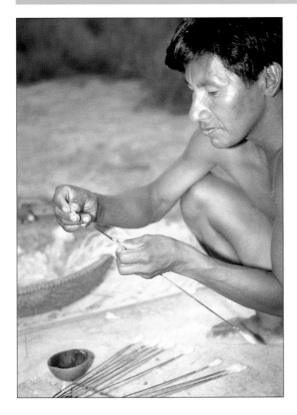

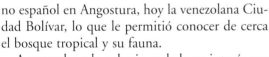

◄
Un indio piarda de Venezuela impregnando de curare la punta de un dardo. La potencia de este veneno permite a los nativos de la Amazonia abatir a sus presas con gran eficacia mediante el uso de proyectiles de poco peso.

Palmera brasileña según un dibujo de P. Oudart para un atlas de Alice d'Orbiguy de 1847.
▼

no español en Angostura, hoy la venezolana Ciudad Bolívar, lo que le permitió conocer de cerca el bosque tropical y su fauna.

A su vuelta a la colonia, y dado su interés por los indios, el gobernador lo nombró Protector, cargo que ocupó de 1810 a 1817. Pero ni el cargo ni su trabajo le impidieron conservar su afición, cuyos conocimientos aumentó Charles Edmonstone, que vivía en una finca situada a orillas del río Demerara, cercana a las cataratas Mibiri y a once días de viaje de la costa, a quien tuvo ocasión de conocer durante su primera expedición al interior del país y en cuya casa permaneció tres meses. Este viaje, que inició en enero de 1812, le llevó hasta el fuerte de São Joaquim, en el actual Brasil, regresando a Georgetown a finales de año cargado de muestras de curare y con el honor de haber sido el primer blanco que conoció su composición y elaboración.

En marzo de 1813 regresó a Gran Bretaña, donde rechazó la oferta de realizar una expedición a Madagascar. En su casa de Walton Hall inició la labor de favorecer el asentamiento de aves en la finca, mientras el entorno se iba llenando de fábricas cuyos humos tendían a mermarlo. También hizo pruebas públicas del curare, que causaba la muerte por la paralización del sistema nervioso y la detención de todas las funciones vitales, demostrando también sus propiedades anestésicas.

En 1816 hizo un tercer viaje a Sudamérica, durante el cual visitó Pernambuco, Para y Caye-

►
Ejemplar de Erythrina indica, descubierta en Tahití por J. Banks. Los usos medicinales e industriales de muchas de las plantas recién descubiertas redundó en el auge de la botánica como disciplina científica en los siglos XVIII y XIX.

na antes de dirigirse a Georgetown a través de Surinam. A continuación regresó a Gran Bretaña, donde llegó en la primavera de 1818, y levantó un muro de 5 km de largo alrededor de la finca. En 1820 volvió a la Guayana Británica, donde recogió semillas y disecó animales, que llevó consigo a su regreso a Gran Bretaña en 1821. En 1824 fue por cuarta y última vez a América, visitando Estados Unidos y Canadá, en un viaje inspirado por la obra *American Ornithology*, de A. Wilson, un escocés que había emigrado al Nuevo Mundo en 1794. Luego prosiguió viaje a la Guayana Británica y después regresó a Gran Bretaña, donde permaneció el resto de su vida, salvo algunas salidas al extranjero.

EL ASENTAMIENTO DEFINITIVO EN GRAN BRETAÑA

En 1829, Waterton se casó con la hija de su amigo Edmonstone, la cual murió en 1830, una semana después de haber dado luz a su hijo Edmund. No volvió a casarse y dedicó el resto de su vida a convertir el jardín de Walton Hall en un paraíso para las aves y su casa en un museo donde exponía los animales disecados por él. La entrada era gratuita y en la década de 1840 lo visitaron más de 17 000 personas al año. La obra, gestada y mantenida por el propio Waterton, apenas le sobrevivió. Su hijo, que no compartía las aficiones paternas, se encargó de desmontarla.

Los viajes de Alexander von Humboldt

Este notable viajero y científico alemán, sin duda el mayor erudito de su época, fue el protagonista de un memorable viaje por América Latina, entre 1799 y 1804, cuyas observaciones y descubrimientos consignó en una monumental obra en treinta volúmenes, Viaje a las regiones equinocciales del Nuevo Continente.

riedrich Wilhelm Heinrich Alexander von Humboldt (1769-1859) era un miembro de la nobleza alemana, con título de barón, naturalista y viajero, cuya vocación científica se despertó a raíz de su ingreso en la Universidad de Gotinga, en 1789, por influencia del profesor Blumenbach y de las excursiones de recogida de hierbas y de reconocimientos geológicos en las que participaba. En 1790, acompañado de Georg Forster, hizo un viaje de estudios por Bélgica, Holanda, Gran Bretaña y Francia.

A su vuelta a Alemania, y siguiendo el interés de su familia, asistió a unas lecciones en una escuela de comercio de Hamburgo, pero en junio de 1791 ingresó en la escuela de minas. Un año después entró a formar parte del consejo asesor de

El inmenso trabajo de documentación y clasificación llevado a cabo por Humboldt a lo largo de sus viajes hizo posible la elaboración posterior de decenas de miles de ilustraciones a partir de los esbozos y muestras enviadas a a Europa por el científico.

Humboldt recorrió la América equinoccial por espacio de cinco años.

minas de Berlín, siendo nombrado, seis meses después, director general de las de Franconia, región que hoy forma parte de Baviera. Ejerció el cargo durante cinco años, y, simultáneamente, prosiguió sus investigaciones científicas, realizó un viaje de estudios a Suiza, Tirol y Lombardía en 1795 y publicó varias obras de gran interés.

PROYECTOS DE VIAJE Y ELECCIÓN FINAL

Sin embargo, todos esos estudios sólo eran para él una preparación para su proyecto de un futuro viaje a las regiones tropicales, atraído por la extraordinaria variedad de su vegetación y cuyo entusiasmo le fue contagiado por Forster, que había acompañado al capitán Cook en su expedición. Decidido a emprender el viaje, renunció a su cargo y después de pasar por Jena y Viena, donde perfeccionó sus conocimientos científicos, se trasladó a París para adquirir los instrumentos necesarios. Allí, después de estudiar varios proyectos, fue autorizado a unirse a la expedición a Egipto (1798-1801).

Entonces, junto con el naturalista Aimé Bonpland, se trasladó a Marsella, donde debían embarcar en una fragata sueca que les llevaría a Túnez. Como el buque no llegaba, optaron por dirigirse a España para pasar el invierno de 1798-99, donde aceptaron el ofrecimiento de un pasaporte para América que les facilitó el ministro Luis de Urquijo. El 5 de junio de 1799 embarcaban en el buque *Pizarro*, en A Coruña, y el 16 de julio llegaban a Cumaná. En Venezuela recorrieron prácticamente todo el país y, tras regresar a Cumaná, embarcaron para La Habana el 24 de noviembre de 1800. En marzo del año siguiente partieron hacia Cartagena de Indias, desde donde remontaron en bote el río Magdalena y, después de atravesar la

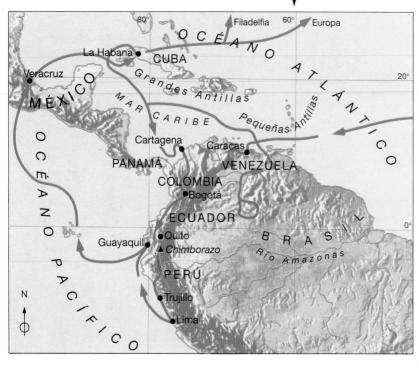

cordillera andina, llegaron a Quito el 6 de enero de 1802. Pasaron cinco meses visitando las montañas próximas hasta el 23 de junio, en que intentaron subir al Chimborazo. No pudieron conseguirlo, aunque se quedaron a unos pocos cientos de metros de la cumbre.

A la derecha, Humboldt, ya anciano, en su estudio de Berlín. A la izquierda, una de las plantas clasificadas por Humboldt.

Humboldt enfrascado en el estudio de diversas plantas. Gracias a un elaborado sistema de conservación y prensado, Humboldt logró reunir una gigantesca colección de plantas y flores que alcanzó la extraordinaria cifra de 60 000 ejemplares. Esta pintura fue realizada por el pintor romántico George Friedrich Weitsch en 1809.

A continuación, siguiendo la cordillera, se dirigieron a El Callao, donde observaron el paso de Mercurio por delante del Sol el 9 de noviembre de 1802. Unos días más tarde embarcaron, y después de una dura travesía, llegaron a Acapulco el 23 de marzo de 1803. Recorrieron todo el país hasta la primavera del año siguiente, en que pasaron de Veracruz a La Habana, donde embarcaron con destino a Filadelfia. El 9 de julio de 1804, después de haber recorrido 9 650 km en el Nuevo Mundo, emprendieron el viaje de regreso a Europa, llegando a Burdeos el 3 de agosto del mismo año.

DE VUELTA EN EUROPA

A su regreso, Humboldt se instaló en París, donde pasó veinte años dedicado a escribir su obra sobre el viaje, compuesta de treinta volúmenes, y en cuya redacción colaboraron muchos eruditos de la época. Sin embargo, en el ínterin hizo un viaje a Italia (1805), pasó dos años en Berlín y asistió a los congresos de Aquisgrán (1818) y Verona (1822). En 1827 trasladó su residencia a Berlín, en cuya universidad impartió clases, y dos años después, a petición del zar de Rusia, hizo un viaje de exploración desde San Petersburgo hasta el río Yenisei, incluyendo las orillas del mar Caspio y Moscú, con un recorrido de 3 740 km. El viaje quedó reflejado en dos nuevas obras. De regreso en Berlín, viajó varias veces a París, seis de ellas en misiones diplomáticas, y visitó Londres (1841) y Copenhague (1845).

Aimé Bonpland en Sudamérica

Al naturalista francés Aimé Bonpland le cupo el honor de acompañar a Alexander von Humboldt en su famoso viaje a América Latina. El principal resultado de sus estudios dedicados a la botánica durante los cinco años que estuvo en América fue la descripción de más de seis mil plantas diferentes.

Aimé Bonpland (1773-1858), cuyo nombre completo era Aimé-Jacques-Alexandre Goujaud Bonpland, era un naturalista y viajero francés que alcanzó una notable celebridad. Cursó sus estudios en París, donde tuvo la fortuna de ser admitido en el círculo de amigos del médico y profesor Jean-Nicolas Corvisart des Marets, un hombre de gran prestigio y primer médico de Napoleón Bonaparte, entre los que figuraba el naturalista y viajero alemán Humboldt, a quien tuvo la oportunidad de conocer en 1798 o 1799, estableciendo con él una profunda y fe-

➤ *La ruta por el Orinoco reportó a Bonpland importantes hallazgos botánicos.*

Humboldt y Bonpland en el Amazonas. Estos exploradores lograron descubrir la confluencia de los ríos Amazonas y Orinoco.
▼

cunda amistad. Como resultado de ello, Bonpland y Humboldt decidieron unirse y participar en la expedición científica a Egipto (1798-1801) organizada por Napoleón, aunque una vez en Marsella se sintieron decepcionados al comprobar que el barco que debía transportarlos no acudió, por lo que tuvieron que renunciar al viaje. Entonces optaron por dirigirse a España, donde el ministro Luis de Urquijo les facilitó el pasaporte a América Latina.

UNA INGENTE LABOR BOTÁNICA

Durante los cinco años de su permanencia en América, Bonpland se ocupó de la botánica, recogiendo y secando más de seis mil muestras de plantas, de cuyas características y propiedades hizo una detallada descripción. Cinco años después de su vuelta a Francia, Bonpland ofreció semillas que había traído de América a la emperatriz Josefina, quien le nombró intendente de la Malmaison, castillo situado en la población de Rueil, en el departamento del Sena y Oise, a orillas del primero de estos ríos y cerca de París, donde ella residió desde 1809, año en que fue repudiada por Napoleón Bonaparte, hasta su muerte en 1814. Tras la derrota de Waterloo (1815) y la restauración de la monarquía francesa con Luis XVIII, Bonpland decidió trasladarse a América, llevando consigo gran

➤ *La Rhexia stricta es una de las muchas plantas encontradas por Humboldt.*

Balsa peruana en el río Guayaquil. Esta embarcación era utilizada para el transporte fluvial. ▼

cantidad de semillas de plantas útiles y de árboles frutales europeos.

UN NUEVO VIAJE DE BONPLAND A AMÉRICA

A finales de 1816 Bonpland llegó a Buenos Aires, donde fue muy bien recibido. Dos años más tarde fue nombrado profesor de historia natural, pero la inestabilidad del país y las malas artes de algún envidioso le hicieron perder el puesto y el apoyo del gobierno, y decidió trasladarse a Bolivia. Atravesó la Pampa y, en 1821, a su paso por Paraguay, fue considerado un espía, siendo detenido por las fuerzas del orden, durante la presidencia de José Gaspar Rodríguez de Francia, que gobernó el país entre 1814 y 1840.

Durante su cautiverio, que duró más de diez años, Bonpland estuvo confinado en el sur del país, en Santa María, departamento de Misiones,

▲ *Ilustración de la orquídea Angulea superba, realizada por el dibujante naturalista Pierre-Jean-François Turpin según las indicaciones de Humboldt.*

donde practicó la medicina y la farmacia, además de dedicarse a la destilación de esencias y favorecer el progreso de la cultura en aquellas tierras. Varios países europeos, así como también Simón Bolívar, solicitaron su libertad, que finalmente le fue concedida en 1831. Entonces se instaló en São Borja, en Brasil, junto a la frontera y a orillas del río Uruguay, pero al cabo de poco tiempo se trasladó a la estancia Santa Ana, en la provincia argentina de Corrientes, donde falleció. Los últimos años de su vida los dedicó a los trabajos científicos y a la beneficencia.

Fruto de su laboriosidad y erudición fueron las obras que publicó. Entre ellas figuran algunas escritas en colaboración con Humboldt, en particular doce volúmenes de la obra monumental *Voyage aux regions équinoxiales du Nouveau Continent* y otros dos de la misma obra correspondientes a la parte titulada *Vue des cordillères et monuments des peuples indigènes de l'Amérique*. Además, en esta obra magna participó también el botánico alemán Karl Sigismund Kunth (1788-1850), quien en 1813 se trasladó a París para colaborar en la redacción de *Mimosées et autres plantes légumineuses du Nouveau Continent* y *Distribution méthodique de la famille des graminées*. Kunth fue también autor, junto con Humboldt, de varios volúmenes más del famoso viaje. Además publicó otras obras de botánica y creó, a lo largo de su vida, un herbario compuesto por 30 000 especies.

Nicolas Baudin en Australia

El gran interés del marino y explorador Nicolas Baudin por la naturaleza le hizo acreedor al mando de una notable expedición científica a Australia en 1795, aunque la dureza del viaje le impidió terminarlo, falleciendo durante el regreso a Francia.

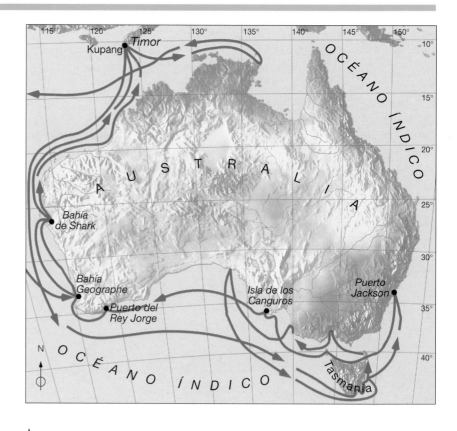

Nicolas Baudin (1750-1803) era un navegante y explorador francés que empezó su actividad profesional en la marina mercante, en la que permaneció hasta 1778, cuando ingresó en la marina de guerra con el grado de teniente de navío. Entre sus aficiones destacaba la historia natural, lo que le llevó a participar en dos viajes científicos a la India organizados por los austríacos, cediendo al gobierno francés, a su regreso, las muestras que había recogido durante el viaje. Como compensación fue ascendido a capitán de navío, y se le confió el mando de un viaje científico a las Antillas.

El 19 de vendimiario del año IV —10 de octubre de 1795— zarpó de El Havre con un salvoconducto británico. A su regreso se le confió el mando de una nueva expedición, formada por las

Tras zarpar de Francia, la corbeta Géographe navegó siguiendo el contorno de la costa occidental australiana.

Acuarela de N. Petit que muestra un cortaviento construido por los nativos de la Tierra de Van Diemen, en 1802. Este tipo de construcción ha sido documentado en asentamientos del Paleolítico europeo.

corbetas *Géographe* y *Naturaliste*, esta última al mando del capitán Ferdinand-Alphonse Hamelin (1796-1864), cuyo objetivo era la exploración de Nueva Holanda, hoy Australia. Les acompañaban muchos especialistas, entre los que figuraban los hermanos Louis-Claude y Louis-Henri Desaulses de Freycinet, el médico y naturalista François Péron (1775-1810) y el dibujante Charles-Alexandre Lesueur (1778-1857). La incorporación de este último al equipo científico fue curiosa y digna de reseñar. De hecho embarcó como artillero ayudante en la corbeta *Géographe* y durante la navegación, al apreciar Baudin sus grandes dotes artísticas, optó por cambiarle de puesto, y pasó el resto del viaje trabajando con François Péron.

LA EXPLORACIÓN DE AUSTRALIA

Una vez en Australia, la expedición de Baudin se dedicó a explorar la costa occidental, alcanzando la isla de Timor, para seguir luego bordeando y cartografiando la costa meridional, a la que dieron el nombre de Tierra de Napoleón, y el de bahía de los Perros de Mar a la bahía de Adelaida. Durante el recorrido se encontraron con la nave *Investigator*, mandada por el explorador británico Matthew Flinders (1774-1814), que se ocupaba también de vigilar la actividad de los franceses, en la que se llamó bahía del Encuentro. Las naves francesas reconocieron así mismo el estrecho de Bass y la

LOS DIBUJOS DE LESUEUR

En 1815, Charles-Alexandre Lesueur, el dibujante de la expedición, pasó a América. Allí trabajó con el geólogo británico MacLaure, y más tarde se instaló en Filadelfia. En ningún momento se olvidó de su país y durante la estancia en el Nuevo Mundo envió numerosas muestras a Francia. A su regreso fue nombrado director del Museo de El Havre. Durante los últimos años de su vida publicó numerosas memorias sobre animales, en particular sobre reptiles y moluscos, en el *Journal de physique,* el *Bulletin de la société philomatique*, el *Journal de l'Académie des sciences naturelles de Philadelphie* y las *Mémoires de la société philosophique.*

costa oriental de la isla de Tasmania, llamada entonces Tierra de van Diemen.

Para los franceses el viaje fue muy duro y se produjeron fuertes discordias entre Baudin y los oficiales, sin duda suscitadas por la fatiga y las privaciones. En el viaje de regreso a Francia la expedición hizo escala en la isla de Francia, hoy Mauricio, donde Baudin falleció. Unos meses más tarde, el mal tiempo obligó al británico Flinders a hacer escala en la misma isla, donde las autoridades francesas lo detuvieron, y lo mantuvieron prisionero hasta el año 1810.

Tras la muerte de Baudin, asumió el mando de la expedición el barón Pierre-Bernard Milius (1773-1829), que con el tiempo alcanzó el grado de contraalmirante, y la condujo al puerto de Lorient. La duración total del viaje fue de 41 meses.

RESULTADOS DEL VIAJE

El viaje reportó una ingente información para las ciencias geológica y zoológica, aportando magníficas colecciones de muestras y dando a conocer más de 2 500 especies nuevas, además de muchos levantamientos cartográficos. La obra en que se publicaron los resultados de la expedición, empezada por François Péron y completada por Louis-Claude Desaulses de Freycinet, lleva el título de *Voyage de découverte aux terres australes* y consta de 6 volúmenes, que salieron a la luz entre 1807 y 1816.

Λ
Ilustración de Lesueur que muestra ejemplares de lagarto gecko originarios de Nueva Holanda, la actual Australia.

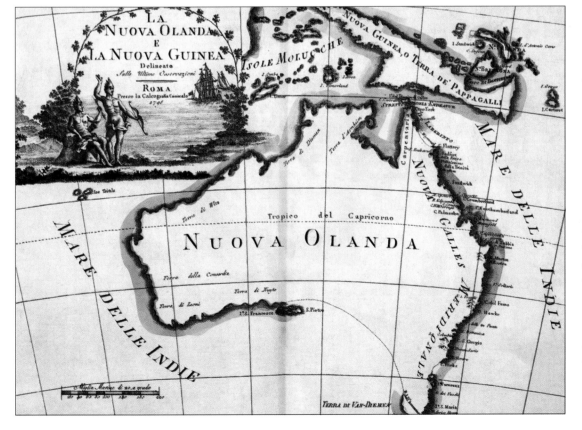

◄
Mapa de Nueva Holanda y Nueva Guinea en un Atlas Universal publicado en Roma en 1798. El mapa, incompleto, omite la parte meridional de la superficie del continente australiano, por aquel entonces todavía en fase de exploración y cartografiado.

Claude Freycinet en los Mares Australes

El notable marino y geógrafo francés Claude Freycenet realizó dos importantes viajes de interés científico al océano Pacífico, el primero entre 1800 y 1804, y el segundo entre 1817 y 1820. Sus experiencias las recogió en una magna obra compuesta de trece tomos y cuatro atlas.

L ouis-Claude Desaulses de Freycinet (1779-1842) fue capitán general de la marina de guerra francesa, en la que ingresó en 1794, alcanzando los grados de teniente de navío, en 1801, capitán de fragata, en 1811, y capitán de navío en 1820. Aunque su bravura y capacidad militar las demostró sobradamente con su intervención en numerosas acciones entre 1795 y 1800, es conocido por sus viajes de exploración y sus trabajos hidrográficos.

En el primero de sus viajes, al mando de Nicolas Baudin, y que se prolongó de 1800 a 1804,

El secretario del gobierno de Timor ofrece una recepción a los oficiales del Uranie en Coupang.

En su segundo viaje, Freycinet hizo escala en varios archipiélagos del Pacífico.

Freycinet se embarcó como oficial, primero en el *Naturaliste*, y luego en el *Casuarina*. Recorrieron la costa occidental de Australia y la isla de Tasmania, que entonces se llamaban Nueva Holanda y Tierra de van Diemen, respectivamente, descubriendo el que llamaron Port Montbazin, mientras que su hermano, Louis-Henri (1777-1840), también marino y que alcanzaría el grado de almirante, participó en la misma expedición a bordo del *Géographe*, aunque permaneció la mayor parte del tiempo en tierra, cartografiando el sudoeste de Australia.

De regreso a Francia, Louis-Claude renunció al servicio activo, y pasó a ocuparse, en 1805, del depósito de cartas y planos y de redactar los detalles del viaje y los descubrimientos y labores científicas realizadas en el transcurso del mismo. También se encargó de completar el volumen de tema histórico que formaba parte de la misma obra, del que se ocupaba y dejó incompleto François Péron, fallecido en 1810. La obra, titulada *Voyage de découvertes aux terres australes*, fue publicada en París, en tres volúmenes, entre 1807 y 1816, y la segunda edición, en la misma ciudad y cuatro volúmenes, en 1824.

EL SEGUNDO VIAJE

En 1816, el gobierno francés proyectó un gran viaje científico de circunnavegación para determinar la forma exacta de nuestro planeta, las leyes del magnetismo terrestre y recoger todos los datos posibles sobre la meteorología, geografía, etno-

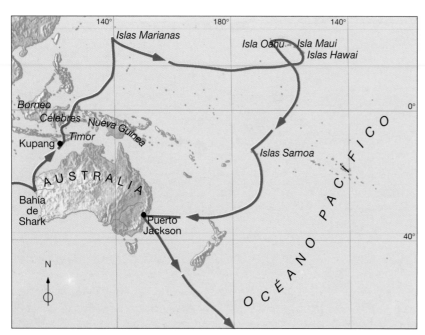

grafía, historia natural y otras ciencias en todos los lugares por donde pasaran. El mando de la expedición fue confiado a Louis-Claude, quien, a bordo de la corbeta *Uranie*, zarpó de Tolón el 19 de julio de 1817, llevando con él a su esposa y a Duperrey como segundo. Primero pusieron rumbo a Río de Janeiro y desde allí, vía cabo Buena Esperanza, se dirigieron a las islas de Francia y de Borbón —las actuales Mauricio y Reunión, respectivamente—, Australia, Timor, Papuasia —hoy isla de Nueva Guinea—, las islas Marianas, Sandwich —las actuales Hawai—, Danger —hoy Pukapuka, en las Tuamotú— y la Howe —la actual Lord

Escena del bautismo de Kraïmokou, uno de los potentados de las islas Hawai, celebrado en la cubierta del Uranie, *en 1819.*

Claude Freycinet y su esposa reciben la bienvenida por parte del gobernador portugués en Diely, el 17 de noviembre de 1818.

Howe—, concluyendo su periplo en el puerto de Sidney. En otras palabras, entraron en el océano Pacífico y dieron la vuelta a su parte central en el sentido de las agujas del reloj, para recalar en el puerto de Sidney.

El 25 de diciembre de 1819 zarparon de Sidney, para regresar a Francia doblando el cabo de Hornos. Sin embargo, el mal tiempo se encargó de impedirlo. El 14 de febrero de 1820, el buque embarrancó en las islas Malvinas, yéndose a pique, aunque por fortuna la tripulación y las muestras y notas tomadas durante el viaje consiguieron salvarse. Tras sobrevivir tres meses en una costa desierta, la fortuna les permitió adquirir el ballenero norteamericano *Mercury*, al que Freycinet impuso el nuevo nombre de *Physicienne*, con el que llegaron al puerto francés de El Havre el 13 de noviembre de 1820.

El trabajo de Freycinet fue bien recompensado. La Academia de Ciencias de París, que lo había admitido como miembro correspondiente en 1813, lo nombró miembro de la sección de geografía y navegación en 1826. Entonces empezó a redactar una obra colosal, que recogía los últimos veinte años de su vida, titulada *Voyage autour du monde sur les corvettes l'Uranie et la Physicienne*, publicada en París entre 1824 y 1844, compuesta de trece volúmenes y cuatro atlas. También escribió numerosas memorias e informes, que publicó en los *Annales Maritimes* y en los *Comptes rendus de l'Académie des Sciences*. Una isla del archipiélago de las Tuamotú y una parte de la costa sur de Australia recibieron su nombre.

Robert Scott a bordo del *Discovery* y del *Terra Nova*

El explorador británico Robert Scott intentó la conquista del polo Sur en dos ocasiones. La primera expedición, llevada a cabo entre 1901 y 1904, no lo consiguió. En la segunda, entre 1910 y 1912, logró su objetivo, pero le costó la vida.

Robert Falcon Scott (1868-1912) era un oficial de la Marina británica, en la que había ingresado a los trece años. En 1899, durante su destino en el *Majestic*, fue recomendado por el entonces secretario, y luego presidente, de la Royal Geographical Society, para desempeñar el mando de la expedición al Antártico. El Almirantazgo atendió la recomendación y, tras ascenderlo a capitán de fragata, le confió el mando del *Discovery*.

Scott zarpó de Gran Bretaña el 6 de agosto de 1901, con una dotación total de 38 hombres, entre los que se encontraban el científico Edward Adrian Wilson (1872-1912) y el oficial de Marina Ernest Henry Shackleton (1874-1922). El 11 de febrero de 1902 fondearon en Hut Point, en la isla de Ross, donde construyeron un refugio e invernaron dos años seguidos, dedicando los veranos de 1902-1903 y 1903-1904 a realizar en trineo diver-

Fotografía del navegante y explorador británico Robert Scott. Antes de recibir el encargo de la Royal Geographical Society de dirigir una expedición a la Antártida, su carrera había sido discreta.

El viaje emprendido en junio de 1910 por Scott culminaría con la llegada del explorador al polo Sur el 18 de enero del año 1912.

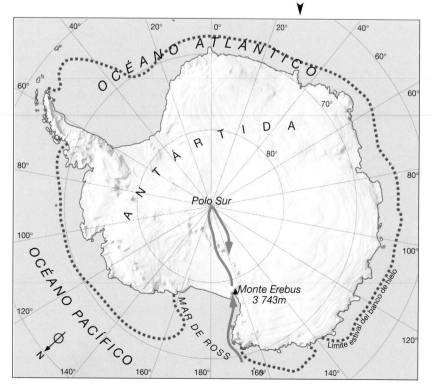

sos recorridos exploratorios de Tierra Victoria, situada en el sector neozelandés de la Antártida, descubierta por James Clark Ross en 1841. En uno de ellos recorrieron 725 millas, pero el más importante fue el realizado por Scott, Wilson y Shackleton, que el 30 de diciembre de 1902 alcanzaron la latitud de 82° 16' 33" Sur, la más meridional lograda por el hombre hasta entonces, siendo la distancia al polo, en línea recta, de 465,4 km.

En febrero de 1904 el *Discovery* emprendió el viaje de regreso a Gran Bretaña, siendo recibido calurosamente y cubierto de honores. Scott pasó entonces a ocupar diversos cargos en la Marina. Poco después, en agosto de 1905, publicó su libro *The Voyage of the Discovery*, que tuvo mucho éxito.

SEGUNDO VIAJE DE SCOTT A LA ANTÁRTIDA Y CONQUISTA DEL POLO SUR

En 1909 Scott, que ocupaba el cargo de ayudante del segundo Lord del Almirantazgo, expuso su deseo de participar en otra expedición para alcanzar el polo Sur, y se le confió el mando de la misma. La partida, a bordo del *Terra Nova*, tuvo lugar el 1 de junio de 1910 y a su paso por Nueva Zelanda, de donde zarpó el 26 de noviembre de 1910, se enteró de que el noruego Roald Amundsen (1872-1928) se había propuesto el mismo objetivo.

La noticia no desanimó a Scott, quien a su llegada a la Antártida levantó el campamento de invierno. Para realizar su misión llevaba treinta y tres perros, quince potros siberianos y tres trineos de motor, aunque uno de estos últimos se perdió durante la descarga.

El 1 de noviembre de ese mismo año, salió del campamento, con Scott al mando, el grupo integrado por el doctor Wilson, el capitán L.E.G.

Los componentes de la fatídica expedición al polo Sur de Robert Scott posan para la posteridad. La carrera de Scott y Amundsen por ser el primero en llegar al polo no sólo se resolvió a favor del segundo, sino que se cobró la vida de Scott y de la totalidad de su expedición.

Oates, el teniente H.R. Bowers y el oficial subalterno Edgar Evans, que había acompañado a Scott en su último viaje. Después de un gran esfuerzo alcanzaron el polo Sur el 18 de enero de 1912, pudiendo comprobar, por la bandera noruega atada a un trineo, que Amundsen, con cuatro acompañantes y siguiendo una ruta distinta de la suya, había llegado cinco semanas antes, concretamente el día 14 de diciembre de 1911.

El regreso del grupo de Scott al campamento, que distaba unos 662 km en línea recta, fue penoso. El mal tiempo, la comida inadecuada y la escasez de combustible les hicieron ir sucumbiendo, falleciendo el último de ellos hacia el 29 de marzo de 1912, a unos 20 km de un depósito de víveres que, de haberlo alcanzado hubiera representado su salvación. El cuerpo de Scott, junto con los de Wilson y Bowers, fueron hallados por una expedición que salió en su busca desde cabo Evans ocho meses después. Todos habían muerto en el interior de la tienda donde descansaban, junto a los diarios, notas de gran valor científico, documentación per-

LOS BUQUES DE SCOTT

– El *Discovery* era de madera, con estructura inspirada en la de un ballenero y de proa muy reforzada para navegar entre hielos, y 485 toneladas de desplazamiento. Llevaba velas y un motor de 450 cv. Hoy es una nave-museo anclada en el río Támesis, cerca de la abadía de Westminster, en Londres.

– El *Terra Nova* era un ballenero de madera, aparejado de corbeta, construido en 1884 y de 749 toneladas de desplazamiento.

sonal y muestras que habían recogido. Todos esos textos formaron parte de la obra *Scott's Last Expedition*, publicada en 1913.

En 1915, una suscripción pública realizada completamente por oficiales de la Marina británica financió un monumento en memoria de Scott y sus acompañantes, que fue erigido en la plaza de Waterloo, en Londres.

El Terra Nova, *buque que llevó a Robert Scott a la Antártida en su última expedición.*

La silueta del Terra Nova *se distingue a través de los hielos.*

EL DIARIO DE UN CONDENADO

Entre los bienes hallados en las ropas del cadáver del expedicionario se encontraron varias cartas dirigidas a sus seres queridos y un diario. Este diario es un testimonio escalofriante de las penalidades que se abatieron sobre la expedición durante su regreso desde el polo. A través de sus páginas descubrimos el afán del autor por crear un perenne recordatorio de la deuda común contraída con los exploradores que arriesgaron valientemente su vida para ampliar los horizontes de la humanidad.

Una de las características más impactantes de la última parte del diario es la férrea sinceridad que en todo momento mantuvo Scott consigo mismo en relación al destino que se les avecinaba.

La última entrada, fechada el día 29, reza: «Resulta una lástima, pero no creo que pueda escribir ni una palabra más. R. Scott. Por el amor de Dios cuidad de nuestra gente».

Tras las huellas del pasado

A lo largo de la historia los hombres han explorado incansablemente el espacio, han recorrido los caminos de la Tierra en busca de civilizaciones extrañas y maravillosas, y se han aventurado en lo desconocido para satisfacer sus ansias de conocimiento y aventura. Ahora bien, existen otras maneras de viajar y la arqueología es una de ellas, un viaje al pasado, una exploración increíble, no en el espacio sino en el tiempo, en busca de pueblos y culturas cuya lejanía no se cuenta en millas o kilómetros, sino en años o siglos. Este capítulo está dedicado a quienes exploraron nuestro pasado y nos descubrieron los ecos de las gentes que nos precedieron, unos viajes también difíciles pero no menos atractivos.

Máscara de oro
y lapislázuli hallada
en la tumba del señor
de Sipán.

Carter, Carnarvon y el joven faraón

Cuando Howard Carter y lord Carnarvon descubrieron la tumba del faraón Tutankamón en noviembre de 1922, quedaron asombrados por el gran número de joyas que encontraron, pero el tesoro completo no fue hallado hasta dos décadas más tarde.

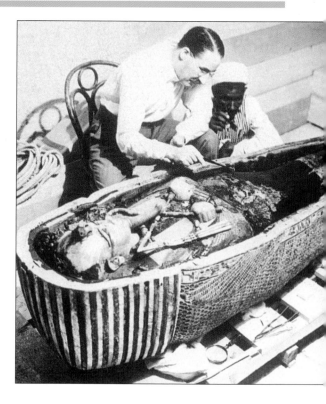

D esde la expedición de Napoleón Bonaparte a Egipto, el interés por el país del Nilo había ido en aumento. A lo largo del siglo XIX diversas expediciones estudiaron los vestigios de la antigua civilización egipcia y se llevaron a cabo numerosas excavaciones. Sin embargo, se ha de reconocer que el nivel científico de

►
Carter examinando el sarcófago de Tutankamón.

Apertura de la cámara sellada.
▼

muchas de ellas no difería demasiado de un simple expolio, lo cual también ocurría con la verdadera motivación de algunos de los supuestos estudiosos, que no buscaban otra cosa que apoderarse de antigüedades con las que dar lustre a diversas colecciones privadas.

Por fortuna, muchos arqueólogos comprometidos con su trabajo, con el apoyo de las autoridades, consiguieron poner freno a estas actividades e iniciaron una importante etapa de investigación científica del Antiguo Egipto. Con todo, las excavaciones en Egipto siempre tuvieron que enfrentarse al problema de los saqueadores, y lo peor de todo era que los más exitosos no eran precisamente los contemporáneos. La costumbre egipcia de enterrar a sus muertos con gran parte de sus riquezas para que les acompañasen al más allá, había generado una fructífera actividad expoliadora, ya en tiempos de los faraones. No es de extrañar que éstos hubiesen tomado precauciones, ocultando sus lugares de entierro, aunque sin éxito, ya que a principios del siglo XX no había aparecido ninguna tumba intacta.

«VEO MARAVILLAS»

A principios de la década de 1920, el arqueólogo británico Howard Carter pidió permiso para excavar en el Valle de los Reyes. Una vez obtenido, inició las excavaciones en una zona restringida en la que esperaba encontrar la tumba de Tutankamón, faraón de la XVIII dinastía, llamado el

LA MALDICIÓN DEL FARAÓN

En el Antiguo Egipto era usual proteger con maldiciones las tumbas para ahuyentar a los posibles saqueadores. No hace falta decir que esta precaución sirvió de bien poco, ya que, como hemos dicho, casi todas las tumbas de los faraones fueron expoliadas. En el caso de la tumba de Tutankamón se produjo una verdadera manía de la maldición. La muerte de lord Carnarvon a causa de una enfermedad infecciosa producida por la picadura de un mosquito dio pábulo a la leyenda. Pronto la prensa empezó a hablar de una cadena de muertes misteriosas que afectaban a todos los que estuvieron relacionados con la excavación. Evidentemente, todo era fruto de confusiones e infundios, pero el público acogió la historia con gran interés.

faraón niño por la corta edad a que subió al trono y por haber fallecido a los dieciocho años. Se trataba de una búsqueda difícil, las pistas que habían llevado a Carter y a lord Carnarvon, su mecenas, a ese lugar eran muy tenues y el Valle había sido tan excavado que nadie esperaba que pudieran encontrar nada.

En 1922, tras varias campañas infructuosas, Carter decidió excavar las ruinas de unas casas de los obreros dedicados a construir las tumbas reales, era el último lugar que quedaba por investigar. Pronto descubrió los restos de una escalera que

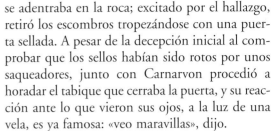

Joya de la tumba de Tutankamón en la que se representa al joven faraón durante una cacería.

Imagen de la tumba de Tutankamón en el Valle de los Reyes.

se adentraba en la roca; excitado por el hallazgo, retiró los escombros tropezándose con una puerta sellada. A pesar de la decepción inicial al comprobar que los sellos habían sido rotos por unos saqueadores, junto con Carnarvon procedió a horadar el tabique que cerraba la puerta, y su reacción ante lo que vieron sus ojos, a la luz de una vela, es ya famosa: «veo maravillas», dijo.

Habían descubierto la tumba de Tutankamón, un complejo funerario compuesto por varias cámaras, lleno de riquezas, que guardaba el sepulcro del joven faraón. La suntuosidad del ajuar hallado, que comprendía joyas, armas, vasijas, muebles y hasta carros —que tuvieron que ser serrados para introducirlos en la cámara—, hace suponer que los saqueadores fueron descubiertos antes de que pudiesen perpetrar su expolio. Sin embargo, si se tiene en cuenta que Tutankamón fue un faraón poco importante y con un corto reinado, cabe preguntarse qué maravillas no contendrían las tumbas de otros faraones mucho más poderosos, como Seti I, Ramsés II o Amenofis III.

La excavación llevada a cabo por Carter se puede considerar, dentro de los parámetros de la época, modélica. Paciente y metódico, una vez fue consciente de la importancia de su descubrimiento, optó por interrumpir los trabajos y tapar los accesos a la tumba para reunir el equipo necesario a fin de documentar y conservar adecuadamente el material encontrado. La tumba de Tutan-

kamón se convirtió en un verdadero fenómeno mediático, un acontecimiento que captó la atención mundial y dio lugar a más de una leyenda, la más popular de las cuales es la relacionada con una supuesta maldición infligida sobre los miembros de la expedición y cuyo origen cabe buscar en la muerte accidental, a las pocas semanas del descubrimiento, del mismo lord Carnarvon.

El hallazgo de las tumbas reales de Ur

El nombre de la ciudad de Ur era conocido gracias a las referencias que la Biblia hace a la ciudad desde donde Abraham inició su camino hasta Canaán. Por todo ello, el descubrimiento de sus ruinas en el sur de Mesopotamia, en 1919, levantó una gran expectación.

Cuando en 1919 el arqueólogo británico, Leonard Wooley, inició las excavaciones en Ur, centró su investigación en la necrópolis. La riqueza de los ajuares funerarios llevó a Wooley a concluir que se trataba de una zona de enterramientos reales, reservados a los gobernantes de la ciudad. Una serie de macabros descubrimientos acabó por confirmar su hipótesis.

Cabeza de toro repujada en láminas de oro con incrustaciones de lapislázuli que formaba parte de un harpa encontrada en la necrópolis de Ur.

UN MAUSOLEO PARA LA OTRA VIDA

La excavación de la primera tumba, datada entre el 2800 y el 2600 a.C., mostró que se trataba de estructuras complejas, compuestas de varias cámaras interconectadas. La primera de las cámaras excavadas contenía numerosos cadáveres de hombres y mujeres, perfectamente alineados. Junto al cadáver de cada hombre fueron encontrados un puñal y una copa, objeto que parecía acompañar a los demás cuerpos. La excavación de las restantes cámaras sepulcrales ofreció los datos necesarios para establecer la idea de que los reyes sumerios se iban a la tumba acompañados no sólo de sus riquezas, sino también de sus criados. Junto a las tumbas del rey y la reina, por lo general dispuestas en cámaras diferentes, sobresalía la presencia de joyería, carros con sus bueyes, armas, vajillas, arcones y herramientas.

Todo ello induce a pensar que estaba muy arraigada la creencia en una vida ultraterrenal, así como el deseo de salvaguardar para ese más allá parte de los bienes de este mundo. Esta creencia no era extraña en aquel tiempo, como lo demuestran los lujosos enterramientos de los faraones en Egipto,

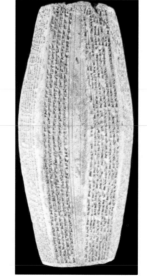

Prisma con escritura cuneiforme. El sistema de escritura cuniforme es una invención de los sumerios.

pero lo que sí resulta sorprendente es la inmolación de tan gran número de personas para acompañar al rey y a la reina. Para un total de dieciséis personas que han sido identificadas como miembros de la familia real de Ur, se sacrificaron alrededor de 2 000 hombres y mujeres.

EL MUNDO SUMERIO

Sumer fue una de las primeras civilizaciones en desarrollar la escritura. Gracias a esto, los arqueólogos han conseguido desentrañar parte de los secretos de esta cultura basada en la agricultura. El trabajo en los canales de irrigación y la necesidad de una organización superior que coordinase las obras de gran envergadura propició el establecimiento de un poder centralizado y de una burocracia, lo cual conllevó las primeras formas de anotación de datos sobre tablillas de arcilla y con ello la escritura cuneiforme.

El poder en las ciudades sumerias estaba centrado en dos edificios singulares, el palacio, lugar de residencia del gobernante, y el templo. Las funciones desempeñadas por el templo iban mucho más allá de las meramente religiosas, ya que comprendían la administración de tierras y la artesanía. Hacia el 2000 a.C. La ciudad de Ur, tras un período de dominación por parte de la ciudad de Akkad, se había convertido en la capital de un importante reino que englobaba las ciudades de Sumer, que hasta entonces habían gozado de una gran autonomía.

El rey Ur-Nammu, perteneciente a la III dinastía de Ur, llevó a cabo la construcción de un grandioso templo, un zigurat, una edificación escalonada cuyos lados medían 63 × 43 metros y cuya altitud alcanzaba los 30 metros, unas dimensiones grandiosas para su tiempo, y sin duda un precedente más del mito de la torre de Babel. Los zigurat eran construcciones macizas, con el interior relleno de tierra y mampostería, por lo que la única parte a la que era posible acceder era una pequeña edificación emplazada en el piso superior, lugar donde se llevaban a cabo los diversos rituales.

Algunos historiadores han querido ver en el zigurat un referente a un templo levantado en lo alto de una montaña. Como las tierras de Mesopotamia son llanas en su gran mayoría, la montaña se construiría de manera artificial.

EL RITUAL DEL ENTERRAMIENTO

La presencia de copas junto a los cuerpos de los criados induce a pensar que su muerte se producía por envenenamiento. Una vez el rey era depositado en su sepulcro, los encargados de llevar su cuerpo permanecerían a su lado, tomarían el bebedizo y esperarían la muerte mientras la cámara era sellada. Entonces se iniciaría una procesión compuesta de criados, damas de compañía y soldados, hasta la cámara exterior. Éstos procederían a repetir el ritual de autoinmolación, tras lo cual la sepultura sería completamente cerrada.

◄ *Yelmo de Oro encontrado en la necrópolis real de Ur. El poderío militar de esta ciudad le permitió ejercer una fuerte influencia sobre el resto de ciudades estado de Mesopotamia.*

El zigurat, uno de los edificios más destacados de la ciudad. La forma de estas construcciones dio lugar a la leyenda de la torre de Babel. ▼

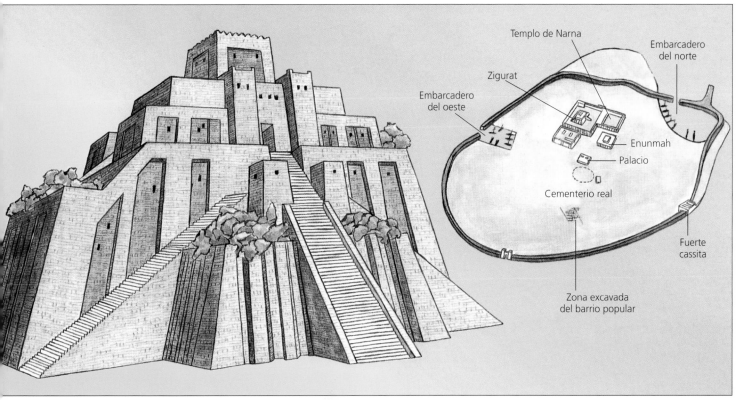

Templo de Narna
Embarcadero del norte
Zigurat
Embarcadero del oeste
Enunmah
Palacio
Cementerio real
Fuerte cassita
Zona excavada del barrio popular

En busca de los antiguos esenios

El descubrimiento por azar de unos manuscritos en la ciudad palestina de Qumrán en 1947, los rollos del mar Muerto, ofreció una importante pista a los investigadores para reconstruir la vida, en el siglo II a.C., de la ascética secta judía de los esenios.

En 1947, un joven pastor árabe se encontraba delante de una cueva en unos peñascos cercanos al mar Muerto. Parece ser que, tras lanzar una piedra al interior de la abertura, oyó cómo se rompía un recipiente de cerámica, y entró en la cueva. En su interior encontró varios jarrones dentro de los cuales había varios rollos de pergamino; se acababa de producir uno de los más importantes descubrimientos arqueológicos del siglo XX. En los años posteriores la cueva fue explorada y se procedió a su excavación, descubriéndose muchos más fragmentos de estos escritos, algunos realizados sobre papiro e incluso uno de ellos sobre cobre. El descubrimiento de un asentamiento religioso de la época acabó por centrar allí la investigación, ya que los expertos concluyeron que los autores de los rollos debían de haber vivido en aquel lugar.

Vista aérea del mar Muerto. Los esenios se retiraron a este lugar apartado para llevar a cabo su ideal de vida religiosa y contemplativa. ▼

LOS ESENIOS, UNA COMUNIDAD RELIGIOSA EN JUDEA

La hipótesis más aceptada es la que afirma que los antiguos habitantes de Qumrán formaban parte de una secta monástica hebrea, los esenios, una comunidad que vivía apartada del mundo. Los datos que nos han llegado de los esenios proceden sobre todo de autores como Josefo y Filón. Para ellos no hay duda de que sus contemporáneos sentían una gran admiración por los esenios, a los que, en algunos casos, atribuían poderes mágicos, como predecir el futuro o atraer la lluvia. Supersticiones aparte, es evidente que esta secta ascética era muy respetada por su observancia de las leyes y la tradición judías.

En medio de la gran atomización del panorama religioso y político de la época, los esenios

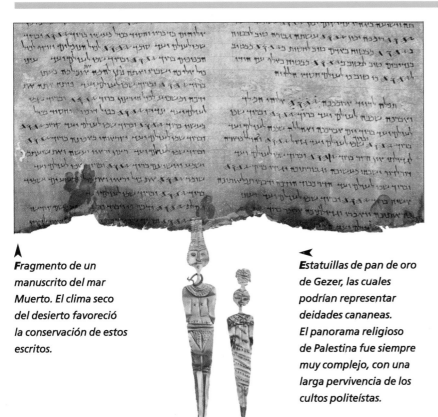

Fragmento de un manuscrito del mar Muerto. El clima seco del desierto favoreció la conservación de estos escritos.

Estatuillas de pan de oro de Gezer, las cuales podrían representar deidades cananeas. El panorama religioso de Palestina fue siempre muy complejo, con una larga pervivencia de los cultos politeístas.

bronce tuviesen sentido, ya que se trataría meramente de objetos rituales.

Uno de los rollos que más han intrigado a los estudiosos es el llamado Rollo de Cobre, por el material sobre el que está grabado. Es una curiosa lista de lugares en los que parece se ocultaron diversos tesoros, en su mayoría de oro y plata. Evidentemente, las referencias geográficas son completamente desconocidas hoy día, por lo cual, si bien este texto hubiera podido ser útil a una persona de la época, o mejor dicho, a un habitante de Qumrán, en la actualidad no es posible identificar los lugares reseñados en el texto. Considerado un fraude durante varias décadas, se temió que su contenido atrajera a un enjambre de buscadores de tesoros. El escepticismo de los académicos se desvaneció en 1988, a tenor del hallazgo de varios recipientes de aceite para ungir mencionados en el rollo.

Se han propuesto varias teorías para explicar la procedencia de las riquezas ocultadas según el Rollo de Cobre. Podría tratarse de parte del tesoro del templo de Jerusalén, ocultado a raíz del asedio del año 70 para que no cayese en manos de los romanos, o más posiblemente del tesoro de la comunidad, formado por las riquezas a las que sus miembros renunciarían al entrar en la misma y que serían guardadas para un caso de emergencia.

constituían un mundo aparte. Vivían alejados de la sociedad, no realizaban sacrificios en el templo de Jerusalén, pero sí en los lugares donde moraban, trabajaban en los campos, no atesoraban riquezas, detestaban la esclavitud y despreciaban el comercio. Eran hombres de edad avanzada, que desdeñaban del matrimonio y vivían juntos dedicados al trabajo y la vida religiosa dirigidos por un maestro de la verdad. Tanto Josefo como Filón coinciden en que su número no superaba los 4 000.

LA COMUNIDAD DE QUMRÁN A LA LUZ DE LOS MANUSCRITOS

Los manuscritos del mar Muerto contienen una gran variedad de textos, copias antiguas de la *Biblia* en hebreo o arameo, himnos, plegarias, textos de testamento; éste es el caso de uno atribuido a Moisés, así como textos religiosos propios de la comunidad de Qumrán. En estos últimos se recogen las normas de convivencia, cuya observancia se exigía a todos los miembros de la comunidad. Hay constantes referencias a una inminente confrontación entre el bien y el mal, en la cual la comunidad deberá tomar parte.

De hecho, se cree que los fragmentos que hablan de la guerra se refieren a una lucha de tipo simbólico más que a una verdadera contienda terrenal; esto haría que las referencias a armas de

UNA FUENTE DE INFORMACIÓN ÚNICA

Los manuscritos del mar Muerto son una de las fuentes más importantes para el conocimiento de la realidad social y religiosa de la Palestina que vio nacer el cristianismo. Se trata de los escritos más antiguos existentes en hebreo, anteriores a Jesucristo. Por ello, la información que ofrecen no está sesgada por los acontecimientos acaecidos en los años posteriores, como el auge del cristianismo o la destrucción de Jerusalén a manos de Tito.

Conjunto de vasijas que pertenecían a la comunidad esenia del siglo I d.C.

El redescubrimiento de Machu Picchu

El descubrimiento de los restos del complejo arqueológico del Machu Picchu, realizado por el explorador y arqueólogo Hiram Bingham (1875-1956) en 1911, es uno de los ejemplos más claros de descubrimiento científico.

PACHACVTIC YNGA IX.

▲
Vista de las impresionantes ruinas de Machu Picchu.

En realidad, las ruinas de este asentamiento ya eran conocidas por los habitantes de la región y así se lo indicaron a Bingham. Lo que hizo el explorador norteamericano fue descubrir para el mundo académico la existencia de este lugar, una ciudad que aún hoy día sigue rodeada de misterio.

El verdadero motivo de la expedición de Hiram Bingham a Perú era hallar la ciudad perdida de Vilcabamba, lugar donde los últimos gobernantes del imperio inca se refugiaron para oponerse a la conquista española. En una época en la que los arqueólogos vivían ofuscados por el mito de Troya, una ciudad considerada desaparecida o inexistente hasta que Heinrich Schliemann la encontró, el mayor éxito al que un investigador podía aspirar era el descubrimiento de estas ciudades fantasma.

Así pues, Bingham se puso tras la pista del lugar donde Manco Inca se refugió, en 1536, tras la caída de Cuzco, para seguir la guerra contra los invasores, una lucha que sus hijos continuaron hasta la destrucción de la ciudad en 1571.

La búsqueda de Bingham le llevó hasta un intrincado valle, donde oyó a los lugareños comentar la existencia de unas ruinas en la cima vieja, que es lo que significa *Machu Picchu*. Acompañado por el hijo de un lugareño, Bingham ascendió por las empinadas laderas del monte hasta alcanzar la cima, lugar donde, en efecto, pudo contemplar los restos de diversas edificaciones de piedra. Bingham acababa de encontrar algo que no había estado buscando.

En una expedición realizada al año siguiente, Bingham inició la excavación arqueológica del lugar. Los métodos utilizados han recibido numerosas críticas, ya que se centraron en la búsqueda de tumbas con la intención de apoderarse de los valiosos ajuares funerarios. Para ello Bingham no dudó en ofrecer una sustanciosa recompensa a los trabajadores por cada tumba que descubriesen. Aunque encontraron 107 enterramientos, la mayoría habían sido saqueados, por lo que los objetos recuperados fueron, sobre todo, cerámica y utensilios de bronce.

También ha sido muy criticado el hecho de que la mayoría de los artefactos recuperados fuesen trasladados a los Estados Unidos, lugar donde aún permanecen. Sin embargo, sería injusto no reconocer el gran trabajo realizado en el campo de la fotografía, que permitió documentar con gran precisión las diferentes fases de la investigación. Aunque posteriormente Bingham logró realizar su objetivo original descubriendo las ruinas de Vilcabamba, su nombre quedó ligado al hallazgo del Machu Picchu.

LA CIUDAD EN LA CUMBRE

Las campañas de excavación continuaron en los años siguientes, y poco a poco se fue descubriendo la magnitud de la ciudad de Machu Picchu. Las laderas de las montañas que rodeaban el asentamiento habían sido modificadas, formando andenes escalonados que permitían el cultivo de alimentos para abastecer el asentamiento, aunque —y éste es un dato interesante— estos cultivos sólo cubrirían la subsistencia del lugar, por otro lado comprensible dada la altitud del mismo. Sin embar-

UNA HISTORIA RODEADA DE MISTERIO

Se ofrecen varias explicaciones para justificar el abandono de Machu Picchu, todas ellas muy débiles ante la falta de evidencia escrita de los propios incas. Un cataclismo, un castigo contra sus antiguos habitantes que les obligase a abandonar el lugar. Entre éstas, la que cobra más fuerza es la que sostiene que se trataría de un lugar de retiro de Pachacuti o Pachacútec Inca Yupanqui, fundador del imperio inca histórico, soberano que gobernó en la época en que Machu Picchu estuvo habitado.

Una vez muerto Pachacuti, el lugar habría sido abandonado, al estar dedicado a su disfrute exclusivo.

go, no deja de ser curioso este hecho en una sociedad centrada en la producción de excedentes.

La propia ciudad mostraba una gran complejidad, con áreas de habitación, palacios, talleres, almacenes, zonas funerarias y lugares de culto religioso. A pesar de todo, lo más misterioso fue la constatación de que el asentamiento sólo había

◄ *Esta pareja de tucanes fue dibujada durante la expedición de Hiram Bingham a Perú en 1911.*

sido habitado durante un corto espacio de tiempo, alrededor del año 1450. De hecho, cuando los españoles llegaron a Perú, parece que toda memoria de la existencia de Machu Picchu había sido borrada, la ciudad ya había desaparecido totalmente para el mundo, salvo para los pocos pobladores del lugar.

Los vestigios de Santorín

La historia de la isla griega de Thira, también conocida como Santorín, ilustra un acontecimiento real sobre el que pudo construirse la leyenda de una ciudad perdida. Sus restos fueron descubiertos en 1967 por el arqueólogo Spyridion Marinatos.

as leyendas sobre una ciudad desaparecida tras un cataclismo son muy comunes en la historia del Mediterráneo. Tenemos casos muy bien documentados, como el de la destrucción de Pompeya y Herculano tras la erupción del Vesubio del año 79 de nuestra era, pero también hay numerosos ejemplos envueltos en el misterio, como el de la Atlántida.

Durante la Edad del Bronce, el mar Egeo era una de las zonas de Europa donde el comercio y los intercambios se producían con mayor fluidez.

Pintura al fresco, hallada en las ruinas de Santorín, en la que se muestra la entrada de una nave en el puerto de la ciudad. La orientación naval de esta civilización ha generado la hipótesis de que se tratase de un asentamiento de comerciantes y marinos.

▼

aunque en algunos lugares se ensanchaban para formar plazas. Las casas, algunas de las cuales tenían dos pisos, destinaban la planta baja a funciones de almacén o tienda y los pisos superiores a habitaciones y salas de estar. Las riquísimas pinturas murales que adornaban los salones de las

A la sombra de la brillante civilización minoica de Creta, en las islas Cícladas habían surgido diversos asentamientos que reflejan una clara influencia cretense y que nos hablan de un gran volumen de comercio y contactos culturales. En 1967, el arqueólogo griego Spyridion Marinatos llevó a cabo en Santorín un descubrimiento excepcional. Cerca de Akrotiri halló las ruinas de una ciudad cubierta por una espesa capa de sedimentos volcánicos de hasta 2 metros de profundidad.

Se trataba de una población que albergaba a unos 30 000 habitantes, sus calles eran estrechas,

➤

Fresco de Santorín que representa a un pescador con sus capturas. Una de las características más notables del arte minoico es su gran vitalidad y colorido.

casas devolvieron a los estudiosos la visión del mundo de los antiguos pobladores del lugar. Estaban realizadas en un estilo colorista que recuerda mucho al de los palacios minoicos, aunque no se encontró ninguna estructura palaciega, lo que induce a pensar que se trataba de una sociedad más igualitaria, quizás de mercaderes enriquecidos, que

SANTORÍN Y EL OCASO DE LA CIVILIZACIÓN MINOICA

Marinatos propuso una relación entre la explosión de Santorín y el ocaso de la civilización minoica de Creta que llevaría a la destrucción de los palacios. La lluvia de cenizas, los movimientos sísmicos subsiguientes y los maremotos habrían provocado el colapso del comercio en el Egeo. Esto resultaría fatal para la estructura económica sobre la que se asentaban los palacios cretenses. Ahora bien, por el momento, aún no ha sido posible relacionar las fechas de la explosión de Santorín (1628 a.C. según la datación de los anillos de los árboles) y las fechas dadas para el colapso de los palacios en Creta (1450 a.C.); tampoco se corresponden los estilos cerámicos, ya que en Akrotiri no han sido hallados restos del estilo minoico tardío 1B, que sí aparece en Creta, y en cambio sí los del estilo anterior, el minoico tardío 1A. Por todo ello, quizás sea prematuro relacionar la caída de los palacios con este singular acontecimiento.

EL FIN DE UN MUNDO

Hacia el 1628 a.C., una terrible explosión volcánica sacudió la isla de Thira, según algunos expertos una de las más violentas que se han registrado en los últimos 10 000 años. Tan inusitada fue la violencia de la erupción, que fueron expelidos hasta 30 kilómetros cúbicos de magma, con lo que la mayor parte de la isla se hundió bajo las aguas, dando lugar a la forma que puede observarse hoy día.

Al mismo tiempo, la gigantesca columna de cenizas derivada de la erupción se elevó hasta una altitud de más de 30 kilómetros, provocando una espesa nube que cubrió todo el mar Egeo, como se deduce de los importantes niveles de sedimentos volcánicos hallados tanto en las islas de la zona como en los fondos marinos a lo largo del siglo XX.

Para entonces, los habitantes de Santorín ya habían evacuado la isla si hemos de creer la evidencia arqueológica, ya que no ha sido hallado ningún cuerpo en la ciudad ni tampoco ningún objeto fácil de transportar, al contrario que en Pompeya, donde sus habitantes fueron sorprendidos por la erupción.

Todo ello hace pensar a los investigadores que el volcán alertó con suficiente antelación a los pobladores de Santorín, que pudieron huir con sus pertenencias antes de que se produjese la enorme explosión.

Cráter del volcán de la actual isla de Santorín. La violencia de la explosión afectó a toda la cuenca del Mediterráneo oriental de forma catastrófica y pudo contribuir a la crisis de la civilización minoica.

aún no había desarrollado una casta dirigente ni una estructura de poder centralizado. Estas pinturas ofrecen todo tipo de escenas, lo que ha permitido documentar muchos aspectos de la vida cotidiana y del paisaje. Entre ellas hay que destacar algunas que han sido muy valiosas para el conocimiento de las ciudades y los barcos del II milenio a.C., en especial la que representa una flota o una procesión naval.

Robert Ballard, del *Titanic* al Diluvio

El científico y aventurero estadounidense Robert Ballard saltó a la fama en 1985, cuando logró fotografiar los restos del Titanic. Pero cinco años más tarde volvió a primera plana de la actualidad, cuando encontró en el mar Negro vestigios de un gran desastre acuático, que muchos identificaron con el mítico Diluvio universal.

∧
Fotograma de la película Titanic, en el cual se puede observar la majestuosidad que debía tener esta embarcación durante su primera (y última) singladura. El hundimiento de este transatlántico causó una profunda conmoción en todo el mundo.

∧
Mosaico del Diluvio en la basílica de San Marcos, en Venecia.

La noche del 14 al 15 de abril del año 1912 ocurrió algo que parecía demasiado improbable para ser cierto: el *Titanic*, el barco más grande y lujoso del mundo, un transatlántico destinado a batir todos los récords existentes en la navegación, se hundía tras chocar con un iceberg. La noticia se extendió rápidamente ante el pasmo y la incredulidad general, propiciando la consecuente leyenda.

El acontecimiento tenía demasiado simbolismo para no dar cabida a todo tipo de interpretaciones; la futilidad de las obras de los humanos ante el poder de la naturaleza, la moraleja del destino de quienes, supuestamente (porque lo cierto es que nadie hizo semejante afirmación), habían declarado que la nave era insumergible... El *Titanic* se hundió en el fondo del mar con todos sus secre-tos y con una leyenda que los hombres y mujeres de su tiempo habían creado, y parecía que allí se iba a quedar.

EN BUSCA DEL *TITANIC*

Un equipo franco-estadounidense, a bordo del *Knorr*, utilizando un sonar de gran profundidad, localizó los restos del *Titanic*, y a continuación los fotografió desde un sumergible teledirigido, el *Argo*, comandado por el científico estadounidense Robert Ballard.

El descubrimiento se vio ensombrecido por la precipitación de Ballard al publicar la imágenes antes de la fecha prevista por ambos equipos, el norteamericano y el francés. Los franceses, sintiéndose traicionados, se negaron a trabajar con

Ballard, quien perdió su tecnología de recuperación subacuática.

Pero Ballard no se desanimó, y volvió al lugar del naufragio al año siguiente con un submarino robot, el *Jason Jr.*, y un submarino tripulado para grandes profundidades, el *Alvin*, con el que su equipo realizó once inmersiones. Sin embargo, no

En 1985 fueron localizados los restos del Titanic.

El naufragio del Titanic *en un grabado de Aquiles Beltrame.*

navales, geólogos, microbiólogos marinos, especialistas en metalurgia e historiadores tomaron parte en él.

SORPRENDENTES CONCLUSIONES

Las conclusiones fueron sorprendentes: el sonar demostró que el casco del *Titanic* no tenía una brecha de más de 100 metros de largo como se suponía, sino seis pequeños agujeros que, unidos, no superaban los 4 metros cuadrados de superficie. Estos agujeros provocaron la inundación de muchos compartimientos estancos, lo cual resultó fatal para la nave. Las causas de la rotura del casco en dos se explicaron por la tensión excesiva a la que se vio sometida la estructura; al encontrarse la nave medio inundada por la parte de proa, mientras que la popa seguía a flote, las fuerzas en dos sentidos opuestos acabaron por partir el casco. En los años siguientes, las expediciones han ido sacando a la luz nuevos restos del naufragio, en una actividad que ha mezclado los criterios empresariales con la investigación arqueológica.

VESTIGIOS DEL DILUVIO

En el año 2000 Robert Ballard, famoso por el descubrimiento del *Titanic*, encontró en una excavación subacuática patrocinada por la National Geographic Society los restos de un asentamiento humano a 100 metros de profundidad en el mar Negro. La primera idea que a muchos les vino a la cabeza fue la del Diluvio, y es probable que no estén muy descaminados.

Muchas culturas antiguas recogen en sus mitos la existencia de un terrible diluvio que había cubierto el mundo de agua, por lo que muchos

consiguió investigar el lugar del impacto con el iceberg, por lo cual seguían sin conocerse las causas del hundimiento: ¿cómo era el boquete? ¿Se trataba de una larga brecha en el casco, como se decía? ¿Por qué habían fallado los compartimientos estancos?

A partir de 1986 se llevaron a cabo las primeras expediciones de recuperación, que se dedicaron a recoger diversos objetos encontrados en el barco hundido, pero en 1993, con la reanudación de las expediciones conjuntas de franceses y norteamericanos, los trabajos de investigación y recuperación experimentaron un impulso decisivo. En 1996, tras una serie de exploraciones previas, se llevó a cabo un gran proyecto, en el que participaron científicos de hasta cinco países, para resolver la cuestión del hundimiento: arquitectos

arqueólogos pensaron en la posibilidad de una época prehistórica de grandes inundaciones, sobre todo en las cuencas fluviales, que es uno de los lugares de donde proceden estas narraciones, y en especial de Mesopotamia, donde se sitúa el origen de estas leyendas. Como principal causante de este desastre se apuntó el deshielo de los grandes glaciares a principios del Holoceno, cuando se produjo un importante aumento de las temperaturas. Esto habría provocado grandes inundaciones en las cuencas fluviales que recogían las aguas de estos glaciales, pero hasta el momento no se había encontrado ninguna evidencia arqueológica de tales acontecimientos.

LA GRAN INUNDACIÓN

El descubrimiento de Robert Ballard puso sobre el tapete el tema de los efectos de esta época de inundaciones en el mar Negro. A partir de la localización del asentamiento se pudo determinar que la línea de la costa de este mar antes de la inundación se encontraba mucho más adelante que ahora. Al unir estos datos con el brusco cambio en la fauna marítima, moluscos de agua dulce hasta el 7000 a.C. y de agua salada a partir del 6500 a.C., las teorías que sugieren que el mar Negro era originariamente un gran lago de agua

Imagen de los restos del Titanic, hundido a 3 810 metros de profundidad.

Un submarinista rescata un ánfora romana del Mediterráneo.

dulce, que se vio inundado por las aguas del Mediterráneo cuando éste subió de nivel, han ido cobrando fuerza. Nos encontraríamos, por tanto, ante los restos de una terrible catástrofe, que cambió la geografía de la región de manera drástica y que dio lugar a una de las leyendas más antiguas de la humanidad.

LA ARQUEOLOGÍA SUBACUÁTICA

Desde tiempos inmemoriales los hombres han buscado la manera de explorar las profundidades del mar. En la arqueología esto ha tenido una gran importancia ya que el mar, desde los tiempos más remotos, ha sido una de las rutas de transporte más utilizadas por la humanidad. La gran cantidad de pecios que ocultan los fondos marinos contienen una valiosísima información sobre la vida de aquellos antiguos navegantes, con qué productos comerciaban, cómo eran sus naves... Preguntas que sólo pueden responderse a través de la arqueología submarina, algo que va mucho más allá de la mera caza de tesoros

hundidos, que muchos han llevado a cabo con fines lucrativas.

La arqueología subacuática empezó su andadura en 1853 con el estudio de los poblados de palafitos en los lagos de Suiza. Por otro lado, la excavación de yacimientos bajo el agua recibió un gran impulso gracias a los trabajos de George Bass, fundador del Instituto de Arqueología Náutica de Texas. Sus excavaciones del llamado pecio de Kas en 1982, en las costas de Turquía, permitió sacar a la luz una nave del siglo XIV a.C., que proporcionó abundante información sobre el comercio mediterráneo en el II milenio a C.

La dimensión internacional de la investigación

Despegue del transbordador espacial Discovery desde Cabo Cañaveral el 29 de octubre de 1998.

El espectacular desarrollo tecnológico experimentado a lo largo del siglo XX puso al servicio de la exploración científica los más sofisticados equipamientos de análisis y prospección. No se trataba de adelantos vanos, porque aún le quedaban a la humanidad muchas fronteras que franquear. Para empezar, buena parte de los procesos geofísicos pertenecían al plano teórico por falta del instrumental adecuado para la verificación de teorías como la deriva continental. También era escaso el conocimiento sobre las profundidades marinas, sobre todo en lo que respecta a las grandes fosas abisales. Pero el gran salto estaba por llegar: la investigación espacial. Los nuevos medios tecnológicos redujeron a la mínima expresión las dimensiones de nuestro planeta. La ciencia soñaba con llevar al hombre a las estrellas, y lo consiguió, hasta el punto de que la futura colonización del espacio, en otro tiempo objeto exclusivo de la literatura y el cine fantásticos, hoy se ha convertido en un objetivo a medio plazo para la comunidad científica internacional.

Las expediciones científicas al Himalaya

Entre todas las agrupaciones montañosas del mundo, la cordillera del Himalaya destaca por su sobresaliente altitud y valores ecológicos. El Himalaya no sólo ha sido meta de los más osados aventureros; durante las dos últimas décadas del siglo xx, numerosas expediciones internacionales postergaron la proeza deportiva en aras de los intereses científicos.

Con más de 2 000 km de longitud y casi 600 000 km² de extensión, el Himalaya se extiende desde Pakistán hasta el estado de Assam (situado al este de la India) y el sur del Tíbet (hoy ocupado por China). Una serie de pliegues paralelos de orientación este-oeste constituyen su gran paredón axial, surgido durante el período terciario a consecuencia de la orogénesis alpina, cuando el escudo del Decán se desplegó hacia el norte y plegó, contra el macizo tibetano, los materiales del geosinclinal indogangético.

Esta imagen muestra el estado en que queda un campamento base tras una expedición a la cumbre del Everest. La gran cantidad de material desechado, en especial botellas de oxígeno, empieza a constituir un problema medioambiental.

ALPINISMO Y ECOLOGÍA

Como en tantos otros lugares de la Tierra y por increíble que pueda parecer para la mentalidad occidental, que ha encumbrado el Himalaya a la categoría de mito inalienable, la creciente presión demográfica está destruyendo el paisaje original y agotando los recursos naturales de estas montañas asiáticas.

En tal proceso de empobrecimiento del medio no tiene menos protagonismo el turismo, creciente en nuestros días. Y también —por qué no reconocerlo— las grandes expediciones de alpinistas que cada vez con mayor frecuencia eligen el Himalaya como meta de sus esfuerzos.

Sin duda alguna, escalar el Everest o cualquiera de los otros *ochomiles* sigue siendo una empresa de titanes, aunque las modernas campañas alpinistas desplacen una impedimenta ni siquiera soñada por los montañeros de hace unas décadas, y que, por ello, dejan a su paso importantes cantidades de desperdicios que contribuyen a la depauperación del medio. De ahí las iniciativas de algunas expediciones de alpinistas con espíritu ecologista, que se han acercado a las laderas del Himalaya con el objeto de liberarlas de los restos dejados por expediciones precedentes.

Estos pliegues presentan una vertiente meridional con desnivel mucho más acusado que en su cara norteña.

EL PROYECTO INTERNACIONAL KARAKORUM

En 1980 se puso en marcha una gran expedición científica internacional destinada a estudiar el Himalaya. El Proyecto Internacional Karakorum permitió que hombres y pertrechos ascendieran por encima de los 5 000 m de altitud. La expedición llevaba consigo los instrumentos necesarios para medir la distancia entre las grandes montañas del macizo, medida destinada a calcular la velocidad de movimiento de las placas continentales.

Como resultado de estas pesquisas (no exentas de riesgos y penurias, si se tienen en cuenta las difíciles condiciones topográficas y climáticas en que se desarrollaron), la ciencia internacional confirmó que el Himalaya era una cordillera en fase de inestabilidad orogénica (es decir, su formación aún no ha concluido), sujeta a frecuentes movimientos sísmicos.

PROYECTOS ANGLO-NEPALÍES

Otro caso emblemático es el programa de cooperación científica iniciado en 1992 por la Royal Geographical Society de Londres y el Instituto de Hidrología de Nepal. Ambas instituciones estudiaron los efectos de la desforestación de amplias zonas de la vertiente nepalí de la cordillera, donde se observó una alarmante erosión de los suelos (en estas latitudes, las principales causas de desforestación son el aprovisionamiento de leña para uso

El Tíbet es la cuna del lamaísmo, una de las muchas interpretaciones del budismo. En el ángulo inferior izquierdo de la foto se puede observar un gran Buda esculpido en la roca.

La rica fauna del Himalaya incluye entre sus miembros a la pantera de las nieves (Panthera uncia), felino cuyos hábitos de caza lo llevan a ascender hasta los 6 000 metros de altura.

doméstico y la ampliación de las zonas de pastos). Como consecuencia de ello se verificó la profusión de corrimientos de tierra que, al precipitarse sobre las laderas inferiores y el fondo de los valles, provocaban la represa de algunos ríos —cuyo caudal quedaba frenado por diques de tierra, lodo y rocas— y las consiguientes inundaciones en períodos de lluvias, con el riesgo que ello implica para los asentamientos humanos de la cordillera.

Por su parte, investigadores nepalíes del Centro Internacional de Desarrollo Sostenible de las Montañas (ICIMOD) estudiaron un plan de de-sarrollo a largo plazo para la región del Hindukush, donde la presión demográfica —cuenta actualmente con unos 50 millones de habitantes— ha generado similares problemas de desforestación y erosión del suelo.

Ni que decir tiene que la desforestación de la cordillera del Himalaya está incidiendo negativamente en la conservación de su fauna salvaje, una de las más variadas del mundo, con especies que el retroceso de los bosques ha puesto en serio peligro de extinción, como el oso, el leopardo de las nieves y el panda rojo, entre otras.

El Año Geofísico Internacional

En las tres últimas décadas se ha registrado un creciente interés por la conservación del medio ambiente. Preocupación de la que fue pionera la comunidad científica mundial, a través de iniciativas como el Año Geofísico Internacional, un proyecto a gran escala del que se extrajeron importantes conclusiones sobre la naturaleza terrestre.

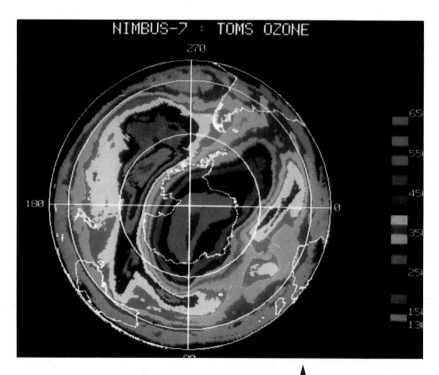

NIMBUS-7 : TOMS OZONE

▲
Imagen de la región Antártica que muestra los diferentes niveles de concentración del ozono. El debilitamiento de la capa de ozono ha causado una gran alarma internacional.

El Año Geofísico Internacional pretendía realizar una exploración a gran escala sobre los procesos y propiedades físicas de la Tierra y el sistema solar. El proyecto dispuso de los recursos combinados de 66 estados y distintas organizaciones internacionales, y para su realización se eligió un período de 18 meses de intensa actividad solar, entre los meses de julio de 1957 y diciembre de 1958.

LOS ANILLOS DE VAN ALLEN

Entre las actividades programadas por el Año Geofísico Internacional figuraba el lanzamiento de varios satélites artificiales que recogieron valiosa información sobre la composición del sistema solar. A tales datos se debe el descubrimiento de los cinturones de radiación de Van Allen, cuya existencia advirtió un detector de partículas acoplado al satélite estadounidense *Explorer 1*, lanzado al espacio el 31 de enero de 1958. Gracias a este hallazgo se sabe hoy que la Tierra está rodeada por regiones (cinturones) compuestas de partículas de alta energía (electrones y protones). Estas cargas se hallan en torno al ecuador magnético, y proceden de los rayos cósmicos y del viento solar; su efecto es muy perjudicial para los circuitos electrónicos de las naves espaciales. Dirigió esta investigación el científico de la Universidad de Iowa (Estados Unidos) James A. Van Allen.

TECTÓNICA DE PLACAS

El geólogo alemán Alfred Wegener expuso entre los años 1908 y 1912 sus teorías acerca de la deriva continental, basadas en el movimiento y el choque de las placas continentales (las grandes partes en que está dividida la corteza terrestre).

Partiendo de este supuesto, el canadiense J. Tuzo Wilson enunció en 1950 la teoría integrada de la tectónica de placas, que postulaba la continuidad global de las zonas de subducción existentes entre placa y placa. Dicha teoría —reelaborada posteriormente por el estadounidense Harry Hammond Hesse y el francés Xavier LePichon— fue demostrada empíricamente gracias a los sondeos de los

➤
La actual distribución de las masas de tierra es resultado de la deriva continental, un proceso continuado que va ensanchando el Atlántico a razón de unos pocos centímetros por año.

El tratado del Antártico

A mediados del siglo XX, siete países mantenían reivindicaciones territoriales sobre la Antártida, movidos por intereses militares y económicos (en aras de explotar los recursos minerales de este continente): Argentina, Chile, Australia, Francia, Reino Unido, Nueva Zelanda y Noruega.

La firma del tratado del Antártico dirimió salomónicamente cualquier tipo de disputa territorial, gracias al consenso internacional en torno a dos principios: la Antártida pertenece a la comunidad internacional, primero, que sólo desarrollará en su suelo actividades científicas con fines pacíficos, segundo.

El tratado fue firmado el día 1 de diciembre de 1959 por doce países: Argentina, Australia, Bélgica, Chile, Francia, Japón, Nueva Zelanda, Noruega, República Sudafricana, antigua Unión Soviética, Reino Unido y Estados Unidos. Sus prescripciones entraron en vigor en junio de 1961, con una vigencia inicial de treinta años.

En 1980, el ámbito del tratado se extendió a la protección de los recursos marinos; once años después fue acordado un veto de cincuenta años a la extracción industrial de minerales. A su vez, la comunidad internacional se comprometió a no convertir la Antártida en escenario de ensayos nucleares.

∧
Habitáculos de una base en el Antártico.

Imagen por satélite de la Antártida y los mares circundantes que muestra la distribución de fitoplancton.
∨

fondos submarinos realizados en el marco del Año Geofísico Internacional.

La Antártida

El continente antártico es uno de los santuarios naturales más valiosos de nuestro planeta, como señalan los estudios promovidos *in situ* durante el Año Geofísico Internacional.

Doce países (Estados Unidos, la antigua Unión Soviética, Japón, Argentina, Chile, Australia, Francia, Reino Unido, Polonia, India, República Sudafricana y Alemania) instalaron bases científicas en distintos enclaves de la periferia antártica (excepción a esta regla fue la base soviética *Vostok*, administrada hoy por la Federación Rusa, que está situada 700 km tierra adentro). Entre otras actividades, los investigadores destacados en la Antártida estudiaron las manchas solares y su repercusión en la atmósfera terrestre. Estos trabajos sirvieron de base para el posterior descubrimiento de un agujero en la capa de ozono que rodea la Tierra, cuya existencia constataron científicos británicos en 1970.

Los trabajos de investigación llevados a cabo en el continente austral continuaron durante el Año de Cooperación Geofísica Internacional (1958) y propiciaron la firma del tratado del Antártico (Washington, 1959).

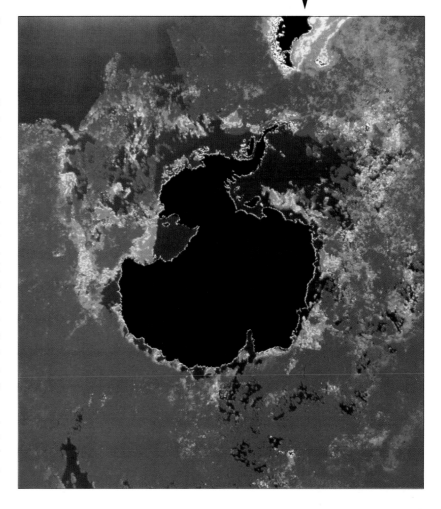

Proyectos de investigación submarina

Paradojas de la historia, el ser humano se ha lanzado a la conquista del espacio cuando aún le queda tanto por descubrir del planeta en donde vive, y sobre todo de los mares, que cubren casi tres cuartas partes de la superficie terrestre. En la actualidad, los océanos siguen siendo fuente inagotable de sorpresas para los investigadores.

La curiosidad del ser humano por el contenido de los océanos es tan antigua como la propia historia. Se dice que los antiguos griegos diseñaron una suerte de campana con la que podían hacerse breves inmersiones. Durante el siglo XIX se utilizaron los llamados pesos de sondeo, recipientes que eran lastrados hasta grandes profundidades y luego recuperados con muestras. Siguiendo este método, el buque británico *Challenger* (1872-1876) descubrió 715 géneros y más de 4 400 especies de animales marinos hasta el momento desconocidos. El *Challenger* también utilizó dragas asidas por cabos para recoger fragmentos del fondo submarino.

LA PROVISIÓN DE MODERNOS MEDIOS

Durante la Segunda Guerra Mundial, la amenaza de los submarinos alemanes llevó a los aliados al desarrollo del sonar: un barco emitía ondas sonoras que producían un eco al chocar contra un objeto de grandes dimensiones. Este método de detección sirvió para medir las profundidades submarinas y describir su relieve, atendiendo a los intervalos de tiempo entre las sucesivas señales emitidas y sus respuestas. Hasta 1943 —año en que el francés Jaques-Yves Cousteau inventó la

BUSCADORES DE TESOROS

Gracias a los batiscafos, las investigaciones submarinas desarrolladas durante el siglo XX han permitido ampliar nuestro conocimiento sobre la geofísica y biología del planeta. Con ellas, por ejemplo, pudo comprobarse empíricamente la teoría de la tectónica de placas (formulada en el siglo XIX).

La exploración submarina también ha servido para localizar barcos hundidos por la furia de los elementos o las guerras. Es el caso de tantos y tantos galeones españoles de la célebre carrera de Indias que hoy reposan en las profundidades del mar Caribe. O del célebre *Titanic*, un transatlántico de 46 000 t considerado inundible, que naufragó trágicamente tras chocar con un iceberg al sur de Terranova poco antes de la medianoche del 14 de abril de 1912. Los restos del *Titanic* fueron localizados y fotografiados por el sumergible estadounidense *Alvin*, en julio de 1986, y catorce meses después una expedición francesa extrajo del navío hundido distintos objetos (joyas, monedas, menaje) que fueron expuestos en París.

bombona de oxígeno— no se dispuso de los medios básicos para permitir una dilatada inmersión humana. Más tarde, el desarrollo de los vehículos de exploración submarinos —sobre todo, del batis-

Jardines de coral en los mares del Pacífico Sur.

cafo— permitiría el asalto a las grandes simas abisales, vedadas a la resistencia del cuerpo humano por sus condiciones ambientales.

EL BATISCAFO

Dos estadounidenses, el explorador Charles William Babes y el ingeniero Otis Barton, diseñaron el primer sumergible de investigación para descender a profundidades inalcanzables para un buzo. Se trataba de una esfera de aluminio, la batisfera, unida por un cable a un barco. En 1930, Babes y Barton alcanzaron a bordo de su ingenio los 435 m de profundidad, aumentada a 923 m en 1934.

Para evitar riesgos a sus ocupantes —caso de romperse el cable, la batisfera hubiera quedado irremisiblemente perdida en el fondo del océano— fue inventado el batiscafo, sumergible gobernable diseñado por el físico suizo Auguste Piccard, que alcanzó los 4 000 m de profundidad en 1954. Su hijo Jacques Piccard descendió con una versión perfeccionada del batiscafo hasta los 10 916 m (1960) en la fosa de las Marianas.

En fechas posteriores, los batiscafos han protagonizado importantes campañas científicas internacionales. Es el caso del proyecto de investigación franco-estadounidense de 1974: dispuso de tres sumergibles y varios barcos de apoyo para explorar la dorsal Mesoatlántica de las islas Azores, donde fue identificada la separación entre las pla-

▲
Fondos coralinos en el oceano Pacífico. Estas gigantescas estructuras orgánicas pueden estar en peligro a causa de las variaciones climáticas.

➤
Estudio de un iceberg mediante sonar en la base antártica de Tierra Adelia.

cas eurasiática y norteamericana de la corteza terrestre. Otra expedición de envergadura, que contó con el concurso de científicos estadounidenses, franceses y mexicanos, centró sus actividades en el rift de las islas Galápagos (Ecuador).

En la actualidad, al batiscafo se han sumado los más sofisticados medios en luces, cámaras, telecomunicaciones e instrumentos mecánicos adaptados a las especiales condiciones de las profundidades submarinas. Otra herramienta de exploración submarina que se prevé va a jugar un papel muy destacado en los próximos años son las estaciones permanentes de observación, a las que incluso quiere dotarse de tripulación.

La estación espacial *Mir*

Emblema de los proyectos espaciales del antiguo régimen soviético, la estación orbital Mir *se convirtió en motivo de actualidad periodística por los numerosos problemas que su última tripulación tuvo que afrontar, quedando relegado a segundo plano el importante papel desempeñado por la* Mir *en el marco de la investigación espacial.*

M*ir* significa paz en ruso, y con tal fin reunió en su interior a astronautas de distintas nacionalidades. Se trataba de una estación orbital —es decir, una nave que gira alrededor de la Tierra, adaptada para largas estancias de sus tripulantes— de tercera generación, diseñada a partir de los dos modelos *Salyut* precedentes, de los que fueron enviados al espacio siete unidades entre 1971 y 1982.

El interior de la *Mir*

La *Mir* fue lanzada al espacio desde el cosmódromo soviético de Baikonur (actual República de Kazajstán) el 19 de febrero de 1986, propulsada por un cohete del modelo *Soyuz*.

Por su tamaño (19 m de longitud y 109 t de peso), composición (siete módulos) y equipamiento, aventajaba en complejidad y prestaciones a las estaciones *Salyut*.

Los mandos principales de la *Mir* estaban situados en el módulo central de la estación, compartimiento de 13 m de longitud, 4,18 m de ancho y 20 t de peso. En sus flancos, el módulo principal disponía de escotillas de acoplamiento, a través de las cuales podía comunicarse con otras naves espaciales. Por la parte trasera del módulo se accedía, recorriendo un pasillo, a las estancias destinadas al ocio de la tripulación (dos o tres personas), equipadas con cocina, aparatos gimnásticos,

El largo final de la *Mir*

Los científicos del programa espacial soviético habían previsto una vida de entre cinco y siete años para la estación orbital *Mir*, antes de que fuera sustituida por un nuevo y más avanzado modelo. Pero no contaron con la gravísima crisis económica y política que afectaría a la Unión Soviética y llevó a su desintegración en 1991.

Privado de recursos, el programa espacial soviético no pudo desarrollar nuevas estaciones orbitales, y la *Mir* prolongó su estancia en el espacio durante siete años más de lo previsto, concatenando averías y problemas de mantenimiento, algunos graves.

En el año 2000 se especuló con la posibilidad de que una empresa privada se hiciera cargo de la estación, para convertirla en destino turístico espacial. El proyecto no llegó a cuajar y la *Mir* se vio finalmente condenada a la desaparición. Fue abandonada por su última tripulación —los rusos Viktor Afanasiev y Serguei Avdeyev y el francés Jean-Pierre Haigneré— el 27 de agosto de 1999. Su caída al Pacífico Sur tuvo lugar en marzo de 2001.

◄
Despegue de la nave Soyuz SL-4 desde el cosmódromo de Baikonur.

◤
Los restos de la Mir *se precipitan sobre el Pacífico tras entrar en la atmósfera terrestre el 23 de marzo de 2001.*

cuarto de baño y dos compartimientos dormitorio para el descanso de los astronautas.

La zona de alojamiento comunicaba con la estancia donde se hallaban otras cinco escotillas de acoplamiento, a las que fueron acoplados los módulos de expansión *Kvant 2, Kristall, Spektr* y *Priroda*, lanzados al espacio después de los dos módulos principales.

Los módulos anexos incorporaron a la *Mir* diverso equipamiento, sobre todo instrumentos científi-

tes, el médico Valeri Polyakov, que pasó 438 días en la estación orbital. Tampoco debe olvidarse a su compañera de misión Yeleva Kondakova, la primera mujer en realizar una estancia de larga duración en el espacio (168 días).

Entre los varios paseos espaciales realizados por los tripulantes de la *Mir* destacan los dos efectuados por el alemán Thomas Reiter (1995), que instaló instrumentos de observación en el exterior de la estación.

▲
El astronauta francés Jean-Loup Chretien durante una operación de mantenimiento en el casco de la estación espacial Mir. *Algunos de estos «paseos espaciales», imprescindibles para asegurar el correcto funcionamiento de la estación, llegaron a superar las cinco horas de duración.*

➤
Fotografía de la Mir *en 1999, por entonces la estación ya había superado su umbral de obsolescencia.*

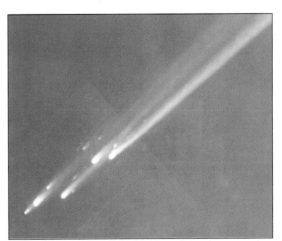

ficos, equipos de supervivencia y más de 100 toneladas de diversos alimentos, agua y aire a lo largo de catorce años.

ALGUNAS MISIONES

En el interior de la *Mir* pasaron estancias más o menos prolongadas astronautas de la antigua Unión Soviética (y después de Rusia), Afganistán, Alemania, Austria, Estados Unidos, Francia, Gran Bretaña, Japón, Kazajstán y Siria. De hecho, la estación orbital se convirtió en todo un símbolo de la distensión entre las grandes potencias nucleares: en 1995 y 1996 se verificaron sendos acoplamientos de la estación orbital con la lanzadera espacial norteamericana *Atlantis*, y tuvieron extraordinaria publicidad las imágenes del caluroso encuentro espacial entre los astronautas rusos y estadounidenses.

La *Mir* fue un excelente campo de pruebas para probar la adaptabilidad y resistencia del cuerpo humano a la ingravidez. El récord de permanencia en el espacio lo ostenta uno de sus tripulan-

ISS, la gran Estación Espacial Internacional

Después conquistar los cielos con naves más rápidas que el sonido y una vez alcanzada la Luna, la creación de un marco apto para la vida en el espacio se ha convertido en una de las principales aspiraciones de la especie humana. Es justamente lo que se pretende hacer con la gran Estación Espacial Internacional, un proyecto de ciencia ficción al alcance de la mano.

Las estaciones espaciales son naves equipadas para permitir la permanencia de astronautas en su interior durante espacios prolongados de tiempo.

Además, han sido utilizadas como laboratorio espacial para poder estudiar a fondo las reacciones del cuerpo humano ante fenómenos como la ausencia de gravedad.

Precursora de las mismas, la estación soviética *Salyut 1* fue lanzada al espacio en abril de 1971: se trataba de un pequeño habitáculo cilíndrico de 12 m de longitud por 4 de anchura máxima. El viaje inaugural de la *Salyut* concluyó en tragedia: sus tres tripulantes murieron durante el viaje de regreso a la Tierra, víctimas de una despresurización de la cabina.

LOS PRECEDENTES: DE LA *SALYUT* A LA *MIR*

Entre 1973 y 1974, tres tripulaciones se sucedieron a bordo de la *Skylab*, primera estación espacial estadounidense, nave de 25 m de longitud y 88 t de peso. Los astronautas norteamericanos pasaron en la nave *Skylab* sendas temporadas de 28, 59 y 84 días.

Pese al funesto desenlace del primer viaje de la *Salyut 1* y a la pérdida de diversas partes de la *Salyut 2*, la antigua Unión Soviética puso en órbita siete naves de este modelo hasta el año 1984. Dos ocupantes de la *Salyut 7*, Vladimir Soloviov y Oleg Atkov, pasaron en el espacio 237 días, estableciendo un nuevo récord de permanencia en condiciones de ingravidez.

El 19 de febrero de 1986 se lanzaba al espacio la estación orbital soviética *Mir*, en la que el médico Valeri Polyakov establecería un nuevo récord de permanencia en el espacio (1995): 438 días. La *Mir* fue abandonada por su última tripulación en agosto de 1999.

La dimensión internacional de la investigación

¿Un sueño hecho realidad?

A partir del año 2006, si nada lo impide, la *ISS* empezará a funcionar como centro internacional de investigaciones espaciales. La medicina (sobre todo, el estudio de las reacciones del cuerpo humano en condiciones distintas de las de nuestro planeta), la biología y los nuevos materiales serán los campos prioritarios de estudio.

Además, la *ISS* se convertirá en base para futuras expediciones tripuladas a la Luna o a otros puntos del sistema solar, ya que tampoco debe olvidarse que este gran proyecto internacional tiene un objetivo mucho más ambicioso: convertirse en cabeza de puente de la futura conquista del espacio. Aunque esta segunda meta pertenezca todavía al ámbito de la ciencia ficción, en la casa espacial —como ya es denominada la *ISS*— recibirán la adecuada formación técnica los futuros colonizadores de las galaxias. Los protagonistas de la más fantástica aventura soñada por la humanidad.

◄ *La construcción de la ISS requiere un gran volumen de trabajo extravehicular, tambien conocido como «paseo espacial».*

► *La Estación Espacial Internacional empieza a tomar forma en su órbita alrededor de la Tierra.*
Los trabajos de construcción de esta instalación son de una gran complejidad; no en vano se trata de la mayor obra realizada por el hombre en el espacio.

◄ *La astronauta estadounidense Susan Helms y su homólogo ruso, Yuri Usachev, se dirigen al transbordador Discovery. El primer gran éxito en el haber de la Estación Espacial Internacional ha sido el nivel de cooperación alcanzado entre las diversas potencias que han colaborado en su desarrollo.*

◄

Imagen del transbordador espacial tomada desde el interior de la estación.

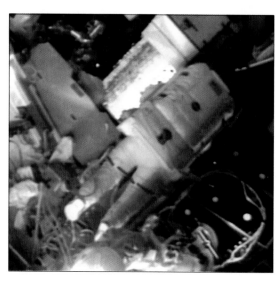

La Estación Espacial Internacional en construcción.

▲

cializado deberá invertir un millar largo de horas de trabajo (entre todas las tripulaciones que se han sucedido hasta el momento en las estaciones orbitales no han sumado tal cantidad de horas de paseos espaciales). La tripulación estable de la nave estará compuesta por siete personas.

Como ya ocurriera con la estación soviética *Mir*, la *ISS* está destinada a servir de nexo material entre científicos de diversas nacionalidades, que desarrollarán conjuntamente importantes proyectos de investigación médica y biológica. Se calcula que a partir del año 2006 la estación espacial prestará sus servicios entre diez y quince años.

ASÍ SE HIZO, ASÍ SE HARÁ

El primer componente de la Estación Espacial Internacional fue lanzado al espacio el 20 de noviembre de 1998 por la Agencia Espacial Rusa: se trataba del módulo *Zariá*, donde se encuentran los instrumentos de control energético de la nave. Apenas quince días después le siguió el módulo estadounidense *Unity*, que fue transportado por el transbordador espacial *Endeavour*. El acoplamiento entre los dos componentes tuvo lugar el 6 de diciembre, y corrió a cargo de dos tripulantes del *Endeavour*. Al *Unity* se unió más tarde (julio de 2000) un segundo módulo ruso, el *Zvezdá*, donde se encuentran el puente de mando y los habitáculos de la tripulación. Entre los tres suman 44 m de longitud y 63 toneladas de peso.

Los primeros tripulantes de la *ISS* —los rusos Yuri Guidzenko y Serguéi Krikáliov y el estadounidense William Sepherd— fueron transportados a la misma por un cohete ruso *Soyuz*, lanzado desde el cosmódromo de Baikonur (Kazajstán) el 31 de octubre de 2000. Cincuenta horas después se produjo la llegada de los tres hombres a la estación, donde debería permanecer unos 117 días. La segunda tripulación de la *ISS* partió hacia su destino en marzo de 2001.

En noviembre de 2000, el transbordador norteamericano *Endeavour* y sus cinco tripulantes visitaron la estación espacial, donde instalaron dos de los ochos grandes paneles solares que deben garantizar el suministro de energía a la nave orbital (los reflejos de estos paneles harán que la estación pueda ser contemplada a simple vista desde la Tierra, como si fuera una estrella más).

En el año 2004 se acoplará a la estación el módulo *Columbus*, tripulado por cuatro astronautas europeos. La Agencia Espacial Europea se encarga así mismo de la construcción de la nave lanzadera X-38/CRV (en la que los astronautas deben regresar a la Tierra en caso de emergencia), la nave automática de carga ATV y el brazo robótico ERA.

La Estación Espacial Internacional entró en órbita a 390 km de la Tierra, a la que da una vuelta completa cada 90 minutos.

LA *ISS*

En 1983, y por iniciativa de la agencia espacial norteamericana (*NASA*), se propuso la creación de una gran Estación Espacial Internacional (*International Space Station*, ISS). La fase de diseño del proyecto se prolongaría hasta 1993, y en los trabajos intervinieron Estados Unidos, Rusia, Canadá, Japón y los países miembros de la Agencia Espacial Europea (Bélgica, Francia, Alemania, Italia, Países Bajos, Reino Unido, España, Dinamarca, Suecia, Suiza, Irlanda, Austria, Noruega y Finlandia).

Los países participantes tienen previsto invertir la astronómica cifra —nunca mejor dicho— de 60 000 millones de dólares en la construcción de la *ISS*, que está previsto que entre en funcionamiento en el año 2006.

Al término de la fase de montaje, más de cien módulos integrarán el complejo orbital de la *ISS*, que quintuplicará el tamaño de la estación soviética *Mir*. Se calcula que se necesitarán cuarenta vuelos espaciales —a cargo de cohetes y transbordadores— para transportar sus distintos elementos, y en su ensamblaje personal técnico espe-

V

EL VIAJE COMO DESAFÍO

El viaje como desafío

Ni las montañas más elevadas, ni las mayores distancias han hecho desistir al hombre de responder a la llamada del desafío, cuando no de la utopía. Una tras otra, las expediciones al Everest han demostrado que nada es imposible cuando existe tesón y, aunque algunos murieron en el intento, muchos otros lograron colocar las banderas de sus respectivos países en la cima.

Pasando muchas horas en las carlingas de sus aviones, los pioneros de los vuelos transoceánicos abrieron caminos en el aire para las futuras rutas comerciales de aviones mejor pertrechados. Horas interminables pasaron a la intemperie los tripulantes que acompañaron a Elcano y Magallanes en su gran odisea. Cuando el viaje se realiza por la mera, pero imperiosa, necesidad de vencer un reto, el viaje cobra toda su dimensión humana y nos recuerda las palabras de Cavafis: «Si emprendes el camino de Ítaca, debes pedir que sea largo, lleno de aventuras y conocimiento».

La conquista de las grandes cimas

Fotografía del Himalaya, en Nepal.

Desde tiempos inmemoriales, las montañas han despertado el temor y la admiración del hombre; en todas las culturas existen ejemplos de cultos ligados, por su emplazamiento o panteón, a las grandes cimas (si los antiguos griegos situaban en el monte Olimpo la morada de los dioses, los nepaleses honran al monte Everest con el nombre de Chomolungma, *que significa diosa madre). A esta admiración inveterada se suman las evidentes dificultades que las cumbres más elevadas presentan para su conquista: terreno abrupto, clima glacial, escasez de oxígeno... Súmense todos los preámbulos anteriores y, como resultado, el alpinismo de elite se configurará como una de las disciplinas deportivas más difíciles y arriesgadas, fuera del alcance del común de los mortales. Por ello, si el hombre es la medida de todas las cosas y la aventura la medida física y anímica del hombre, cimas como los catorce ochomiles del Himalaya están inscritas con caracteres destacados en la historia de los grandes desafíos arrostrados por la humanidad.*

Edmund Hillary y Terzing Norgay en el Everest

Saragmatha en nepalés, Chomolungma en tibetano, el Everest es el techo del mundo con 8 848 m de altura. Conocido por los occidentales desde 1865, recibió el nombre de Everest en memoria del geógrafo británico George Everest, autor de su primera medición. Su cima fue conquistada por Hillary y Norgay en 1953.

esde tiempos inmemoriales, los pueblos centroasiáticos asentados en las laderas de la cordillera del Himalaya han profesado una veneración religiosa a la gigantesca montaña que sus lenguas denominan Diosa Madre del Mundo o Diosa Madre del Valle, alzada en la actual divisoria entre el Tíbet (vertientes este y noroeste) y Nepal (vertiente suroeste). Los exploradores y soldados europeos que penetraron en las regiones montañosas del centro de Asia, a lo largo del siglo XIX, no pudieron menos que compartir la admiración de los lugareños ante el soberbio porte del *Saragmatha*. La aventura estaba servida, pero las dimensiones colosales de la montaña se resisitían a la conquista humana.

TRÁGICOS PRECEDENTES

En 1922, una expedición británica al Everest, dotada con los medios más avanzados de la época, alcanzó los 8 300 m antes de que una avalancha sepultase a siete de sus miembros. Dos años después, a punto estuvo de tocar la cima otra expedición de la misma nacionalidad, pero sus dos protagonistas, George Leigh Mallory y Andrew Irvine, perecieron en el intento y aún se duda de

EN BUSCA DEL YETI

orría el mes de noviembre de 1949, cuando un grupo de sherpas nepalíes divisó en las faldas del Himalaya, a unos 25 m de distancia, un robusto ser antropomorfo recubierto de pelaje gris. Se encontraban a 3 900 m de altitud, y entre los montañeros estaba Terzing Norgay, el futuro compañero de Hillary en la conquista del Everest.

Aquellos sherpas identificaron su sorprendente visión con el yeti, legendario habitante de las montañas del Himalaya, una suerte de hombre mono peludo y de talla gigantesca. Pero se trata del único testimonio sobre el monstruoso ser. En 1889, el militar británico L. A. Waddell describió las gigantescas huellas que el yeti dejaba sobre la nieve, así como sus imponentes rugidos. Otro militar británico, C. K. Howard-Bury, aseguró haber visto al yeti en la lejanía, con ayuda de sus prismáticos, durante la expedición al Everest de 1921. Cuatro años después le ocurrió algo similar a N.A. Tombazi (investigador de la Geographical Society). Numerosos expedicionarios —entre ellos John Hunt, director de la expedición que alcanzó por vez primera la cima del Everest— han corroborado la existencia de gigantescas huellas antropomorfas.

Sir Edmund Hillary y el doctor Tom Nevison durante los preparativos para una expedición en 1960.
▼

cipado en distintas expediciones al Himalaya y era considerado uno de los mejores guías de toda la cordillera. Su gran prestigio hizo que fuera contratado por John Hunt, el director de la expedición británica de 1953, de la que era miembro Hillary.

En primavera, por ser considerada la época de climatología más benigna, la expedición de Hunt emprendió la ascensión del Everest por la cara sur de la montaña (vertiente nepalí). Los montañeros iban provistos de bombonas de oxígeno, ropas y calzado aislante y equipo de radio portátil.

No sin grandes esfuerzos, el octavo y último campamento base quedó establecido a 8 000 m

si los montañeros murieron en el ataque a la cima o durante el descenso tras su conquista.

Nuevas expediciones británicas (1933, 1936, 1938) se detuvieron a menos de 500 m de la cumbre. En 1952, a una expedición suiza le faltaron 42 m para coronar la montaña... Faltaba tan sólo un año para que se produjera la mayor proeza en la historia del alpinismo mundial.

LOS PROTAGONISTAS DE LA HAZAÑA

Edmund Percival Hillary nació en Auckland, Nueva Zelanda, en 1919. Curtido como alpinista en los Alpes Neozelandeses, fue el primer ser humano que pisó la cima del Everest, junto con el tibetano Tenzing Norgay. Norgay pertenecía a la etnia sherpa, de raigambre mongola y religión budista; nacido en 1913, desde 1935 había parti-

▲ *El Everest, con sus 8 848 metros de altitud, se convirtió en un mito del alpinismo, en la meta que había que alcanzar. El fracaso de numerosas expediciones a la hora de coronar su cima no hizo más que acrecentar su leyenda.*

↗ *La gesta de sir Edmund Hillary y Terzing Norgay les valió la fama. Su hazaña es considerada como una de las más grandes de la historia de las exploraciones.*

de altitud. Desde este punto, Hunt envió a sus dos especialistas a la conquista del coloso: Edmund Hillary y Terzing Norgay alcanzaron la cima del Everest, por su cara sudeste, a las once y media de la mañana del día 29 de mayo de 1953. Allí comieron pastel de menta, tomaron fotografías, depositaron ofrendas religiosas —el sherpa llevaba consigo alimentos y dulces para los dioses de la montaña, mientras que Hillary enterró un crucifijo bajo el hielo, a modo de exvoto— e izaron las banderas del Reino Unido, Nepal y las Naciones Unidas. A todo ello les dio tiempo en el exiguo cuarto de hora que permanecieron en el techo del mundo, antes de emprender el regreso al campamento base.

La gran noticia fue radiada al mundo entero desde Katmandú, la capital nepalí, el día 1 de junio: la humanidad había conquistado el Everest.

Eric Shipton y Bill Tilman en el Kilimanjaro

Las nieves del Kilimanjaro, *del premio Nobel Ernest Hemingway, y el moderno cine de aventuras han popularizado entre el gran público el nombre de esta gran montaña africana, cuya ascensión se cumplió en 1889. Pero, sin duda, la expedición más célebre fue la realizada por Shipton y Tilman en 1930.*

▲
Glaciar en el monte Kilimanjaro. La presencia de nieve en un punto tan próximo al ecuador fue motivo de asombro a lo largo de muchos siglos.

El Kilimanjaro (*Uhuru*) es la montaña más alta de África, por delante del monte Kenia y el macizo de Ruwenzori: sus 5 895 m se alzan al norte de Tanzania, no lejos de la frontera con Kenia. Su contemplación impresiona por dos motivos: la majestuosidad de su porte pétreo, que

emerge en el centro de una gran llanura, y el brillo de sus nieves bajo el sol ecuatorial.

El medio físico

El macizo volcánico del Kilimanjaro culmina en dos grandes picos: el Kibo (5 895 m) y el Mawensi (5 354 m). Distan entre sí unos 11 km, distancia que puede recorrerse siguiendo la amplia collada que une ambas prominencias a 4 600 m de altitud.

Las cotas más elevadas del Kilimanjaro están cubiertas por una gruesa capa de hielo, con lenguas glaciares que descienden hasta los 4 270 m. Sin embargo, persiste la actividad volcánica en el cráter central del Kibo, de 2 km de anchura y 300 m de profundidad.

Sobre las laderas inferiores del Kilimanjaro se extienden vastas plantaciones de café y plátanos. Las cotas intermedias presentan una rica vegetación alpina, con abundancia de musgos, líquenes y brezos gigantes.

La conquista del Kilimanjaro

El geógrafo alemán Hans Meyer y el alpinista austríaco Ludwig Purtscheller alcanzaron por vez primera la cumbre del Kilimanjaro en 1889, con el rudimentario equipo al alcance de los alpinistas decimonónicos, circunstancia que dificultó notablemente su empresa. Superaron así las ascensiones del barón Von Decken, que había alcanzado hasta la cota de los 4 300 m, y Charles New, que alcanzó los 4 420 m.

La más célebre de las expediciones al Kilimanjaro fue protagonizada por dos expertos montañeros británicos, Eric Shipton (1907-1977) y Harold William Tilman (1897-1977), en 1930. Aunque era notable la diferencia de edad entre

Eric Shipton fue uno de los alpinistas que se sintieron atraídos por la leyenda del Kilimanjaro.

◄

Eric Shipton fue uno de los alpinistas que se sintieron atraídos por la leyenda del Kilimanjaro.

El monte Kenia fue otro de los objetivos de Bill Tilman, quien lo coronó en el curso de una expedición en 1933.

▼

LAS MONTAÑAS DE LA LUNA

Del color blanco de sus cumbres nevadas, cuyos reflejos plateados recordaban el fulgor lunar, tomaron denominación las legendarias Montañas de la Luna, gigantescas elevaciones que el geógrafo y astrónomo griego Claudio Tolomeo (s. II) situó en el corazón de África. Según Tolomeo, el río Nilo nacía en sus laderas. Durante siglos, las Montañas de la Luna fueron consideradas un mito. A mediados del siglo XIX, los científicos europeos aún negaban la posibilidad de que existiera una gran cadena montañosa en las latitudes ecuatoriales de África. Y así lo creyeron hasta oír el testimonio de los misioneros alemanes Rebman y Kraft, que en 1848 y 1849 avistaron los macizos del Kilimajaro y el monte Kenia. Más tarde (1889), el británico sir Henry Morton Stanley descubrió la cordillera hoy conocida con el nombre de Ruwenzori. Así fue corroborada la veracidad de los testimonios de que se valió el viejo Tolomeo para ubicar las Montañas de la Luna.

ambos alpinistas, compartían el afán de aventuras y un gran conocimiento de las técnicas de supervivencia en la montaña.

En concreto, los dos se decantaban por expediciones rápidas y bien preparadas, ajenas a la improvisación, y preferían un equipo ligero —con el material básico de escalada y los alimentos estrictamente necesarios para el trayecto— a las grandes impedimentas.

Los expedicionarios superaron sin dificultad las duras pendientes de la zona baja de la montaña, aunque carecían de máscaras de oxígeno, y la escasez de este elemento endurecía la ascensión a medida que iban ganando altura.

EN LA CIMA DE LA ESTRELLA

A partir de los 4 000 m de altitud apareció ante los montañeros británicos la figura señera del pico Mawenzi, que ya parecían tener al alcance de las manos. Se trataba de una impresión engañosa, pues en aquel punto apenas entraban en la zona de las nieves perpetuas del Kilimanjaro. Ante los ojos de los expedicionarios Shipton y Tilman se abría un paisaje de picachos y quebradas heladas, difícil de transitar (¡tanto frío y tanto hielo en pleno ecuador!).

Por fin, los expedicionarios sintieron que la pendiente se suavizaba bajo sus pies en las inmediaciones del gran cráter del Mawenzi, humeante boca del infierno cercada por una coraza de hielo. Shipton y Tilman denominaron *Stella point* (cima de la Estrella) a la arista dominante del cráter.

No contento con la ascensión al Kilimanjaro, Tilman atravesó África en bicicleta y trepó (1933) hasta las alturas del monte Kenia y de la cordillera de Ruwenzori. De sus vivencias africanas surgió el libro de memorias *Snow on the Equator* (*Nieve en el ecuador*).

Las hazañas del alpinista Reinhold Messner

Reinhold Messner ha sido el primer hombre en culminar la ascensión a los míticos catorce ochomiles, las cumbres más altas del planeta, no sin antes haber alcanzado la cima del Everest en solitario y sin oxígeno, una de las proezas más importantes de la historia del deporte.

Reinhold Messner, natural de la región italiana del Alto Adigio (Tirol Sur) —territorio de etnia y lengua alemanas—, nació en la localidad de Villnös, en 1944. El contacto del gran alpinista con la alta montaña fue muy temprano, pues no en vano su comarca natal se encuentra en pleno corazón de la cordillera de los Alpes, al sur de la cadena conocida como Tanaru Altos y al oeste de los célebres Dolomitas, donde se alzan varios picos de más de 3 000 m de altitud.

EL HOMBRE CONTRA LA GRAN MONTAÑA

Messner se estrenó en el Himalaya (1970) con la ascensión al Nanga Parvat, montaña de 8 125 m situada en la región de Cachemira, entre la frontera de la India y Pakistán. Le acompañaba su hermano Günter, que falleció durante el descenso.

La tragedia no desalentó a Messner, que llevaba la montaña en la sangre. En 1978 iba a rubricar la primera de sus grandes aventuras: la ascensión de los 8 848 m del monte Everest sin bombonas de oxígeno, un desafío que ningún alpinista había superado. Le acompañó en la empresa un montañero austríaco, Peter Habeler, con quien ya había escalado el Gasherbrum (8 068 m).

Arriba, Messner durante una sesión de entrenamiento físico. Abajo, en el Everest.

Dos años más tarde, Messner rizó el rizo de la dificultad repitiendo la ascensión al Everest, de nuevo sin bombona de oxígeno, y esta vez sin compañía. Segunda plusmarca en su haber: nadie había alcanzado antes la cima de esta enorme montaña en solitario.

Pero la doble conquista del Everest no satisfizo las ansias de aventura de Reinhold Messner. Y si difícil fue la ascensión al techo del mundo, no lo fue menos la conquista del K2 (o Godwin Austen, de 8 611 m), cuya cima holló, en compañía de A. Gogna, en el año 1979. El K2 se alza en la cordillera de Karakorum, en la frontera entre Pakistán y China. Había sido conquistado por vez primera por otra expedición italiana, dirigida por Ardito Desio (1954).

El Kanchenjunga (K3, de 8 598 m) se encuentra en la frontera entre Nepal y la India. Este enorme macizo, que culmina en cinco picos, fue esca-

EL MEDALLERO DE MESSNER

Messner fue el primer alpinista en coronar los catorce ochomiles (picos que superan los 8 000 m de altitud). Ésta es la relación de sus logros:

1970. Ascensión al Nanga Parvat (8 125 m) en compañía de su hermano Günter Messner.

1972. Manaslú (8 156 m).

1975. Gasherbrum (o Hidden Peak, de 8 068 m), coronado en compañía de Peter Habeler.

1978. Acensión al Everest (8 848 m) junto con Peter Habeler. Segunda subida al Nanga Parvat.

1979. Ascensión al K2 (Godwin Austen, de 8 611 m) en compañía de A. Gogna.

1980. Segunda ascensión —en solitario— al Everest.

1981. Shisma Pangma (8 046 metros). Realizó la escalada en compañía de Friedl Mutschlechner.

1982. Kanchenjunga (8 598 m), acompañado de Mutschlechner y el sherpa Dorje. Gasherbrum II (8 035 m), junto con N. Sabir.

1983. Cho Oyu (8 153 m), junto con Kammerlander y Dacher.

1985. Dhaulagiri (8 167 m) y Annapurna (8 091 m).

1986. Makalú (8 451 m) y Lhotse (8 511 m).

lado por Messner en 1982 (tuvo como precedente la expedición del galés Charles Evans, que coronó la montaña en 1955).

RESISTENCIA AL LÍMITE

Messner publicó la crónica de su primera expedición al Everest, *Everest. Expedición al punto final*, en 1979 En sus páginas pueden leerse reflexiones como éstas: «En las expediciones, lo que me interesa es acercarme más a mí mismo; mirar hacia mi interior. Cuando subo muy alto, puedo mirar muy dentro de mí. Pero si introdujera medios técnicos entre la montaña y yo, no podría percibir ciertas sensaciones: con la mascarilla de oxígeno no puedo comprobar, no puedo percibir qué significa escalar alturas de 8 000 metros y más, combatir la tendencia del cuerpo a no obedecer y soportar la soledad sin ninguna ayuda».

▲
Imagen del Himalaya. Las cumbres de esta cordillera han atraído a alpinistas de todo el mundo. Muchos de ellos, en busca del «más difícil todavía», han intentado emular la gesta de Messner de alcanzar sus cimas sin la ayuda de oxígeno suplementario.

✦
Reinhold Messner en la presentación de su libro sobre su primera expedición al Everest.

Messner había demostrado al mundo que un hombre bien preparado podía enfrentarse con sus propios medios al desafío de la Gran Madre del Mundo, como llaman los nativos del Himalaya al gigantesco monte Everest.

Años más tarde, una vez retirado de la escalada de elite, aplicó su experiencia y conocimientos al desarrollo de técnicas de supervivencia en la alta montaña. La intención del veterano montañero italiano no era otra que adiestrar a las futuras generaciones de alpinistas, para que afrontasen con garantías las condiciones materiales más adversas.

Chris Bonington en el Annapurna

El Annapurna (K11) rivaliza con el Everest en belleza paisajística y dificultad de ascensión. Se trata de un gigantesco macizo rematado por dos cumbres que se alzan a 8 075 y 7 937 m de altitud. Una leyenda del alpinismo mundial, cuyo nombre ha quedado íntimamente ligado al montañero británico Chris Bonington.

Chris Bonington nació en la localidad inglesa de Hampstead en 1934. Tras pasar por la Universidad de Londres, ingresó en la Academia Militar de Sandhurst. En 1956 fue destinado al Real Regimiento de Tanques. Posteriormente pasó tres años destinado en Alemania Occidental, antes de ingresar como instructor de montañismo en la Army Outward Bound School. Durante ese período de su vida realizó distintas

▲
Chris Bonington fue nombrado caballero a raíz de sus éxitos como alpinista. Su gesta más recordada es la conquista del pico menor del Annapurna, el de más difícil ascención del Himalaya.

ascensiones en los Alpes, y fue el primer británico en escalar la cara norte del monte Eiger, en 1962, el mismo en que decidió abandonar el ejército, para dedicarse por completo al mundo de la montaña.

ESCALADAS EN EL HIMALAYA

En 1960, Bonington fue invitado a formar parte de la expedición internacional (británica, india y nepalesa) al Annapurna, una montaña mítica entre los alpinistas europeos, cuya ascensión nadie había conseguido culminar por las dificultades que presentaba su escalada. A raíz de aquella expedición, Bonington se convirtió en el primer hombre que puso su pie sobre el pico menor de la montaña (7 937 m); le acompañaron en la conquista de la cima el británico Dick Grant y el sherpa Ang Nyma. La proeza convirtió a Bonington en uno de los alpinistas más afamados del mundo.

Tras distintas expediciones a otras tantas regiones del planeta (el Himalaya, Ecuador, la canadiense Tierra de Baffin, el Nilo Azul...), Bonington inició en el otoño de 1968 los preparativos de

➤ *El Annapurna, cumbre situada en el Himalaya nepalés, es una de las más inaccesibles del planeta. A su gran altura cabe añadir unas pendientes consideradas de máxima dificultad.*

El alpinista Maurice Herzog tuvo que ser bajado en parihuelas, con síntomas de congelación, tras coronar el pico mayor del Annapurna en 1951. ▼

LOS DOS GIGANTES HERMANOS

En la mitología hindú, Annapurna (o Parvati) es la diosa de la abundancia. Una deidad benéfica, representada como una bella mujer que puede aparecer sobre una flor de loto o sentada en un trono, con un cuenco de arroz y una cuchara de oro en las manos. Annapurna socorrió al dios Siva, que mendigaba para dar de comer a sus hijos. Siva se sintió tan conmovido por la bondad de Annpurna, que la abrazó con un afecto desmesurado, y ambos se fundieron en un mismo cuerpo.

Así explica la leyenda la peculiar orografía del monte Annapurna, un gigantesco macizo granítico de más de 56 km de longitud sobre el que destacan dos picos señeros, Annapurna I (8 075 m) y II (7 937 m). A estas cumbres pueden sumarse dos cimas menores, numeradas como Annapurna III (7 555 m) y IV (7 525 m). La primera ascensión al Annapurna —realizada por su cara norte— tuvo lugar el día 3 de junio de 1950, a cargo de la expedición francesa comandada por Maurice Herzog.

su segunda ascensión al Annapurna que se realizaría en 1970. Esta vez, la aventura requería un esfuerzo suplementario, e incluso descabellado para algunos: consistía en escalar la montaña por la cara sur, la más peligrosa, y encaramarse hasta la cima señera del macizo, a 8 075 m de altitud. Para culminar su empresa, el osado alpinista británico y su grupo tuvieron que escalar impresionantes paredes de hielo, de una verticalidad que ponía en peligro sus vidas.

Los conocimientos y la minuciosa planificación de Bonington permitieron que dos miembros de la expedición, Dougal Haston y Don Whillans, alcanzaran la cima principal del Annapurna el día 27 de mayo de 1970.

ACTIVIDADES POSTERIORES

Bonington prosiguió sus escaladas en diferentes puntos del Himalaya. En 1972 lideró una expedición británica al Everest, que se detuvo a los 8 300 m de altitud. Tres años después repitió el intento, siguiendo la cara suroeste de la gran montaña, que fue coronada por Doug Scott y Dougal

LOS CATORCE OCHOMILES

Éstas son las catorce cimas más altas del planeta, por encima de los 8 000 m de altitud. Juntas conforman el currículo de los mejores alpinistas de la historia. Todas ellas se encuentran en el centro de Asia, en la cordillera del Himalaya, entre China (incluyendo el Tíbet, ocupado por Pekín desde 1950), India, Pakistán y Nepal.

K1: Everest (8 848 m). Situado en la frontera entre el Nepal y el Tíbet. En tibetano recibe el nombre de Chomolungma (Diosa Madre del Mundo). Recibe su nombre del geógrafo George Everest, quien realizó su primera medición a mediados del pasado siglo. Fue escalado por primera vez por el alpinista neozelandés Edmund Hillary y el sherpa Terzing Norgay.

K2: Godwin Austen (8 611 m). Se alza en la frontera entre China y Cachemira, en un territorio cuya soberanía reclaman la India y Pakistán. Debe su nombre al topógrafo británico Henry Godwin Austen (desde 1861). Entre los nativos recibe los nombres de Chogori, Lambha Pahar, Dapsang y Kechu.

K3: Kanchenjunga (8 598 m). En la frontera entre Nepal y el estado de Sikkim (India). Fue escalado por vez primera en 1955 por el galés Charles Evans.

K4: Lhotse I (8 511 m). Situado en la frontera entre China y Nepal.

K5: Makalu (8 481 m). Ubicado en la frontera entre el Tíbet y Nepal.

K6: Lhotse Sar (8 386 m). En la frontera entre China y Nepal.

K7: Dhaulagiri (8 167 m). Situado en la zona centrooriental de Nepal.

K8: Manaslú (8 156 m). En la zona central septentrional de Nepal.

K9: Cho Oyu (8 153 m). Entre Nepal y el Tíbet.

K10: Nanga Parvat (8 125 m). Se alza en la Cachemira paquistaní, entre los ríos Indo (norte) y Skârdu (este).

K11: Annapurna (8 078 m). Sito en Nepal. Una de las montañas más sobrecogedoras y hermosas del Himalaya. Su conquista se debe a Chris Bonington.

K12: Gasherbrum I (o Hidden Peak, 8 068 m). En la zona paquistaní de Cachemira (forma parte de la cordillera del Karakorum).

K13: Shisma Pangma (o Gosainthan, 8 046 m). Situada en territorio tibetano.

K14: Gasherbrum II (8 035 m).

Haston. Realmente épica puede considerarse la ascensión al Ogre (7 100 m) en 1977: Bonington tuvo que afrontar terribles condiciones meteorológicas durante el descenso, y llegó a su campamento base cuando ya había sido evacuado, circunstancia que complicó notablemente la aventura.

En 1978, Bonington inauguró la ruta oeste del K2 (en aquella expedición falleció el alpinista Nick Estcourt, al ser arrollado por un alud). Cuatro años

Imagen de satélite de las cumbres del Himalaya, en la zona fronteriza entre China y Cachemira. Su punto más alto, el Godwin Austen, alcanza los 8 611 m.

más tarde inauguró también la ruta noreste del Everest.

En atención a sus méritos como divulgador científico, el montañero británico recibió el título de *Sir*, así como numerosos premios, entre ellos la Medalla de la Royal Geographical Society, la medalla Lawrence de Arabia de la Royal Asian Society y la medalla Livingstone de la Scottish Geographical Society.

Los primeros vuelos de larga duración

Elevación de un globo en los jardines de Aranjuez, obra del pintor del siglo XVIII Antonio Carnicero.

Ícaro, protagonista de uno de los mitos más antiguos de la historia de la humanidad, escapó del laberinto de Creta con las alas de cera fabricadas por su padre Dédalo, pero pagó con su vida la osadía de acercarse al Sol, cuyo calor le derritió las alas. Parecía una triste premonición: el ser humano, centro del universo, se vería privado para siempre de la capacidad de volar, un don que la naturaleza había concedido a seres mucho más simples. Porque la conquista del cielo ha sido una verdadera obsesión, seguramente desde los albores mismos de la humanidad. En pleno Renacimiento, Leonardo da Vinci se esforzó en la invención de artilugios que pemitieran al hombre remontar el vuelo. Y tanta imaginación derrochada y tantos esfuerzos técnicos estériles se vieron premiados por fin, en el siglo XVIII, con los primeros vuelos en globo, pero sobre todo dos centurias más tarde, cuando la aviación revolucionó las comunicaciones, la técnica bélica y la propia concepción que el ser humano tenía de su planeta.

Louis Blériot atraviesa el canal de la Mancha

El canal de la Mancha apenas tiene 34 km de ancho en su zona más estrecha, el estrecho de Dover, donde se une al mar del Norte. En 1909, tan corta distancia era todo un reto para la naciente aviación. Un desafío que supo asumir y culminar felizmente el piloto francés Louis Blériot.

Louis Blériot (1872-1936) abrió los ojos al mundo sobre las posibilidades de la aviación.

Blériot nació en Cambrai el 1 de julio de 1872. Tras cursar estudios de ingeniería, inició una brillante carrera profesional como creador y fabricante de accesorios eléctricos para la industria automovilística, actividad que iba a depararle pingües beneficios económicos. Dejándose llevar por su carácter inquieto, se interesó por la fabricación de aviones, cuya tecnología mejoró notablemente. Él fue el primero en aplicar a los aviones los motores de explosión ligeros, que basan su funcionamiento en la combustión interna del carburante.

LA TRAVESÍA DEL CANAL DE LA MANCHA

Los trabajos aeronáuticos de Blériot fueron muy diversos: en un principio realizó diseños experimentales de aparatos de índole dispar, pero finalmente concentró sus esfuerzos en la fabricación de aeroplanos (es decir, de aeronaves con alas fijas).

En 1909, cuando el diario británico *London Daily Mail* prometió un premio de 1 000 libras esterlinas a quien realizase con éxito la travesía aérea del canal de la Mancha, Blériot disponía del *Blériot XI*, avión monoplano de su creación equipado con un motor de 28 CV de potencia, y no dejó escapar la oportunidad. El premio, pese a ser sustancioso, no podía superar el honor de convertirse en el primer hombre que viajara en aeroplano desde Francia hasta Gran Bretaña. No era la primera vez que se realizaba un viaje aéreo entre ambos países: el francés Jean-Pierre Blanchard y el estadounidense John Jeffries fueron los primeros en conseguirlo —a bordo de un globo— en

La Marina francesa destacó un destructor para seguir el vuelo de Blériot, precaución que se reveló innecesaria.

el año 1785. Sin embargo, nunca antes se había hecho esta travesía en una aeronave más pesada que el aire.

El día 25 de julio de 1909, Blériot despegó de Calais (Francia) y enfiló con su *Blériot XI* la ruta de Gran Bretaña. Menos de 36 minutos después aterrizaba en la ciudad inglesa de Dover, tras salvar una distancia de 37 km, dato a partir del cual puede calcularse la velocidad media alcanzada por el aeroplano: algo más de 60 km/h. Un vuelo que puede parecer breve y fácil en los albores del siglo XXI, pero que constituyó una verdadera hazaña para su tiempo, cuando ningún aviador se había atrevido aún a realizar un vuelo oceánico. Ni qué decir tiene que el *London Daily Mail* entregó inmediatamente a Blériot el importe del premio.

LA AVIACIÓN MILITAR

La hazaña de Blériot fue un gran acicate para los aviadores europeos y estadounidenses, que se lanzaron a batir récords de vuelo, tanto de velocidad como de distancia, con auténtico frenesí.

Subido en el carro triunfal de la fama y la prosperidad, el piloto francés Louis Blériot continuó invirtiendo buena parte de su fortuna en la investigación aeronáutica, a fin de mejorar técnicamente sus prototipos.

Pocos años después del vuelo del *Blériot XI* estalló la Primera Guerra Mundial, un conflicto desastroso por sus elevados costes humanos y materiales, pero que se convertiría en un fuerte estímulo para el desarrollo de la aviación, dada la potencialidad bélica del aeroplano. Blériot puso sus conocimientos e industrias al servicio del ejército francés, para cuya arma aérea fabricó cerca de 10 000 aviones, entre ellos el célebre *Spad III*, que podía volar a 6 000 m de altura y alcanzaba una velocidad de 200 km/h.

⋀
El monoplano Blériot XI. *Diez años más tarde se realizaban ya vuelos regulares a través del canal de la Mancha En muy poco tiempo, el aéreo se convirtió en un medio de transporte de gran aceptación.*

⋀
Antes de iniciar su aventura, Blériot ensayó diversos tipos de aeroplano durante varios años.

VOLANDO SOBRE INCERTIDUMBRES

Tres siglos mediaron desde los diseños de artefactos voladores realizados por Leonardo da Vinci hasta el primer prototipo moderno de avión, construido en 1848 por los ingenieros británicos John Stringfellow y William Samuel Henson: dotado con un motor de vapor, logró despegar, pero no pudo remontar el vuelo. Mejor fortuna tuvo el aparato mecánico del francés Alphonse Penaud, que voló 335 m en 1871.

Prototipos más evolucionados (los de Hardgrave, Langley, DeGroof, Lilienthal...) precedieron al célebre biplano *Flyer* de los hermanos estadounidenses Wilbur y Orville Wright, que protagonizó el primer vuelo tripulado de una aeronave más pesada que el aire y propulsada por un motor: ocurrió en las inmediaciones de la localidad de Kitty Haw (Carolina del Norte), el 17 de diciembre de 1903. En aquella ocasión, Wilbur Wright recorrió 260 m en poco más de 59 segundos. En 1905, el *Flyer* fue capaz de volar 38,9 km en 38 minutos y 3 segundos. El 12 de noviembre de 1906 tuvo lugar en París el primer vuelo europeo: el brasileño Alberto Santos Dumont recorrió 220 m en 22,5 segundos a bordo del aeroplano *14-bis*. A partir de entonces, la capital francesa dispuso de la primera fábrica de aviones del mundo, propiedad de los hermanos Voisin.

Concluida la contienda, Blériot fundó una compañía de aviación comercial que regentó hasta su muerte, acaecida en París el 2 de agosto del año 1936.

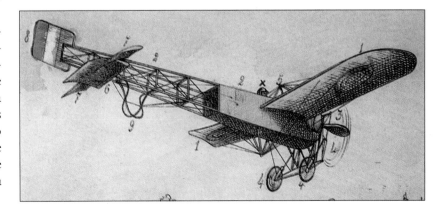

El *Plus Ultra*, de España a Argentina

Los aviadores e ingenieros españoles participaron del fervor por la navegación aérea compartido por los países más desarrollados. Buena prueba de ello fue el vuelo transoceánico del hidroavión Plus Ultra, *emprendido en 1926.*

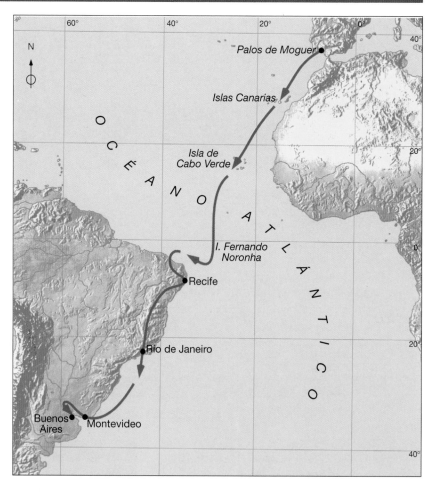

L as travesías oceánicas supusieron todo un reto tecnológico para los primeros fabricantes de aeroplanos. Pensando en ellas nacieron los hidroaviones, aparatos que sustituían las ruedas del tren de aterrizaje por grandes planchas flotadoras que les permitían despegar y posarse sobre el agua. El *Plus Ultra* era un hidroavión bimotor modelo *Dornier Wall*, de fabricación alemana. Una nave grande y pesada, diseñada para transportar grandes cargas.

DE PALOS A BUENOS AIRES

El *Plus Ultra* despegó del puerto de Palos de Moguer el día 26 de enero de 1926. Su objetivo era realizar la primera travesía aérea del Atlántico Sur (propósito bien claro a tenor de su nombre, que en latín significa *Más allá*). A bordo iban cuatro militares españoles: el comandante Ramón Franco, máximo responsable de la expedición; el capitán Julio Ruiz de Alda; el teniente de navío Juan M. Durán, y el mecánico Pablo Rada.

La travesía no fue fácil. Tuvieron algunos problemas mecánicos y la meteorología tampoco favoreció a los aviadores. El *Plus Ultra* era una nave con una escasa autonomía de vuelo, que necesitaba repostar combustible a medidos trechos, por lo que las dificultades surgidas a lo largo del *raid* provocaron retrasos que a punto estuvieron de hacer que el avión quedase inutilizado en medio del océano Atlántico.

▲
***R**amón Franco Bahamonde.*

▲
***L**a hazaña del* Plus Ultra *se llevó a cabo en 12 días, entre enero y febrero del año 1926.*

➤
***E**n su día se aseguró que Ramón Franco tenía la intención de desertar y unirse a las filas republicanas.*

Finalmente, el *Plus Ultra* amerizó en el puerto de Buenos Aires el día 7 de febrero, tras realizar escalas previas en Gran Canaria, Cabo Verde, Fernando Noroña, Recife, Río de Janeiro y Montevideo. En la capital argentina, los aviadores espa-

ñoles fueron recibidos como héroes. Por primera vez un hidroavión había atravesado el Atlántico Sur.

La estela del *Plus Ultra* fue seguida por otro hidroavión español, el *Jesús del Gran Poder*, un *CASA-Breguet GR19 Bidón* tripulado por I. Jiménez y F. Iglesias, que voló sin escalas desde Sevilla hasta Río de Janeiro en 1929, invirtiendo 20 horas en la travesía.

Los protagonistas de la hazaña

Los principales artífices de la hazaña del *Plus Ultra*, Ramón Franco y Julio Ruiz de Alda, no sólo compartieron la fama de héroes de la aviación. Ambos acabaron prematuramente sus días, y en circunstancias trágicas.

De Ramón Franco, hermano menor del general Francisco Franco, todos conocían su ideología progresista y republicana. Años más tarde protagonizó una intentona de sublevación militar contra la monarquía, anterior al advenimiento de la Segunda República. Tras el estallido de la guerra civil se sumó al bando insurrecto, liderado por su hermano Francisco. El comandante del *Plus Ultra* desapareció en el mar, junto con el hidroavión que pilotaba, en 1938, poco después de despegar de la base de hidros de Pollença (Mallorca). Según la versión oficial, su avión se precipitó a las aguas, por un problema técnico, durante una misión de combate. Según versiones extraoficiales, Ramón Franco murió cuando pretendía pasarse al bando republicano, quizás por un fallo de su avión, tal vez derribado por la propia aviación franquista.

La irrupción del hidroavión

Henri Fabre dirigía los mandos del primer hidroavión de la historia, que realizó su vuelo de presentación el 28 de marzo de 1910. En enero de 1911, el estadounidense Glenn Hammond Curtiss —que figuró entre los primeros ases de la aviación internacional— fue el protagonista del primer vuelo de un hidroavión norteamericano.

Tras la Primera Guerra Mundial, los hidroaviones empezaron a utilizarse como medio de transporte de personas y enseres. Una de estas aeronaves protagonizó el vuelo transoceánico de la historia: un aparato modelo NC-4 voló desde Rockaway Beach (Long Island, Estados Unidos) hasta Plymouth (Gran Bretaña) entre los días 8 y 31 de mayo de 1919, con escalas en Terranova (Canadá), islas Azores y Lisboa (Portugal).

El primer *raid* transoceánico sin escalas se realizó poco después: entre los días 14 y 15 de junio de 1919, los aviadores británicos John William Alcock y Arthur Whitten Brown volaron desde Saint John's (Terranova, Canadá) hasta Clifden (Irlanda).

Años después del vuelo del *Plus Ultra*, Julio Ruiz de Alda se convirtió en un político de relieve, como miembro fundador —junto con José Antonio Primo de Rivera— de Falange Española (1933) y de su fusión con las Juntas de Ofensiva Nacional Sindicalista, fundadas en 1931 por R. Ledesma Ramos y O. Redondo. El estallido de la guerra civil le sorprendió en Madrid, donde fue encarcelado. Fue asesinado en una de las matanzas de presos políticos realizadas en agosto de 1936.

El Plus Ultra *en una de las escalas en su célebre* raid *por el Atlántico Sur. El aeroplano fue recibido con gran expectación en todas las escalas que conformaron el viaje.*

▼

El Curtiss NC-4 cruzar el Atlántico Norte

Concluida la Gran Guerra, las naciones tuvieron que reconvertir los frutos de su esfuerzo bélico en recursos para la paz. Decenas de aparatos de combate fueron reciclados para destinarlos a usos comerciales, como el hidroavión estadounidense Curtiss NC-4 *que cruzó el Atlántico Norte en 1919.*

◄

Un avión Curtiss *fotografiado en un aeródromo.*

En una época en la que los aeródromos y los trenes de aterrizaje eran muy rudimentarios, el uso de hidroaviones e instalaciones portuarias adquirió un notable protagonismo. La era de los hidroaviones se alargó hasta el estallido de la Segunda Guerra Mundial.

▼

Previo paso por la fabricación de bicicletas y motos, el inventor y empresario estadounidense Glenn Hammond Curtiss (1878-1930) se había convertido, a principios del siglo XX, en uno de los promotores más activos de la aviación internacional. Antes de la Primera Guerra Mundial contaba en su haber con distintas plusmarcas nacionales y mundiales de vuelo, en pruebas tanto de velocidad como de distancia.

DE BOMBARDERO A AVIÓN COMERCIAL

Al francés Henri Fabre y al estadounidense Glenn Curtiss se debe la invención de los primeros hidroaviones, tarea en la que este último concentró sus energías entre 1908 y 1912. El primer

prototipo de hidroavión de Curtiss demostró su viabilidad técnica en enero de 1911.

Tras el estallido de la Primera Guerra Mundial, Curtiss se mostró doblemente activo: además de fabricar aviones de combate y bombarderos para el gobierno de su país, aplicó sus amplios conocimientos prácticos como piloto en la organización y dirección de la primera escuela de aviación de la historia.

Entre los modelos desarrollados por el inventor estadounidense durante los años de la Gran Guerra (1914-1918) figuraba el *Curtiss NC-4*, un hidroavión de gran porte y notable capacidad de carga, que en su origen fue diseñado para desempeñar funciones de bombardero. Fabricado por encargo de la Marina de Estados Unidos, este monoplano estaba equipado con un motor de combustión interna que superaba los 200 km/h, pero una buena parte de su fuselaje era todavía de madera y tela.

Al finalizar la guerra, el *Curtiss NC-4* fue el primer avión bélico reconvertido para usos civiles, como el transporte de correo y pasajeros (los cua-

▲
Instantánea de la partida de un vuelo de Air France en 1919, perteneciente a la línea regular que unía las ciudades París y Londres.

Henry Fabre, pionero, junto con Glenn Curtis, de los hidroaviones.
▼

les, por cierto, viajaban en condiciones un tanto penosas, en un espacio muy incómodo y sometido a las inclemencias térmicas propias de la altura y los vientos).

POR ENCIMA DEL ATLÁNTICO

La aviación se planteaba nuevos y más ambiciosos retos. Entre ellos, la travesía del océano Atlántico, que presentaba dificultades prácticamente insalvables. En primer lugar había una gigantesca extensión de mar que recorrer, sin posibilidad de realizar ninguna escala en lugar habitado, lo que implicaba la necesidad de seguir la ruta más breve para economizar combustible; pero las condiciones meteorológicas –en especial, los fuertes vientos oceánicos– no siempre eran favorables al cumplimiento de la vieja máxima según la cual la línea recta es el camino más corto entre dos puntos cualesquiera.

Una vez planteado el reto, poco se tardó en superarlo. Un hidroavión *Curtiss NC-4* consiguió unir ambas orillas del Atlántico por primera vez en la historia de la aviación. Su piloto era estadounidense, y se llamaba Charles Read. Partió de la localidad de Rockaway Beach, en la isla de Long Island (muy cerca de la ciudad de Nueva York) el 13 de mayo de 1919 y recaló en dos territorios canadienses, la bahía de Halifax y Terranova, antes de emprender el gran salto hasta las Azores.

Desde este archipiélago voló a Lisboa, la capital portuguesa, su última escala antes de Plymouth (Gran Bretaña), donde llegó sano y salvo el día 31 del mismo mes. Los medios de comunicación del mundo entero saludaron esta travesía como el brillante inicio de una nueva época de la aviación mundial.

UN TRIUNFADOR ESTADOUNIDENSE

1878. Nace en Nueva York, el día 28 de mayo, Glenn Hammond Curtiss.

1901. Funda una empresa dedicada a la fabricación de bicicletas.

1907. Alcanza los 219 km/h con una motocicleta de su invención. Se asocia con Alexander Graham Bell, el inventor del teléfono, en la empresa Aerial Experiment Association.

1908. Recorre en vuelo una distancia de 1 800 m (plusmarca mundial) a bordo del *June Big*.

1909. Gana el concurso internacional de velocidad de Reims (Francia), superando en vuelo los 75 km/h.

1910. Realiza la travesía Albany-Nueva York a bordo del *Albany Flyer*, en 2 horas y 51 minutos.

1911. La Marina de guerra estadounidense empieza a adquirir aviones de Curtiss.

1914-1918. Durante la Gran Guerra, fabrica hidroaviones para los ejércitos de Estados Unidos, Reino Unido y Rusia.

1919. Un avión diseñado por él, el bombardero NC-4, realiza la primera travesía aérea del Atlántico con escalas.

1930. Fallece en Buffalo (Estados Unidos), el día 23 de julio, a causa de una apendicitis mal curada. En sus exequias recibe honores de héroe nacional.

Charles Lindberg en el *Spirit of St. Louis*

El Atlántico fue llamado Mar Tenebroso por los navegantes de la Antigüedad, y durante siglos fue una frontera infranqueable que mantenía en el mutuo desconocimiento al Viejo y el Nuevo Continentes. En 1927, Charles Lindberg cruzó el océano Atlántico en un sorprendente vuelo sin escalas.

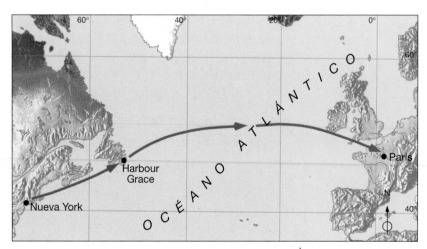

Tras varios intentos y aproximaciones, los hidroaviones habían conseguido sobrevolar el Atlántico recalando en puntos estratégicos de su contorno (sirvan los ejemplos del *Curtiss NC-4,* de Charles Read, y el *Plus Ultra,* de Ramón Franco y Julio Ruiz de Alda), e incluso sin escalas (así lo hicieron John Alcock y Arthur Brown). Pero nadie hasta entonces había podido atravesar el Atlántico en un vuelo directo, sin escalas y en solitario.

Lindberg culminó la hazaña de cruzar el océano Atlántico en poco más de 33 horas.

PILOTO MILITAR Y CIVIL

Lindberg nació en Detroit (Michigan) el 4 de febrero de 1902. Era hijo de un miembro del Congreso de Estados Unidos. Estudió dos cursos de ingeniería, carrera que abandonó en 1922 para ingresar en la Escuela de Vuelo de Lincoln (Nebraska). Más tarde ingresó como piloto en el ejército de Estados Unidos (1924), pero en 1925 se incorporó a una compañía comercial, encargada del transporte del correo entre las ciudades de Saint Louis y Chicago. Este trayecto entraña grandes dificultades, por realizarse de noche —en esa época, los aviones no disponían de otro instrumento de orientación que la brújula.

En 1919, el filántropo francés Raymond B. Orteig había prometido un premio de 25 000 dólares al primer aviador que realizase en solitario un vuelo sin escalas entre Nueva York y París. Corría el año 1929, y Lindberg se mostró dispuesto afrontar el reto. Para culminar la hazaña, eligió el *Spirit of Saint Louis* (*Espíritu de San Luis*), avión cuyo nombre homenajeaba a la ciudad que le había confiado el transporte aéreo de su correspondencia.

Charles Lindberg fotografiado junto al Spirit of St. Louis. Este piloto demostró poseer una gran habilidad para la orientación en vuelo y la navegación de larga distancia, elementos cruciales para el éxito de su travesía del Atlántico. Años más tarde, durante la Segunda Guerra Mundial, aún seguía sorprendiendo a todos con su destreza como piloto.

PREMIO PULITZER Y PERSONAJE CINEMATOGRÁFICO

Aparte de aviador, Lindberg fue un escritor de meritoria pluma. En 1927 publicó *We* (*Nosotros*), a la que seguiría *Of flight and Life* (*En el vuelo y en la vida*, 1948). Más tarde publicó la crónica de su primer vuelo transoceánico, *Spirit of Saint Louis* (1953), obra que le valió el premio Pulitzer de 1954. También escribió *Wartime Journals* (*Diario de guerra*, 1970), donde narra su doble experiencia bélica, en calidad de asesor técnico de la industria aeronáutica estadounidense y piloto de guerra (participó en misiones de combate en el Pacífico y Europa), así como sus impresiones personales sobre distintos aspectos del conflicto.

Lindberg se convirtió en personaje cinematográfico de la mano de Billy Wilder, director del filme biográfico *The Spirit of Saint Louis* (1957), presentada en España bajo el título de *El héroe solitario*. La película fue protagonizada por uno de los grandes actores de la era dorada de Hollywood, James Steward.

A TRAVÉS DEL ATLÁNTICO

El *Spirit of Saint Louis* era un monoplano de 1 025 kg (sin carga), equipado con un motor de 220 CV de potencia. Lindberg despegó del aeródromo de Long Island (Nueva York) el 20 de mayo de 1927, a las 7.50 h de la mañana. Tardó 33 horas y 32 minutos en aterrizar en el aeropuerto parisino de Le Bourget, tras 5 810 km de travesía sobre el océano, durante la cual su aparato alcanzó una velocidad media de 188 km/h.

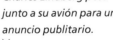

Una de las ediciones especiales que se realizaron con motivo del viaje de Lindberg.

Charles Lindberg posa junto a su avión para un anuncio publitario.

No fue un vuelo fácil. El *Spirit of Saint Louis* tuvo que atravesar zonas cubiertas de densas nieblas, así como tormentas y otras perturbaciones. Pero Lindberg demostró que podía tenderse una línea aérea comercial sin escalas a través del Atlántico Norte.

Franceses y estadounidenses celebraron la hazaña de Lindberg, que de vuelta a casa fue recibido con honores de héroe nacional. Como reconocimiento a sus méritos recibió la *Distinguished Flying Cross* (Cruz de Aviador Distinguido) y la Medalla de Oro del Congreso de los Estados Unidos, además de ser ascendido a coronel de aviación.

DESPUÉS DE LA HAZAÑA

Los méritos de Lindberg no se redujeron a la epopeya del *Spirit of Saint Louis*: a él se debieron los primeros vuelos comerciales entre Washington y México D.F. (1929) y entre Washington y Tokio (1931), ruta que inauguró sobrevolando Alaska.

Por desgracia, la biografía de Lindberg tampoco puede desligarse del secuestro y asesinato de su hijo Charles, de dos años de edad (el crimen fue imputado a un carpintero de origen alemán, ejecutado en 1936), ni de las acusaciones de simpatía hacia el régimen nacionalsocialista alemán, debidas a la firme postura neutral defendida por el aviador estadounidense antes de que su país tomase parte en la Segunda Guerra Mundial. Lindberg falleció en Kipahulu, isla de Maui (Hawai), el 26 de agosto de 1974.

Un viaje en globo: el *Team USA*

Desde la Antigüedad, el hombre sintió deseos de surcar los cielos, como las aves, empeño que se le resistiría muchas centurias, hasta la invención de los globos aerostáticos. En 1992, el Team USA *logró lo que hasta entonces parecía imposible para un globo: la travesía del Atlántico.*

Los hermanos Étienne y Joseph-Michel Montgolfier inventaron el primer globo aerostático de la historia (1783). Ese mismo año, otro francés, Jean-François Pilâtre de Rozier, protagonizó, en las cercanías de París, los primeros vuelos tripulados, primero en globo cautivo y después en un aparato libre. No mucho después, Jean-Pierre Blanchard y el estadounidense John Jeffries cruzaban en globo el canal de la Mancha (1785). Tales hitos inauguraban una nueva era para los transportes y la investigación.

GUERRA Y PAZ

Los aeronautas competían entre sí, a fin de lograr nuevas marcas de distancia en vuelo. En 1836, un globo con 2 410 m³ de capacidad, *The Great Ballon of Nassau*, viajó de Londres a Weilburg (Alemania) en 18 horas, cubriendo un trayecto de 800 km. Marca sin duda notable, pero que fue pulverizada en 1914, cuando el globo *Berliner* recorrió los 3 052 km que separan Bitterfeld (Alemania) de Perm (Rusia).

Pronto se descubrieron las capacidades militares del globo, utilizado como instrumento de observación durante las guerras de Secesión estadounidense (1861-1865) y franco-prusiana (1870). Por cierto, en las postrimerías de este conflicto, el primer ministro francés Léon Gambetta huyó de París en un globo aerostático, cuando las tropas prusianas tenían cercada la ciudad. Posteriormente, los grandes dirigibles alemanes de la Primera Guerra Mundial realizaron misiones de ataque contra las ciudades.

EL *TEAM USA*

Correspondió a dos estadounidenses, Richard Abruzzo —hijo de Ben L. Abruzzo, otro destacado aeronauta— y Troy Bradley, la proeza de reunir las plusmarcas mundiales de duración de vuelo y distancia. Y al hablar de estas plusmarcas, cabe precisar que se trata de registros oficiales, homologados por la Federación Internacional de Globo

EL GLOBO AEROSTÁTICO

El globo vuela por ser un aparato más ligero que el aire. Pero ¿cómo puede ser más ligero que el aire un artefacto de grandes dimensiones, pesado, que se eleva con pasaje a bordo, instalado en una barquilla no menos grávida? Simplemente, porque se utiliza aire caliente o gas, fluidos muy ligeros que tienden a situarse por encima de las capas de aire frío de la atmósfera. El lugar de almacenaje de este fluido es una gran bolsa esférica e impermeable, fabricada en seda o caucho, materiales que le confieren flexibilidad y resistencia. Los gases más utilizados por los globos modernos son el hidrógeno y el helio: el segundo pesa dos veces más que el primero, pero tiene la ventaja de no ser inflamable.

A lo largo de la historia, los globos aerostáticos se han destinado a las funciones más diversas: han protagonizado gestas deportivas, cubierto líneas regulares de transporte de pasajeros y mercancías, bombardeado ciudades, estudiado las condiciones atmosféricas, complementado ofertas turísticas... En la actualidad se impone su utilización lúdica y científica.

➤
Fotografía de un globo aerostático moderno. El vuelo en este tipo de aeronaves se considera en la actualidad una actividad deportiva.

➤
Ilustración del globo aerostático de los hermanos Montgolfier, el primer medio del que dispuso la humanidad para hacer realidad un sueño largamente acariciado, pero hasta entonces imposible: volar. Sin embargo, y hasta la aparición de los dirigibles, la dirección del vuelo estaba sujeta al capricho de los vientos.

◄
Algunas de las expediciones en globo tuvieron un final trágico, como la tentativa de Salomon Andrée de alcanzar el polo Norte mediante una de estas naves, en 1897.

Aerostático (FAI), puesto que sus hitos han sido superados por marcas extraoficiales, no homologadas por la FAI.

Lo consiguieron a bordo del globo *Team USA*. El 15 de septiembre de 1992, Abruzzo (de veintinueve años) y Bradley (veintiocho) despegaron de Bangor, localidad del estado de Maine (EE UU).

Se proponían atravesar el océano Atlántico, y lo consiguieron, aun desviándose de su ruta. Francia era el destino original del trayecto, pero los problemas meteorológicos que debieron afrontar durante la travesía les obligaron a corregir el rumbo de su aeronave.

Finalmente tomaron tierra en la ciudad de Fez (Marruecos), tras ciento cuarenta y seis horas de vuelo ininterrumpido, estableciendo una nueva marca de resistencia.

Caso curioso, el récord estaba en posesión de Ben Abruzzo, padre de Richard, que había establecido un registro de 137 horas y 6 minutos en 1978, con motivo del primer vuelo transatlántico de la historia de la navegación en globo aerostático.

El viaje se realizó a bordo del *Double Eagle II* y acompañaron en aquella ocasión a Ben Max L. Anderson y Larry Newman. Los 5 340,2 km recorridos en vuelo por el *Team USA* también supusieron el establecimiento de una nueva plusmarca mundial de distancia.

HITOS DE LA NAVEGACIÓN EN GLOBO

1783. Étienne y Joseph-Michel Montgolfier hacen volar un globo aerostático no tripulado. En el mismo año, primeros vuelos tripulados de Jean-François Pilâtre de Rozier.

1785. El francés Jean-Pierre Blanchard y el estadounidense John Jeffries cruzan el canal de la Mancha en un globo tripulado.

1836. El globo *The Great Ballon of Nassau* cubre un trayecto de 800 km entre Londres y Weilburg (Alemania), invirtiendo 18 horas en la travesía.

1914. El *Berliner* recorre 3 052 km entre las ciudades de Bitterfeld (Alemamia) y Perm (Rusia).

1931. El físico suizo Auguste Piccard alcanza la estratosfera en una cabina metálica hermética suspendida de un globo de hidrógeno (15 797 m de altitud).

1932. Piccard repite la ascensión y alcanza los 16 507 m.

1935. Orvil Anderson y Albert Williams Stevens, capitanes del ejército de Estados Unidos, alcanzaron en globo los 22 080 m.

1957. David Simons, oficial médico de la Fuerza Aérea estadounidense, asciende hasta los 31 110 m de altitud (fueron 32 horas de vuelo, durante las que el globo recorrió 652 km).

1960. El capitán estadounidense Joseph Kittinger asciende en un globo de polietileno hasta los 31 354 m y se arroja en paracaídas desde esa altitud.

1961. Malcolm Ross y Victor Prather suben en globo hasta los 34 679 m de altitud.

1978. Primer vuelo transoceánico en globo: Ben L. Abruzzo, Max L. Anderson y Larry Newman cruzan el Atlántico a bordo del *Double Eagle II*, recorriendo 5 000 km en 137 horas y 6 minutos.

1981. Los estadounidenses Ben L. Abruzzo, Ron Clark y Larry M. Newman, junto con el japonés Rocky Aoki, realizan la primera travesía en globo del océano Pacífico a bordo del *Double Eagle V*, cifrando la plusmarca mundial de recorrido en 8 382,54 km (récord no homologado por la Federación Internacional de Globos Aerostáticos).

1984. Joe Kitinger, coronel de las Fuerza Aérea de Estados Unidos, sobrevuela en solitario el océano Atlántico a bordo del globo de helio *Rosie O'Grady* (5 690 km).

1987. El empresario británico Richard Branson y Per Lundstrand cruzan el Atlántico a bordo del *Virgin Atlantic Flyer* (primer viaje transoceánico en un globo de aire caliente).

1992. Richard Abruzzo y Troy Bradley atraviesan el océano Atlántico a bordo del globo de helio *Team USA*, recorriendo 5 340,2 km en 146 horas.

▲
*I*lustración crítica de George Criokshank (1792-1878) en la que se muestra un futuro posible en el que conviven calles sin asfaltar con multitud de compañías de seguros dedicadas a la especulación más desenfrenada. Uno de los detalles más originales de esta sátira lo constituye el servicio de taxi en globo. En el momento en que se hizo esta ilustración los globos representaban el límite de la tecnología humana: la capacidad de volar.

La vuelta al mundo

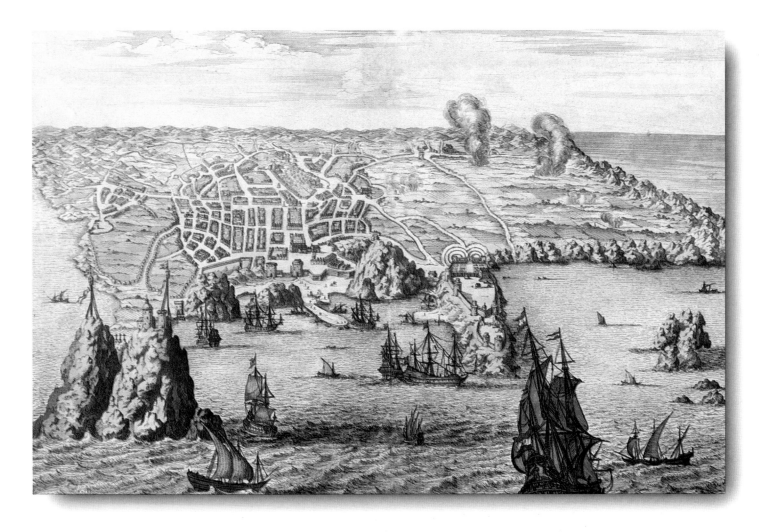

Al hombre no le ha bastado con conocer su entorno inmediato, sino que se ha sentido impulsado, probablemente a causa de su propia naturaleza, a ir más allá y ver, comprobar, explorar... y explotar en muchas ocasiones. Para un europeo del siglo XVI pensar en dar la vuelta al mundo tenía que ser, sin duda, la aventura de su vida, lo máximo a lo que podía aspirar. Hay que ponerse en la piel de Magallanes, por ejemplo, y estar seguro de que tiene que haber un paso que comunique dos océanos prácticamente, ser capaz de convencer a un rey ofreciéndole riquezas y enrolar a una tripulación que sea lo bastante temeraria para ir a la busca del más allá sin saber con qué va a encontrarse.

Comprender este proceso para una mentalidad actual no es fácil, si acaso puede tener su paralelismo en los viajes espaciales. ¿Sentían lo mismo Magallanes o Elcano que los primeros pilotos que dieron la vuelta al mundo en un biplano y que los astronautas que por vez primera pisaron la Luna?

Magallanes da la primera vuelta al mundo

En 1519, Fernando de Magallanes intuyó el destino de un viaje que no pudo terminar, el que demostraría que la Tierra era redonda. Bajo el emblema de la corona castellana, Elcano terminó un periplo alrededor del mundo al mando del único navío que, de los cinco que zarparon, no naufragó, el Victoria.

El navegante portugués Fernando de Magallanes, nacido en 1480 en el seno de una familia noble y educado en la corte portuguesa, zarpó de Sanlúcar de Barrameda el 20 de septiembre de 1519 con cinco naves, rumbo

Magallanes pasó al servicio de la corona española tras una disputa con el rey de Portugal.

a las islas de las Especias (Molucas), por la ruta del oeste abierta por Colón. Para poder llevar a cabo el viaje que le haría pasar a la posteridad, tuvo que abandonar Portugal y procurarse el patrocinio de un monarca, consiguiéndolo del emperador Car-

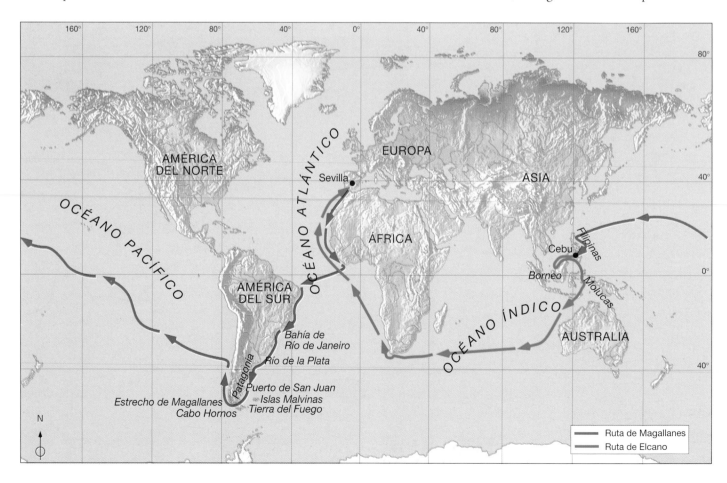

los V en su calidad de rey de Castilla. Magallanes era un navegante experimentado que realizó su primera expedición en 1505, en el viaje capitaneado por el virrey Francisco de Almeida con rumbo a la India. De allí pasó a formar parte del viaje a Sumatra y Malaca y, posteriormente, de la expedición del virrey de Albuquerque que conquistó Goa. De nuevo en Portugal en 1513, participó en las guerras de Marruecos, en las que resultó herido y quedó cojo.

EL PATROCINIO DE LA CORONA ESPAÑOLA

En 1514 expuso al rey Manuel I su proyecto, según el cual, y en vista de los descubrimientos hechos por Balboa, creía posible abrir una ruta marítima que, a través de América, permitiera llegar a las islas de las Especias. Pero cayó en desgracia ante el rey de Portugal y su entorno al defender que dichas islas estaban situadas en la zona de influencia de la corona de Castilla, según se desprendía de los tratados de Tordesillas de 1494 suscritos por las coronas castellana y portuguesa.

Rechazado su proyecto, Magallanes pasó a Castilla para entrevistarse con el emperador Carlos V, quien le atorgó capitulaciones: en 1518 fue nombrado capitán general de la flota y gobernador de las tierras que descubriese, poniendo a su disposición cinco naves y 265 hombres.

UN LARGO VIAJE

Magallanes zarpó de Sanlúcar de Barrameda con cinco naves —*Trinidad, Concepción, San Antonio, Santiago y Victoria*— el 20 de septiembre de 1519

LAS NUBES DE MAGALLANES

Éste es el nombre que designa dos manchas neblinosas de luz débil situadas a menos de 25° del polo celeste austral y no visibles desde las latitudes europeas o norteamericanas. Se trata de dos galaxias australes irregulares —la Nube Mayor y la Nube Menor—, las más próximas a la Vía Láctea, que Magallanes observó en 1519 y llamó Nubes del Cabo. En ellas hay una gran cantidad de estrellas cefeidas —estrellas gigantes de gran luminosidad— gracias a las cuales Leavit pudo deducir la relación período-luminosidad, en la que se basan numerosos cálculos de las grandes distancias del universo.

La vuelta al mundo trazada por Magallanes, se llevó a cabo en 1519 y 1522. En el mapa de la página contigua se puede ver la ruta iniciada por Magallanes y continuada por Elcano.

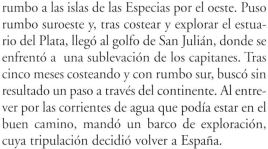

Mapa del siglo XVII en el que aparece el estrecho de Magallanes. Esta ruta marítima, la primera en unir de forma directa los dos grandes océanos, fue monopolio de la corona hispánica.

rumbo a las islas de las Especias por el oeste. Puso rumbo suroeste y, tras costear y explorar el estuario del Plata, llegó al golfo de San Julián, donde se enfrentó a una sublevación de los capitanes. Tras cinco meses costeando y con rumbo sur, buscó sin resultado un paso a través del continente. Al entrever por las corrientes de agua que podía estar en el buen camino, mandó un barco de exploración, cuya tripulación decidió volver a España.

Al no regresar el barco exploratorio, Magallanes señaló el camino y se aventuró a traspasar el estrecho que llamó de Todos los Santos por haberlo cruzado el 1 de noviembre y que después llevaría su nombre: el paso que comunica los océanos Atlántico y Pacífico. La expedición se aventuró en aguas del océano, al que llamó Pacífico por haber navegado siempre con bonanza. Tras muchas penalidades y carencia de alimentos, y al borde de un motín, llegó a las islas de los Ladrones (Marianas), en las que se aprovisionó de víveres, y continuó hasta llegar a las islas de San Lázaro (Filipinas) a primeros de abril de 1521. Magallanes murió en la isla de Mactán, próxima a la de Cebú, el 27 de abril en un enfrentamiento con los indígenas, en el que también pereció un importante número de sus marineros.

Al mando de su maltrecha flota —sólo restaban dos naves—y rumbo a las islas de las especias, le sucedió Gonzalo Gómez de Mendoza. Un solo navío consiguió finalizar el viaje, el *Victoria*, al mando de Juan Sebastián Elcano, quien, siguiendo la ruta trazada por Magallanes, llegó a las Molucas y consiguió el preciado cargamento de especias. Elcano completó el viaje hacia el oeste, cruzando el océano Índico y doblando el cabo de Buena Esperanza, con lo que quedó demostrada la esfericidad de la Tierra. Remontando la costa africana, llegó a Sevilla a primeros del mes de septiembre de 1522.

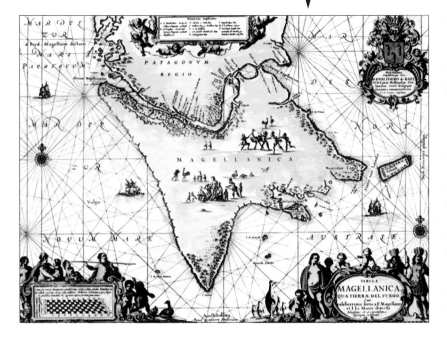

La circunnavegación de Francis Drake

Sir Francis Drake fue el primer inglés en avistar el océano Pacífico (1572) y en dar la vuelta al mundo (1577-1580), a través del paso abierto algunos años antes por Fernando de Magallanes. Pero en su brillante historial como navegante hay que consignar su otro perfil como corsario, que se dedicó a saquear las costas hispanoamericanas.

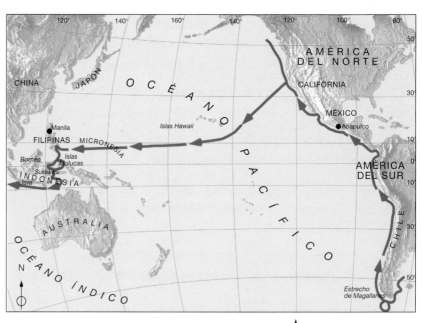

En la travesía de Drake a través del océano Pacífico en su intento de circunvalar el globo, el corsario saqueó la costa occidental americana.

Ilustración de J. Gilbert en la que se muestra el ennoblecimiento de Francis Drake por parte de la reina Isabel de Inglaterra. Más allá de su importancia como tránsito de exploración, la expedición de Drake constituyó una verdadera expedición militar de hostigamiento de las posesiones españolas del Pacífico.

Drake fue el primer inglés que pudo contemplar el océano Pacífico (descubierto en 1513 por el español Vasco Núñez de Balboa), al cruzar el istmo de Panamá hasta la divisoria de la cordillera, tras haber efectuado su segundo viaje a las Indias Occidentales. Había zarpado del puerto de Plymouth en 1572 al mando de los navíos *Pasha* y *Swan,* y atacado y saqueado con éxito el puerto colombiano de Nombre de Dios, en el Caribe y próximo a Panamá, después de haber hecho negocio con la venta de esclavos y reconocer el territorio.

EL VIAJE DE DRAKE

Francis Drake era un brillante corsario y marino inglés que se había hecho a la mar desde muy joven. Su viaje de circunvalación terrestre duró tres años. Empleado en la compañía naval de la poderosa familia John Hawkins de Plymouth, en 1577 fue elegido para dirigir una expedición que proyectaba circunnavegar América del Sur, explorar sus costas y atravesar el estrecho descubierto por Magallanes. Había zarpado el mismo año en dirección al Río de la Plata, desde donde continuó su viaje a través del citado estrecho.

Las terribles tempestades propias de la estación acabaron con todos sus barcos excepto uno, el *Golden Hind*, con el que se abrió paso por las costas pacíficas del continente sudamericano dedicándose al corso. Saqueó las costas de Chile y Perú y logró hacerse con varias presas con cargamentos muy valiosos, como el del navío *Cacafuego*, cuyo cargamento de metales preciosos estaba valorado en cientos de miles de libras esterlinas.

A causa de los fuertes vientos desfavorables que le impidieron seguir hacia el oeste en busca de un paso para regresar al Atlántico, Drake decidió continuar hacia el norte, posiblemente hasta Washington, para más tarde regresar a California, donde halló refugio y reparó su nave en la bahía homónima.

Tras tomar posesión del territorio, la futura California, a la que bautizó con el nombre de Nueva Albión, erigió una placa de metal en recuerdo de su hazaña, que desapareció y no sería descubierta hasta 1963 en la costa occidental de la bahía de San Francisco.

Durante algo más de un mes se dedicó a explorar estas tierras, hasta que decidió zarpar con rumbo a las Indias Occidentales por occidente, llegando

S.DOMINICO.

Plano del asedio del puerto español de Santo Domingo por parte de Drake. La corona inglesa se mantuvo oficialmente al margen de dichas iniciativas, pero éstas contaron con el apoyo real.

Sir Francis Drake se convirtió, al margen del impacto real de sus acciones, en una amenaza para las naves españolas.

unos dos meses después a las islas Filipinas, desde donde se dirigió a Java haciendo escala en las islas de las Especias (Molucas), el cabo de Buena Esperanza y Sierra Leona. Regresó a Plymouth, de donde había zarpado, en septiembre de 1580 después de convertirse en el primer navegante inglés en circunvalar la Tierra.

UN MUY EXPERTO CORSARIO

El mismo año de su regreso, la reina Isabel I Tudor le concedió el título de *Sir*, a pesar de las airadas protestas de la corona castellana. Sir Francis Drake ya no volvería a circunnavegar el globo ni a explorar nuevas tierras, sino que, por orden de su reina, dirigió todas sus actividades a diezmar los territorios españoles y las actividades comerciales de la corona castellana, tanto de ultramar como de la península Ibérica. Fue precisamente con Francis Drake con quien se inició el declive de la potencia marítima española.

DRAKE, PASIÓN POR LA AVENTURA

Nacido en Crowndale en 1543 y fallecido en Portobelo (Panamá), en el mar, en 1596, Drake ha sido el más famoso corsario inglés. Nacido en el seno de una familia modesta, su padre fue un ardiente predicador protestante. A los trece años de edad ya trabajaba en una pequeña embarcación que servía en el mar del Norte. Diez años más tarde se enroló en la flota de los Hawkins de Plymouth con destino a América, adonde desde entonces realizó varios viajes, uno de ellos el que daría la vuelta al mundo.

En 1570, Isabel I Tudor le concedió la patente de corso, es decir, el permiso para saquear los territorios del rey de Castilla. Participó en la destrucción de la flota española en Cádiz (1587) y en la de la Armada Invencible (1588). Murió en Portobelo al ser diezmada su flota y él mismo por las fiebres. La actuación de Drake fue muy perjudicial para el desarrollo del comercio entre España y sus colonias americanas, y sus viajes le convirtieron en un héroe y un modelo para la pequeña nobleza empobrecida, que en gran número se dedicó al corso.

Kotzebue a bordo del *Rurik*

Otto von Kotzebue, marino ruso de origen alemán e hijo del dramaturgo germano August von Kotzebue, acompañó al almirante Krusenstern en su viaje alrededor del mundo a bordo del Rurik *en 1815. Años más tarde, junto con los escritores Chamisso y Eschscholtz, viajó por el Ártico y los mares del Sur.*

El *Rurik* era un bergantín equipado con todos los adelantos técnicos de la época, para descubrir un paso que atravesase el océano Glacial Ártico y, a continuación explorase Oceanía. Estamos a principios del siglo XIX y a bordo de un bergantín.

Se trataba de un grandioso buque de vela de dos palos, mayor y trinquete, bauprés y con velas cuadras, si bien algunos llevaban también otra vela mayor, redonda, preparada para un mejor aprovechamiento de los vientos. Llamados también bergantines redondos, estos maniobrables buques, muy ligeros, habían sido muy utilizados por los turcos en el corso.

En una nave de este tipo embarcó Von Kotzebue en 1815 a las órdenes del almirante Krusenstern, gran especialista en buques preparados para trabajos científicos e hidrográficos y buen cono-

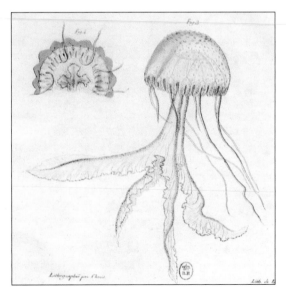

Kotzebue y los oficiales del Rurik *son recibidos por Tameiameia, rey de la isla de Owhyhee, el 28 de noviembre de 1816. La expedición del* Rurik *constituyó un gran éxito naval para Rusia y acabaría por consolidar su posición en la zona del estrecho de Bering.*

◄

Medusa de los mares del Sur dibujada por Adalbert Von Chamisso.

cedor de la zona a la que el *Rurik* se dirigía. Según la leyenda, Rurik, o Roerek, fue el príncipe varego fundador de Kiev y del Estado ruso, alrededor del año 860. El nombre de un legendario conquistador para una de las naves exploradoras más modernas de su época.

EL PERIPLO DEL *RURIK*

Con una tripulación formada por varios expertos, el bergantín zarpó del puerto de Kronstadt, situado en la región de San Petersburgo, se adentró en aguas del océano Atlántico y dobló el cabo de Hornos, para tocar la isla de Pascua y pasar por las islas de Ratak, en el archipiélago de las Marshall, dando nombres rusos, hoy en día caídos en desuso, a algunas de las islas descubiertas —Rumi-

ADAM JOHANN KRUSENSTERN

Uno de los más brillantes almirantes rusos, nació en Haggud (Estonia, 1770-1846). Después de participar en la guerra contra Suecia, figuró entre los doce oficiales rusos que embarcaron en buques de la Marina británica, y con ellos viajó a El Cabo, la India y Extremo Oriente. A su regreso a Rusia, propuso un plan para el desarrollo del comercio con China, que no prosperó.

En 1803, el zar Alejandro I le confió la dirección de una expedición científico-comercial a la costa norte del Pacífico americano y Asia. Al mando de los buques *Nadezda* y *Neva*, preparados para trabajos científicos, llevó a cabo varias campañas hidrográficas en las islas del Atlántico oriental, cabo de Hornos, islas Sandwich, mar del Japón, For-

mosa y archipiélago malayo, por las que fue ascendido a capitán de navío. Escribió varios libros de viajes y fue autor de un atlas del Pacífico que contenía treinta y cuatro cartas y planos. Fue el primer marino ruso en dar la vuelta al mundo junto a Von Kotzebue, en el *Rurik*.

natsoft, Spiridof, Krusentstern—. Después de cruzar por segunda vez el ecuador, se dirigió a Kamchatka, desde donde, poco más tarde, remontó hasta los 66º N, atravesando el estrecho de Bering y deteniéndose durante algún tiempo en el estuario que fue bautizado con el nombre de Von Kotzebue.

Krusenstern en uno de sus viajes en 1804.

La población de las isla Perhyn da la bienvenida al Rurik el 30 de abril de 1816.

El viaje debía de proseguir, pero Von Kotzebue se encontraba enfermo y su estado de salud no le permitía continuar por el norte de Siberia, como prescribía el primitivo plan, por lo que regresó al Pacífico con rumbo a Manila (islas Filipinas) con la intención de reponerse en la ciudad.

Después de permanecer varios meses en ella y ya recuperado, continuó su largo viaje de exploración por el océano Índico, dobló el cabo de Buena Esperanza y, tras cruzar el ecuador por cuarta vez, llegó a Europa fondeando en la desembocadura del Neva. La expedición, que había durado tres años, fue la primera rusa que circunnavegó la Tierra.

Después de permanecer cinco años en tierra, Otto Von Kotzebue partió de nuevo, en esta ocasión acompañado de los escritores Chamisso y Eschscholtz, con los que visitó sus anteriores descubrimientos y realizó otros nuevos, invirtiendo en este viaje más de tres años, y a cuya vuelta pensó en retirarse.

Pero, explorador nato, Von Kotzebue preparó una nueva expedición que lo llevó a circunnavegar el globo, entre 1823 y 1826. De sus viajes y expediciones escribió dos obras: *Viajes de exploración en los mares del Sur y por el estrecho de Bering* y *Nuevos viajes alrededor del mundo*.

La vuelta al mundo de Nelson, Smith y Wade

En 1924, los tenientes Nelson, Smith y Wade, de la Armada norteamericana, daban la primera vuelta al mundo en avión. El progreso espectacular que en el siglo XX experimentó la aeronavegación hizo posible la hazaña: se circunvaló la Tierra a bordo de un biplano a motor.

▲
Ataque aéreo francés durante la Primera Guerra Mundial.

◄
El teniente Leight Wade en una foto del año 1927.

El hombre ha dado la vuelta al mundo de todas las maneras posibles, y continúa haciéndolo. Cada nuevo vehículo que inventa, constituye un reto cuya validez debe demostrarse dando la vuelta al mundo. Ha cruzado el mundo en globo, en bicicleta, en barco, en automóvil, en motocicleta... y en el siglo XX dio la vuelta al mundo en avión. Y pudo hacerlo a pesar de las dificultades que implicaba el no poder abastecerse de modo eficaz durante el vuelo —eso no ocurrió hasta 1930—, a una velocidad de 448 kilómetros por hora y con una potencia de motor de 600 HP. Sucedió en 1924.

Puede afirmarse con rotundidad que el progreso técnico más espectacular del siglo XX correspondió a la aviación. El avance se produjo de forma muy rápida: si los primeros aviones apenas volaron unos metros, ya en 1919 alcanzaron una velocidad de 247 kilómetros por hora, 330 en 1921, 448 en 1924, 548 en 1931... Al mismo tiempo, la duración del vuelo se fue prolongando gracias a la mayor resistencia de los motores y al abastecimiento en vuelo —conseguido en 1930, aunque se estaba intentando desde 1923—, mientras que los récords de altura pasaron de los 3 000 m en 1919 a 11 000 en 1920 y 17 000 en 1928. También la potencia de los motores fue en aumento: de 300 HP en 1919 se pasó a 463 en 1923 y a 600 en 1924.

Se iniciaron los vuelos transcontinentales. A partir de mayo de 1919, de Terranova a las Azores y luego a Gran Bretaña; de Lisboa a Río de Janeiro, en 1922; en 1924, la Armada norteamericana dio la vuelta al mundo; en 1928, un *Junker W 33* cruzó el Atlántico Norte de este a oeste en 36 horas.

Paralelamente, aumentaron la comodidad y la seguridad junto a las mayores dimensiones de los aviones, así como el empleo de aleaciones cada vez más ligeras y resistentes, impulsando un mayor uso de la aviación comercial.

LA PRIMERA VUELTA AL MUNDO EN AVIÓN

La primera vuelta al mundo en avión tuvo lugar en el período de entreguerras, concretamente en 1924. Biplanos de la Fuerza Aérea norteamericana, pilotados por los tenientes Nelson, Smith y

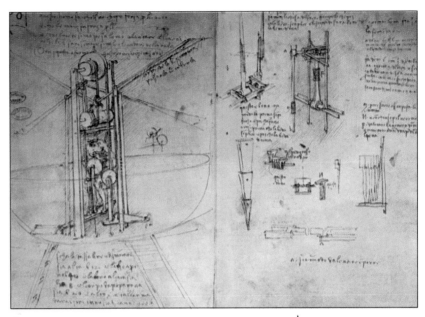

Wade, circunvalaron por primera vez la Tierra entre el 6 de abril y el 28 de septiembre, un año después de que un aeroplano se hubiera mantenido en el aire durante 37 horas y media gracias a un repetido abastecimiento en vuelo. Antes, en 1921, Juan de la Cierva desarrollaba en España los principios del autogiro, precursor, aunque con no demasiada fortuna, del helicóptero.

▲
*B*oceto de máquinas voladoras de Leonardo da Vinci.

LOS PRECEDENTES DEL PRIMER VUELO ALREDEDOR DEL MUNDO

1903. Los hermanos Wright realizan el primer vuelo en Kitty Hawk (Ohio), el 17 de diciembre.

1909. Blériot sobrevuela por primera vez el canal de la Mancha, el 25 de julio.

1911. Se crea el servicio postal aéreo en Gran Bretaña (9 de septiembre). Se realizan las primeras grandes travesías en aeroplano: Vedrines el vuelo París-Madrid y Beaumont el París-Roma.

1914. Primeros vuelos de reconocimiento y ataque sobre Bélgica y Francia (Primera Guerra Mundial, agosto).

1917. El zeppelin LZ-56 realiza un viaje de ida y vuelta sin escalas entre Bulgaria y África occidental.

1919. Read cruza el Atlántico, vía Terranova, las Azores y Portugal.
Se instala el primer faro aéreo para vuelos nocturnos, en Hounslow (Gran Bretaña).
Entra en servicio el primer avión adaptado

para pasajeros, entre Londres y París (25 de agosto).

1921. De la Cierva consigue la primera ascensión en autogiro.

1923. La Armada norteamericana realiza la primera travesía transcontinental sin escalas de Estados Unidos a bordo de un *Fokker* monoplano (2-3 de mayo).

▲
El avión Sopwith «Camel» *británico, construido en 1917.*

◄

*Avión pilotado por los
capitanes Ross y Keith
Smith en su travesía de
Londres a Australia.*

*Mapa de origen francés
realizado en 1550
y que reproduce con
gran precisión el sur
de América.*

▼

Precursores de esta primera vuelta al mundo fueron el norteamericano Read, que realizó la primera travesía del Atlántico, los británicos Ross y Keith Simth que hicieron la de Londres-Australia y el italiano Ferrarini, la de Roma-Tokio, todos ellos en 1919. Estos viajes y los posteriores —los del *Plus Ultra* (1926) y de Lindberg (1927), por ejemplo—, centraron la atención de todo el mundo en las posibilidades de la aviación, y hacia 1935 el servicio aéreo regular era ya una realidad en todos los países desarrollados.

EL *HOMO EXPLORADOR* O EL VIAJE COMO DESAFÍO

Hace mil años, el mundo conocido por las civilizaciones occidentales estaba centrado en el Mediterráneo. Por el este se extendía hasta China, por el norte hasta el Báltico y por el sur hasta la India y el África sahariana. Al oeste estaba el temido mar de la oscuridad y más al sur se suponía que había un continente extraño, donde se decía que los hombres se volvían negros. Las sociedades vivían aisladas y no se conocían entre sí. Si bien es cierto que Leiv Eriksson y sus vikingos llegaron en aquella época a América, las exploraciones no serían tales hasta los siglos XV y XVI.

Cabe preguntarse, ¿por qué fueron los europeos los que viajaron a América? Los chinos, por ejemplo, estaban técnicamente preparados para emprender largos viajes por mar y además navegaban continuamente por los océanos Índico y Pacífico asiático y no tenían ninguna necesidad de aventurarse en mundos desconocidos. Europa, en cambio, necesitaba las riquezas que no tenía, ya que sus minas no podían ofrecer el mineral suficiente para acuñar más moneda; además, los otomanos controlaban las rutas terrestres: sólo quedaba la libertad de explorar por mar en busca de nuevas rutas. Por eso empezaron los europeos sus viajes.

De hecho, la era de los descubrimientos empezó cuando Magallanes y Elcano demostraron que los océanos estaban interconectados. A partir de entonces, las naciones europeas rivalizaron para poseer más territorios y más riquezas.

No fue hasta el siglo XVIII, con la Ilustración, cuando la curiosidad intelectual se convirtió en el primer motivo para los exploradores europeos. Fue James Cook, quien exploró y trazó varios rutas por el Pacífico, y quien dignificó el oficio de explorador. Las últimas regiones en ser conocidas fueron las tierras polares, dándose por concluida la era de las exploraciones terrestres por intereses nacionalistas cuando, en 1959, el tratado de la Antártida convirtió el continente en una reserva científica internacional, que en la actualidad comparten más de cuarenta países.

VI

TEMAS CLAVES DE LA EXPLORACIÓN

Temas claves de la exploración

La exploración no sólo se ha realizado en los lugares más ignotos, sino que también ha tenido lugar en un territorio muy cotidiano y al mismo tiempo siempre novedoso: la mente humana. Los exploradores y viajeros han hecho uso de las más variadas tecnologías para realizar sus viajes, y medios de transporte de todo tipo han sido utilizados a lo largo de los siglos para cumplir con el cometido más importante, llevar al viajero sano y salvo a su destino.

El territorio de la cultura y el saber se ha ido ampliando con cada exploración, con cada descubrimiento, porque la exploración más apasionante es aquella que los seres humanos realizan cuando descubren a sus semejantes más que cuando alcanzan un lugar ignoto. Nuestras concepciones sobre el mundo han ido cambiando a medida que íbamos aprendiendo más cosas de él, y poco a poco hemos redefinido nuestra propia realidad, siempre en busca de la verdad.

Los instrumentos

Desde épocas muy remotas, el hombre ha recurrido a instrumentos de orientación y medición, ya fuesen de exploración, científicos o mercantiles. La historia de los grandes descubrimientos geográficos no puede explicarse sin la invención y evolución de estos dispositivos.

El ojo primero mostró al hombre el altozano, el monte, el río, el árbol o el farallón como mojones para un camino aún no trazado. Cuando se adentró en territorios desconocidos y los horizontes se hicieron más amplios, el ojo le mostró en lo alto las estrellas y las constelaciones como faros inalcanzables e inamovibles.

Pero el hombre deseaba llegar más lejos y orientar su rumbo, calcular las distancias y medir el tiempo sin distorsiones. Fue entonces cuando su imaginación y su inteligencia iniciaron otro apasionante viaje hacia la invención y fabricación de instrumentos que habrían de guiarlo en su incansable navegación a través de los caminos de la tierra, los mares y los cielos.

Buscando el norte: la brújula

La invención de la brújula marcó un hito en la historia de los viajes y de la exploración del mundo. Con la ayuda de este sencillo instrumento, el viajero pudo asegurar la dirección de su rumbo y trazar con mayor precisión sus mapas y cartas de navegación.

◄
Brújula de bolsillo de marfil realizada en 1592. Este instrumento revolucionó el arte de la navegación y facilitó la navegación de altura.

ca de bronce pulido, como se describe en el libro *Louen Heng*, que data del año 83 de nuestra era. Más tarde, los chinos sustituyeron la base de bronce por un flotador de madera.

LA BRÚJULA ENTRA EN LA HISTORIA

Se cree que fueron los navegantes árabes quienes introdujeron la brújula en Occidente. Aunque hay noticias de que los vikingos utilizaban la brújula desde el siglo X, la primera descripción de este instrumento en manos de navegantes europeos fue hecha en 1187 por el abad inglés de Cirencester, Alexander Neckam. Un siglo más tarde, el uso de

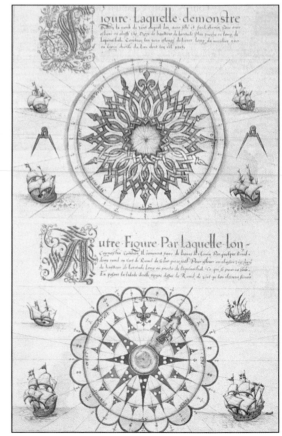

L
a brújula consiste en una aguja imantada y móvil que señala siempre el norte magnético terrestre. El origen de la brújula está vinculado al descubrimiento de la magnetita, es decir, el óxido de hierro magnético, realizado por los chinos. Se cree que fueron augures chinos quienes advirtieron que la magnetita tenía la propiedad de indicar siempre el norte por la influencia del campo magnético de la Tierra y, aprovechando esta cualidad, la utilizaron para realizar sus predicciones geománticas. Al parecer, también fueron ellos los primeros en magnetizar el hierro y fabricar una especie de brújula de aguja, tallando una cucharilla de magnetita y posándola sobre una pla-

►
Rosa de los vientos según un tratado de "hidrografía" de 1583. Las diversas aplicaciones de la brújula ayudaron a la orientación de los navegantes, lo que reportó una mayor precisión en los rumbos de las embarcaciones.

la aguja de metal, que «permite seguir el rumbo incluso cuando la Estrella Polar está cubierta por las nubes», se había generalizado y experimentado sensibles mejoras.

El primer avance significativo de la brújula se registró en el siglo XVI con el montaje de su compás sobre una especie de balancín o una serie de anillos cardánicos o giroscópicos, que tenía la función de neutralizar el movimiento del barco y mantener la aguja siempre paralela a la línea del horizonte.

Ya en el siglo XIX, cuando se empezó a utilizar el metal en la construcción de los barcos, las brújulas debieron ser modificadas y protegidas de las interferencias magnéticas.

Surgieron entonces las bitácoras, brújulas provistas de masas metálicas que neutralizaban las interferencias magnéticas. El ingenioso instrumento se colocaba sobre un soporte de varios balancines, con la aguja sumergida en una mezcla de alcohol y agua, que tenía la función de absorber las vibraciones y el balanceo de la nave.

En 1911, el físico estadounidense Elmer Ambrose Sperry sentó las bases del giroscopio, dispositivo estabilizador accionado eléctricamente que permite mantener un punto de referencia fijo de orientación sin necesidad del magnetismo. Este mecanismo, principio básico del piloto automático aplicado posteriormente a los aviones, los submarinos y los misiles, es también un elemento esencial de las llamadas brújulas giroscópicas, que señalan permanentemente el norte geográfico y no el magnético.

Los geógrafos y cartógrafos del siglo XV ya habían descubierto que los polos magnético y geográfico de la Tierra no coincidían, y dieron al ángulo variable que medía la diferencia entre uno y otro el nombre de declinación magnética. De aquí que, para ajustar los cálculos de localización, los mapas indicasen la variación media de cada área. Duran-

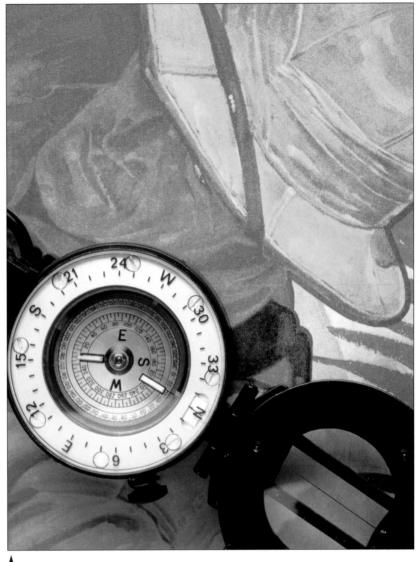

La brújula sigue siendo un instrumento de gran valor en la navegación.

te el primer viaje colombino a América, la brújula experimentó un súbito desvío como consecuencia de un cambio en la declinación magnética que Cristobal Colón mantuvo en secreto. De no haberlo hecho, quizás nunca habría llegado a descubrir el Nuevo Mundo.

Aún se siguen utilizando las brújulas magnéticas, aunque existen distintos tipos diseñados para usos determinados. Los modelos más comunes son las brújulas de declinación e inclinación. En la brújula de declinación, la aguja imantada gira alrededor de un eje vertical para señalar el polo magnético, que, como se sabe, no coincide exactamente con el geográfico.

Por su parte, en la brújula de inclinación, la aguja imantada gira libremente alrededor de su centro de gravedad en el plano de meridiano magnético y forma con el horizonte un ángulo, llamado de inclinación. Las más modernas brújulas son las digitales, provistas de dispositivos para calcular y corregir automáticamente la derivación magnética.

LA ROSA DE LOS VIENTOS

La rosa de los vientos es una de las más inspiradas innovaciones de la brújula que ayudaron a los navegantes a fijar el rumbo. La rosa de los vientos, o rosa náutica, es una carta marcada con los cuatro puntos cardinales, en las antiguas con el norte fijado por una flor de lis, y sus correspondientes subdivisiones. Su nombre se debe a que los primeros modelos representaban los vientos dominantes, que más tarde fueron sustituidos por los puntos cardinales y puntos intermedios graduados en una esfera de 360°, donde 0° es el norte, 90° el este, 180° el sur y 270° el oeste.

El timón gobierna las naves

La invención del timón por los chinos a principios del siglo III permitió a la navegación seguir un nuevo y preciso rumbo. Este ingenioso mecanismo revolucionó el arte de navegar al permitir gobernar las naves y determinar con mayor facilidad su derrota sobre las aguas.

El timón es un dispositivo consistente, en líneas generales, en una pala móvil colocado en la popa de los barcos para gobernarlos. Su invención y desarrollo constituyó un extraordinario avance para los barcos, ya que pudieron afrontar travesías más largas y aguas más difíciles.

Ya a mediados del siglo IX los mercaderes árabes que surcaban las aguas del océano Índico tuvieron conocimiento de un dispositivo que los chinos utilizaban para gobernar sus naves. Se trataba de un rudimentario timón, que adaptaron a sus embarcaciones y lograron una importante mejora en sus prestaciones.

Según antiguos documentos, como el *Shi Ming* o *Diccionario de vocablos* de Liu Xhi, fechado por

La rueda de timón permitía regir los movimientos de la nave.

Detalle de la popa de una nave con su timón.

LA VELA IMPULSA A LOS VIAJEROS

El aprovechamiento de la fuerza del viento para propulsar una embarcación nació probablemente con el mismo barco. Cabe pensar que al principio sólo fuera un pedazo de tela aguantado con los brazos antes de que se sujetara a un palo que se convirtió en mástil.

Hacia el 8000 a.C., los egipcios ya utilizaban un tipo de vela cuadra para navegar por el Nilo, aunque sólo podían hacerlo con el viento a favor, sistema que perduró hasta el siglo III, cuando los árabes

idearon la vela triangular, de cuya versatilidad se siguen aprovechando las modernas embarcaciones de vela.

Las velas cuadra egipcias fueron las mismas que emplearon los numerosos pueblos que navegaron por el Mediterráneo, desde los fenicios y los griegos hasta los romanos. También eran cuadradas las velas utilizadas por los vikingos en la Edad Media para impulsar sus *drakkars* durante las travesías que les dieron fama histórica.

Sin embargo, con el correr de los siglos, los marineros europeos,

basándose en el tipo de vela triangular o latina inventada por los árabes y la vela al tercio, cuya paternidad se atribuye a los chinos, desarrollaron velas de otros formatos y realizaron combinaciones que les permitieron aprovechar la fuerza impulsora del viento en mejores condiciones. Así, por ejemplo, una típica carabela portuguesa del siglo XV se impulsaba con velas cuadradas y redondas tanto en el bauprés como en el trinquete, y las clásicas velas latinas en los otros tres palos.

los investigadores en el año 100, los chinos utilizaban dos remos de lama ancha que iban sueltos a cada lado de la popa y se giraban según la dirección que se deseaba seguir, para gobernar sus barcos.

Estas primitivas orzas fueron mejoradas en el siglo XII, durante la dinastía de los Song meridionales. Se adelantó su posición bajo la popa en la misma proporción que hacia atrás, pudiendo ser regulado su eje a mayor o menor profundidad en función de la profundidad de las aguas por las que se navegara. Así mismo, se incorporaron dos timones auxiliares a algunas naves, que les proporcionaron mayor maniobralidad.

EL SOPORTE DEL CODASTE

Hacia el 1200, en la misma época en que los incas peruanos utilizaban cuatro palas situadas en las esquinas de sus balsas para gobernarlas, los árabes introducían en Europa el timón de codaste, también invento chino. El desarrollo del codaste, pieza de refuerzo colocada verticalmente en la popa del barco y que soporta la armazón del timón propiamente dicho, favoreció sensiblemente un rediseño de las naves marineras que, al ganar en maniobrabilidad, hicieron posible la navegación mar adentro.

Gracias a este avance tecnológico, en 1405 y bajo el gobierno de Yung-lo, el eunuco Cheng Ho organizó la más poderosa flota jamás construida en China hasta entonces, con la que navegó por el Pacífico, hasta Java y Sumatra, y por el Índico, hasta Ceilán, el golfo Pérsico y el mar Rojo. Estos mismos avances tecnológicos recogidos en el timón

▲
Puente de mando de la nave de exploración polar noruega Fram *a bordo de la cual Nansen llevó a cabo sus viajes.*

◄
Ilustración de una nave mercante de la Pala d'oro de Venecia. Obsérvense los remos que actuaban cómo timón lateral.

explican así mismo los grandes viajes de exploración realizados por portugueses y castellanos a partir del siglo XV y que dieron lugar al descubrimiento de América.

En la actualidad existen distintos tipos de timón que permiten el gobierno de varias clases de naves y cuyos mecanismos van desde los más sencillos y de manejo manual hasta los más complicados.

Los de barcos de gran tonelaje, requieren potentes motores para su funcionamiento y pilotos muy expertos. En este sentido cabe recordar que hasta el siglo XVIII no se introdujo la rueda de mando en las naves mayores, lo cual supuso un gran avance en las artes de la navegación.

Las partes de un timón ordinario consisten en la pala, pieza plana y ancha, y la mecha, eje vertical de giro, cuya parte inferior reposa sobre el talón de codaste y la superior penetra en el casco hasta la barra de mando.

El cielo protector: astrolabio y sextante

Los antiguos navegantes que se aventuraron mar adentro, si bien sus viajes tendían a seguir la línea de la costa, tenían como guía la Estrella Polar. Así navegaron los fenicios y los griegos por el Mediterráneo, pero los viejos sabios no cejaron hasta idear instrumentos capaces de determinar con más precisión que el ojo humano el lugar donde se encontraban.

Al parecer, fue el astrónomo griego Hiparco quien, en el siglo II a.C., inventó el astrolabio, instrumento que fue determinante para precisar la posición de los astros en el cielo y establecer su altura en el horizonte terrestre. Ptolomeo incluso dio el mismo nombre a su mapamundi, razón por la cual la mayoría de los geógrafos y cartógrafos llamaron así a los mapamundis hasta el siglo XVII.

El astrónomo, obra de J. Vermeer guardada en el Louvre, en París. Puede observarse un astrolabio sobre la mesa.

Un sextante. Este instrumento fue de gran utilidad para la orientación de los navegantes.

Durante muchos siglos, el astrolabio inventado por Hiparco fue el instrumento más fiable utilizado por los científicos en las observaciones astronómicas. Hasta la Edad Media, los sabios se sirvieron de él para determinar la hora y hacer los cálculos topográficos, de tiro y navegación. En este último campo fue, así mismo, el punto de partida para la invención de otros instrumentos, como el cuadrante, el octante y el sextante, que marcaron etapas significativas en la evolución de los viajes, tanto marítimos como terrestres. El astrolabio con el que Cristóbal Colón realizó en 1492 su histórico viaje que le llevó a descubrir el Nuevo Mundo cuando pretendía llegar a las Indias por Occidente, era un simple disco metálico provisto de un brazo móvil. Con el tiempo, el astrolabio incorporó nuevos dispositivos y avances tecnológicos que hacen posible, a principios del siglo XXI, precisar la latitud y establecer el tiempo universal.

◄

La azafea, una mejora del astrolabio desarrollada por Azarquiel en el siglo XI y que simplificó el manejo de este instrumento.

Navegación por GPS en el Altiplano de Bolivia.

▼

EL SEXTANTE O LAS MEDIDAS DEL CIELO

Heredero directo del astrolabio, el sextante surgió de la necesidad de precisar la posición de los astros. La invención del sextante se atribuye al astrónomo danés Tycho Brahe (1546-1601), cuyas observaciones sirvieron a su discípulo Kepler para elaborar las leyes que confirmaban la teoría heliocéntrica de Copérnico, según la cual la Tierra y los demás planetas giraban alrededor del Sol.

El instrumento ideado por Brahe permitió a los viajeros de la época, terrestres y marinos, establecer desde cualquier medio de transporte en movimiento su posición teniendo en cuenta la altura de

En las últimas y decisivas etapas de este proceso, a principios del siglo XX, se desarrolló el astrolabio de prisma, instrumento que por reflexión en una superficie especular de mercurio, permite observar un astro cuando su altura aparente alcanza un valor determinado y fijar la latitud y la hora sideral del punto de observación. Más tarde se desarrolló el astrolabio impersonal diseñado por el astrónomo francés André Danjon, que incorpora un dispositivo que elimina el error de ecuación personal. El astrolabio de Danjon se emplea para establecer la hora diaria con la que se define el tiempo universal y fijar las distintas determinaciones de las latitudes, cuyas oscilaciones indican las variaciones del eje de rotación de la Tierra.

los astros, que se calcula en un limbo graduado de 60º, es decir, la sexta parte de una circunferencia.

Hasta el siglo XVIII, estos instrumentos no eran muy precisos debido a los materiales y sistemas de construcción. En este sentido fue determinante el torno del fabricante británico Jesse Ramsden, que permitió construir aparatos de medición muy precisos. Este avance tecnológico fue aprovechado por John Campbell para fabricar, en 1757, el que es considerado el primer sextante moderno.

El sextante es un instrumento astronómico diseñado para medir el ángulo de dos líneas determinadas, llevándolas a un punto de encuentro gracias a un juego de espejos, uno de los cuales se desplaza sobre un limbo graduado de 60º. Una vez alcanzada la coincidencia de los espejos, se fija y puede mantenerse a pesar de los movimientos del barco en el mar, los cambios de altura del avión y los movimientos involuntarios del usuario.

GPS, EL LOCALIZADOR DEL ESPACIO

El GPS o Sistema Global de Posicionamiento está constituido por un conjunto de satélites espaciales, activo las 24 horas del día, y permite precisar una localización con un margen de error de 100 m, margen reducido al mínimo mediante el GPS diferencial. Operativo desde 1993, el GPS requiere que el barco, avión o automóvil dispongan de un pequeño receptor que capte las señales de los satélites del

sistema y muestre en su pantalla mapas de carretera y vías aéreas o marítimas, o determine la posición exacta donde se encuentra el usuario. En diciembre de 2000, una expedición a los Andes peruanos de la National Geographic Society pudo resolver, gracias a un equipo de GPS, uno de los últimos enigmas geográficos al establecer en el Nevado de Mismi el punto exacto donde se encuentran las fuentes del río Amazonas.

Midiendo el tiempo

La medida del tiempo ha sido una de las obsesiones más antiguas de la humanidad. Si bien los egipcios desarrollaron rudimentarios mecanismos para medir el tiempo hacia el 3500 a.C. y los chinos hicieron lo propio en el siglo VIII, el reloj no apareció en Occidente hasta el siglo XIV.

EL RELOJ ASTRONÓMICO DE LOS MAYAS

El año 764 se celebró un importante congreso astronómico en la ciudad maya de Copán (Honduras). El objetivo de la reunión era el reajuste del calendario y la medida del año trópico, que los astrónomos mayas fijaron en 365,2420 días. La precisión de esta medida del tiempo sólo pudo lograrse en Occidente con el reloj atómico, el primero de los cuales fue construido en 1948, en Greenwich (Gran Bretaña), que divide el año en 365,2422 días con un margen de error de un segundo en 30 000 años.

La dinamización de la actividad económica y comercial que puso fin a la Edad Media e inició el Renacimiento, cambió radicalmente los hábitos de la sociedad europea. En este sentido, los artesanos y mercaderes del siglo XIV sintieron la necesidad de sustituir el tiempo litúrgico que regía la vida por el tiempo medido con exactitud. Fue así como las horas profanas, medi-

Vista general del templo de Copán. Los mayas destacaron por sus conocimientos de astronomía, que les permitieron realizar ajustados cálculos de tiempo. ▼

das por medios mecánicos, se impusieron a las canónicas, haciendo que la cuantificación astronómica del tiempo liberara a los individuos de los ciclos agrarios y del horario religioso.

El primer reloj de diseño mecánico, cuyo inventor se desconoce, fue instalado en una torre de Milán en 1335. Este reloj, que carecía de esfera y sólo marcaba las horas, alcanzó gran popularidad

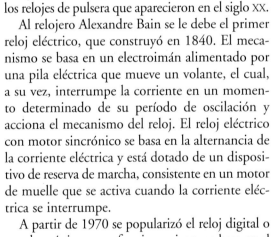

◄
Reloj de arena.
Este rudimentario
instrumento para medir
el tiempo fue utilizado
hasta el siglo XIV.

►
Cronómetro marino.
El cálculo del tiempo
en la navegación es un
elemento fundamental,
ya que es necesario
para poder establecer
la posición de la nave.

Reloj de 1670.
El desarrollo del
cronógrafo de péndulo
por parte de Huygens
mejoró la precisión en
la medida del tiempo.
▼

en toda Europa y un tal Giovanni Dondi hizo fortuna fabricando duplicados domésticos del mismo. A partir de entonces fueron muchas las ciudades que colocaron en sus ayuntamientos y catedrales relojes similares, de los que sólo queda en funcionamiento el de la torre de la catedral de Salisbury, en Inglaterra, que data de 1886.

La constatación de la regularidad del movimiento del péndulo, realizada en 1582, no se llevó a la práctica hasta 1657, cuando el astrónomo holandés Christiaan Huygens construyó el primer reloj de péndulo. Cinco años más tarde, el inglés William Clement incorporó el péndulo largo, o de segundos, y medio siglo después aparecieron en Alemania los primeros relojes de cuco. Por su parte, Huygens también creó, en 1675, el reloj compensado, cuyo mecanismo, basado en muelles de espiral, supuso un notable avance en la precisión horaria, ya que su desfase era de sólo dos minutos por día, desfase que quedó reducido a diez segundos hacia 1754, cuando se presentó un reloj que combinaba muelles equilibrados y palancas. La gran precisión de algunos de estos relojes y sus complicados mecanismos impulsaron primero la fabricación de los relojes portátiles y después de los cronómetros.

LA HORA A MANO

En 1510, el cerrajero alemán Peter Henlein utilizó un muelle de control para fabricar el primer reloj portátil, que era en realidad un pequeño cilindro con una sola manecilla que indicaba las horas. Herederos de este reloj fueron los relojes de bolsillo, que en el siglo XIX distinguieron a los ricos burgueses, y los relojes de pulsera que aparecieron en el siglo XX.

Al relojero Alexandre Bain se le debe el primer reloj eléctrico, que construyó en 1840. El mecanismo se basa en un electroimán alimentado por una pila eléctrica que mueve un volante, el cual, a su vez, interrumpe la corriente en un momento determinado de su período de oscilación y acciona el mecanismo del reloj. El reloj eléctrico con motor sincrónico se basa en la alternancia de la corriente eléctrica y está dotado de un dispositivo de reserva de marcha, consistente en un motor de muelle que se activa cuando la corriente eléctrica se interrumpe.

A partir de 1970 se popularizó el reloj digital o electrónico, cuyo funcionamiento se basa en el control de la circulación de la corriente eléctrica, que genera los impulsos que, mediante la intervención de un microchip, marca los dígitos en una pantalla de cristal líquido. En este apartado también puede incluirse el reloj de cuarzo, material piezoeléctrico dispuesto en forma de placas que, conectadas a unos electrodos, producen una vibración a una frecuencia de 100 000/segundo. Esta frecuencia, mediante un dispositivo electrónico, activa un motor sincrónico y éste el mecanismo del reloj, cuyo margen de error es de dos milésimas de segundo por día. Esta elevada precisión en el cálculo del tiempo ha dado lugar a los modernos cronómetros digitales, capaces de medir fracciones muy pequeñas de tiempo y que se utilizan, entre otras actividades, en las competiciones de elite.

Más allá del alcance de los ojos

Puede afirmarse que el primer gesto de exploración de un lugar que realiza el hombre lo hace con la mirada. De aquí que desde muy antiguo se valiera de instrumentos especiales para aumentar el alcance de su visión y observar lo que hay más allá del alcance de su mirada antes de dar el primer paso en un viaje que muchas veces parecía imposible.

Hay razones fundadas para pensar que el primer anteojo astronómico fue un descubrimiento fortuito de los egipcios realizado hacia el 3500 a.C. Los egipcios conocían el vidrio y la técnica del pulido, y si bien sus conocimientos de óptica eran más bien escasos, no parece extraño que la superposición casual de dos lupas diera lugar al primer anteojo. Acaso con uno no muy diferente de éstos Ptolomeo, en el siglo I, realizó sus observaciones astronómicas. En el siglo XII, el erudito Roger Bacon escribió que había fabri-cado unas lentes con las que hacía que «el Sol, la Luna y las estrellas parecieran más pequeñas».

En cualquier caso, estos rudimentarios anteojos astronómicos constituyeron la base que permitió al óptico holandés Hans Lippershey desarrollar un telescopio que patentó en 1608. Este nuevo instrumento fue perfeccionado por Galileo Galilei en enero de 1610 para asomarse al cielo y revolucionar el mundo al descubrir los cráteres de la Luna y las lunas de Júpiter, identificar las manchas solares y realizar la teoría heliocéntrica de Nicolás Copérnico, según la cual los planetas giraban alrededor del Sol. La Iglesia le amenazó con la hoguera si no se retractaba y afirmaba que la Tierra era el centro inmóvil del universo. Así lo hizo Galileo, pero añadió: «Eppur si muove».

HACIA LOS CONFINES DEL SISTEMA SOLAR

Las limitaciones técnicas de los primeros telescopios fueron corrigiéndose con el tiempo tanto con la mejora de la técnica de fabricación de len-

➤

El escritor y divulgador francés Fontenelle mientras lleva a cabo algunas observaciones astronómicas. Puede afirmarse que existe un antes y un después de la aparición del telescopio en el campo de la astronomía. El gran avance de esta ciencia a partir del siglo XVII se debe en gran medida a este instrumento.

EL PERISCOPIO, EL OJO OCULTO

El periscopio es un instrumento óptico que hace accesible la mirada allí donde no puede llegar directamente. Este complejo sistema se desarrolló en el curso de la Primera Guerra Mundial para que los soldados situados en las trincheras pudieran observar los movimientos del enemigo sin peligro. El periscopio de trinchera también se utilizó en los carros de combate y en los submarinos. En este caso, al sistema de lentes y prismas con una superficie reflectora inclinada 45º en cada extremo del tubo telescópico se le aplicó un telémetro para fijar la posición de los blancos de tiro.

◄

Telescopio de Isaac Newton. La posibilidad de realizar observaciones precisas representó un gran avance en el conocimiento del cosmos.

Radiotelescopios en los llanos de San Agustín, en Nuevo México.

▼

tes como del diseño del instrumento óptico. En el marco de este proceso, Isaac Newton construyó en 1668 el primer telescopio reflector acromático, con el que solucionaba gran parte de las aberraciones de cromatismo y esfericidad. Tras él, entre otros científicos, William Herschel, músico y astrónomo británico a quien se deben los descubrimientos de

Urano y sus lunas, y de las estrellas binarias y la catalogación de miles de cúmulos y nebulosas, diseñó un nuevo y novedoso telescopio en 1789.

Este poderoso ojo astronómico fue el precursor de los modernos y gigantescos telescopios, como el situado en el observatorio californiano de Hale, en monte Palomar, EE.UU. Se trata de un telescopio reflector de 20 t, provisto de un espejo cóncavo de 5 m de diámetro en el que se concentra la luz procedente del objeto cósmico.

Pero el afán de observar y explorar el universo fructificó en 1990 con un nuevo y espectacular paso adelante. Ese año se lanzó y colocó en órbita planetaria el *Hubble*, primer telescopio óptico espacial, cuya visión del cosmos es más nítida al evitar las perturbaciones de la atmósfera terrestre. Este asombroso ingenio, mitad telescopio y mitad satélite, capaz de detectar emisiones de luz producidas hace millones de años, cuenta con un tubo telescópico cuyo cuerpo principal mide 13 m de largo y 4 m de ancho, a través del cual penetran los rayos de luz de las estrellas o las galaxias que enfoca y que se reflejan primero en un espejo secundario y después en el espejo principal de reflexión Cassegrain de 2,5 m de diámetro; en el interior de éste y para reducir la reflexión de los rayos lumínicos procedentes de su superficie hay, entre el espejo secundario y el principal, una serie de pliegues, y en su extremo frontal, una puerta de apertura; dos paneles solares, situados en los laterales, que proveen de energía a su instrumental; dos radiodiscos que transmiten por radio las imágenes y toda la información recogida por sus instrumentos hacia las estaciones terrestres; y detectores de luz que convierten las imágenes producidas por los espejos en señales de televisión. Un año antes de finalizar el siglo XX, la NASA lanzó al espacio el *Chandra*, un nuevo telescopio basado en un sistema de rayos X.

Instrumentos para medir el terreno

La observación y exploración del planeta llevan aparejada la necesidad de registrar todo lo que se ha visto y descubierto. Los viajeros, exploradores y científicos siempre se han provisto de instrumentos apropiados capaces de convertir en una metáfora matemática o una abstracción gráfica la visión de un paisaje.

A lo largo de la historia de la humanidad, el cielo y la tierra no sólo han constituido formas sublimadas de las moradas de los dioses y los hombres, sino también los paisajes cuya exploración y conocimiento sustentará la inagotable empresa civilizadora del ser humano. Aunque unos más que otros, ningún pueblo de la Tierra se ha sustraído a la poderosa tentación de avanzar, reconocer y dejar memoria documental, precisa y universal de todo lo que sus gentes han descubierto.

Pero en este fantástico viaje a través del tiempo y el espacio que constituye la evolución humana, han sido los pueblos que, por distintos factores y circunstancias, alcanzaron mayores estadios de desarrollo cultural los que más lejos han llegado y también los que han dispuesto de mayores medios para dejar constancia precisa de la localización y paisaje del lugar del mundo que han visto.

Fue precisamente un hijo de la gran civilización griega el primero en construir un instrumento capaz de medir ángulos verticales y horizontales. Hiparco, astrónomo griego del siglo II a.C., a quien se atribuye también la invención del astrolabio, fue al parecer el creador del primer teodolito. No es descabellada su atribución a quien determinó el tamaño del Sol y la Luna y sentó las bases de la trigonometría esférica. La dioptra de Hiparco era un conjunto de dos visores dispuestos en línea sobre un eje fijo que, a su vez, estaba sujeto, mediante un pivote, a un eje vertical colocado sobre un trípode. De este modo, el aparato

A
Un observatorio islámico. Los diferentes reinos islámicos fueron lugares de estudio de las matemáticas, la astronomía y la geografía gracias a la conservación de las obras de los eruditos griegos en lugares cómo Alejandría y Damasco.

de Hiparco basculaba horizontal y verticalmente, y podía medir ángulos reducidos y diámetros aparentes del Sol y la Luna.

Un siglo más tarde, Herón de Alejandría perfeccionó el aparato con un nivel de agua, gracias al cual podía establecer la horizontal de un punto de observación, y de un soporte circular graduado, que le permitía fijar los ángulos en cualquier plano oblicuo. En su libro *Dioptra*, Herón proponía medir la distancia entre Alejandría y Roma observando el mismo eclipse lunar desde ambas ciudades, el que se produjo el 13 de marzo del año 62 a.C., y teniendo en cuenta la diferencia de tiempo entre una y otra observación.

La medición de la Tierra

La dioptra es, por tanto, el más antiguo precedente del teodolito moderno, instrumento utilizado para medir los ángulos reducidos en el horizonte, las distancias cenitales y los acimuts. El teodolito fue un instrumento esencial para la cartografía y la geodesia y las mediciones de la Tierra que comenzaron a realizarse a partir del siglo XVII. El teodolito figuraba entre los principales instrumentos utilizados por el holandés Willebrord Snell en 1606, el inglés Richard Norwood en 1635 y el francés Jean Piccard en 1669 para efectuar las primeras mediciones científicas del arco de meridiano como primer paso para conocer las dimensiones del globo terrestre.

En el contexto de estos estudios, el teodolito estuvo presente asimismo en las históricas expediciones al virreinato del Perú, en concreto a la ciudad ecuatoriana de Quito, y a Laponia que la Academia de Ciencias de París encomendó en 1735 a Charles Marie de la Condamine y a Pierre Louis Moreau de Maupertuis, respectivamente, para medir la longitud de un grado de meridiano, cuyos resultados confirmaron el achatamiento polar de la Tierra.

Entre los más modernos teodolitos, se encuentra el teodolito magnético. Este instrumento es utilizado para medir la declinación magnética y, al mismo tiempo, el componente horizontal de la intensidad del campo magnético terrestre. Está provisto de una brújula que gira en un limbo graduado de 180º, situado en el plano vertical del eje del anteojo.

Litografía de 1865 en la que aparece Hiparco llevando a cabo sus observaciones astronómicas en Alejandría. La aportación de este estudioso griego fue muy importante e influyó en los trabajos de muchos otros científicos posteriores.

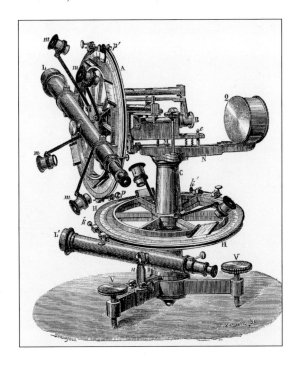

Teodolito de Gambey según un grabado de 1870. El uso de los teodolitos representó importantes avances en el campo de la geodesia, que llevarían al conocimiento del tamaño de la Tierra.

Bajo el orden topográfico

A partir del siglo XVII, los científicos se preocuparon de representar gráficamente en planos y mapas la morfología del paisaje terrestre. Es decir, las formas y accidentes del terreno, su relieve, suelos, vegetación y todos aquellos aspectos que la mano del hombre había introducido en determinadas áreas.

Esta tarea es de una gran complejidad y en su ejecución intervienen, además de los distintos tipos de teodolitos, otros instrumentos estrictamente topográficos de medición y cálculo. Entre los más importantes, y que han sido determinantes para el conocimiento y exploración del planeta, figuran el pantómetro y el telémetro.

El pantómetro, también llamado pantómetra, es el instrumento utilizado para medir los ángulos horizontales a partir de visuales. Es imprescindible para el levantamiento de planos. Se entiende por levantamiento el conjunto de operaciones necesarias para fijar la posición relativa de unos puntos en una superficie de terreno determinada. El pantómetro es esencial en la primera fase del levantamiento, la llamada planimétrica, que consiste en medir con la máxima precisión una recta, que constituye la base para los puntos de terreno sobre los que se hace la proyección horizontal de un plano de referencia.

➤

Gracias a la telemetría laser fue posible establecer con gran precisión la distancia entre la Tierra y la Luna. Este avance tecnológico contribuyó al éxito de las misiones espaciales. Del mismo modo, los resultados de estas misiones fueron muy útiles para el estudio del comportamiento de los cuerpos orbitales.

Estudio topográfico en el puerto de Londres. La tecnología actual permite realizar mediciones con una gran precisión.

▼

Telémetro, la medida de la lejanía

El telémetro es una consecuencia de los avances en el campo de la óptica y de la necesidad de mensurar con precisión las mayores distancias, y ha sido aplicado también a otros campos como, por ejemplo, el de la fotografía.

Este instrumento se utiliza para determinar una distancia desconocida que se toma como lado de un triángulo. El telémetro consta de un tubo telescópico cuyos extremos visualizan dos puntos; las imágenes captadas desde cada extremo convergen en un punto central, donde el observador las hace coincidir mediante un prisma corrector, que mueve haciendo girar un tambor graduado en el que queda fijada la distancia.

La aplicación del rayo láser a la telemetría ha propiciado el desarrollo del telémetro láser, revolucionario aparato electrónico de extraordinaria precisión que permite lecturas instantáneas. Basta con dirigir el rayo láser al objetivo para establecer al milímetro la distancia que lo separa del punto de estación. El tiempo que tarda el láser en ir y volver se traduce, por medios electrónicos, en la longitud que aparece en el visor óptico del aparato.

La telemetría láser empezó a utilizarse a partir de la década de 1960 para establecer la distancia entre la Tierra y la Luna, objetivo que se consiguió con un margen de error de apenas 15 cm. Estas mediciones han dado lugar a un mejor conocimiento de los parámetros de rotación del satélite terrestre sobre su propio eje, así como los orbitales alrededor de la Tierra y otros comportamientos mecánicos en el sistema Tierra-Luna.

Los medios de transporte

Cargar con la caza, los frutos, los utensilios y otros objetos, para ir de un lugar a otro y cada vez a mayores distancias, probablemente constituyó para el hombre primitivo un esfuerzo y un reto. En un primer momento viajó, exploró y comerció llevando sobre sus hombros pequeñas cargas, pero con el tiempo vio la posibilidad de llegar más lejos, con cargas mayores y más pesadas. Así, de la necesidad de aliviar las cargas y de recorrer mayores distancias surgieron los medios de transporte. Troncos, balsas y flotadores de piel precedieron a las canoas y los barcos en el transporte acuático, y la fuerza animal aplicada a la carga o al arrastre antecedió y acompañó al uso de la rueda en los vehículos.

Los grandes avances tecnológicos registrados a partir del siglo XVIII se tradujeron en significativas innovaciones en el campo de los vehículos de transporte. Fruto de ellas son el automóvil, el tren, el avión, las naves espaciales, el submarino y el batiscafo, que han fijado nuevos horizontes terrestres y cósmicos.

La caravana de camellos

*Un momento en que la inteligencia del hombre
es puesta a prueba para poder disfrutar de las
posibilidades que ofrece el entorno natural
y proyectar sobre él su hegemonía vital.
Ésta es la prehistoria de las caravanas de camellos
de Oriente Medio, cuya importancia perduró
hasta la antesala de la Edad Moderna.*

El camello es, después del elefante y la jirafa, el mamífero terrestre de mayor tamaño. Desde la más remota antigüedad fue domesticado en Mesopotamia como animal de carga y montura, y desde entonces y a lo largo de los siglos se convirtió en un elemento esencial para la economía y el transporte de los pueblos de Oriente Medio y Asia.

Cabe distinguir dos clases de camellos, el camello propiamente dicho, o camello común (*Camelus bactrianus*), y el dromedario *(Camelus dromedarius)*. El camello común es originario de Asia central y se caracteriza por tener dos gibas muy pronunciadas y abundante pelaje, y ser pesado y dócil. En función de su raza, puede ser más apropiado para la carga o para la montura. Es además un animal muy resistente a las temperaturas extremas, tanto a las cálidas del desierto como a las frías de las grandes alturas, aunque no tanto a los largos recorridos sin alimentación ni bebida.

El dromedario se distribuye por Arabia, norte de África, Madagascar y Canarias, principalmente. Es un animal domesticables, aunque menos dócil que el camello común, que se caracteriza por tener sólo una giba, donde almacena abundante grasa que le permite soportar largos ayunos. Así mismo, tiene una pelambre abundante y fina que se concentra sobre todo en la nuca, y unas almohadillas algo convexas que envuelven sus dedos y le permiten caminar con relativa facilidad sobre la arena del desierto sin hundirse en ella. Como en el caso del camello común, entre los dromedarios hay una raza apta para la carga, que se distingue por su cabeza gruesa, y otra para la montura y la carrera, que se distingue por su cabeza más pequeña y elegante.

LAS CARAVANAS DE ORIENTE

Desde los tiempos de Sumer, Akkad y de los imperios babilonio y asirio, las caravanas de camellos fueron el principal medio de transporte utilizado para el tráfico mercantil entre el Mediterráneo y Oriente. El control de estas rutas fue vital para algunos Estados, como el reino judío de Salomón, entre el 970 y el 931 a.C. Gran parte de su prosperidad se debió a su estratégica localización

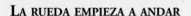

➤

Carro conducido por divinidades. Esta muestra de arte tartesio, con evidentes influencias egipcias, da fe de la importancia de la rueda no sólo en la vida cotidiana, sino también en la religión, como elemento de prestigio de la divinidad.

LA RUEDA EMPIEZA A ANDAR

La rueda se inventó en el seno de las civilizaciones mesopotámicas unos 5 500 años antes de la era cristiana. Los vestigios más antiguos que se tienen de ella es una tablilla hallada en la ciudad sumeria de Ur y datada en el 3500 a.C. Desde entonces, y durante miles de años, la rueda fue perfeccionándose. Sin embargo, fue en el último tercio del siglo XIX cuando experimentó un importante avance con el diseño de la rueda metálica para la bicicleta y, poco después, con la incorporación del neumático y su aplicación al automóvil.

entre el valle del Nilo y la cuenca del Éufrates, que le permitía dominar todas las rutas de caravanas, tanto las procedentes de Oriente como las de Arabia, y mantener un activo comercio de metales preciosos, perfumes, especias y caballos.

Siglos más tarde fueron los partos y los persas quienes ejercieron el control de las caravanas de camellos y el tráfico de mercancías entre el Imperio Romano y los países asiáticos que discurría por la que sería llamada Ruta de la Seda. La llave de las caravanas fue heredada por los musulmanes, con quienes los hábiles mercaderes de Génova y Venecia debieron pactar para mantener el rico y caro comercio de especias, que tenía contra las cuerdas la economía europea. Fue precisamente esta situación de crisis la que movió a los reinos europeos a promover, ya en el siglo XV, los grandes viajes de exploración y búsqueda de una ruta alternativa al país de las especias. Un impulso que, al cabo de pocos años, propició el descubrimiento de América y la circunnavegación del planeta.

Pero si importantes fueron los camellos para el tráfico entre Oriente y Occidente hasta el siglo XV, no lo fueron menos los elefantes en la India y los caballos, las mulas y los asnos en China, Europa y América. En América, donde las llamas eran los animales de carga de los países andinos, desde la conquista y colonización española fueron los equinos y mulares los que impusieron su gran ductilidad para salvar las montañas, selvas y llanuras continentales. Testimonio significativo es el protagonismo que ejercieron durante casi dos siglos las tropillas de caballos y mulas en la ruta de la plata que se estableció entre Potosí y el puerto de Buenos Aires, tráfico que provocó fuertes tensiones entre los comerciantes porteños y limeños.

▲
La domesticación del elefante y su conversión en animal de carga fue llevada a cabo en la India y el norte de África. A pesar de todo, la mayoría de las fuentes hacen referencia a su uso militar en los campos de batalla.

◄
Caravana de mercaderes árabes según el manuscrito de al-Hariri, del siglo XIII. La organización de las caravanas era de una importancia crucial para mantener abiertas las rutas comerciales en regiones de difícil tránsito.

El galeón, el primer navío de los océanos

El galeón es la primera gran nave oceánica que, tras el descubrimiento de América, dominó los mares del mundo entre los siglos XVI y XVIII. Su protagonismo en el tráfico mercantil y de metales preciosos, y en los grandes viajes que se realizaron durante más de dos siglos, convirtió el galeón en el emblema de la poderosa flota española.

Tras el descubrimiento europeo de América, las nuevas circunstancias del tráfico marítimo se tradujeron en la construcción de naves ligeras, maniobrables y, al mismo tiempo, de mayor tonelaje. Aunque el término *galeón* designaba desde el siglo XII un tipo de galera pequeña impulsada por remos, a partir de finales del siglo XVI se aplicó a un potente navío interoceánico.

Inspirándose en el galeón que los ingleses comenzaron a construir en el siglo XV, los armadores españoles diseñaron una nave con gran capacidad de carga y, al mismo tiempo, muy maniobrable y

Encuentro entre navíos ingleses y españoles en medio del mar, según un óleo del siglo XVIII. El control de los mares se convirtió en una prioridad para los gobernantes.

▼

veloz para las navegaciones oceánicas. En general, el galeón español constaba de tres mástiles provistos de grandes velas cuadras, aunque algunos ejemplares podían llevar un cuarto mástil con una vela latina, y de un casco, largo y algo estrecho, que podía desplazar entre 600 y 1 000 toneladas. Dadas las circunstancias históricas, el galeón fue concebido para ser utilizado igualmente como barco mercante o navío de guerra.

En este sentido, el galeón iba provisto de una batería de treinta cañones montados en portillos sobre la cubierta superior o en la primera cubier-

Estas rutas eran cubiertas por convoyes de treinta o cuarenta navíos que transportaban desde México y Panamá el oro y la plata procedentes de los virreinatos del Perú y Nueva España a través de la llamada «ruta de la plata», y a las colonias las mercancías de la metrópoli. Ante el creciente ataque de los piratas, los galeones debieron reforzar su armamento, que fue financiado con un impuesto sobre los productos de consumo destinados a las colonias, denominado de «avería».

Desde que en 1565 López de Legazpi conquistara Filipinas y seis años más tarde fundara Manila, el contacto con la metrópoli se realizó, a través del puerto mexicano de Acapulco, por medio del llamado «galeón de Manila». Este galeón, que por concesión real estuvo controlado por los jesuitas, fue determinante para el desarrollo mercantil de Filipinas. Un mes antes de que zarpara, Manila organizaba una feria a la que concurrían mercaderes de la India, China y Japón para vender sus telas pintadas, sedas, muselinas, porcelanas, lacas, especias y perfumes, los que a su vez encontraban salida meses más tarde en la feria de Acapulco.

En 1735, la abolición del sistema de flotas y galeones para liberar parcialmente el tráfico colonial supuso la decadencia del «galeón de Manila». Perdió su importancia cuando, años más tarde, los marinos españoles fueron autorizados a seguir la ruta del cabo de Hornos para llegar a Filipinas, y recibió el golpe de gracia en 1781, cuando Carlos III sancionó la libertad de comercio.

Por entonces, el galeón como nave de transporte ya había comenzado a ceder terreno ante otro tipo de navíos de cascos más altos, con capacidad de carga de hasta 2 000 t, una dotación de setecientos hombres y velamen más completo, lo que los hacía más veloces y adecuados para realizar las rutas marítimas que cubrían casi todo el globo.

Detalle de un galeón en un fresco que narra una expedición a la isla Terceira, en las Azores. El poder naval de la monarquía hispana se basó en estas naves.

Galeón pintado en un plato de cerámica. El Mediterráneo continuó en manos de los galeones hasta el siglo XVII.

Las naves de Colón representadas en un tapiz. Las carabelas y las naos acabaron siendo sustituidas por los galeones, de mayor capacidad.

ta, lo cual le daba una gran capacidad de fuego que, con frecuencia, fue utilizada contra los corsarios y piratas franceses, ingleses y holandeses que infestaron los mares hasta bien entrado el siglo XVIII.

EL GALEÓN DE MANILA

El galeón fue la principal nave de transporte utilizada por España desde la segunda mitad del siglo XVI. Con él se formaron los convoyes que surcaron el Atlántico y el Pacífico con los cargamentos de mercancías y metales preciosos, y se enfrentaron a los constantes ataques de corsarios y piratas. El galeón constituyó la base del sistema de galeones y flotas, conjunto de rutas marítimas entre la Península y las colonias americanas.

LAS CARABELAS DE COLÓN

En el curso del siglo XV, gracias al impulso exploratorio dado por Juan de Avis y Enrique el Navegante, los portugueses adaptaron la llamada nave redonda de borda alta, con proa y popa alzada y timón vertical en ésta para afrontar la navegación marítima de mayor calado. Tales innovaciones derivaron, al parecer, en la carabela o carraca. Los armadores andaluces crearon a su vez la carabela redonda, de uno o dos palos con velas cuadras. La *Niña* y la *Pinta* respondían a este diseño, no así la *Santa María*, que era una nao, es decir, una embarcación mercante de mayor tonelaje.

TEMAS CLAVES DE LA EXPLORACIÓN

El tren abre nuevos caminos

La coincidencia de una serie de avances tecnológicos registrados a partir del siglo XVIII propició el desarrollo del ferrocarril, y con él una verdadera revolución en el transporte de personas y mercancías. El tren impulsó nuevas y más rápidas formas de exploración, y permitió la colonización de vastos territorios.

▲

Ilustración de F. Gavaldá en la que aparece una locomotora construida en 1848 y que aún conservaba el aspecto de una diligencia.

Yacimiento de oro en California. La "fiebre del oro" se vio favorecida por el desarrollo de la red viaria en EE UU.

▼

En la primera mitad del siglo XIX el ferrocarril se convirtió en un medio de transporte eficaz, que en pocas décadas experimentó una notable expansión. Su entrada en escena provocó un gran impacto en la economía de Occidente y modificó el orden de importancia del mapa regional económico al propiciar el desarrollo de algunas zonas antes relegadas y postergar otras, que quedaron al margen de las vías férreas.

Tras el éxito del ferrocarril Liverpool-Manchester, la locomotora *Rocket,* desarrollada por George y Robert Stephenson, confirmó que se estaba ante un nuevo y poderoso medio automotor de transporte colectivo, basado en las prestaciones de poten-

cia, seguridad y velocidad de la máquina de vapor. Por primera vez en la historia existía un vehículo capaz de transportar a grandes distancias enormes cantidades de mercancías, fuera cual fuese su volumen y peso, y numeroso pasaje a un bajo coste.

LA SEGUNDA CONQUISTA DE AMÉRICA

Uno de los capítulos más impresionantes de la historia de América del Norte fue la epopeya colonizadora del Oeste que, con el telón de fondo de la guerra contra las naciones indias que dominaban las grandes praderas, tuvo como protagonista el ferrocarril.

LA FIEBRE DEL ORO

El descubrimiento de oro cerca del río Sacramento, en California, en 1848, provocó una impresionante invasión de gentes procedentes de todas partes de EE UU, Asia y Europa. Aunque la línea férrea entre ambas costas aún no había sido completada, el tren contribuyó al soberbio flujo de buscadores de oro. Incluso, a raíz de esta fiebre, el gobierno estadounidense firmó con el de Colombia un acuerdo para construir un ferrocarril a través del istmo de Panamá.

La evolución técnica del tren fue decisiva para llevar a cabo la conquista y colonización del vasto territorio estadounidense del Oeste. El enorme potencial de este nuevo medio de transporte fue apreciado desde el primer momento por los ingenieros estadounidenses, cuyas investigaciones fueron paralelas a las de sus homólogos europeos, en particular de los británicos.

En 1829, EE UU importó de Gran Bretaña la locomotora *León de Stoubridge*, que fue la primera utilizada en el país con ruedas provistas de reborde. Al año siguiente, la locomotora *Tom Thumb* compitió con un vagón tirado por un caballo en un tramo de 21 km. La máquina de vapor perdió la carrera, pero aun así se inauguró el ferrocarril Baltimore and Ohio Railroad, dejando sentado que el nuevo medio de transporte mecánico tenía un potencial incalculable para impulsar la ocupación de las grandes extensiones de tierra situadas al Oeste.

Poco después comenzó el tendido de las vías férreas hacia el *far west*. De este modo, la penetración de los raíles en las praderas está íntimamente ligada a la epopeya de su conquista y de la colonización de los pioneros.

The General, que entró en servicio en 1855, fue la primera locomotora que remolcó los convoyes del Western and Atlantic Railroad. Esta típica locomotora de los trenes del Oeste estaba provista, en su morro, de un botaganado, que apartaba el ganado que podía encontrar en su trayecto para evitar su descarrilamiento.

Finalmente, el 10 de mayo de 1869, en Promontory Point, cerca del Gran Lago Salado, en Utah, se unieron las vías férreas del ferrocarril Union Pacific, procedente del Este, y del Central Pacific, procedente del Oeste. Con un simbólico clavo de oro se inauguró entonces la primera línea ferroviaria transcontinental, que conectaba las ciudades de Boston (Massachusetts) y Oakland (California).

También Canadá se colonizó con el ferrocarril. El 7 de noviembre de 1885, en Craigellachie, Columbia Británica, en una ceremonia especial se colocó el clavo que completaba la línea férrea entre Montreal y Port Moody, atravesando algunos de los paisajes más bellos del planeta.

La estación de Orizaba, en México. El ferrocarril tuvo un gran desarrollo a lo largo de todo el siglo XIX.

La máquina de vapor fue el motor de la Revolución Industrial. Sirvió no sólo para impulsar los trenes, sino también para dar energía a las fábricas y los barcos.

El submarino y el batiscafo

*Completados los viajes
por la superficie terrestre,
las profundidades oceánicas
constituyeron una nueva
y apasionante empresa de
exploración y descubrimiento.
Un mundo y un medio
totalmente desconocidos, cuyos
secretos y peligros se convirtieron
en un irresistible desafío para
los espíritus ansiosos de
aventuras y saber.*

A partir del siglo XVII empezaron a proyectarse ingenios para navegar bajo la superficie de las aguas, que no pasaron de ser rudimentarios vehículos, como el *The Turtle*, construido por David Bushnell y botado en 1776 en el puerto de Nueva York, que era propulsado manualmente.

La propulsión fue uno de los principales problemas que debieron solucionar los ingenieros implicados en la construcción de sumergibles. Narciso Monturiol trabajó en el desarrollo de una nave subacuática con propulsión mecánica. En 1859, el ingenio español construyó su célebre *Ictíneo*, un

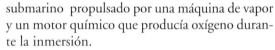

**Fotografía de un
submarino emergido
en una zona de hielos.**

**Pruebas de inmersión
de un submarino en
proceso de construcción.**

submarino propulsado por una máquina de vapor y un motor químico que producía oxígeno durante la inmersión.

Poco después, Alstitt combinó la propulsión de vapor para navegar en superficie con el motor eléctrico alimentado por baterías para hacerlo en inmersión. A partir de este momento, si bien el motor eléctrico continuó utilizándose, ya en el siglo XX, el motor de explosión, de gasolina y diesel, terminó por imponerse. A partir de 1945, paralelamente al uso de la propulsión diesel-eléctrica, se incorporaron primero los motores de turbina y después los reactores nucleares, siendo el *Nautilus* norteamericano el primer submarino de propulsión atómica.

SUMERGIBLES Y SUBMARINOS

A medida que se perfeccionaban las naves subacuáticas y se precisaban sus aplicaciones, se fueron diferenciando submarinos y sumergibles. Submarino es la nave subacuática diseñada sobre todo para navegar en inmersión a distintas profundidades, aspecto que se acentuó con la propulsión nuclear que impuso la navegación inercial. Entre los submarinos cabe distinguir los de utilidad bélica, el diseño de cuyo casco evoca el cuerpo de las

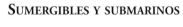

ballenas, y el de investigación oceanográfica. Este último tipo de submarino tiene un casco menos aerodinámico, pero está construido con materiales ligeros y resistentes, como titanio, aluminio y plexiglás, que permiten descender a varios miles de metros de profundidad. Con ellos los científicos han realizado importantes descubrimientos biológicos y geológicos en todas las profundidades oceánicas.

El sumergible, como su nombre indica, es una nave diseñada para sumergirse a grandes profundidades, soportar la presión bajo el agua y disponer de gran maniobrabilidad para realizar tareas más o menos delicadas. Entre los diferentes tipos de sumergibles destinados a la investigación oceanográfica o al salvamento y rescate a grandes profundidades, el batiscafo es el más representativo. En uno de ellos, el *Trieste*, Auguste y Jacques Piccard descendieron en 1960 hasta los 11 521 m en la fosa oceánica de las Marianas.

El batiscafo es un tipo de sumergible que consta de una cabina presurizada para la tripulación, capaz de soportar presiones muy altas, y de un gran flotador naviforme. Dado que necesita hundirse, subir y flotar bajo el agua, consta de un sistema de tanques de lastre que pueden contener agua, gasolina, que es menos densa que el agua, o aire;

también lleva silos con granalla de acero. Cuando los tanques de lastre están llenos, la nave se hunde, y cuando se vacían, emerge, de modo que la *flotación* se consigue regulando el lastre. Para maniobrar el batiscafo se utiliza un propulsor principal que lo impulsa hacia adelante o hacia atrás y un impulsor lateral que lo mueve de lado a lado. Dispone así mismo de potentes faros, brazos articulados y garfios controlables desde la cabina, y cámaras de vídeo robotizadas para captar y grabar imágenes de los sorprendentes fondos marinos.

Submarino de ataque nuclear clase "Los Angeles" perteneciente a la Armada de los Estados Unidos de América.

LA BATISFERA DE BEEBE

Entre los muchos artilugios diseñados para investigar las profundidades marinas figura la batisfera. Ésta es una simple esfera de acero provista de una ventanilla de observación que se sumerge enganchada a un barco mediante un cable de acero. La batisfera de Beebe es un aparato cuya seguridad pende del cable de sujeción.

En 1934, el zoólogo estadounidense William Beebe utilizó una batisfera para descender por primera vez hasta los 900 m de profundidad y observar un paisaje, con su flora y fauna, totalmente desconocido hasta entonces.

El automóvil todoterreno

Los automóviles todoterreno se han convertido en los vehículos capaces de transportar a los modernos exploradores hasta lugares remotos y casi inaccesibles para otros. Su fortaleza mecánica les permite cruzar desiertos, selvas, pantanos y terrenos abruptos sin perder la marcha ni el rumbo.

El automóvil fue en el siglo XX el equivalente al tren en el XIX, un medio de locomoción de masas revolucionario.

Tras sus primeros y traqueteantes pasos decimonónicos, el automóvil experimentó un espectacular avance en el siglo XX. De ser en un principio una especie de carro con motor, juguete de ricos excéntricos, pasó a convertirse en un medio de transporte utilizado por millones de personas en las más diversas actividades.

El nacimiento del automóvil fue el resultado de la conjunción del nivel tecnológico de un siglo abocado al progreso científico y de la fe de los primeros fabricantes en un vehículo capaz de proporcionar autonomía y libertad de movimiento a

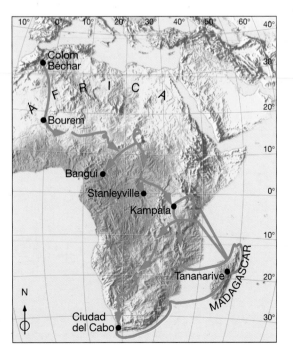

En 1923, Georges-Marie Haardt y Louis Audouin-Dubreuil realizaron en vehículos Citroën el recorrido que aparece en el mapa.

las personas. En este sentido, el automóvil es el vehículo terrestre que mejor refleja una época fascinada por los viajes y la velocidad, en un mundo cuyas distancias parecen acortarse y aproximarse a la dimensión del hombre.

El estallido de la Primera Guerra Mundial puso de manifiesto la necesidad de vehículos alternativos al transporte por medio de animales o a los vehículos de tracción animal. Fue entonces cuando, mientras continuaban fabricándose automóviles de pasajeros o deportivos, surgieron los primeros camiones. Las prestaciones que ofrecieron estos primitivos automóviles de carga abrieron los ojos a otros fabricantes que, como Ford, lanzaron versiones destinadas al trabajo agrícola sobre la base de sus célebres modelos T, primero, y A, más

EQUIPOS DE NAVEGACIÓN AUTOMOTOR

Los modernos todoterreno son vehículos que, a pesar de la fortaleza de su carrocería, están acondicionados para dar a los pasajeros el máximo de comodidad y seguridad. En este sentido, combinan potencia motriz y resistencia mecánica a las condiciones más adversas, con un aprovechamiento racional del espacio interior y un diseño ergonómico de sus mandos y equipamiento. Así mismo, están provistos de los más modernos sistemas de navegación y comunicación, como el GPS, y paneles informáticos que informan de la velocidad de crucero, el consumo de combustible, el derrotero o rutas alternativas, etc.

◄

Un todoterreno en el Parque Nacional de Moremi, en Bostwana. El todoterreno ha ampliado las posibilidades del automóvil, permitiéndole circular por terrenos abruptos. A pesar de todo, no hay que olvidar el impacto ecológico de estos vehículos en muchos lugares.

tarde. Gracias a la popularidad alcanzada, la *pick-up Ford A* de 1929 fue replicada en la década siguiente por la japonesa *Datsun 13T* y la alemana *Borgward Goliath F-200*. Sin embargo, fue durante la Segunda Guerra Mundial cuando surgió el primer antecedente directo de los modernos todoterreno: el jeep.

UN SALTO DE CUATRO RUEDAS

En 1942, cuando la Segunda Guerra Mundial entraba en su fase decisiva, el ejército estadounidense incorporó un nuevo y dinámico vehículo en su equipamiento, que compartió con las fuerzas aliadas. Se trata de un pequeño automóvil descubierto, fabricado en Toledo (Ohio), con una potencia de 60 CV que se multiplicaba al poseer tracción en las cuatro ruedas y que podía alcanzar los 100 km/h. El jeep se reveló enseguida como un vehículo dinámico, fuerte y resistente, que dio una gran movilidad a las tropas aliadas independientemente del estado de las carreteras o terrenos por los que se desplazara. En este sentido, el jeep fue un vehículo decisivo en el avance de las tropas aliadas tras el desembarco de Normandía.

Concluido el conflicto, el jeep fue adaptado a las tareas agrícolas y deportivas, y sirvió de modelo para un nuevo vehículo destinado al transporte por todo tipo de terreno. Las primeras marcas que lanzaron estos vehículos como herramientas de trabajo, Range Rover, Land Rover, Mitsubishi, Toyota, Nissan, etc., vieron que los safaris africanos, popularizados a través del cine, y las com-

peticiones deportivas internacionales, como el célebre Rally París-Dakar, los difundían como un nuevo vehículo deportivo y de recreo.

En las dos últimas décadas del siglo XX, los todoterreno, también llamados 4 × 4, en alusión a su tracción, o fuera de carretera, invadieron las carreteras y las ciudades, aunque siguieron siendo diseñados para el desplazamiento por caminos difíciles. Las expediciones a lugares remotos o exóticos, donde las carreteras son apenas huellas borrosas en medio de pedregales, dunas de arena o pantanos, abruptas pendientes, espesas selvas o inesperados ríos, tienen en los vehículos todoterreno uno de sus imprescindibles medios de transporte, y del que muchas veces depende la vida de los viajeros modernos.

El jeep Willis se convirtió en una de las armas más valiosas de los ejércitos aliados. Su versatilidad y fiabilidad, unidas a la fabricación masiva, llevó a la mecanización total de muchas de las unidades aliadas, algo que hasta entonces era considerado una utopía.

▼

La nave espacial

Durante miles de años el cielo fue un territorio habitado por los dioses. Pero lo que el ojo humano veía no era suficiente para satisfacer su curiosidad y su deseo de desvelar los secretos del cosmos, y no cejó hasta construir instrumentos de observación, primero, y vehículos que lo llevasen al espacio exterior, más tarde.

➤
La perra Laika se convirtió en el primer ser vivo de la Tierra lanzado al espacio. A bordo del Sputnik 2 fue puesta en órbita el 3 de noviembre de 1957. A pesar que murió cuando se acabó el oxígeno demostró que era posible hacer vuelos espaciales tripulados.

La exploración del espacio cósmico, independientemente de las observaciones astronómicas realizadas durante siglos y que permitieron establecer las leyes básicas de la mecánica celeste, comenzó a ser posible con el desarrollo de los cohetes en el curso del siglo XX. Si bien existen antecedentes chinos que se remontan al siglo XIII, el cohete como elemento propulsor eficaz y de gran potencia se experimentó por primera vez en 1926, cuando el científico estadounidense Robert Goddard lanzó uno utilizando combustible líquido. El siguiente y decisivo paso lo dio, en 1934, el alemán Wernher von Braun, cuyos cohetes equiparon ocho años más tarde las bombas volantes V-1 y V-2 que cayeron sobre Londres. Dichas bombas no sirvieron para que la Alemania nazi ganara la guerra, pero sí para hacer posible la exploración espacial. Si la conquista de los polos terrestres alentó la competición entre hombres y naciones, también la exploración del espacio exterior inauguró una carrera entre las naciones más poderosas del planeta tras la Segunda Guerra Mundial: la antigua URSS y EE UU.

➤
Werner von Braun presenta la maqueta del cohete Saturno en 1962. El concurso de este pionero de la investigación espacial fue crucial para que Estados Unidos ganasen la carrera a la Luna.

◄ *Los astronautas William Shepherd y Bruce Melnick durante una misión a bordo del Discovery en 1990, cuando pusieron en órbita la sonda de exploración solar Ulysses. El transbordador espacial ha permitido recuperar las naves enviadas a misiones orbitales.*

El transbordador Atlantis despega rumbo a la estación espacial rusa Mir el 2 de junio de 1995 para relevar a su tripulación. La colaboración entre las diversas potencias espaciales ha presidido la investigación espacial en los últimos años.

▼

Los soviéticos fueron quienes tomaron la delantera a partir de 1957, cuando lanzaron el primer satélite espacial, el *Sputnik*, y poco después enviaron al espacio el primer ser vivo, la perra *Laika*, y en 1961 al primer hombre, el astronauta Yuri Gagarin. El diseño tanto del cohete lanzador como de la nave *Vostok 1* era bastante rudimentario pero muy eficaz.

Mientras tanto EE UU, a través de la agencia espacial NASA, volcó sus energías en el desarrollo de una nave que no sólo fuese capaz de colocar un astronauta en órbita terrestre, sino de llevarlo hasta la Luna y devolverlo a la Tierra. El esfuerzo se realizó en el marco del proyecto *Apolo* y se concretó en 1969 con la nave espacial *Apolo XI*, que estaba constituida por el módulo nodriza *Columbia* y el módulo lunar *Eagle*.

LAS ETAPAS DE LA NAVE ESPACIAL

Las naves espaciales con las que los astronautas emprendieron la exploración espacial eran cabinas o cápsulas que requerían el concurso de poderosos cohetes lanzadores para situarse en órbita terrestre. Para lograr una mayor potencia y aceleración que superase la fuerza de gravedad terrestre, estos cohetes fueron diseñados para funcionar en tres fases según el principio ideado por Robert Goddard. Cada fase disponía de sus propios depósitos de combustible y motores propulsores que se encendían sucesivamente y aligeraban desechando el artefacto propulsor para lograr una mayor aceleración.

Como el sistema era muy costoso, la NASA desarrolló a finales de la década de 1970 un cohete reutilizable. El resultado fue el transbordador *Columbia*, primer vehículo astronáutico parcialmente autónomo que entró en servicio el 12 de abril de 1981. De hecho, por no haberse resuelto de forma definitiva el problema del lanzamiento, los transbordadores son híbridos entre cohetes y naves es-

▲

El astronauta Michael J. Gernhardt prueba nuevos instrumentos para el trabajo en el espacio durante una misión STS-69 del Endeavour en 1995. La construcción de un complejo orbital de las dimensiones de la Estación Espacial Internacional ha requerido una gran inversión en trabajo extravehicular. Obsérvese la imagen de la nave reflejada en el visor del casco del astronauta.

paciales, y están integrados por un vehículo orbital, dos cohetes auxiliares y un gigantesco tanque de combustible externo, que alimenta los motores principales durante la operación de despegue.

Los transbordadores espaciales despegan como cohetes y aterrizan como aviones convencionales. El despegue de un transbordador se inicia con el encendido de sus motores principales y de los cohetes propulsores auxiliares. Estos cohetes, cuya potencia equivale a la de once Boeing 747 en el momento de despegue, lo impulsan durante 2 minutos hasta unos 47 km de altitud, a una velocidad de Mach 4,5, y se desprenden; los cohetes, provistos de paracaídas, caen al océano, donde son recogidos para ser utilizados unas diez veces. A 8 minutos del despegue, el transbordador alcanza una velocidad de Mach 15 y a unos 130 km de altura, poco antes de que entre en órbita, se desprende el enorme tanque de combustible externo y se desintegra en la atmósfera.

La reentrada en la atmósfera terrestre y el aterrizaje son maniobras que la práctica ha tornado sencillas, pero que siguen entrañando un gran riesgo. Para regresar a la Tierra, los astronautas reducen la velocidad del transbordador para que *caiga* hacia la atmósfera terrestre atraído por la fuerza de gravedad del planeta. Su entrada en la atmósfera, que se realiza a una velocidad de casi 26 500 km/h, provoca un enorme recalentamiento de la nave, que alcanza los 1 650 °C, por la fricción del aire. El es-

cudo térmico que protege a los astronautas consiste en una cubierta de losetas de cerámica, muchas de las cuales saltan o se deterioran en pleno descenso y obligan a los técnicos a realizar minuciosas revisiones y a su sustitución después de cada viaje. En poco menos de una hora, tiempo que dura el descenso, la nave reduce su velocidad a 282 km/h, para tomar tierra como un avión convencional.

LAS SECCIONES DEL TRANSBORDADOR

Estas naves espaciales, que efectúan numerosas misiones en el espacio exterior, se emplean habitualmente para situar satélites en órbita, recuperarlos o repararlos, así como para lanzar sondas espaciales, realizar experimentos científicos, transportar materiales y equipos a las estaciones espaciales, etc. Las partes principales de estos vehículos son sus motores propulsores, localizados en la parte posterior, donde también se encuentran los depósitos de carburante, hidrógeno y oxígeno líquidos; el fuselaje, que se abre por la parte superior y que está destinado a compartimento de carga y donde se transportan los satélites, las sondas, los equipos científicos, el brazo articulado que permite a los astronautas trabajar en el espacio, etc.; la cabina, donde se encuentran los controles de la nave y donde los tripulantes comen y duermen en una especie de celdas provistos de sacos de dormir; el tren de aterrizaje y las alas tipo delta.

UNIDAD DE MOVILIDAD EXTRAVEHICULAR

El traje espacial es uno de los elementos claves para la supervivencia del hombre en el cosmos. La Agencia Espacial estadounidense, NASA, los llama unidad de movilidad extravehicular en alusión a las funciones que desempeña. Cabe señalar que el primer traje espacial norteamericano susceptible de ser usado indistintamente por hombres y mujeres no se diseñó hasta 1982, como consecuencia de la entrada en servicio de los transbordadores espaciales. La astronauta Sally Ride fue la primera en utilizarlo un año más tarde.

El moderno traje espacial está constituido por una pieza interior provista de tubos de refrigeración y una cubierta de presión hecha con neopreno y juntas flexibles, y varias capas antirradiactivas, de protección del bombardeo de micrometeoritos, antiabrasivas y térmicas. El casco cuenta además con tres visores. Se trata de un traje ligero y relativamente cómodo, equipado con dispositivos para el control de las constantes vitales y térmicas del astronauta, cuyo costo se calcula en unos 3,5 millones de dólares.

El equipamiento

Pintura de Jacobo Bassano que muestra la actividad en el puerto de Venecia en el siglo XVI.

*C*ualquier viaje, expedición o acción que se aparte de lo habitual exige un proyecto previo en el que se analicen las necesidades que implica la manera de satisfacerlas, calculando con todo detalle qué cosas pueden obtenerse en el transcurso del mismo y cuáles es preciso llevar. En este capítulo trataremos del equipamiento de las naves en las grandes expediciones de la era dorada de los descubrimientos, los siglos XVI y XVII. En primer lugar nos ocuparemos de los alimentos que los buques llevaban a bordo, de su consumo y de las limitaciones o enfermedades relacionados con ellos; después consideraremos las reparaciones a que eran sometidos los buques, las armas que embarcaban y los tripulantes de cada unidad; a continuación analizaremos la forma de conseguir una navegación segura y protegida de los corsarios u otros enemigos; seguidamente, nos referiremos a la organización de las grandes expediciones y, por último, explicaremos los sistemas de comunicaciones de las naves con tierra y su evolución en el tiempo.

Los alimentos en las bodegas de Colón

➤ *Ilustración de la* Pinta. *Aparte de las cualidades marineras de una nave, su capacidad de carga era de gran importancia para asegurar su autonomía.*

En las postrimerías del siglo XV, la variedad de las provisiones que se podían transportar en un viaje transoceánico, como el que emprendieron las naves de Colón, estaba limitada por la capacidad de conservación de los diversos productos alimentarios.

Normalmente, durante la navegación se hacían dos comidas al día, una a media mañana y otra al anochecer, o ya de noche. En el *Diario de Colón* podemos leer la visita del cacique de La Española a bordo de la nao *Santa María* el día 18 de diciembre de 1492, quien encontró al descubridor comiendo, sentado a la mesa bajo el castillo de popa. En resumidas palabras, Colón le invitó y ordenó que le sirvieran una ración, que no rechazó, limitándose a tomar unos pequeños bocados y humedecerse los labios con la bebida, para inmediatamente pasar todas las viandas y el vaso a sus acompañantes, que dieron buena cuenta de ello.

Una comida habitual a bordo consistía en un trozo de bizcocho, acompañado de una cebolla o un trozo de queso. En momentos de escasez, un plato típico era la calandraca, consistente en una sopa a base de mazamorra, nombre que se daba a las migajas de galleta recogidas del fondo del barril donde se llevaban, aderezada con ajo y un poco de aceite.

LAS CARTAS DE EUGENIO DE SALAZAR

Las *Cartas de Eugenio de Salazar, vecino y natural de Madrid, escritas a muy particulares amigos suyos* son un inapreciable documento para conocer el ritual de las comidas a bordo. Eugenio de Salazar de Alarcón (1530-1601) era un abogado español que hizo carrera en la judicatura, lo que le llevó a realizar varios viajes a América, por lo que conocía muy bien el ambiente y el trato que recibía la gente a bordo de los buques. Esto lo refleja perfectamente en su obra, de la que extraemos el siguiente fragmento.

"En un santiamén se sienta la gente marina en el suelo a la mesa, ocupando la cabecera el con-

¡A LA MESA!

Era costumbre que el grumete anunciara a la tripulación que la comida estaba servida con una cantinela. Al oírla, todos acudían con presteza a tomar su ración, según explica Eugenio de Salazar en unos términos muy jocosos y, por qué no, llenos de realismo.

"Tabla, tabla, señor capitán y maestre y buena compaña,
tabla puesta; vianda presta;
agua usada para el señor capitán y maestre y buena compaña.
¡Viva, viva el Rey de Castilla por mar y por tierra!
Quien le diere guerra, que le corten la cabeza;
quien no dijere amén, que no le den de beber.
Tabla en buena hora, quien no viniere, que no coma."

tramaestre. Uno echa las piernas atrás, otro los pies adelante; cual se sienta en cuclillas y cual recostado, y de otras muchas maneras. Y sin esperar bendición, sacan los caballeros de la tabla redonda sus cuchillos y gañavetes de diversas hechuras, que algunos hicieron para matar puercos, otros para desollar borregos, otros para cortar bolsas; y cogen entre sus manos los pobres huesos, y así los van desforneciendo de sus nervios y cuerdas, como si toda su vida hubieran andado a la práctica de la anatomía en Guadalupe o Valencia, y en un credo los dejan más tersos y limpios que el marfil.

"Los viernes y vigilias comen sus habas guisadas con agua y sal. Las fiestas recias comen su aba-

Las alubias eran uno de los alimentos más habituales en las bodegas de los barcos por su fácil conservación.

Reproducción de la bodega de una nave del siglo XVII en el Museo Marítimo de Barcelona.

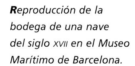

dejo. Anda un paje con la gaveta del brebaje en la mano, y con taza, dándoles de beber harto menos y peor vino, y más baptizado que ellos querrían. Y así comiendo el ante por pos, y el pos por ante, y el medio por todos, concluyen su comida sin quedar conclusa su hambre."

LAS PROVISIONES EMBARCADAS Y LA RACIÓN DIARIA

Los víveres que llevaba una nave para el viaje eran legumbres secas, principalmente habas; la llamada galleta, o bizcocho, consistente en una torta de pan cocida dos veces, para que durara más y se conservara mejor; gran cantidad de cebollas; algunos ajos; mucho tocino y pescado curados y en salazón; bastantes quesos; un poco de azúcar y miel; gran cantidad de pasas y ciruelas pasas, almendras y otros frutos secos; vino; aceite y vinagre, entre otras cosas. Falta, como es natural, la verdura fresca, debido a la imposibilidad de conservarla en buenas condiciones más allá de unos pocos días, y la carne fresca, aunque muchas veces llevaban animales vivos —terneros, cerdos y corderos— que sacrificaban en función de las necesidades.

A mediados del siglo XVI la ración diaria por persona era: bizcocho, 10 libras; vino, un azumbre; 1 cebolla y una cabeza de ajos. Por lo general se comía media libra de carne cuatro veces a la semana —cecina, salazón de cerdo o fresca de vaca— y media libra de pescado —en salazón, seis sardinas o equivalente—, en ambos casos con acompañamiento de una docena de cucharadas de menestra de arroz y legumbres. Cuando por cualquier razón no era posible la comida caliente, se daban tres onzas de queso por persona y ágape. Además, cada uno tenía asignada una determinada cantidad de aceite y de vinagre.

La provisión de alimentos en ruta

En los viajes transoceánicos de los siglos XVI y XVII, las posibilidades de aprovisionamiento eran prácticamente nulas, por lo que se imponía un estricto racionamiento de los alimentos, muchas veces consumidos en malas condiciones. Por otra parte, el peligro de contraer el escorbuto siempre estaba al acecho.

En la navegación de cabotaje los problemas de la despensa de a bordo eran mínimos, ya que siempre existía la posibilidad de entrar en puerto y adquirir lo que hiciera falta. Además, durante la navegación, era habitual que los buques llevaran un par de aparejos al curricán con anzuelos grandes y cebo artificial, por si la suerte hacía que picara algún pez grande, siempre que el andar de la nave no superara los 10 nudos, pues a mayor velocidad la presión del agua arranca las presas de los anzuelos.

EN BUSCA DE UN TROZO DE PAN

Los primeros viajes transoceánicos los realizaron los árabes al descubrir, en el siglo I de nuestra era, la forma de navegar directamente desde el estrecho

Las salazones eran unos de los alimentos más frecuentes durante los viajes de larga duración. A pesar de todo, su poco contenido vitamínico podía hacer aparecer el temido escorbuto.

La lima es un alimento muy rico en vitamina C. Su consumo reducía los casos de escorbuto.

de Bab-el-Mandeb o la costa oriental de África hasta la India, y viceversa, aunque los problemas y las vicisitudes de estos navegantes nos son desconocidos. Las primeras noticias sobre las dificultades alimentarias a bordo de los buques que nos han llegado se remontan a los primeros años de la colonización del Nuevo Mundo y se refieren a dos problemas: la falta de alimentos y el escorbuto.

A partir del momento en que el buque se alejaba de la costa e iniciaba la travesía oceánica, las posibilidades de avituallarse eran mínimas, salvo la captura de algún pez con el curricán, por lo que la subsistencia a bordo dependía exclusivamente de las provisiones que llevara la nave. Como es natural, antes de zarpar, se embarcaban las vituallas necesarias para la travesía, pero el problema surgía cuando, lejos de la costa, el viento dejaba de soplar y se mantenía en esas condiciones durante mucho tiempo.

Cuando los alimentos empezaban a escasear, se imponía un riguroso plan de racionamiento, que en el peor de los casos no impedía que toda la despensa quedara agotada. Entonces, la única forma de supervivencia consistía en utilizar como alimento cualquier cosa comestible. Según el testimonio ofrecido por Antonio Pigafetta en su relato sobre la expedición de Magallanes alrededor del mundo, cuando entraron en el Pacífico, "la galleta que comíamos no era ya pan, sino un polvo mezclado con gusanos [..]. Para no morir de hambre llegamos al terrible trance de comer pedazos de cuero [...]. Frecuentemente quedó reducida nuestra alimentación a serrín de madera como única comida".

No en vano los ingleses hablan de las *horse latitudes*, o latitudes de los caballos, que sitúan en el

mar de los Sargazos, en medio del Atlántico, a 40º N, en la zona de calmas tropicales que coincide con el hoy llamado anticiclón de las Azores, donde, para comer, una vez agotadas las provisiones, se veían obligados a sacrificar el ganado que llevaban los emigrantes para formar su cabaña o utilizarlos como animales de tiro, antes de adoptar otras medidas más duras.

Afortunadamente, el problema desapareció con la llegada de los barcos de vapor, con los que la travesía del océano tenía una duración previsible, con independencia de que soplara o no el viento.

EL TEMIDO ESCORBUTO

El segundo problema asociado durante muchos siglos a la navegación oceánica fue el escorbuto, enfermedad carencial producida por la falta de consumo de alimentos que contienen la vitamina C, principalmente frutas y verduras frescas, cuyos síntomas solían ser: fatiga, trastornos gastrointestinales, dolor o degeneración progresiva y generalizada del enfermo, ulceración de las encías, hemorragias de diferentes grados de intensidad,

▲
Actividades de carga y descarga en un muelle de la costa mediterránea ibérica. La existencia de puertos permitía repostar alimentos a las tripulaciones.

La extensión de las dietas ricas en cítricos acabó por eliminar los casos de escorbuto a mediados del siglo XVIII.
▼

edemas, erupciones cutáneas, caída de los dientes, fiebre, etc.

Curiosamente, el primero en describir el escorbuto fue Jean de Joinville (1224-1317), quien tuvo ocasión de observarlo durante la Octava Cruzada (1270), y lo denominó mal de mar. La enfermedad hizo acto de presencia en muchos viajes, entre los cuales podemos citar el de Vasco da Gama a la India (1498), el de Magallanes ya mencionado (1520) y el de Jacques Cartier al Canadá (1535).

La solución al problema la vislumbró el jurista francés Étienne Cleirac (1583-1657), quien indicó como remedio los zumos de cítricos, pero el primero en señalar la terapia preventiva y curativa adecuadas, a base de esos zumos, fue el médico británico James Lind (¿-1794), en 1747. A finales del siglo XVIII el uso de este remedio se implantó en diversas marinas, y la dolencia tendió a desaparecer. Una historiadora norteamericana actual, Carla Rahn Phillips, afirma que el escorbuto se cebó más en los navegantes británicos y nórdicos que en los españoles y mediterráneos, ya que el organismo de éstos, al consumir verduras y frutas frescas con frecuencia, tenía mayores reservas de vitamina C.

El equipamiento técnico de los galeones

La organización de las flotas de Indias en la España del siglo XVII fue el resultado de una concienzuda aplicación de los medios y las técnicas disponibles. Tanto el mantenimiento de las naves como su aprovisionamiento estaban rigurosamente organizados en los galeones, cuya dotación se componía de casi trescientos hombres.

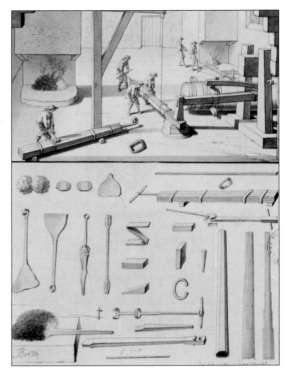

El galeón era una nave de proporciones intermedias entre las de la galera, larga y estrecha, y la nao, más manguda, y se caracterizaba por su eslora, cuya dimensión estaba comprendida entre una y tres veces el valor de la manga, y el aspecto, que inicialmente guardaba un cierto parecido con las galeras, de ahí su nombre. Aparecido en el último cuarto del siglo XVI, el galeón se utilizó durante buena parte del siglo siguiente como unidad de guerra, aunque se empleó también para el transporte marítimo, sobre todo con las Indias, hasta que el navío de guerra se encargó de sustituirlo.

La producción de muchas de las piezas de los galeones españoles corría a cargo de las factorías de propiedad real, como la que aparece en el grabado.

Astilleros venecianos en los cuales llegaron a estar empleadas hasta tres mil personas, hacia 1550.

Por esta razón, dadas las limitaciones impuestas por el acceso por el río Guadalquivir hasta Sevilla, los galeones españoles tendieron a hacerse más mangudos, es decir, más afragatados, lo que permitía reducir el calado. Además, la necesidad de que fueran muy estables hizo que tuvieran menos manga en la parte del casco situada por encima de la flotación que bajo ella. Por ese motivo, vistos de popa, guardaban un gran parecido con un violín.

Existió un galeón, con un calificativo específico que ha pasado a la historia y es muy bien conocido. Se trata del llamado "galeón de Manila", que era la única nave que se ocupaba del comercio entre Filipinas y Acapulco, en un viaje de ida y vuelta al año y que se mantuvo entre 1571 y 1734, en que se amplió su ruta.

En el aspecto militar, el galeón contó con la ayuda de naves de otros tipos, principalmente los denominados urca, muy bien armados y de construcción muy económica, y los pataches, unos barcos auxiliares que se ocupaban de ayudar a los demás y de las misiones de descubierta. La lista se completaba con las tartanas, las fragatas y las galizabras.

PREPARACIÓN Y EQUIPO HUMANO DE LAS NAVES

Antes de iniciar el viaje a América, las naves eran sometidas a una profunda reparación, que empezaba con el carenado, consistente en la limpieza

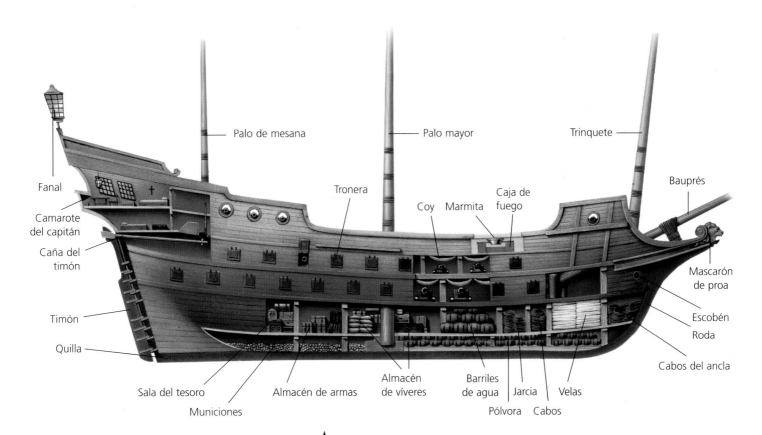

Palo de mesana — Palo mayor — Trinquete —

Fanal

Camarote del capitán

Caña del timón

Timón

Quilla

Tronera

Coy Marmita

Caja de fuego

Bauprés

Mascarón de proa

Escobén

Roda

Cabos del ancla

Sala del tesoro   Almacén de armas   Almacén de víveres   Barriles de agua | Jarcia | Velas

Municiones

Pólvora Cabos

de los fondos, la sustitución de toda la tablazón en malas condiciones y el calafateo de las costuras del forro. Además, se procedía a la recorrida de todo el aparejo, sobresanando o renovando lo que estaba en malas condiciones, tanto en palos como en velas y jarcia. La obra viva del casco iba recubierta normalmente con láminas de plomo.

En cuanto a la dotación de hombres destinada a cada galeón, la media de la Armada de la Carrera de Indias estaba comprendida entre los 219 y 285 marineros, alcanzando los 300 en la *Almiranta*. Hacia 1630, la dotación era de unos 18 marineros y 25 a 28 soldados por cada 100 toneladas de porte de la nave. En 1644, una flota de doce galeones llevaba 3 150 hombres, entre los cuales había un determinado número de jefes y oficiales, unos 25 como mínimo por unidad, distribuyéndose el resto con los siguientes porcentajes: 46 %, marineros, 44 %, soldados y 10 %, artilleros.

EQUIPAMIENTO ARMAMENTÍSTICO

Uno de los componentes del armamento de los galeones era la artillería, fabricada en su mayor parte en la factoría de Sevilla. Normalmente era de bronce, aunque se utilizaba también la de hierro. Como media, una nave de la Carrera de Indias llevaba de 20 a 35 cañones, de calibres comprendidos entre las 7 y 16 libras. En la primera mitad

El galeón era de hecho una nave de carga, armada para su protección. En realidad, cada una de las marinas de los diversos países acabaron por desarrollar su propio modelo de esta nave. Por poner dos ejemplos, el modelo español daba más importancia a la capacidad de desplazamiento y al abordaje, por esta razón los puentes tenían una mayor elevación.
En cambio, los galeones ingleses ponían el acento en la capacidad de fuego y la maniobra, por lo cual sus líneas eran mucho más alargadas.

del siglo XVII la producción de cañones no cubría las necesidades españolas. Esta circunstancia obligó a adoptar unas soluciones muy especiales, como tomar la artillería de la que estaban dotadas las naves destinadas a formar parte de una futura flota o adquirirla a asentistas particulares.

Las naves de la Flota de Indias llevaban también armas de fuego portátiles, básicamente mosquetes y arcabuces, cuyo uso se mantuvo durante todo el siglo XVII, alcanzando entre las 500 y 1 000 unidades por flota. La artillería y las armas portátiles requerían también el suministro correspondiente de pólvora, cuya cantidad era del orden de 300 a 800 quintales por flota, lo que representaba una media de 65 por navío en 1639, que no siempre era fácil de reunir. Por lo general, procedía de las factorías de Málaga, Cartagena, Pamplona y Sevilla, entre otras, usándose también la importada de otros países europeos, sin que ello impidiera el empleo de la fabricada en los actuales Ecuador, Perú y México.

La munición era otro producto necesario. A principios del siglo XVII se consideraba normal la provisión de 22 a 25 balas por pieza de artillería, cantidad que hacia 1630 se aumentó hasta 30. A principios de la década de 1640 se introdujeron las llamadas balas enramadas, formadas por dos medias esferas unidas por un corto ramal de cadena, cuyo impacto causaba mayores daños.

Sistemas defensivos frente a corsarios y piratas

El éxito de cualquier viaje dependía no sólo de las condiciones favorables de viento y mar, sino también de las consecuencias del ataque de bucaneros, filibusteros, piratas o corsarios. Frente a ellos, las flotas debieron adoptar medidas para defender su integridad.

L a existencia de individuos dedicados a apoderarse de los bienes ajenos, y en concreto de las naves en el mar, es contemporáneo del comercio marítimo, según el testimonio de algunos autores de la Antigüedad clásica, entre ellos Homero.

En el orden jurídico, los practicantes de la piratería se clasificaban en dos grupos, aunque el objetivo era idéntico. El primero estaba integrado por los corsarios y el segundo, por los filibusteros, bu-

Cañón fundido por Cosimo Cenni en el siglo XVII.

Puerto de Saint-Malo, uno de los escenarios de acciones corsarias en el siglo XVII.

Mapa de Centroamérica ilustrado con escenas de piratería.

caneros o piratas. Los corsarios se dedicaban a la piratería con la autorización del gobierno de su país, en un documento conocido como patente de corso, contra buques de una determinada nación, por lo general en época de guerra o de relación muy deteriorada entre ambos países. En cambio, los filibusteros, bucaneros o piratas actuaban al margen de la ley y con el único objetivo del lucro fácil, personal e inmediato.

LA SOLUCIÓN ESPAÑOLA

Para defender del corso a los buques que iban o venían de América, los europeos organizaron los

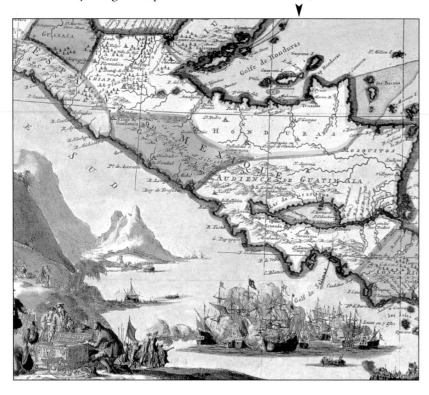

Mapa de los Dardanelos. La expansión del imperio otomano en la primera mitad del siglo XVI y las acciones de sus Estados vasallos en la costa norteafricana provocaron un gran aumento de la piratería en el Mediterráneo. La actividad de estos piratas no cesaría hasta principios del siglo XIX.

viajes en flotas custodiadas por naves armadas. Este sistema se puso en práctica en el siglo XVI y se mantuvo durante dos siglos. A partir de entonces, varias naciones recurrieron a esta solución cuando las circunstancias lo exigían. En la actualidad, el conjunto de naves mercantes custodiadas por unidades de guerra se llama *convoy*, siendo el ejemplo más reciente los organizados por los aliados a través del Atlántico para protegerse de los submarinos alemanes durante la Segunda Guerra Mundial.

En el caso concreto de España, se organizaban anualmente dos flotas con destino a las Indias y una de regreso a España, y aunque durante muchos años fueron el objetivo de las naves corsarias de otras naciones, sobre todo inglesas, al mando de John Hawkins (1532-1595), su primo Francis Drake (1543-1596), ambos almirantes, y Henry Morgan (¿1635-1688?), entre otros, lo cierto es que jamás consiguieron capturar toda una flota, aunque sí algunas unidades. Por desgracia, el objetivo no se limitaba a las flotas, sino que incluía cualquier lugar de la costa donde pudieran conseguir beneficios suficientes. Panamá y Portobello, por ejemplo, fueron víctimas de sus incursiones. En cambio, en Cartagena de Indias el intento británico (1741) fue contundentemente rechazado.

El tráfico de Indias estuvo afecto al corso hasta la paz de Utretch (1714), por la que Gran Bretaña obtuvo una serie de concesiones que la llevaron a cancelarlo, apareciendo luego brevemente en períodos de guerra entre España y Gran Bretaña. Hubo también corso contra España por parte de habitantes de las regiones americanas que luchaban contra la metrópoli por su independencia, enviando naves piratas hasta el mismo golfo de Cádiz.

En el siglo XVIII, sin embargo, los países más afectados por la piratería eran los europeos del Mediterráneo occidental, principalmente Italia y España, que sufrían el acosos de los berberiscos norteafricanos, procedentes de la actual Argelia. La piratería en el Mediterráneo fue iniciada por los hermanos Barbarroja en el siglo XVI y aunque hubo diversos intentos para acabar con ella, como el llevado a cabo por el almirante británico Edward Pellew, vizconde de Exmouth, en 1816, el problema no se resolvió hasta que Francia conquistó Argelia (1830-1844). Con ello se puso fin a esa práctica tan perjudicial para la navegación y los habitantes de la costa europea, frecuentemente capturados y convertidos en esclavos.

La defensa contra los piratas era mucho más difícil, ya que ninguna nave mercante estaba preparada para hacerles frente. La mayoría de las veces la clave del éxito dependía de la suerte de poder huir, por efecto de un superior andar o aprovechando la caída de la noche, en que a oscuras y tomando un rumbo que la apartara de la nave pirata, al amanecer siguiente se encontrara fuera de su vista.

Firma del marqués de Osuna en el tratado de Utrech. La firma de este tratado supuso una reducción en la actividad de los piratas en las Antillas, pero no representó el final de sus acciones. Actuando por libre o bajo alguna patente de corso, siguieron presentes en la zona a lo largo del siglo XVIII.

La organización de las grandes expediciones

El interés por lo desconocido y el afán de superación son, sin duda, los motivos que impulsaron a la mayoría de los descubridores de los siglos XVI, XVII y principios del XVIII a llevar a cabo su propósito. Pero la puesta en práctica de las expediciones sólo fue posible con el apoyo de gobernantes que creyeron en los sueños de los viajeros.

L as expediciones de exploración de mares y tierras desconocidas es algo que el hombre ha hecho desde la más remota antigüedad, como se deduce de los relatos que la historia nos ofrece. La lista sería interminable, por lo que nos centraremos en aquellos que mayor trascendencia han tenido, limitándonos, por tanto, a los realizados a partir de finales de la Edad Media.

Todos las expediciones presentan dos características comunes: la primera, que detrás de todas ellas hay alguien que las impulsa, convencido de la trascendencia del viaje y los numerosos beneficios que aportará; y la segunda es el coste tan elevado, que exige el apoyo de la corona o de una empresa que disfrute de una concesión en forma de monopolio para proporcionar los fondos necesarios para llevarlas a la práctica. Hay también un ejemplo personal, pero son muy pocos. Quizás el más notable es el de Humboldt (1769-1859), que la sufragó con la herencia que había recibido de su madre.

LOS MODELOS INICIALES DE PORTUGAL Y ESPAÑA

Ambos países iniciaron las exploraciones siguiendo modelos distintos y antagónicos. En Portugal, el organizador y verdadero impulsor fue el infante Enrique (1394-1460), llamado el Navegante, que las empezó en 1420, con un avance progresivo por la costa africana del Atlántico, lo que le exigió no sólo todo su apoyo, sino la creación de la escuela de náutica de Sagres, donde los navegantes pudieran aprender la base astronómica que emplearían en sus navegaciones, dejando a su muerte un entusiasmo que se mantuvo vivo hasta que Vasco da Gama (1460?-1524) llegó a la India, en 1498. Pero la grandeza de ese hecho quedó minimizada por otro que había tenido lugar seis años antes.

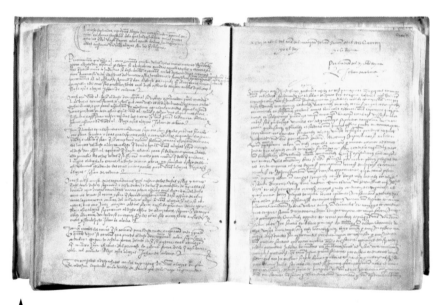

▲
En las Capitulaciones de Santa Fe se establecieron los derechos de la corona y el navegante en la explotación de las tierras que fuesen descubiertas. Esta normativa sentada por los Reyes Católicos y Cristobal Colón tenía su precedente en el sistema de capitulaciones utilizado en las Canarias.

Se trata, obviamente, del descubrimiento de América por Cristóbal Colón en el famoso viaje a bordo de la nao *Santa María*, acompañada de las carabelas *Pinta* y *Niña*, el día 12 de octubre de 1492. Este viaje, sin embargo, responde a un criterio completamente distinto. No fue el interés de las altas esferas de la corona el que lo impulsó, sino el resultado de una idea que se venía gestando desde hacía tiempo en la mente de Colón y necesitó muchos años para llevarla a la práctica. El problema fue el encontrar un patrocinador que se hiciera cargo del proyecto y en cuya búsqueda se vio obligado a recorrer varias cortes europeas, como sabemos, hasta que consiguió que la reina Isabel la Católica intercediera por él. Una vez descubierto el Nuevo Mundo, la financiación presentó menos problemas. A partir de entonces, y en cualquier país, el interés de la corona en conseguir su participación en el dominio de las nuevas tierras fue el decidido promotor de los viajes.

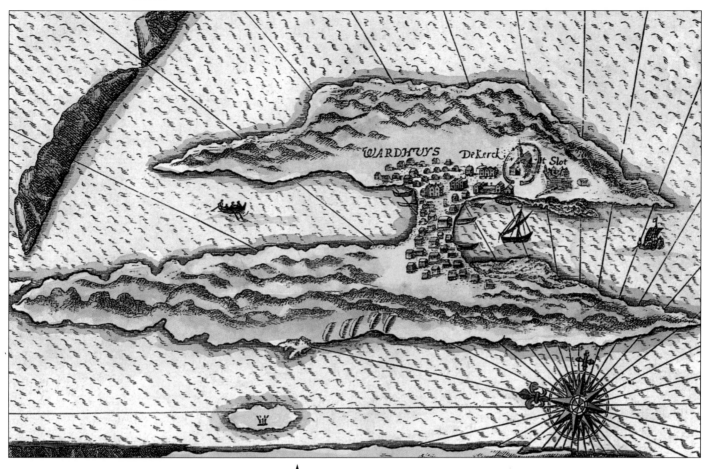

Mapa noruego del siglo XIX que muestra una isla del Ártico. La exploración en latitudes polares requirió una preparación especial dada la dureza del clima.

Humboldt representa al viajero científico que busca más el conocimiento que la riqueza o la fama del propio descubrimiento. A partir de mediados del siglo XVIII las expediciones contaban con su equipo de científicos.

LA PECULIARIDAD DE LOS PASOS DEL NOROESTE Y DEL NORDESTE

En el siglo XVIII ya había sido descubierto una buena parte del mundo, pero aún quedaba algo pendiente. Algo por lo que el hombre buscaba desde el siglo XVI, pero la fortuna no le había acompañado. Se trata de los llamados Paso del Noroeste y Paso del Nordeste, es decir, las vías matítimas que pasando entre las islas situadas al norte del Canadá, el primero, y costeando el norte de Siberia, el segundo, debían permitir al navegante europeo —principalmente británico— alcanzar la milenaria China, y facilitar el comercio con sus suntuosos productos. Ni uno ni otro fueron fáciles: las víctimas fueron algo natural y frecuente, y fueron necesarios tres siglos para descubrirlos. Curiosamente, la búsqueda de los pasos, financiada por la corona —o en su defecto por alguna empresa beneficiaria— e incluso por el propio interesado, responde a un modelo con una característica peculiar: no fue una búsqueda constante en el tiempo, sino que hubo largos períodos de inactividad, y en ella los exploradores actuaron bajo distintas banderas. La mayoría eran británicos, pero hubo épocas en que eran holandeses, rusos, noruegos o suecos, por citar algunos.

Las comunicaciones en ruta

El envío de un mensaje desde una nave en alta mar a un destinatario en tierra, o de una a otra nave distante, era poco menos que imposible hasta la llegada de la radiotelegrafía. Los equipos de comunicación en los navíos desde principios del siglo XX supusieron un gran avance para la navegación.

Hasta la invención y la aplicación de la radiotelegrafía en la primera década del siglo XX, las únicas posibilidades que tenía una nave para enviar un mensaje a otro buque o a tierra, o de recibirlo, era *poniéndose a la voz*, es decir, acercarse lo suficiente para ponerse al habla y mantener la conversación con el auxilio de un megáfono, o aprovechar la entrada en puerto para enviar o recibir la correspondencia —en muchos casos el puerto era uno previamente establecido

Cuando se operaba en escuadra, como en este óleo del siglo XVIII, las señales eran el medio de transmitir las órdenes desde la nave almirante.

El telégrafo inalámbrico revolucionó las comunicaciones navales. Este telégrafo, de principios del siglo XIX, fue mostrado en una exposición del Museo Smithsonian sobre inventos americanos.

entre los interesados—, aunque en el caso de las flotas, o conjunto de varias naves que navegaban juntas con un mismo objetivo, solían llevar alguna unidad pequeña y rápida destinada a llevar los partes y comunicados donde hiciera falta. En tierra existían desde muy antiguo las torres de vigilancia del mar, donde los habitantes de los pueblos hacían turnos de guardia para avisar de la presencia de corsarios que, en algún momento, probablemente a principios del siglo XIX, empezaron a hacer de correos entre los buques en alta mar y la costa. Una prueba de ello es la existencia de la empresa Llobet y C.ª, de Barcelona, que explotaba el servicio del Vigía Internacional de Tarifa, situado en la localidad española de ese nombre en el estrecho

LETRAS, COLORES Y FORMAS

Las cuarenta banderas del Código Internacional de Señales se distribuyen en 26 alfabéticas, una para cada letra, diez numéricas, una por cada número del 0 al 9, una del Código y las tres de repetición que sirven de sustitutivas. Todas estas banderas se distinguen claramente por los colores y la forma en que éstos se distribuyen.

Las correspondientes a letras son *cuadras*, es decir, rectangulares, salvo las correspondientes a la A y la B, que presentan un vértice hacia adentro en el lado opuesto a la vaina, es decir, son cornetas; las numerales y la del Código tienen forma trapezoidal, siendo la última de ellas de proporción más alargada; y, finalmente, los repetidores son triangulares.

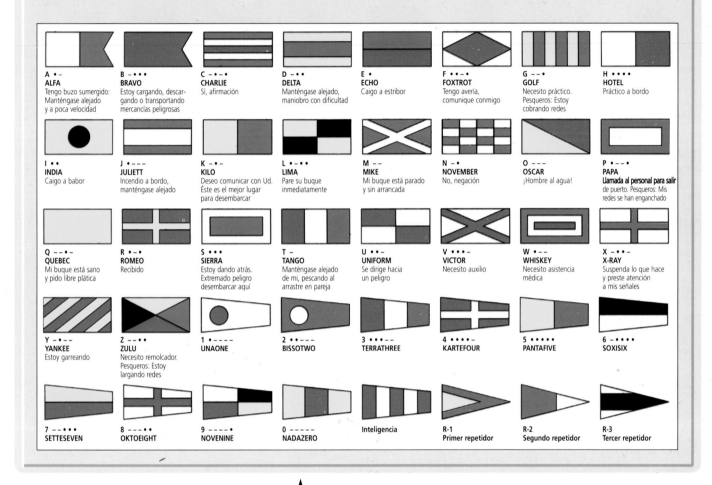

A • –
ALFA
Tengo buzo sumergido: Manténgase alejado y a poca velocidad

B – • • •
BRAVO
Estoy cargando, descargando o transportando mercancías peligrosas

C – • – •
CHARLIE
Sí, afirmación

D – • •
DELTA
Manténgase alejado, maniobro con dificultad

E •
ECHO
Caigo a estribor

F • • – •
FOXTROT
Tengo avería, comunique conmigo

G – – •
GOLF
Necesito práctico. Pesqueros: Estoy cobrando redes

H • • • •
HOTEL
Práctico a bordo

I • •
INDIA
Caigo a babor

J • – – –
JULIETT
Incendio a bordo, manténgase alejado

K – • –
KILO
Deseo comunicar con Ud. Éste es el mejor lugar para desembarcar

L • – • •
LIMA
Pare su buque inmediatamente

M – –
MIKE
Mi buque está parado y sin arrancada

N – •
NOVEMBER
No, negación

O – – –
OSCAR
¡Hombre al agua!

P • – – •
PAPA
Llamada al personal para salir de puerto. Pesqueros: Mis redes se han enganchado

Q – – • –
QUEBEC
Mi buque está sano y pido libre plática

R • – •
ROMEO
Recibido

S • • •
SIERRA
Estoy dando atrás. Extremado peligro desembarcar aquí

T –
TANGO
Manténgase alejado de mi, pescando al arrastre en pareja

U • • –
UNIFORM
Se dirige hacia un peligro

V • • • –
VICTOR
Necesito auxilio

W • – –
WHISKEY
Necesito asistencia médica

X – • • –
X-RAY
Suspenda lo que hace y preste atención a mis señales

Y – • – –
YANKEE
Estoy garreando

Z – – • •
ZULU
Necesito remolcador. Pesqueros: Estoy largando redes

1 • – – – –
UNAONE

2 • • – – –
BISSOTWO

3 • • • – –
TERRATHREE

4 • • • • –
KARTEFOUR

5 • • • • •
PANTAFIVE

6 – • • • •
SOXISIX

7 – – • • •
SETTESEVEN

8 – – – • •
OKTOEIGHT

9 – – – – •
NOVENINE

0 – – – – –
NADAZERO

Inteligencia

R-1
Primer repetidor

R-2
Segundo repetidor

R-3
Tercer repetidor

de Gibraltar, sirviendo de enlace entre los abonados (en 1869 fueron 368 el número de buques cubiertos por este servicio).

Cuando no era posible ponerse al habla, entrar en puerto o enviar el comunicado con un bote, las comunicaciones se realizaban mediante sistemas de señales visuales y fónicas. Las primeras se hacían en clave, usando un código previamente establecido y mediante el uso de banderas. Concretamente, el más antiguo del que tenemos noticias es uno inglés de 1653, utilizado por la Marina de guerra, que empleaba sólo cuatro banderas. Obviamente, la fórmula se difundió entre las demás marinas, utilizando cada una de ellas un código o clave particular.

El desarrollo de diversos códigos de señales visuales llevó a la creación de un Código Internacional de Señales, con el cual embarcaciones de diversos países pueden comunicarse.

EL CÓDIGO INTERNACIONAL DE SEÑALES

En el siglo XIX se hizo patente la necesidad de disponer de un código común, y a tal fin se adoptó el creado por el almirante británico Frederick Marryat (1792-1848) en 1818, que utilizaba 18 banderas. El resultado fue un Código Internacional de Señales, con 27 banderas, elaborado en 1854, al que se fueron adhiriendo los países a medida que dispusieron de una traducción oficial a la propia lengua. Así, Francia lo hizo en 1868 y España, en 1870, por citar sólo algunos. Sin embargo, la necesidad de asignar a cada buque una señal distintiva y propia, formada por un grupo de cuatro letras, puso en evidencia la limitación del sistema, por lo que se llevó a cabo una revisión del código, ampliando a 40 el número de banderas, que entró en vigor el 1 de enero de 1902.

En la práctica, las señales establecidas por el Código Internacional de Señales son de una a cuatro letras. Las de una letra son, lógicamente, las de uso más frecuente y cuyo significado conocen a la perfección todos los implicados. No vamos a detallar aquí su significado, pero a modo de ejemplo diremos que se trata de peticiones —de libre plática, de práctico, de remolcador, de ayuda, de médico—, de tipo informativo —mercancías peligrosas, buzo bajo el agua, caigo a estribor o babor, doy atrás, fuego a bordo, hombre al agua— y de respuesta —sí, no—, entre otras.

La implantación del Código Internacional de Señales tuvo como consecuencia inmediata, en España, la creación del llamado Servicio Semáforo por Real Decreto el año 1872 y la consiguiente instalación de estaciones en los puntos más notables de la costa. En realidad, este servicio tenía unos precedentes antiguos, que a finales del siglo XIX disponía de 97 estaciones de este tipo en las costas del golfo de Vizcaya y del canal de la Mancha, y de otras 35 a orillas del Mediterráneo. Esas estaciones, además de la función fundamental de servir de enlace entre los buques y la costa, tenían la misión de difundir las condiciones de viento y mar imperantes o previstas, las relativas a la marea, los avisos de temporal y la hora exacta una vez al día, para la corrección de los cronómetros de a bordo.

Detalle del foco del faro del cabo de Creus, al norte de la costa mediterránea española.

Faro de Portland en Nueva Inglaterra, en el estado de Maine.

El elemento característico de una estación semafórica era un palo o asta vertical, con una verguilla horizontal situada en la parte superior del mismo, de la que pendían varias drizas, donde se izaban las señales oportunas. Normalmente, las señales se hacían con izadas de una a cuatro banderas, cuyo significado era el indicado en el código correspondiente, lo que facilitaba la comunicación entre la estación y el buque, o los dos buques implicados. Sin embargo, cuando no había viento y, por tanto, las banderas no ondeaban, en cuyo caso los colores no eran visibles, o cuando el receptor del mensaje se encontraba a mucha distancia, se utilizaban en su lugar unos cuerpos en forma de bola, cono o cilindro.

La utilización de este sistema, todavía vigente, perdió protagonismo a partir del momento en que se introdujo la radiotelegrafía, lo que llevó también al empleo del alfabeto morse en la transmisión de mensajes con lámparas de destellos.

LAS ESTACIONES SEMAFÓRICAS

La implantación del Código Internacional de Señales y la asignación de una numeral específica y distinta a cada buque obligó a cada país a realizar una relación exacta y fidedigna de todos los buques en servicio. En esta lista, revisada anualmente, aparecían todos los buques con la numeral correspondiente. En el caso de España, la primera Lista Oficial de Buques se publicó en 1871 y en ella constaba expresamente que era un apéndice al Código tantas veces aludido. A este respecto es preciso añadir que, en el caso de Gran Bretaña, una lista similar, aunque con distinta finalidad, la venía publicando el Lloyd's Register of Shipping desde 1764.

La investigación

Luis XVI comenta con La Perouse el recorrido de una expedición científica.

Newton sostuvo que la escritura de Dios estaba cifrada en el maravilloso libro de la naturaleza. Llegada la modernidad, el ser humano se decidió a desentrañar los misterios que lo rodeaban para acceder a estadios superiores de conocimiento y prosperidad material. Pero esta pesquisa no siempre estaba al alcance del paciente investigador que consumía sus horas en el retiro del laboratorio. Otros conocimientos había que sólo podían conquistarse a través del riesgo personal, de la aventura: mares para surcar y sondar, selvas y desiertos que salvar, montañas que retaban la capacidad de resistencia de los más fuertes y osados.

Para garantizar el logro de estas conquistas y divulgar mundialmente sus hallazgos se crearon, en el siglo XIX, buen número de sociedades geográficas y científicas, unas más activas que otras, que promovieron la presencia humana en los parajes más recónditos del globo, y cuyo trabajo de documentación y estudio propició el desarrollo de distintas disciplinas de la ciencia moderna.

La Royal Geographical Society

Durante la primera mitad del siglo XIX, la búsqueda de materias primas y nuevos mercados para su pujante industria empujó a la corona británica a la exploración de territorios hasta el momento ignotos. Una actividad que halló promoción y soporte material y logístico en la Royal Geographical Society.

Sala de mapas de la Royal Geographical Society. Allí se conservan algunos de los mapas realizados por sus miembros a lo largo de los años.

L ondres, 1830: un grupo de geógrafos y exploradores se reúne para crear una nueva —y ambiciosa— institución científica, la Royal Geographical Society (Real Sociedad Geográfica), destinada a promover las campañas de exploración en los más recónditos ámbitos del planeta, y muy especialmente en el continente africano, donde Inglaterra está llevando a cabo, por esas fechas, un ambicioso plan de expansión colonial. En la Royal Society habrían de integrarse los miembros de su más inmediato precedente, el Raleigh Traveller's Club (Club de Viajeros Raleigh, creado en 1827), y de la African Association (Asociación Africana, que había sido fundada en 1788). La sociedad tuvo su primera sede en el londinense barrio de Westminster. Posteriormente ha ocupado diversos locales sociales, siempre en el marco urbano de la capital británica.

LOS OBJETIVOS ESTRATÉGICOS DE LA ROYAL GEOGRAPHIC SOCIETY

Seis son los objetivos primordiales de esta sociedad británica:

1) Estimular y prestar apoyo material a la investigación geográfica en el Reino Unido y fuera de éste.

2) Resaltar el valor del conocimiento geográfico tanto en la educación escolar como en el continuado aprendizaje de la vida.

3) Adquirir y sistematizar la información geográfica parcial y dispersa.

4) Promover en el conjunto de la sociedad el interés por la ciencia geográfica.

5) Asesorar al gobierno británico y a otras instituciones oficiales en asuntos referentes al conocimiento geográfico.

6) Garantizar la continuidad de las actividades que constituyen la razón de ser de la institución, así como la colaboración entre sus miembros.

LAS ACTIVIDADES DE LA SOCIEDAD

Desde su fundación hasta nuestros días, las actividades de la sociedad han quedado ligadas a grandes hazañas como la exploración del África oriental (con el descubrimiento de las fuentes del Nilo, y de los lagos Victoria y Tanganika), la conquista de los polos y la escalada a las cimas señeras del planeta. Empresas arriesgadas, no exentas de peligros y sacrificios para sus protagonistas, que repor-

para su realización cuenta en nuestros días con una serie de publicaciones periódicas, las principales: *Geographical Journal, Geographical Magazine* y *Area*. La sociedad también dispone de un servicio cartográfico dedicado a la edición de mapas.

Todos los años, la Royal Geographic Society concede su medalla a personalidades destacadas en el ámbito de la investigación geográfica. A finales de la década de 1990, la sociedad contaba con cerca de 13 000 miembros.

taron nuevos y valiosos conocimientos a las modernas ciencias naturales.

En el año 1995, la Royal Geographic Society absorbió el Institute of British Geographers (Instituto de Geógrafos Británicos), circunstancia que supuso la renovación interna de la sociedad. En la actualidad, sus actividades se han extendido a los campos de la investigación submarina, la demografía (el estudio de la evolución de la población mundial), el cambio climático, la protección del medio ambiente y el desarrollo sostenible.

Como ya se ha dicho, entre los fines fundacionales de la sociedad figuraba la divulgación social de los conocimientos geográficos. Objetivo que

Λ *Fachada de la sede de la Royal Geographical Society en Londres.*

➤ *Grant y Speke en una de las expediciones patrocinadas por la Royal Geographical Society.*

LAS PRINCIPALES EXPEDICIONES DE LA ROYAL GEOGRAPHICAL SOCIETY

Sería imposible enumerar el total de las expediciones geográficas promovidas desde sus inicios por la Royal Geographical Society, pero sí pueden citarse las más significativas, en atención a su complejidad intrínseca o resultados. Durante el siglo XIX destacan: la exploración de la Guayana Británica (actual Guyana) por sir Robert Schomburgk (1835);

las expediciones africanas de David Livingstone (1842-1849), sir Richard Burton (1857-1858), John Hanning Speke (1860-1863), James Augustus Grant (1860-1862) y Joseph Thomson (1878 y 1882); y las aventuras árticas de sir John Franklin y sir George Strong Nares (1845-1848). En el siglo XX: la primera expedición de Robert Falcon Scott al polo Sur (1901-1904); la

travesía transantártica de sir Ernest Shackleton (1914-1916); diversas campañas en el Himalaya (incluida la primera ascensión al monte Everest, protagonizada por sir Edmund Hillary y el sherpa Tensing Norgay, en el año 1953); la expedición antártica noruego-sueco-británica (1949-1952); y la transantártica de la Commonwealth dirigida por sir Vivian Ernest Fuchs (1957-1958).

El Scott Polar Research Institute

El marino británico James Falcon Scott pereció junto a todos sus compañeros cuando regresaba de una expedición al polo Sur en 1912. Pero la memoria de Scott perdura en la institución científica que lleva su nombre, especializada en el estudio de las regiones polares desde 1920.

A
Charles Swithinbank y el doctor Terence J. Hughes realizando observaciones en el glaciar de Byrd, en la Antártida.

El Scott Polar Research Intitute (Instituto de Investigación Polar Scott), creado en el año 1920, es el más antiguo de los centros científicos dedicados al estudio de las regiones árticas y antárticas. Tuvo su primera sede en dependencias del Sedgwick Museum of Geology de Cambridge, hasta el año 1934, en que trasladó sus fondos, equipo y personal a una mansión de la misma ciudad, cuyas instalaciones fueron ampliadas en 1960.

UNA INSTITUCIÓN ACADÉMICA

El Scott Polar Research Institute (SPRI) está integrado en la Facultad de Ciencias de la Tierra y de Geografía de la Escuela de Ciencias Físicas de la Universidad de Cambridge (Reino Unido), y es miembro de la Circumpolar Universities Association, asociación de universidades que estudian los temas relativos al mundo polar.

En torno al SPRI y siguiendo su ejemplo, durante los últimos 75 años han surgido diferentes instituciones consagradas al estudio de los polos: es

LA BIBLIOTECA SHACKLETON

El nombre de Lord Ernest Henry Shackleton (1874-1922) está escrito con caracteres de honor en la nómina de exploradores británicos de principios del siglo XIX. Compañero de Scott en su primera expedición a la Antártida (1901-1903), en 1908 escaló el monte Erebus. Shackleton –que falleció durante la que sería su última expedición antártica– dejó memoria

de sus viajes en numerosos volúmenes de apuntes, redactados con minuciosidad y orden, hoy depositados —junto con otras muchas obras dedicadas a los polos— en la Shackleton Memorial Library, institución dependiente del Scott Polar Research Institute.

Esta biblioteca, creada en el año 1960 y mundialmente reconocida como el principal centro de documentación

sobre temas árticos y antárticos, no sólo es frecuentada por científicos y estudiantes universitarios del mundo entero, sino que ha sido consultada a menudo por gobiernos y empresas privadas. En 1997 fue inaugurada la nueva sede de la biblioteca, que está dotada con los más modernos medios tecnológicos (su equipamiento costó un millón del libras esterlinas).

el caso del British Antarctic Survey (Estudio Antártico Británico), el Scientific Committee on Antarctic Research (Comité Científico de Investigación Antártica), el Cambridge Arctic Shelf Project (Proyecto de la Plataforma Ártica Cambridge), el World Data Centre 'C' for Glaciology (Centro de Datos Mundial sobre Glaciología), la International Glaciological Society (Sociedad Internacional Glaciológica) y la International Whaling Commission (Comisión Ballenera Internacional).

ESTUDIOS Y DIVULGACIÓN

Desde sus inicios, el SPRI fomenta la investigación aportando sus medios y asesoramiento logístico a las expediciones científicas que tienen como destino los polos. Entre otros avances, el Instituto ha desarrollado una técnica de sondeo de los glaciares mediante ondas de radio. El Instituto dispone de equipos de trabajo e investigación especializados en las actividades de: teledetección; hielos marinos y oceanografía polar; ciencias sociales y estudios rusos; hidrología glaciar; ecología polar y desarrollo sostenible; historia polar; y zoología polar. Además, cuenta con la biblioteca (Shackleton Memorial Library) y el archivo (Thomas H. Manning Archives) más grandes del mundo en temas polares, incluida una vasta colección de fotografías tomadas en las regiones polares. También edita la revista especializada *SPRI* y organiza diferentes actividades destinadas al público escolar.

El museo del SPRI custodia una amplia muestra de instrumental y equipos utilizados por distintas expediciones polares, pinturas alusivas a las

▲

La exploración de la Antártida se ha caracterizado por la combinación de la tecnología más avanzada con las técnicas más rudimentarias.

El equipo de la expedición de Scott fotografiado en el polo Sur el 26 de enero de 1911.

▼

mismas, dibujos, fotografías, daguerrotipos y material filmado.

El SPRI ha apostado también por la difusión del conocimiento polar a través de la red. La website del Instituto ofrece para su consulta distintos recursos sobre la Antártida y las latitudes árticas (entre las cuales son tratadas con mayor profundidad las regiones polares rusas): base de datos bibliográfica con más de 55.000 entradas; un índice de programas de investigación nacionales e internacionales; un índice sobre expediciones antiguas y modernas (con resúmenes sobre las más importantes expediciones británicas); y un completo archivo de imágenes y fotografías.

La National Geographical Society

La ciencia moderna no sólo ha registrado avances espectaculares, sino que también se ha preocupado por divulgar sus investigaciones. En esta tarea divulgativa, pocas instituciones han destacado tanto como la estadounidense National Geographic Society.

El documento fundacional de la National Geographic Society (Sociedad Geográfica Nacional) fue signado el día 13 de enero de 1888 por un grupo de 33 naturalistas, geógrafos y estudiosos estadounidenses, preocupados por la promoción de los viajes de exploración –sus estatutos estipulaban que se trataba de "una sociedad destinada al incremento y la difusión del conocimiento geográfico": téngase en cuenta que, a finales del siglo XIX, vastas zonas del planeta aún permanecían ignotas para el hombre occidental– y de las ciencias naturales en general. Además, la organización se definía como didáctica y no lucrativa. El primer presidente de la sociedad fue Gardiner

➤ *Cabeza olmeca, datada entre el 1000 y el 800 a.C., de 25 toneladas de peso, conservada en el Parque Arqueológico de La Venta, México.*

Richard Leakey en la orilla del lago Turkana, Kenia, donde se han producido importantes hallazgos paleontológicos.

▼

Greene Hubbard. Otro de los directores de la NG fue el físico escocés Alexander Graham Bell, inventor del teléfono y fundador de la prestigiosa revista *Science*, que tomó posesión del cargo en 1898.

LAS GRANDES CAMPAÑAS DE EXPLORACIÓN

Apenas diez meses después de su fundación (octubre de 1888), la National Geographic (NG) financiaba la expedición a Alaska que exploró el monte Hubbard (4 556 m), así llamado en honor del presidente de la sociedad. Por las mismas fechas aparecía el primer número del *National Geographic Magazine*, publicación oficial de la institución.

Con fondos de la NG fueron sufragadas algunas de las más importantes campañas científicas del siglo XX. Así las expediciones al polo Norte de Robert E. Peary (1909) y al polo Sur de Richard E. Byrd (1929). También la exploración de la región de Katmai (Alaska), dirigida en 1916 por Robert F. Griggs. Sin olvidar el periplo de Joseph R. Rock por las montañas que se alzan en la antigua frontera entre China y el Tíbet (1923-1924 y 1927-1930) ni las investigaciones submarinas de Jacques-Yves Costeau, realizadas con su buque *Calypso* en las décadas de 1950 y 1960.

OTRAS ACTIVIDADES

Aparte de estas grandes campañas, la NG ha subvencionado los trabajos de campo de destacados científicos contemporáneos, entre otros: los miem-

LA AVENTURA AL ALCANCE DE LA MANO

En el año 1903, Gilbert H. Grosvenor, nuevo director del *National Geographic Magazine*, revolucionó la concepción formal de la revista con su decidida apuesta por la imagen fotográfica (fue una de las primeras revistas en reproducir instantáneas en color), que desde entonces ha tenido destacado protagonismo, como medio didáctico, en el planteamiento general de esta publicación; no en vano presenta sus contenidos como "las maravillas de la vida ilustradas con bellas fotografías".

Gracias a su amenidad y a la calidad de su ilustración, el *National Geographic* es una de las revistas más solicitadas del mundo: nueve millones de personas leen su edición en lengua inglesa. Desde 1997 se edita también en español.

Atenta siempre al desarrollo de los medios de comunicación, la NG ha diversificado sus canales de difusión: en la actualidad posee una sección de mapas, la National Geographic Maps (creada en 1963); una Divisón de Libros (desde 1975); y una productora televisiva de documentales que ha puesto la aventura al alcance de la mano –o del mando– de millones de telespectadores del mundo entero.

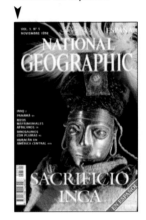

Un ejemplar de la revista de la National Geographic Society editado en español.

bros de la familia Leakey (Louis Seymour, Richard y Mary) y Donald C. Johanson, que hallaron valiosos restos de primates en África oriental; Matthew W. Stirling, descubridor de las grandes cabezas olmecas de La Venta; Richard E. W. Adams, director de los trabajos de excavación de la ciudad maya de Río Azul; L. David Mech, estudioso del comportamiento de los lobos; Roger Payne, que aportó importantes datos sobre las ballenas y los defines; Jane Goodall, Dian Fossey y Biruté M.F. Galdikas, investigadores de la conducta de los grandes simios; José Bonaparte, una autoridad mundial en mamíferos fósiles; y Paul Sereno, que ha destacado como descubridor de nuevas especies de dinosaurios.

Por si lo anterior fuera poco, la NG desarrolla actividades didácticas destinadas a la comunidad escolar y programas de soporte a diferentes centros de formación académica y de investigación. En los inicios del siglo XXI, más de 300 grupos de investigadores dependen de la ayuda económica de la institución. Todo esto hace de la NG la mayor sociedad científica del mundo, con más de nueve millones de socios repartidos por todos los continentes.

Dian Fossey aportó importantes estudios sobre la vida de los gorilas.

La família Leakey llevó a cabo una gran cantidad de descubrimientos arqueológicos y paleontológicos.

La Palestine Exploration Fund

Durante siglos, los personajes, ciudades y pueblos presentes en la Biblia no necesitaban validación histórica. Se trataba, sin duda, de una visión sesgada de un texto que tiene mucho de metafórico. Sin embargo, las modernas investigaciones arqueológicas han aportado datos en algunos casos coincidentes con las Sagradas Escrituras.

➤ *La piedra de Rosseta permitió descifrar el la escritura jeroglífica del Antiguo Egipto y abrió las puertas a la moderna egiptología.*

Bajo la denominación de arqueología bíblica se designa al conjunto de investigaciones arqueológicas centradas en los hechos y lugares citados en los diversos libros que integran las Sagradas Escrituras. Una de las aportaciones sustanciales a esta disciplina científica procede del Palestine Exploration Fund (Fondo de Exploración de Palestina), institución privada fundada en Inglaterra, en el año 1865, por historiadores y clérigos anglicanos interesados en la Historia Sagrada. Entre ellos figuraban Arthur P. Stanley, deán de la abadía de Westminster (el Vaticano anglicano), y Sir George Grove.

LA INSTITUCIÓN Y SUS FONDOS

El objetivo fundacional —y aún vigente— del Palestine Exploration Fund no sólo se cifraba en la prospección arqueológica: igualmente atañía a la investigación sobre la etnografía, topografía, geología y ciencias naturales del Próximo Oriente y Palestina.

La sede central de la institución Palestine Exploration Fund se encuentra en la ciudad de Londres. Sus dependencias centrales acogen una bien nutrida biblioteca sobre temas bíblicos y arqueológicos, así como una interesante exposición de lienzos, fotografías, manuscritos, mapas históricos, vestigios arqueológicos —que abarcan desde el Paleolítico hasta la dominación islámica— e historia natural.

La organización da cuenta de sus actividades mediante una revista especializada trimestral, el *Palestine Exploration Quarterly*. También programa conferencias y otros actos públicos de divulgación. Y anualmente convoca un concurso de concesión de becas de investigación en los países del Próximo Oriente.

ARMAS Y LETRAS

Corría el año 1798 cuando los ejércitos de la República Francesa se batían en diversos frentes para preservar los logros políticos y sociales de la Revolución de 1789. Un joven general francés, Napoleón Bonaparte, dirigió sus tropas sobre el lejano Egipto, para cortar la ruta comercial que unía la India y Gran Bretaña (enemiga de Francia). Junto a los soldados viajó un nutrido grupo de estudiosos franceses, iniciador de las modernas investigaciones arqueológicas en la antigua tierra de los faraones.

Entre los resultados de la campaña de Egipto, aparte de la conquista del país y la reforma de su legislación (Napoleón abolió la servidumbre e instauró leyes que garantizaban los derechos individuales), figuró el descubrimiento de la piedra de Rosetta, una estela de basalto negro sobre la que había sido grabado, en el año 197 a.C., un edicto del faraón Tolomeo V. El texto aparecía escrito en tres lenguas (con sus respectivos alfabetos): griega, demótica (de caracteres cursivos) y jeroglífica. A partir de la última grafía, Jean-François Champollion estableció las correspondencias que permiten la traducción de los textos jeroglíficos del Antiguo Egipto. La piedra de Rosetta se encuentra hoy depositada en el Museo Británico de Londres.

Emblema de la Palestine
Exploration Fund.
▼

UN POCO DE HISTORIA

Éstos han sido los principales trabajos de campo desplegados por el Palestine Exploration Fund: las excavaciones en la ciudad antigua de Jerusalén dirigidas por Charles Warren y Henry Birtles (1867-1870) y por Frederick J. Bliss y Archibald C. Dickie (1898-1900); la expedición geográfica a la Palestina oriental (1871-1878), confiada —entre otros investigadores— a Claude R. Conder y Horatio H. Kitchener; las excavaciones en Tell el-Hesi (1890-1893), a cargo de Sir Williams Flinders Petrie y Frederick J. Bliss; las campañas de Frederick J. Bliss y R.A. Stewart Macalister en Tell Zakaria, Tell es-Safi, Tell el-Judeideh y Tell Sandhannah (1902-1905 y 1907-1909); las excavaciones de R.A. Stewart Macalister en Gaza (1911-1912); la campaña arqueológica en el desierto de Zin (1913-1914), que corrió a cargo de Sir Leonard Woolley y Thomas Edward Lawrence (el legendario Lawrence de Arabia); y los trabajos de Duncan MacKenzie en Beth-Shemesh (1923-1925), R.A. Stewart Macalister y J. Garrow Duncan en el monte de los Olivos (Jerusalén, 1927), de John W. Crowfoot y G.M. Fitzgerald en Jerusalén (1932-1935), y de J.W. Crowfoot, Kathleen M. Kenyon y Eliezer Sukenik en Samaria.

En los últimos años, la institución ha promovido —entre otras actividades— la exploración de distintos vestigios cristianos de Jordania, la localización de la antigua corte del rey Herodes, el estudio del castillo medieval de Aqaba (Israel) y diversos trabajos arqueológicos en la ciudad de Ramala (actual sede de la Autoridad Nacional Palestina), así como estudios sobre medio ambiente y aprovechamiento de aguas en el Próximo Oriente.

Estratigrafía de una zona
de la excavación de la
Acrópolis de Samaria.
▼

El CNRS del estado francés

Estados Unidos encabezó la producción científica mundial durante la segunda mitad del siglo xx, en buena medida gracias al trabajo de investigación de sus universidades. No obstante, en Europa también existen instituciones científicas de alto rango, entre ellas el francés Centre National de la Recherche Scientifique (CNRS).

➤

Jean Perrin, fundador del CNRS. A diferencia de las instituciones anglosajonas y de titularidad privada, esta institución es de titularidad pública.

El Centre National de la Recherche Scientifique (Centro Nacional de Investigación Científica) es un organismo público dependiente del Estado francés; su objetivo fundamental se cifra en aplicar el saber científico y tecnológico en beneficio de la sociedad. En la actualidad, el CNRS cuenta con una plantilla de 25 283 personas, de las cuales 11 349 son investigadores; sus 13 934 miembros restantes se reparten entre ingenieros, técnicos y personal administrativo. El personal del CNRS está dividido entre 1 200 unidades de investigación y de servicios con actividad en todos los campos del conocimiento. Su presupuesto total para el año 2001 rondaba los 16 000 millones de francos.

SUS PRIMEROS PASOS

Instalaciones para el estudio de la alta atmósfera situadas en la base Dumont d'Urville, en Tierra Adelaida.

▼

El CNRS fue creado el 19 de octubre de 1939, durante los primeros compases de la Segunda Guerra Mundial, con el objetivo de reunir y coordinar a todas las instituciones científicas de la República. Fue su principal promotor el científico Jean Perrin, premio Nobel de Física en el año 1926.

LOS GRANDES HOMBRES DEL CNRS

Buena prueba de la envergadura de los trabajos de investigación desarrollados por el Centre National de la Recherche Scientifique es la nómina de premios Nobel que han estado ligados a la institución. He aquí su lista:

Premios Nobel de Física:
Jean Perrin (1926).
Alfred Kastler (1966).
Louis Néel (1970).
Pierre-Gilles de Gennes (1991).
Georges Charpak (1992).

Premios Nobel de Química:
Frédéric Joliot-Curie (1935).
Jean-Marie Lehn (1987).

Premios Nobel de Medicina:
André Lwoff, Jacques Monod y François Jacob (1965).
Jean Dausset (1980).

Premios Nobel de Economía:
Maurice Allais (1988).

Otros muchos investigadores del CNRS han sido distinguidos con prestigiosos galardones internacionales. Es el caso de los matemáticos Jean-Pierre Serre, René Thom, Alexandre Grothendieck, Alain Connes, Laurent Schwartz, Pierre-Louis Lions y Jean-Christophe Yoccoz; el sociólogo Pierre Bordieu; los físicos Claude Allègre y Claude Cohen-Tannoudji; el lingüista Claude Hagège y los químicos Jean Rouxel y Pierre Potier.

La coyuntura bélica orientó las primeras actividades del CNRS hacia la tecnología militar, principalmente el desarrollo de la energía atómica y de aparatos de detección mediante ondas de radio. A partir de 1945, con el fin de la contienda y bajo la dirección de Frédéric Joliot-Curie (premio Nobel de Química en 1935), la institución pudo dedicarse por completo a la investigación científica fundamental. Por entonces se crearon tres centros dependientes del CNRS: el Institut Français de Recherche Scientifique pour le Développement en Coopération, destinado a las investigaciones de ultramar; el Centre National d'Études des Télécommunications y el Commissariat à l'Énergie Atomique.

Logotipo del CNRS

Acuarela que representa un sistema de análisis para la observación cenital en Kiruna, Laponia.

TIEMPOS MODERNOS

En 1966, el CNRS reformó su estructura interna con la creación de las unidades de investigación asociadas, una serie de laboratorios universitarios subvencionados por la institución. Un año después fundaba el Institut National d'Astronomie et de Géophysique (1967) y en 1971, el Institut National de Physique Nucléaire et de Physique des Particules (IN2P3), promotor de proyectos de envergadura (entre ellos, el desarrollo del telescopio franco-italiano Thérmis y del acelerador de partículas del Centro Europeo de Investigación Nuclear de Grenoble).

Durante la década de 1970, las exigencias del desarrollo industrial francés propiciaron la creación del Département des Sciences pour l'Ingénieur.

En la década de 1980, el CNRS realizó importantes descubrimientos científicos —por ejemplo, en los campos de la sanidad y las nuevas energías— gracias a la puesta en marcha de un ambicioso programa de investigación multidisciplinar. En esta misma década fue inaugurado el Institut National de la Santé et de la Recherche Médicale (Instituto Nacional de la Salud y la Investigación Médica). Durante la última década del siglo XX se consolidó la colaboración científica con empresas privadas.

En la actualidad, el CNRS ha emprendido el programa Avenir (Futuro), cuyas investigaciones se extienden a campos tan variados como la ingeniería genética, las tecnologías de la información, la investigación espacial, la física de partículas, la sanidad pública, la evolución demográfica y el desarrollo sostenible.

La NASA

Si la conquista del espacio fue la mayor proeza científica y tecnológica de la segunda mitad del siglo XX, sin duda alguna su protagonista estelar ha sido la NASA, agencia espacial estadounidense. Para ello basta con recordar que entre sus logros figura el primer vuelo tripulado a la Luna en 1969.

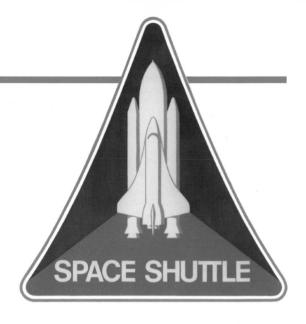

▸

Insignia oficial de la NASA para la lanzadera espacial.

Operación de verificación *y ajuste del telescopio espacial por parte de la tripulación de una lanzadera.*

▾

La Segunda Guerra Mundial fue escenario de los primeros lanzamientos de cohetes con propulsión a chorro (basado en el empuje producido por la expulsión violenta de un combustible líquido o gas), precedentes de las modernas naves espaciales. Concluido el conflicto, se iniciaba la guerra fría: el mundo quedó dividido en dos bloques enfrentados, que pugnaban por imponer su sistema político y económico. En esa coyuntura histórica, las dos potencias hegemónicas —Estados Unidos y la URSS— extendieron su rivalidad al espacio sideral y pugnaron por adelantarse a su rival en la llamada "carrera espacial".

LOS ORÍGENES

La National Aeronautics and Space Administration (Administración para la Aeronáutica y el Espacio, más conocida en nuestro ámbito cultural como Agencia Espacial Norteamericana) fue fundada en julio de 1958 por el gobierno federal de Estados Unidos. ¿El motivo? Un año antes, la Unión Soviética había puesto en órbita el primer satélite artificial del espacio, adelantándose a Estados Unidos en la carrera espacial, con todas las repercusiones científicas, militares y propagandísticas derivadas de aquel logro. Estados Unidos, paladín del mundo occidental, no podía ceder al Estado soviético ningún tipo de primacía, ni aun en el espacio sideral, por lo que urgía destinar ingentes recursos económicos al desarrollo de programas espaciales.

La principal misión de la recién creada NASA consistía en aportar la coordinación y los medios técnicos necesarios para la realización de la ambiciosa política aeroespacial estadounidense.

Desde su fundación, la dirección suprema de la agencia recae en un administrador, funcionario civil nombrado directamente por el presidente de Estados Unidos, que debe ser corroborado por el Senado. La dirección de la NASA tiene su sede en Washington, la capital federal.

SUS ACTIVIDADES PRINCIPALES

En sus orígenes, la NASA sólo se ocupaba de misiones de cariz científico y civil, quedando las actividades militares fuera de su competencia. Sin embargo, el desarrollo de los transbordadores espa-

El Endeavour, con siete astronautas a bordo, se eleva el 2 de diciembre de 1993 para encontrarse con el telescopio espacial.

La NASA posee unas grandes instalaciones para preparar sus naves y a sus tripulaciones.

ciales y de los sistemas de detección mediante satélites —que han desembocado en la llamada "guerra de las galaxias", el escudo antiatómico estadounidense— ha involucrado a la agencia en proyectos de clara aplicación militar.

Durante diez años, la anticipación de los vuelos tripulados soviéticos mantuvo en una actitud meramente defensiva a la NASA, que justificó su inmenso presupuesto —considerado una prioridad nacional por los sucesivos gobiernos estadounidenses— con la expedición Apolo XI, que alcanzó la Luna el 20 de julio de 1969.

En la década de 1980, las críticas al inmenso gasto presupuestario de la NASA no lograron acallar su segundo gran éxito internacional: la culminación del programa del transbordador espacial (1981), primera nave reutilizable a modo de avión

El Centro Espacial Kennedy en Florida. El estado de Florida ha concentrado muchas de las instalaciones de la NASA.

Emblema y siglas de la NASA.

sideral (y ello pese al siniestro del transbordador Challenger, que estalló en vuelo en enero de 1986). Posteriormente, la agencia estadounidense se apuntó un nuevo tanto con la puesta en órbita —en colaboración con la Agencia Espacial Europea— del telescopio espacial Hubble (1990), que ha aportado valiosa información sobre la estructura y el origen del universo.

En 2000 una potente herramienta desarrollada por la NASA, el topógrafo Global Marciano, permitió descubrir capas de terreno marciano muy similares a los depósitos sedimentarios que se forman en nuestro planeta bajo el agua, en una región conocida como Chasma del Candor Oriental. Este descubrimiento ha hecho suponer que hace unos cuatro mil millones de años pudo existir agua en Marte, lo cual pudo propiciar algún tipo de vida primitiva.

Los trabajos iniciados por la NASA a finales del siglo XX a fin de conocer un poco más el enigmático "planeta rojo" han popularizado enormemente la institución y han inspirado películas como *Misión a Marte* (2000), de Brian de Palma.

NUEVOS OBJETIVOS

La NASA está embarcada en importantes proyectos, pese a las críticas de despilfarro económico que ha recibido durante las dos últimas décadas. Hoy por hoy, la Estación Espacial Internacional (ISS) es el proyecto estrella de la agencia norteamericana, y también por ello ha sido una de las iniciativas más criticadas por la opinión pública: su inmenso presupuesto —en torno a los doce billones de pesetas sólo para la construcción del complejo espacial— se presta a la maledicencia.

Las opiniones contrarias a tan inmenso gasto hicieron que la NASA cejara en su empeño inicial, cifrado en realizar por sí sola el proyecto, para permitir la participación tecnológica y económica de Rusia, Canadá, Japón y la ESA (Agencia Espacial Europea).

Con la ISS, la NASA pretende establecer una cabeza de puente —así puede considerársela— para la puesta en marcha de futuras expediciones tripuladas a la Luna y astros del sistema solar. De hecho, el viejo sueño de conquistar otros planetas parece hoy más cercano que nunca, gracias al perfeccionamiento de las naves espaciales y a las enseñanzas que las estaciones orbitales han proporcionado sobre la reacción del cuerpo humano a los largos períodos de permanencia en el espacio.

Otro factor que se ha de tener en cuenta es la cooperación internacional inaugurada por la estación internacional, que repercute en la división de responsabilidades económicas para empresas de altos vuelos. En este sentido, el lanzamiento de una misión tripulada a Marte se configura como el gran reto de la aeronáutica espacial de la primera mitad del siglo XXI.

Entre tanto, la NASA allana el campo de sus futuras misiones tripuladas prosiguiendo con el lanzamiento de naves automáticas. Y a un nivel puramente científico, persevera en proyectos como el programa Ulysses (realizado en colaboración con la Agencia Espacial Europea), que tiene como objetivo el estudio de los polos solares.

La representación del mundo

Mapamundi realizado por el geógrafo alemán Martín Behaim en 1492, a partir de los datos de una expedición portuguesa de 1482.

Un mapa ofrece un conjunto a la vista y a la memoria. Poco importa que hasta el siglo XV no se conocieran todos los continentes. El mapa se organiza a partir de un centro, que va desde lo familiar y conocido hasta lo desconocido y exótico. Es el modelo de los primeros mapas griegos —circulares y centrados alrededor de Delfos—, de los del Medievo —con centro en Jerusalén—, de los mapamundis orientales —centrados en el Indo o en el macizo del Pamir.
La historia de la cartografía se confunde con la de los descubrimientos, porque es a partir de los siglos XV y XVI cuando experimenta un vuelco decisivo: ofrece a un Estado el control simbólico de un territorio. Es un instrumento de gobierno, imprescindible para la acción militar, y al mismo tiempo de conocimiento, ya que ofrece a la vista lo que un texto no puede reflejar. A partir del siglo XVIII, los mapas amplían su sentido y comienzan a tener el que hoy en día conservan: utilidad, política, ciencia.

Tolomeo dibuja el mundo

Astrónomo, matemático y geógrafo, estas tres palabras definen a Claudio Tolomeo, nacido en la Alejandría en el siglo II de nuestra era, y uno de los personajes más influyentes en su época y en épocas posteriores. Su existencia, de la que apenas se tienen datos, está íntimamente ligada a sus impresionantes obras.

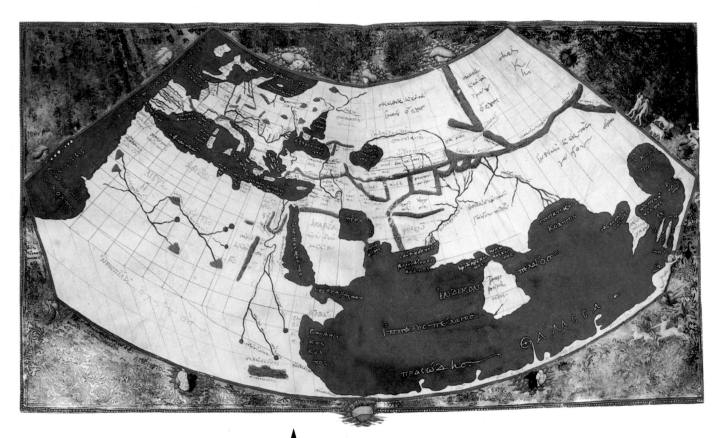

Alejandría, una de las más magníficas ciudades de la Antigüedad, en Egipto, fue fundada en el año 332 a.C. por Alejandro Magno, de quien tomó el nombre. Desde su fundación, la ciudad fue la capital griega de Egipto. En ella se fundaron las famosas biblioteca y escuela en el siglo III a.C. Este núcleo cultural fue también un poderoso centro comercial con una población abundante y variada compuesta por griegos, egipcios, judíos, romanos y gentes de las más diversas procedencias. Tras ser conquistada por Julio César en el 48 a.C., se incorporó al Imperio Romano y se convirtió en su puerto más importante, sobreviviendo a la caída de éste en el siglo III de nuestra era.

En este contexto de cultura y libertad de pensamiento nació Claudio Tolomeo en Alejandría hacia el año 90 d.C., y en ella parece que estudió y pasó toda su vida. Seguramente pudo disfrutar

▲
Ilustración medieval del mapa de Tolomeo del mundo conocido. Los estudios geográficos de Tolomeo fueron la principal fuente de conocimiento geográfico durante la Edad Media hasta bien entrado el siglo XV.

de la legendaria biblioteca alejandrina, que en su época parece que contenía alrededor de 700 000 volúmenes y contaba ya con tres siglos de historia de los seis que alcanzaría, ya que fue destruida por Julio César. Se dice que Tolomeo no trabajaba solo, sino que dirigía un equipo formado por otros 127 eruditos de la ciudad, con los que trabajó durante más de un cuarto de siglo.

TOLOMEO EL SABIO

Bien podría recibir este apelativo el que fue el más importante sistematizador y divulgador científico de su tiempo, que también llevó a cabo numerosas investigaciones originales. Catalogó 1 028 estrellas y apuntó una teoría que explicaba los movimientos planetarios, pero rechazó la teoría heliocéntrica, atribuida a Aristarco, según la cual la Tierra es redonda y gira alrededor del Sol, recogiendo la teoría geocéntrica descrita por Hiparco, según la cual el Sol, la Luna y los planetas giran alrededor de la Tierra.

Con algunas modificaciones, esta teoría quedó reflejada en su monumental obra *Gran sintaxis* o *Composición matemática*, a la que los árabes llamaron *Almagesto*, en trece volúmenes. Como complemento de esta obra escribió el *Tetrabiblos*, donde expuso la teoría de que la influencia ejercida por los cuerpos celestes sobre los acontecimientos terrestres era pura física y consecuencia directa de aquéllos. A partir de los estudios sobre geografía a los que le llevaron estas obras escribió la famosa *Geografía*.

El sistema tolemaico de los movimientos planetarios descrito en el *Almagesto* ayudó a la aceptación de la astronomía durante toda la Edad Media. También escribió *Óptica*, obra basada en sus experimentos sobre la refracción de la luz, y *Los armónicos,* en la que expone una teoría matemática sobre los sonidos a partir de los conceptos y trabajos de la escuela pitagórica.

LA *GEOGRAFÍA*

Se trata de un compendio descriptivo y cartográfico de las tierras conocidas en la época. Durante casi catorce siglos se tuvo como válido, hasta que Colón descubrió América y se inició la era de los grandes descubrimientos. Compuesta por ocho

Tolomeo también ejerció una gran influencia en la cosmografía. Al mismo tiempo su división del mundo en 360° estableció los principios de la moderna cartografía e influyó de manera crucial en la investigación futura.

El faro de Alejandría según un grabado del siglo XVII. Esta construcción, considerada cómo una de las maravillas del mundo antiguo, se convirtió en el principal emblema del Egipto tolemaico.

tomos, contiene latitudes bastante exactas sobre 5 000 localizaciones, aunque presenta errores en las longitudes, por haber establecido que la longitud de un grado en el ecuador era de 500 estadios —medida de longitud griega equivalente a 1 estadio = 228,90 m— en lugar de 640. En la obra se expone la técnica matemática para la elaboración de mapas e incluye una lista de las principales ciudades y los accidentes geográficos más destacados y conocidos de su tiempo.

LA BIBLIOTECA DE ALEJANDRÍA

Tolomeo I Sóter (304-282 a.C.), el fundador de la dinastía tolemaica de Egipto, erigió el Santuario de las Musas en el interior de su enorme e intrincado palacio de Alejandría. Una parte del santuario estaba ocupada por la gran biblioteca, en la que se guardaban la mayor parte de los escritos de la Antigüedad clásica. A partir del siglo III, la biblioteca fue aumentando progresivamente de tamaño: durante la dominación romana contenía medio millón de papiros —Julio César regaló a la biblioteca 40 000 escritos y Marco Antonio 200 000— y en su época de máximo esplendor casi 900 000. Fue destruida a finales del siglo IV por las tropas cristianas de Teodosio I. Bajo los tolemaicos, Alejandría se convirtió en la ciudad más culta de Occidente.

El mapamundi de Abd Alá al-Idrisi

El musulmán hispano del siglo XII Abu Abd Alá Muhamad al-Idrisi realizó un planisferio dividido en siete zonas climáticas, cada una de ellas subdividida en diez partes. Formado en Córdoba, entonces la ciudad más culta del mundo, al-Idrisi puso su talento al servicio del rey Roger II de Sicilia.

Se suele asociar la edad de oro del islam a la supremacía de los califas abásidas por diversos motivos, pero sobre todo por ser un período de gran prosperidad comercial. Los comerciantes árabes mantenían contacto con los feudos europeos —cabe recordar que estamos alrededor del año 1000—, la India y China, y también con los pueblos nómadas de África, especialmente del Sahara. Todo ello fructificó en cambios que favorecieron la evolución técnica en todos los sentidos. El islam se nutría de los sabios griegos, romanos, indios y persas, denostados por los cristianos que los consideran paganos, y estudiaba y conservaba obras de genios como Aristóteles, que de otro modo quizás se habrían perdido.

Marineros árabes según un manuscrito del siglo XIII. La experiencia viajera en el mundo islámico llevó a una considerable mejora de los conocimientos geográficos.

EL CALIFATO ABÁSIDA

En el año 750, la hegemonía del mundo musulmán pasó de los omeyas a los abásidas, que tomaron su nombre del primer califa de la dinastía, Abu-l-Abbas. La capital se estableció en Bagdad, entonces Persia, que sustituyó a Damasco. Fue cuando el califa adoptó el título de imán, o jefe espiritual de los creyentes, y cuando surgió la figura del visir, encargado del gobierno en todos los aspectos, excepto de la dirección del ejército. En una época que se ha descrito como brillante, no faltaron las luchas religiosas y sociales. Entre ellas, la rebelión de los esclavos negros de las plantaciones de azúcar que tomaron las armas y se enfrentaron al califa. La debilidad política del califato favoreció su desmembración en 1055, cuando Bagdad fue ocupada por los turcos, que darían un nuevo impulso al islamismo a través del imperio otomano.

El núcleo cultural del islam es la mezquita, centro socioreligioso de la comunidad, aunque también ejercen este papel los hospitales —la medicina musulmana es la única con sentido científico de su época en Occidente— y los observatorios dedicados a la astronomía, la astrología y la geografía. Una de las materias más cultivadas en el mundo islámico eran las matemáticas, que aportaron a los estudiosos un rigor y una precisión desconocidos hasta siglos más tarde por el mundo cristiano. Especialmente en lo que respecta a la geografía, esta precisión se debía en gran parte al uso de la brújula, que aprendieron de los chinos y al que los cristianos eran reticentes.

Los geógrafos árabes eran en su mayoría eruditos y grandes viajeros, que hablaban varias lenguas y mantenían contacto con los grandes sabios de otras culturas. El prestigioso geógrafo al-Biruni (973-1048), que hablaba cinco idiomas, formuló la teoría de la rotación terrestre alrededor de un eje y supuso que el valle del Indo, en una época, estuvo cubierto por el mar. Éste es el bagaje cultural que permitiría a al-Idrisi, y a otros cartógrafos, realizar los mapamundis.

LA DESCRIPCIÓN DEL MUNDO HABITADO

Al-Idrisi (hacia 1099-1165) estudió en numerosas mezquitas y antes de los dieciséis años ya había visitado Asia Menor, Europa y África. Fue en el año 1138 cuando el rey Roger II de Sicilia solicitó sus servicios en Palermo para que escribiera una descripción del mundo.

La *Geografía* —cuyo nombre completo era *Entretenimiento para quien desee recorrer las diferen-*

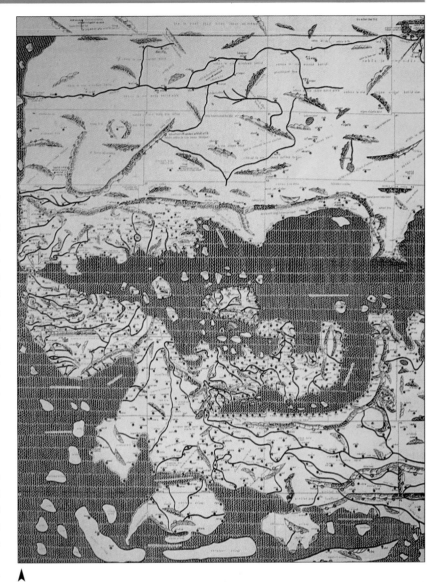

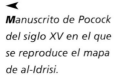
Fragmento del mapa de al-Idrisi realizado en 1154. Como en muchos de los mapas árabes, el sur se encuentra en la parte superior del mismo.

Manuscrito de Pocock del siglo XV en el que se reproduce el mapa de al-Idrisi.

tes partes del mundo— de al-Idrisi está estructurada en setenta secciones, resultado de dividir las tierras situadas al norte del ecuador en siete zonas climáticas de la misma amplitud, cada una de ellas subdividida a su vez en diez partes iguales según las longitudes. Se trata de un texto descriptivo, completado con dos mapas: un gran planisferio de plata —que fue destruido en 1160— y cortes del planisferio correspondientes a las secciones. Es una obra muy detallada y soberbiamente ejecutada, que supera a las de sus sucesores y, aún hoy en día, deja a los estudiosos asombrados por su precisión.

Al-Idrisi terminó de escribirla en 1154. Para ello no sólo se basó en los conocimientos griegos e islámicos, sino en su propia experiencia sobre el terreno o la de sus emisarios. Sorprende, entre otras, su descripción del valle del Níger más de seiscientos cincuenta años antes de que lo hiciera el explorador británico Mungo Park, las rectificaciones a la obra de Tolomeo o los detalles de las costas mediterráneas, árabes y persas.

Toscanelli y otros geógrafos del siglo XV

El florentino Paolo dal Pozzo Toscanelli cultivó la medicina, las matemáticas, la astronomía, la astrología y la geografía. Sus conocimientos matemáticos fueron de gran utilidad al célebre arquitecto Brunelleschi, y a él se debe la construcción del reloj de sol de la catedral de Florencia, mediante el cual determinó la oblicuidad elíptica.

Posiblemente la figura más representativa de su época junto con Da Vinci, su amor por la ciencia llevó Toscanelli a interesarse por innumerables cuestiones y a entablar relaciones con los más grandes personajes de su tiempo —Nicolás de Cusa y Brunelleschi, entre otros—, así como con viajeros que llegaban de países lejanos en los que estaba particularmente interesado, debido también a las actividades comerciales de su familia. Gozó de gran fama entre los hombres de su tiempo, a pesar

Planisferio de Toscanelli. La ampliación del conocimiento geográfico más allá del mundo mediterráneo y europeo no se produjo hasta finales del siglo XV.

de que casi todas sus obras se han perdido. Como geógrafo, las principales fuentes de Toscanelli fueron Marco Polo, que entonces era un personaje sólo conocido por los estudiosos, y Nicolás de Conti. Realizó un mapa del mundo conocido en su época, en el que no incluyó América, ya que murió diez años antes de que Colón la descubriera.

TOSCANELLI Y COLÓN

Seguramente la concepción del mundo de Toscanelli influyó en la decisión de Colón para buscar un paso por Occidente a las Indias Orientales: coincidían en que se podía llegar a Oriente sin necesidad de costear África. A raíz de la muerte de Nicolás de Cusa, Toscanelli entabló relación con el canónigo y médico portugués Martines de Roriz y, tras diversos encuentros en Italia en los que hablaron de las Indias Orientales, prosiguieron su relación por carta. Fue a través de Roriz como Toscanelli entró en contacto con Colón.

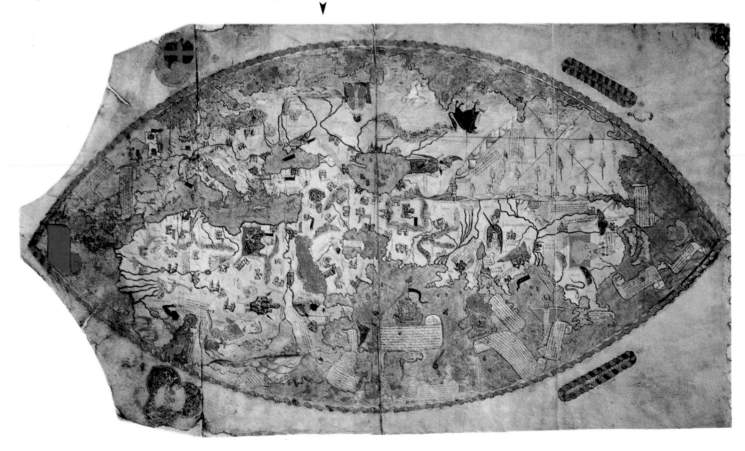

LA PASIÓN POR SABER

El Renacimiento es a la vez una época y un movimiento artístico y científico que nació en Italia a principios del siglo XIV como un retorno a la Antigüedad clásica, pero con una particularidad que será su rasgo más importante: la afirmación del hombre como individuo. El Renacimiento abrió las puertas al progreso constante de las lenguas vulgares, con el abandono del latín como lengua culta y, especialmente, a la observación de lo concreto, propia de la ciencia moderna, que impulsó el afán descubridor y técnico. Aparecieron las monarquías y comenzó la ascensión de la burguesía.

El que sería el descubridor de América le consultó sobre la posibilidad de hallar una ruta hacia Oriente por Occidente, ya que, según los estudios de Marino de Tiro y Tolomeo, parecía posible llegar a Catay por mar, puesto que estos dos geógrafos creían que sólo había mar entre las costas españolas y las indias. En su misiva, Colón hablaba de las riquezas de Catay y de las grandes proporciones del puerto de Zaiton, en China, solicitando que le enviara un mapa para fijar la derrota. Toscanelli contestó a Colón refiriéndose a las riquezas de Oriente y confirmándole el envío de un mapa. Se supone que esta correspondencia tuvo

Con la imprenta se inicia una revolución en el conocimiento que tendrá importantes repercusiones en el terreno religioso, social e intelectual.

Escena de la partida de Colón en el viaje que le llevaría a América.

lugar entre 1479 y 1480, ya que de ella no queda ningún vestigio. Únicamente el testimonio del hijo de Colón, Fernando, y el del padre Las Casas avalan que Colón llevaba consigo la carta náutica del geógrafo florentino en su primer viaje.

ERRORES DE CÁLCULO

Pero los cálculos geográficos y matemáticos de Colón y Toscanelli estaban equivocados, aunque hay que tener en cuenta que en la época los cálculos se realizaban de distinta manera en cada territorio. En este caso concreto, el error procedía del geógrafo romano Marino de Tiro, que había aumentado el de Tolomeo al considerar que las tierras entonces conocidas ocupaban dos terceras partes de la superficie terrestre, y el mar la tercera parte restante. En cuanto a las millas, no era lo mismo una milla romana que una árabe —que Colón creyó iguales, siendo mayores las árabes—, mientras que Toscanelli basaba sus cálculos en la milla florentina. De estos errores resultaba que la circunferencia terrestre era de 26 600 km en lugar de los 32 040 reales. Por eso no creían posible que entre España y Catay pudiera alojarse un continente, que es lo que sucedió, ya que calcularon que entre ambos territorios había una distancia de 9 633 km y no los 20 300 reales; además, esta distancia era menor para la navegación, ya que esperaban hacer escala en las fantásticas tierras de Antilia y de Cipango, por lo que supusieron que no se trataba de un viaje demasiado difícil. De estos errores nació un sueño y se descubrió América.

Los Cassini, una saga de cartógrafos

La historia no conoce una familia de científicos tan brillante y longeva como la de los Cassini: cuatro generaciones seguidas de astrónomos, geógrafos, cartógrafos y matemáticos. La dirección del Observatorio de París estuvo durante más de un siglo en manos de los Cassini.

Retrato de Jean-Dominique Cassini (1625-1712), uno de los grandes pioneros de la astronomía y la cartografía.

El cometa Halley. El descubrimiento de los períodos de acercamiento a la Tierra de un cometa por parte de Edmond Halley supuso un gran avance en la astronomía.

El primer Cassini de la saga, Jean-Dominique (1625-1712), fue el único nacido en Italia, en Perinaldo. Profesor de Astronomía en la Universidad de Bolonia desde 1650, su contribución más importante a la ciencia fue la enunciación de la teoría de los satélites de Júpiter. Su reputación le llevó a ocupar el cargo de astrónomo real y director del Observatorio de París (1672), llamado por Colberty. Descubrió cuatro satélites de Saturno (1671-1672) y dos más en 1684, así como la división del anillo de este planeta que lleva su nombre, "división de Cassini". Precisó con bastante exactitud la paralaje solar y fue el primero en considerar científicamente el fenómeno de la luz zodiacal. Su hijo Jacques (1677-1756) fue, así mismo, director del Observatorio parisino, y se ocupó en determinar la figura de la Tierra. El hijo y el nieto de éste, César-François (1714-1784) y Jacques-Dominique (1748-1845), fueron también directores del Observatorio y autores de un mapa topográfico de Francia, el más completo y exacto de su época.

EL MÉTODO DE LOS CASSINI

A partir del complejo método inventado por Jean-Dominique Cassini para determinar la longitud basándose en las observaciones de las lunas de Júpiter, los expertos pudieron levantar un mapa de Francia más fidedigno. El método empleado por esta familia era elemental: si se conocen un lado y dos de los ángulos de un triángulo, es posible determinar las propiedades del resto de la figura.

La aplicación práctica consistía en medir la base del triángulo y, partiendo de los dos extremos de dicha línea, poner la mira en un objeto distante —por ejemplo, un monte o una torre—. Las líneas trazadas entre estos dos puntos dan dos ángulos conocidos. La intersección de estas líneas en

DE COMETAS Y VIENTOS

Edmond Halley (1656-1742), astrónomo británico colaborador de Newton, pronosticó por primera vez el retorno de un cometa, el que lleva su nombre. En 1705 constató que los cometas aparecidos en 1531, 1607 y 1682 eran el mismo y que, además, regresaría en 1758, atribuyéndole acertadamente una periodicidad de 76 años. Pero también se ganó un lugar en la historia de la cartografía al trazar los primeros mapas que ilustraban el magnetismo y el curso de los vientos. En 1686 levantó el primer mapa meteorológico que incluía las direcciones de los vientos dominantes. Años después, y tras una expedición de dos años por el Atlántico, realizó otro mapa que abarcaba toda la extensión de este océano y mostraba las variaciones de la aguja de la brújula respecto del norte real. Asimismo, estudió los movimientos de la Luna, fue autor de importantes trabajos sobre la duración de la vida en determinadas áreas de Gran Bretaña y publicó el primer catálogo de las estrellas del hemisferio austral.

el objeto distante cierra el triángulo; después, mediante varios cálculos, se averigua la longitud de los otros dos lados. En consecuencia, es posible estimar con bastante exactitud la distancia a que se encuentran lugares lejanos sin necesidad de desplazarse hasta ellos.

Luis XIV y Jean-Dominique Cassini.

César-François Cassini observa el paso del cometa Halley en 1759.

LA *CARTE* DE JACQUES-DOMINIQUE

Jacques-Dominique Cassini, bisnieto del primer Cassini, fue el autor de un mapa de Francia publicado en 1793, en plena Revolución Francesa, que había estado trabajando con su padre, César-François. La *Carte* de Cassini constituye un modelo de mapa topográfico, en el que se incluyen carreteras, ciudades, aldeas, ríos, canales, castillos, abadías, lagos, molinos de viento y viñedos. Con esta obra, Francia se convirtió en el primer país del mundo en ser cartografiado mediante procedimientos científicos.

La que está considerada como obra cumbre de la cartografía temática, está integrada por ciento ochenta y dos láminas que, unidas, miden aproximadamente 11 × 11 metros.

Adoptada por todos los países, la cartografía temática de los Cassini permitió la solución, como ejemplo curioso, de un grave problema de salud pública. En 1854 un médico británico, John Snow, realizó un mapa de Londres en el que señaló con un punto la situación de todos los casos de muerte por cólera y marcó con una cruz el emplazamiento de todas las bombas de agua de la ciudad. Aquel mapa resolvió definitivamente la cuestión, puesto que demostró que el cólera sólo afectaba a los ciudadanos que bebían agua de una bomba situada en Broad Street.

Maury y el mapa de una cuenca oceánica

Durante su vida activa como marino, Maury fue un brillante capitán de fragata e hidrógrafo norteamericano interesado en la astronomía náutica. Pero su suerte se decidió en 1839 cuando, a raíz de un desgraciado accidente, fue destinado al Depósito de Cartas e Instrumentos de navegación de Washington.

Norteamericano de ascendencia francesa, Matthew Fontaine Maury ingresó en la Marina a los diecinueve años y su primer embarco lo realizó en la fragata *Brandywine*. Con el buque *Vincennes* navegó durante cuatro años por todo el mundo, y otros tres más por el Pacífico, durante los cuales se dedicó a estudiar astronomía náutica, publicando un tratado de navegación.

Maury fue destinado al Depósito de Cartas e Instrumentos náuticos de Washington, donde pudo dar rienda suelta a su pasión: la investigación marina. Su medio eficaz para intentar la solución a muchos problemas fue la estadística. Reunió miles y miles de observaciones hechas por navegantes de todos los países y las ordenó para deducir regímenes de vientos, direcciones e intensidades de las corrientes oceánicas. Nunca un hombre de mar había logrado aunar tanta información y de manera tan sistematizada.

El resultado fue la publicación de *Cartas de vientos y corrientes* y las *Instrucciones Náuticas* con las derrotas —rumbos— apropiadas para trasladarse de un punto a otro. En 1848 un capitán de Baltimore, siguiendo las instrucciones de Maury, atravesó la zona ecuatorial y tardó veinte días, la mitad de tiempo del que solía invertir. A partir de entonces todos los marinos del mundo siguieron lo que

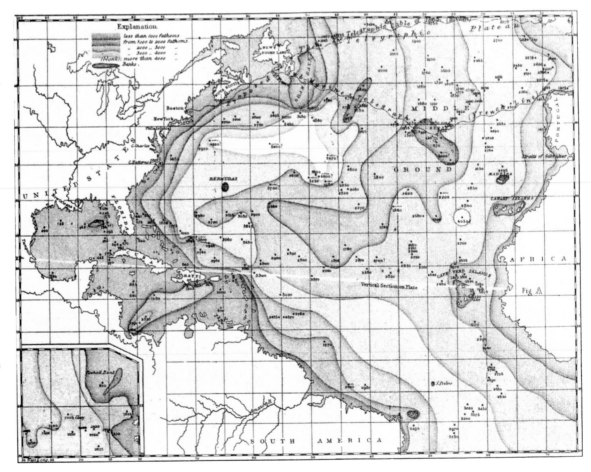

► *Primer mapa de los fondos oceánicos realizado por Mathew Fontaine Maury con sistemas aún muy rudimentarios de sondeo de profundidad. Editado en 1855, a pesar de sus inexactitudes, supuso un avance considerable en la oceanografía.*

EL ESTUDIO DE LOS OCÉANOS

La oceanografía es la ciencia que estudia los océanos. Se sirve de la física, la geología, la biología, la química y las matemáticas. Desde la invención de la sonda acústica (1918) y los instrumentos de medida y materiales precisos —ecosondas, fotografía submarina, escafandras, reflexión sísmica, etc.—, los barcos oceanográficos (1940) y los batiscafos, la oceanografía ha experimentado una evolución espectacular gracias a los nuevos medios de exploración de las profundidades, que permiten un estudio racional de los mares. La oceanografía se abre a nuevas dimensiones, esenciales para el futuro de la humanidad, ya que, potencialmente, los mares son más productivos que la tierra.

aún hoy se conoce como "las derrotas de Maury". Y eran los mismos armadores quienes imponían a sus capitanes su aplicación, pues constituía un ahorro extraordinario.

VISIÓN DE FUTURO

Al ver el éxito de sus estudios, Maury propuso celebrar una Conferencia Internacional, que tuvo lugar en Bruselas en 1853, en la que defendió y propició el establecimiento de un sistema uniforme de observaciones meteorológicas en el mar y un estudio de los vientos y corrientes oceánicas, con la intención de favorecer la navegación y adquirir un conocimiento más preciso de las leyes que gobiernan dichos elementos.

A partir de entonces el mundo de la navegación experimentó un cambio radical, ya que el navegante pudo eludir ciclones o masas de hielo flotantes, decidir una ruta conociendo las corrientes marinas, las trayectorias de las tempestades, la dirección e intensidad de los vientos o los probables días de calma, siendo también avisado de las modificaciones de faros, balizas y otras señales, información que se recogía en la *Pilot Charts*, o *Carta de vientos y corrientes*, publicación que era revisada y actualizada periódicamente.

Matthew Fontaine Maury, adelantándose a las posibilidades de su época, propuso la construcción del canal de Panamá y la primera carta batimétrica del Atlántico Norte, con líneas de igual profundidad hasta 4 000 brazas (7 400 metros), que apareció en 1854. Cuando estalló la guerra de Secesión, se alistó en el bando confederado —era natural de Virginia—, que lo envió a Europa para solicitar ayudas, declinando las ofertas de Rusia y Francia para continuar sus investigaciones en estos países.

▼ *Los grandes focos de inmersión son una parte esencial del equipamiento oceanográfico.*

El canal de Panamá, una de las obras imaginadas por Maury.
▼

Terminada la guerra, Maury se instaló en Londres, donde fue nombrado Doctor en Derecho por la Universidad de Cambridge, y allí publicó su obra más conocida, *Geografía física del mar* (1855), que fue traducida a varios idiomas. Estuvo a punto de trasladarse a París para dirigir el Observatorio Imperial, pero un indulto le permitió regresar a Virginia como físico del Instituto Militar, cargo que desempeñó hasta su muerte.

Cartografía en la era de los satélites

Nunca podremos saber a quién se le ocurrió la idea de dibujar un esquema para explicar una localización, porque los hombres prehistóricos ya trazaban mapas en las paredes de las cuevas. Los cartógrafos de la actualidad trabajan con ordenadores y satélites.

***L**a utilización de satélites ha revolucionado los estudios de cartografía, dotando a los investigadores de un nuevo punto de observación: el espacio.*

***I**magen de satélite del estuario del Río de la Plata. La precisión de las lentes de los satélites ha ido en aumento con el paso de los años.*

***V**ista aérea de la Reserva de la Biosfera del río Plátano, en Honduras.*

genes con un nuevo invento: la cámara fotográfica. Hace más de cuarenta años, los especialistas de la Marina norteamericana pudieron observar la Tierra desde cierta distancia con la teledetección. Hoy, el hombre puede ver lo que hubiera sido el anhelo de sus predecesores: la Tierra desde el cielo.

Las fotografías obtenidas a gran altitud y las imágenes captadas por los satélites permiten disponer de nuevas perspectivas de lo nunca visto. Las imágenes digitales, la mayoría de ellas invisibles para

Hace más de doscientos años dos cartógrafos, Jacques y César-François Cassini, se fiaron de su ojos al observar la curva de la superficie de Francia, y través de ella determinaron las mediciones más exactas de un país hechas hasta entonces. Hace más de cien años, los cartógrafos se subían a un globo para captar imá-

LA FOTOGRAFÍA AÉREA

Si bien las primeras fotografías desde el cielo se habían obtenido a mediados del siglo XIX desde un globo, la fotografía aérea, como combinación de la aviación y la cartografía, se inició durante la Primera Guerra Mundial.

Aunque el primer objetivo fue militar —conocer el estado de los campos de batalla—, la fotografía aérea agilizó la cartografía de una manera increíble: los especialistas podían acceder a terrenos en los que los topógrafos habían

fracasado, por ser absolutamente inaccesibles. Hoy en día, variantes de satélites que fueron diseñados para uso militar permiten a los cartógrafos medir y plasmar más detalles en una hora de lo que antes se hacía en meses, años o nunca.

el ojo humano, proporcionan una información inestimable e instantánea que años antes se hubiera tardado toda una vida en reunir. A principios del siglo XXI, los cartógrafos pueden ver a través de las arenas del desierto y de los hielos polares; analizar el agujero de la capa de ozono y conocer el crecimiento de los árboles de las selvas; ver a través de la noche y de las nubes gracias al radar y crear mapas por ordenador sumando las imágenes proporcionadas por los satélites y los sonar para obtener vistas del suelo terrestre y del oceánico.

Los sistemas de información geográfica informatizados permiten manipular los datos y estratificar los elementos para dibujar mapas que informan sobre las relaciones entre los fenómenos geográficos. Con toda esta información se puede decidir la conservación o la explotación de los recursos y detectar problemas medioambientales.

OJOS EN EL FIRMAMENTO

Los satélites geoestacionarios orbitan a unos 36 000 km de altura, y giran a la misma velocidad que la Tierra, porque así la tienen siempre a la vista. Los satélites a más baja altitud sobrevuelan las regiones polares y el ecuador varias veces al día, observando, así, prácticamente todo el planeta. A medida que aumenta la resolución espa-

▲
La utilización de programas informáticos ha permitido trasladar la cartografía a un formato digital, facilitando el análisis de la información recogida.

cial, los detalles son más abundantes y las imágenes digitales, en color, permiten detectar cambios climáticos y estacionales —por ejemplo, dibujar el mapa de un tifón—, distinguir las zonas habitadas de las despobladas, conocer los relieves de una ciudad, las carreteras, las líneas férreas, el calor emitido por una población, la localización exacta de una casa... Las posibilidades son infinitas.

◄
Imagen de la Tierra vista desde la superficie lunar. La moderna cartografía ha trascendido los límites terrestres para establecerse como una disciplina dedicada al estudio de la orografía de otros planetas.

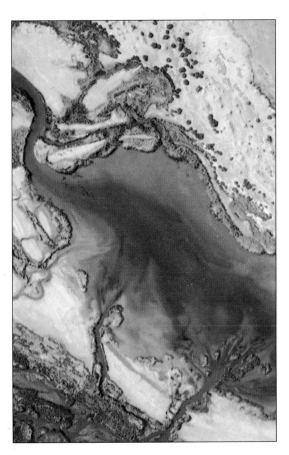

►
Imagen de satélite de la desembocadura del río Colorado.

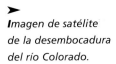

CRONOLOGÍA DE LA CARTOGRAFÍA

270 a.C.	Timóstenes de Rodas añade dos vientos a los diez de Aristóteles y establece unas direcciones que se convierten en los doce puntos originales de la brújula.
240 a.C.	Eratóstenes calcula la circunferencia terrestre con un margen de error de 835 km.
21 d.C.	Augusto ordena el levantamiento de un mapamundi basado en el sistema viario.
150	Tolomeo compila siglos de sabiduría en su *Geografía*.
1110	Los chinos inventan la aguja magnética.
1154	Al-Idrisi elabora su mapamundi.
1280	Un sacerdote inglés dibuja el mapamundi de Hereford.
1492	M. Behaim construye un globo terráqueo, el más antiguo que se conserva, que muestra el mundo conocido antes de Colón.
1500	Juan de la Cosa traza un portulano en el que aparece el Nuevo Mundo por primera vez.
1507	M. Waldseemüller imprime el primer mapa en el que figura el nombre de América.
1569	G. Mercator publica su proyección del mundo, con meridianos de longitud y paralelos de latitud que usan los navegantes como líneas de marcación. Para dibujar el planeta esférico en una superficie plana, exagera el tamaño de las masas hacia los polos.
1676	Jean-Dominique Cassini perfecciona el método de usar las lunas de Júpiter para determinar la longitud, que aplica a la elaboración de una mapa de Francia.
1765	John Harrison inventa un cronómetro que permite medir con exactitud la longitud durante la navegación.
1793	Jacques-Dominique Cassini publica un atlas de Francia, el más completo de su época.
1858	Gaspard-Félix Tournachon toma la primera fotografía aérea desde un globo.
1884	La Conferencia Internacional de Washington establece como referencia el primer meridiano de Greenwich.
1914-1918	Durante la Primera Guerra Mundial se utilizan cámaras desde los aviones para cartografiar los campos de batalla.
1920-1930	Se realizan los primeros estudios aéreos en Estados Unidos con aviones y cámaras.
1946	Desde Nuevo México, el ejército estadounidense toma las primeras fotografías desde cohetes.
1950	Publicación del primer mapa general por ordenador, que muestra el tiempo atmosférico de Europa y Norteamérica.
1959	Estados Unidos lanza el primer satélite meteorológico, el Explorer 6, que envía imágenes por televisión.
Década de 1960	Una empresa estadounidense produce los geodolitos, instrumentos de láser para medir distancias aún no superados.
1965-66	Los astronautas del Géminis fotografían la Tierra desde su órbita.
Década de 1970	Brasil cartografía el Amazonas mediante un radar aerotransportado. El ejército de Estados Unidos desarrolla el Sistema Global de Posición, red de satélites que guía aviones, barcos y misiles con un error máximo de hasta diez metros.
1972	La Nasa lanza el primer satélite Landstat.
1978	La Nasa lanza el satélite Nimbus 7, que incorpora un espectrómetro para medir el agujero de ozono y un escáner que detecta concentraciones de clorofila en el océano.
1982-1984	La Nasa lanza los Landstat 4 y 5, que incorporan el cartógrafo temático: capta detalles de hasta sólo 30 metros y mide siete longitudes de onda, que pueden penetrar hasta 10 m de profundidad en aguas claras.
1986	Francia lanza el primer SPOT, con una resolución de 10 m.
1995	La India lanza un satélite con una resolución de 5,8 m.
1998	Una empresa estadounidense lanza un satélite que ofrece una resolución de 1 m, tan fina que permite distinguir las líneas de una pista de tenis.

➤ *Dibujo por ordenador del satélite cartográfico Spot.*

Las grandes rutas comerciales

Acción de la Real
Compañía de
San Fernando de Sevilla,
dedicada a la
exportación de productos
de seda a las colonias.

Los seis apartados que integran este capítulo pueden dividirse en dos bloques perfectamente delimitados. El primero incluye los dedicados a las rutas comerciales más antiguas —las de los incas, las de los mercaderes árabes y la Ruta de la Seda—. Se trata de recorridos basados en una función casi estrictamente mercantil, sin aparente avidez de poder y dominio. El segundo engloba los apartados dedicados a las rutas comerciales de los colonizadores europeos —la Casa de Contratación, las Compañías de Indias Holandesas y las rutas comerciales del imperio británico—, que muestran un comportamiento distinto: el desarrollo de los grandes viajes marítimos de exploración y descubrimiento, el nacimiento del comercio intercontinental y la afirmación de los imperios coloniales. Pero ambos bloques tienen puntos en común: las rutas comerciales ponen en contacto culturas y costumbres diversas, relacionan etnias y favorecen notablemente el desarrollo técnico y científico.

La Ruta de la Seda

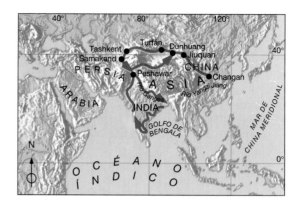

Durante cientos de años Oriente y Occidente tuvieron como único punto de contacto la Ruta de la Seda. Ya en el siglo I a.C. esta ruta comercial era atravesada cada año por doce caravanas chinas, que se dirigían con sus mercancías hacia el imperio parto, en los límites del imperio persa.

Durante el reinado de Mitrídates II de Partia (124-87 a.C.) un embajador de China llegó al país para solicitar una recepción real. El embajador regresó con huevos de avestruz y conjuros, entre otros obsequios. A este encuentro siguió (108 a.C.) la primera caravana comercial entre el imperio parto y China. Las principales mercancías eran la seda china y los caballos persas. De este modo se estableció la Ruta de la Seda, un camino utilizado por chinos, turcos, persas y afganos. En su época de esplendor, el comercio era activo e intenso: animales, madera, alfombras, piedras preciosas, especias, té, cristal, perlas, tejidos, lacados y seda.

La Ruta de la Seda atravesaba China y se extendía por el sur hasta el golfo de Bengala.

Escena de una caravana del Atlas Catalán de Abraham y Jafuda Cresques. Durante la Edad Media, la Ruta de la Seda era para los europeos la única fuente de acceso a los productos de la lejana China.

EL ITINERARIO

Desde las costas del mar de la China Meridional, las caravanas se ponían en camino hasta que llegaban a la ciudad de Jiuquan, aún próximas a la seguridad que ofrecía la Gran Muralla, para adentrarse, en lenta progresión, por la actual provincia de Xinjiang. A partir de allí penetraban en territorio nómada hasta encontrarse, en el centro de Xinjiang, con el inmenso Tlakamakan, imponente territorio que se extiende a lo largo de 1 000 km de este a oeste y 400 km de norte a sur. Un desierto de arena con dunas que pueden alcanzar los 90 m de altura.

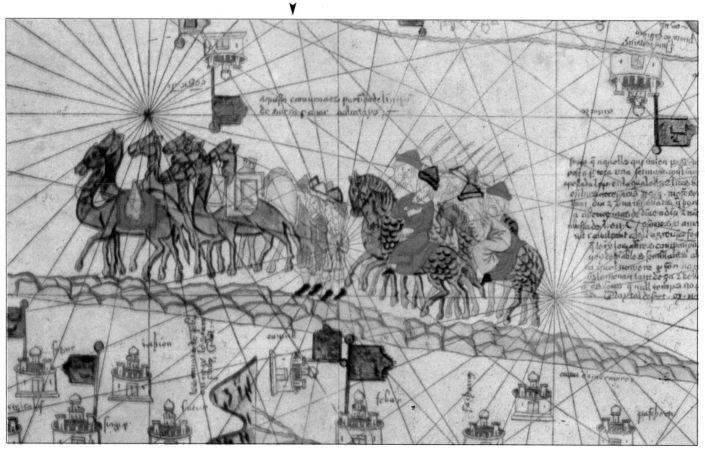

LA SEDA IMPERIAL

Según la leyenda, los gusanos de seda se sacaron de China de contrabando: en el hueco de un bastón de un monje en el siglo VI. Pero las sedas más exquisitas, las bizantinas, pertenecen al siglo VIII y a épocas posteriores.

Se instalaron telares imperiales en Constantinopla (Estambul) y la profesión de tejedor estuvo muy controlada. Por lo general, la seda se tejía en paneles, que luego se cosían para formar una prenda de vestir o un tapiz.

La larva de la mariposa empieza a segregar el contenido de unas glándulas que al contacto con el aire se solidifica y forma la seda.

Escena del hilado de la seda según la ilustración de un vaso chino de finales de la dinastía Ming. La seda era uno de los principales productos de exportación de la China imperial.

Fragmento de un estandarte de la época de la dinastía Han, en el siglo II a.C., realizado con seda pintada.

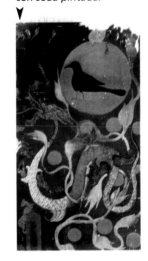

Los exploradores occidentales que seguían la Ruta de la Seda para adentrarse en Asia intentaron evitarla durante años. En la zona de unión entre el Taklamakan y los montes Kuen Lun, al sur, y los montes Tien Chan, al norte, ambos conocidos por las fuertes precipitaciones, se forman una serie de oasis al pie de los macizos. Allí se disponían escalas que las caravanas utilizaban de camino hacia la región de Partia.

Las poblaciones de los oasis estaban formadas por una serie de pueblos nómadas: uzbekos, kazakos, kirguises y uigures. En las tierras donde se unen el Taklamakan y los montes de Tien Chan se levantaba la ciudad de Kachgar, el principal mercado de la región. Tras una parada comercial en dicha ciudad, las caravanas atravesaban la Bactriana antes de llegar a su destino.

Con el paso de los años, y gracias a la llegada de los extranjeros procedentes de Occidente, la Ruta de la Seda creció en extensión hasta llegar al Mediterráneo oriental, adentrándose hasta el golfo Pérsico.

VÍA DE COMUNICACIÓN CULTURAL

Desde que el mundo occidental tuvo conocimiento de la Ruta de la Seda, hacia el año 200 a. C., se vio cautivado por su existencia. Ya en esa época, un comerciante griego, Titanios, envió a sus agentes a Kachgar con el fin de obtener información sobre la ruta. Gracias a ella, Tolomeo pudo describir con bastante exactitud las regiones de Asia central. Pero también los orientales sintieron curiosidad por conocer Occidente, y algunos emperadores chinos enviaron, en el siglo I d.C., a sus embajadores a Roma.

La Ruta de la Seda fue una vía de intercambio cultural, tecnológico y religioso de primera magnitud. Hombres de todas las razas y religiones convivirían en los oasis y en las ciudades de la ruta, cada uno dedicado a su culto y sus tradiciones: en las excavaciones se ha podido comprobar la coexistencia de inmensos budas tallados en la piedra con *stupas* persas y minaretes musulmanes. Todo un ejemplo de tolerancia.

Es curioso constatar que los primeros exploradores occidentales que utilizaron la Ruta de la Seda fueron intrépidos monjes cristianos nestorianos, cuya religión les impulsaba a diseminarse por Asia con el objetivo de convertir el Oriente. Pero también monjes budistas se adentraron en zonas por entonces remotas de su continente, difundiendo su religión por Malaysia, Birmania e Indonesia. El monje Chuan Zang decidió emprender un viaje a través de la ruta en 629 d.C. para interrogar a los sabios cristianos sobre asuntos espirituales. En su periplo reunió varias reliquias y sobre él escribió un libro, *Memorias sobre los lugares de Occidente*.

Las caravanas árabes

Entre los siglos VII y X, los musulmanes ejercieron un dominio indiscutible sobre el comercio del mundo entonces conocido. La expansión del mundo musulmán, impulsada por el islam y realizada a través de las principales rutas comerciales, favoreció notablemente las posibilidades del comercio.

Siglos antes de la instauración del islam, la principal ocupación de los habitantes de Arabia era el comercio, practicado en caravanas a lomos de camello. Ya en la época de los califas perfectos —dirigentes amigos o parientes de Mahoma—, el islam había penetrado en Armenia y Siria y controlaba las rutas comerciales que ponían en contacto Europa y Asia. Los omeyas extendieron este control al llegar por el este a las riberas del Indo y por el oeste hasta la península Ibérica. Y la ocupación de estos territorios signi-

La riqueza y sofisticación del arte oriental hicieron de las piezas de artesanía árabes uno de los productos de lujo más valorados en Occidente.

Comerciantes en el oasis de Taklamakan. Las ciudades en las que recalaban las caravanas se beneficiaron de la riqueza que transportaban éstas.

ficó el control de unos mares muy importantes para el ir y venir de las mercancías: el mar Rojo, el mar de Arabia —con el golfo Pérsico— y el Mediterráneo.

LAS CARAVANAS

Los árabes tenían mucha experiencia en el transporte por tierra y sus caravanas llegaban al centro de Asia, internándose en China, atravesando el desierto de Gobi y el Turquestán, y adentrándose en

LAS CARAVANAS DE TACH KURGAN EN AFGANISTÁN

Afganistán, antigua república soviética fronteriza con Pakistán, la India y China, es un país de difícil orografía. Tierra codiciada por las naciones vecinas y en manos musulmanas desde el siglo IX hasta el XIII, cuando cayó bajo dominio mogol, las caravanas árabes de Tach Kurgan atravesaban el país en busca de oro, sal y lapislázuli. La región, desértica y azotada por fuertes vientos, estaba atravesada por ríos intermitentes que originaban ricos y poblados oasis. Los antiguos mercaderes fundaron ciudades —Kabul, la capital, Jalalabad, Mazar-e-Shafir, Herat, Qanhahar, Ghazni— a lo largo de la ruta caravanera, donde el agua era abundante y la tierra fértil, que hoy son las más importantes del país.

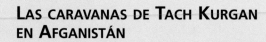

Bazar de Estambul.

Redes comerciales árabes en el siglo X.

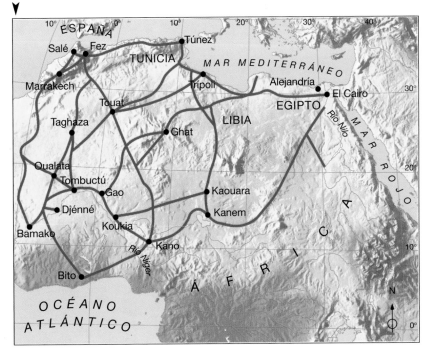

la más fuerte de su época, desarrollaron distintos sistemas comerciales, siendo el más importante el de la letra de cambio, que tenía el valor del actual cheque bancario y con una importante ventaja: el escaso riesgo que corría el mercader al viajar sin dinero en efectivo.

Los árabes construyeron decenas de ciudades a lo largo de sus rutas comerciales, que fueron habitadas por una aristocracia urbana, dedicada principalmente al comercio y con un peso importante en la vida política. Por debajo de la aristocracia comercial había una abundante clase media formada por artesanos, pequeños comerciantes o modestos propietarios de tierra. El desarrollo de estas ciudades, con sus mercados permanentes —zocos—, y del dinámico comercio a larga distancia favorecieron la aparición de un variado artesanado. Seguramente, ninguna civilización anterior a la islámica produjo tantos y tan variados oficios y productos artesanos.

Al ser frecuente la especialización, determinados lugares se hicieron famosos por sus productos, como las espadas y la orfebrería de Damasco, las alfombras y tapices de Bagdad, los cueros repujados de Córdoba, el papel de Samarcanda o los jabones de Siria. Eran productos de lujo que llegaban por caravana a todos los rincones del mundo, aunque en todos los zocos musulmanes se podía encontrar todo tipo de artesanos: textiles, de la madera, del cuero, del metal, drogueros, libreros, anticuarios, orfebres, etc. Por sus contactos con países lejanos, los árabes conocieron antes que otras culturas técnicas que adaptaron a su manera, siendo dos ejemplos el papel y la seda.

la India. De todos estos lugares, los árabes nutrían Occidente de todo tipo de productos exóticos y lujosos —sedas, especias, papel, perfumes—. De África obtenían también productos por los que suspiraba Occidente: oro, marfil, maderas preciosas... Constantinopla era la obligada puerta de entrada a los mercados occidentales, por lo que, durante muchos años, fue una de las ciudades más ricas del mundo.

Cuando los árabes dominaron las técnicas de navegación, ampliaron sus rutas comerciales por mar, sobre todo a través del Mediterráneo, e introdujeron sus productos directamente en los mercados europeos sin necesidad de pasar por Constantinopla.

HÁBILES COMERCIANTES

Mercaderes hábiles y profesionales, los árabes dispusieron desde la época de los omeyas de un sistema monetario particular, con el que se imponían en todos los mercados internacionales. Sus monedas tenían diferentes valores, pero la más usada era el dinar de oro —la palabra española *dinero* proviene de este término—. Junto a ésta,

Vías de comunicación incas

El imperio de los incas, surgido en el siglo XIII, fue uno de los más poderosos y evolucionados de su tiempo. Aunque desconocían la escritura y el uso del hierro y la rueda, su Estado estaba muy bien organizado y en la época de máximo esplendor contaba con diez millones de habitantes.

E l Estado inca nació en la ciudad andina de Cuzco hacia el año 1250 y su fundador fue el legendario soberano Manco Cápac. Hasta la llegada al trono de Pachacuti, el imperio no era tal, sino que abarcaba un área de aproximadamente 40 km alrededor de Cuzco. Pero las conquistas de Pachacuti sobre los pueblos circundantes engrandecieron su territorio del tal modo que poco antes de la invasión española se extendía por todo Perú, el sur de Colombia, Ecuador, Bolivia, el norte de Chile y las tierras altas argentinas.

Pachacuti supo organizar brillantemente la nación, denominada por sus habitantes Tahuantinsuyu o la Tierra de las Cuatro Partes. Para unificar el país, impuso una lengua común, el quechua, y el culto al dios Sol, abolió la propiedad privada, estableció el trabajo a favor del Estado —cada ciudadano tenía la obligación de trabajar un tiempo al año para su país—, organizó la agricultura, aprovechando incluso las terrazas montañosas para cultivar maíz, e impulsó la construcción de una red de carreteras que fue determinante para el éxito del imperio.

El *Inca* o emperador, considerado descendiente del dios Sol o *Inti*, gozaba de poderes prácticamente ilimitados. Solía tomar como primera esposa a su hermana, la *coya*, y nombraba a uno de los hijos habidos con ella su sucesor. Disponía de numerosas concubinas reclutadas de entre las jóvenes más hermosas del reino, llegadas desde todos los rincones del territorio en forma de tributo para servir al emperador y a los aristócratas. Para gobernar se ayudaba de un consejo, y las provincias eran administradas por sus representantes. Contaba con un ejército muy bien organizado, cuya misión principal era conquistar nuevos territorios, reforzar los planes del gobierno y sofocar cualquier revuelta. La red de carreteras les permitía llegar

Calzada inca.

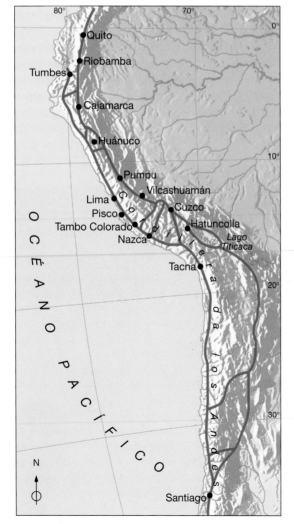

Las vías de comunicación incas se extendían por toda la cordillera de los Andes.

Camino construido para superar una pendiente.

rápidamente a cualquier rincón. Los soldados luchaban cuerpo a cuerpo, con armas muy sencillas, preferentemente mazas con cabezas estrelladas, bolas y hondas, también usadas para cazar y en las ceremonias rituales.

LAS "CARRETERAS" INCAS

Las vías de comunicación incas se extendían a lo largo de 23 000 km y tenían una anchura de entre 2 y 16 m. Los viajeros se desplazaban a pie, con la carga a la espalda —la propia o de los porteadores— o sobre las llamas, y funcionaba un eficaz sistema de correo oral. Los mensajeros o *chasquis* memorizaban los mensajes, que luego transmitían literalmente al receptor. Disponían de *tampas* o estaciones de paso situadas cada 25 o 40 km y paradas de reposo cada 5 u 8 km. Los *chasquis* se relevaban cada 2 o 5 km.

Las vías atravesaban las tierras montañosas en zigzag, conectando las tierras altas con las costeras. En las zonas más abruptas disponían de escalones de piedra —incluso incrustados—, aprovechando las pendientes más escarpadas de las laderas. En las zonas más desérticas, las carreteras estaban señaladas con postes; siempre se adaptaban perfectamente a la orografía de la zona. Los constructores idearon diversos sistemas para atravesar los ríos, y construyeron varios tipos de puentes, entre los que destacan los colgantes y los pontones hechos con balsas flotantes de caña. En cada

puente había una persona encargada de su mantenimiento, el *chakacamayoc*.

El emperador visitaba periódicamente las provincias, acompañado de la *coya* y de un cortejo real. Los soberanos viajaban en un trono ricamente adornado con plumajes, piedras y metales preciosos, que era llevado a hombros por mujeres jóvenes especialmente elegidas por su belleza y dotes para el baile y el canto. El séquito real viajaba por carreteras especiales, que tenían calzadas separadas por paredes bajas de piedra. Las rutas incas facilitaron enormemente la entrada de los conquistadores en el territorio.

Puente realizado con icho, una hierba muy resistente que sólo crece en la puna. Estas construcciones permitían salvar profundos precipicios.

Cerámica inca del siglo XIV con una bella decoración policromada.

EL COMERCIO INCA

En las sociedades andinas no existía el dinero, por lo que se desarrolló un sistema de intercambio de productos denominado trueque. Los habitantes de las zonas costeras intercambiaban sus productos —sal, pescado, maíz, algodón, frutas, legumbres— con los de los habitantes de las tierras altas —fécula de patata, carne secada al aire o al sol—. También se comerciaba con cerámica, tejidos, conejillos de Indias o cerveza de maíz (chicha). La época más activa era la de la recolección.

La Casa de Contratación

En 1503, la corona española creó en Sevilla un organismo con funciones de control, inspección y fiscalización del comercio con las Indias. Este organismo, que ejerció un estricto monopolio del comercio con América, fue la Casa de Contratación, creada a imagen de la Casa dos Negros de Lisboa.

➤

Vista del patio musulmán del Alcázar de Sevilla, sede de la Casa de Contratación desde su establecimiento, por orden de Fernando el Católico, en 1503. El gobierno de los Reyes Católicos logró mantener el control sobre los descubrimientos.

El descubrimiento de las Indias Occidentales obligó a regular el comercio entre España y los nuevos territorios de ultramar. No debe olvidarse que la intención de los viajes de Colón y otros descubridores era buscar una ruta por mar hacia las tierras que hoy llamamos Extremo Oriente, de donde procedían preciadas materias codiciadas por Occidente, para evitar las largas rutas terrestres y los peligros que implicaban. Las caravanas atravesaban amplias extensiones, sufriendo frecuentes asaltos, a lo que había que añadir el peligro de cruzar territorios en guerra y el tiempo invertido en la empresa, que a menudo se contaba por años. Tampoco era fácil llegar a Oriente costeando África, puesto que la zona era de dominio portugués.

LAS ATRIBUCIONES DE LA CASA DE CONTRATACIÓN

Fundada por los Reyes Católicos en 1503, las atribuciones de la Casa de Contratación eran muy amplias. Se ocupaba de la organización del tráfico de las flotas y las expediciones colonizadoras, la fiscalización de las entradas de metales preciosos, el control y administración de los bienes —tanto de la corona como de los particulares— procedentes de las Indias, el registro de las naves, el aprovisionamiento de mercancías y las flotas para las necesidades coloniales, las licencias de inmigración, el cobro y la administración de los impuestos, etc. También ejercía de órgano consultor del gobierno en cuanto a política colonizadora. En 1511 se le atribuyeron funciones judiciales con responsabilidad civil y criminal en casos relacionados con el comercio y la navegación. En 1526 comenzó su dependencia del Consejo de Indias.

La Casa de Contratación llevó a cabo una importante labor técnico-científica en el terreno de la náutica y la navegación, destacando en el campo de la cartografía. Instituyó el cargo de piloto mayor y fundó una escuela de navegación en la que se formaron los pilotos más prestigiosos de la época. Esta escuela contaba con cátedras como las de Cosmografía, Matemáticas y Artillería. Un piloto mayor se encargaba de examinar a los candidatos, dándose la circunstancia de que el primero de ellos fue Américo Vespucio. En 1535 fueron autorizadas las naves a atracar en Cádiz —puerto marítimo con mejores condiciones que el de Sevilla, fluvial—, lo que

FECHAS CLAVES DEL COMERCIO MARÍTIMO EN LA EDAD MODERNA

1503. Fundación de la Casa de Contratación en Sevilla
1600. Fundación de la Compañía de las Indias Occidentales en Gran Bretaña
1602. Fundación de la Compañía Unida de las Indias Orientales en Holanda
1621. Fundación de la Compañía Holandesa de las Indias Occidentales en Holanda
1672. Fundación de la Compañía Africana en Gran Bretaña dedicada al tráfico de esclavos desde Guinea Ecuatorial hacia América

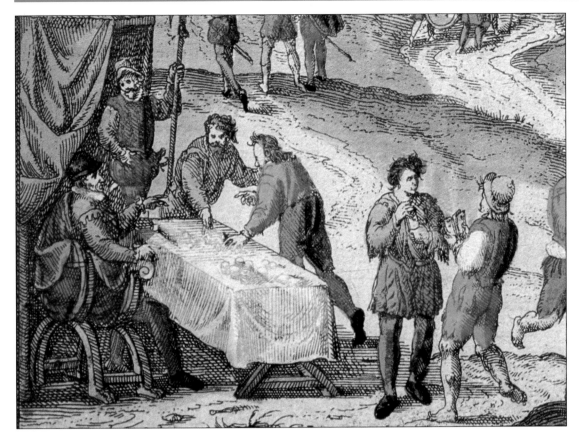

supuso la creación de un Juzgado de Indias en esta ciudad, dejando a la Casa de Contratación sevillana el control del contrabando. Con la llegada al trono español de los Borbones (1700), la Casa de Contratación fue trasladada a Cádiz, pero con la abolición de su monopolio en 1778 perdió casi todo su sentido e importancia, y desapareció definitivamente en 1790.

CONSECUENCIAS ECONÓMICAS

El tráfico controlado por la Casa de Contratación se realizaba de la siguiente manera. Los barcos y convoyes partían de España rumbo a América. Allí se cargaban de grandes cantidades de metales preciosos y zarpaban hacia la Península, protegidos de los piratas por navíos de guerra. Cabe destacar que los piratas solían trabajar para los gobiernos enfrentados a España, como los de Holanda e Inglaterra. Una vez en tierra española, una quinta parte de lo obtenido era para la corona, riquezas que se distribuían por Europa para pagar a los banqueros que habían prestado dinero a los ejércitos al servicio de España, lo que ocasionaba la reactivación de muchas zonas —Holanda, Alemania— y en España el alza del precio de muchos productos. Pero de América llegaban no sólo metales preciosos. El Nuevo Continente proporcionó nuevos productos alimentarios —maíz,

patatas, tomates—, plantas exóticas —tabaco— y tintes, maderas preciosas, etc. A su vez, los europeos llevaron plantas y alimentos a las tierras americanas —caña de azúcar—, y animales allí desconocidos —caballos, ovejas—. A partir de entonces quedó desplazado el eje comercial del Mediterráneo, que se vio superado por el formado por los océanos Atlántico y Pacífico.

Las Compañías de Indias holandesas

Durante los siglos XVII y XVIII Holanda ejerció un control prácticamente absoluto sobre el comercio marítimo. Se enfrentó a portugueses y británicos, y no tardó en hacerse la dueña del mar y el comercio con dos compañías unidas: la de las Indias Orientales y la de las Indias Occidentales.

La Holanda de la época, situada en una zona disputada por españoles (1621-1648) y franceses (1672-1678), era un país pesquero y agrícola y con un gran potencial: la banca y la Reforma protestante. Se trataba de un país de religión protestante que vivía para trabajar: la nueva religión no admitía lujos ni diversiones, el dinero ganado se reinvertía.

A finales del siglo XVI, los armadores holandeses diseñaron un nuevo tipo de navío, la *flûte,* y construyeron una flota de 10 000 unidades para

El trabajo de los esclavos africanos generó un importante, y reprobable, comercio a través del Atlántico.

Vista de Amsterdam en 1617. Esta ciudad se convirtió en uno de los puertos comerciales más importantes de Europa.

el transporte de mercancías. Ellos, como muchos otros exploradores, buscaron un paso por el nordeste y Van Heemskerck y Barentz se internaron en el océano Glacial (1596), pero "sólo" regresaron con informaciones geográficas: su objetivo era controlar el comercio de especias. Para conseguirlas, una primera expedición financiada por la Compañía de los Países Lejanos, al mando de Cornelis van Houtman —formado como navegante en Portugal—, dobló el cabo de Buena Esperanza y llegó a Ceilán, regresando con un cargamen-

EL TRÁFICO DE ESCLAVOS

El tráfico de esclavos negros comenzó con la llegada de los portugueses a las costas del golfo de Guinea, y controlaron este comercio hasta mediados del siglo XVI. Más tarde tuvieron que enfrentarse a la competencia de Holanda y, ya en el siglo XVIII, a la de Gran Bretaña, que consiguió monopolizar la trata: en el tratado de Utrecht (1714) firmado entre España y Gran Bretaña, se incluía la cesión a esta última del Asiento de Negros, es decir, del monopolio del envío de esclavos africanos a las colonias españolas.

A partir del descubrimiento de América, la utilización de esclavos como mano de obra barata convirtió su comercio en un lucrativo negocio, provocando continuas guerras entre las tribus del África ecuatorial, que vendían sus prisioneros a los negreros europeos. En el siglo XVI llegaron a América trescientos mil esclavos; en el XVII más de un millón; y en el XVIII alrededor de los siete millones.

Escena de una captura de esclavos africanos. Las diversas compañías comerciales competían por el control del esclavismo.

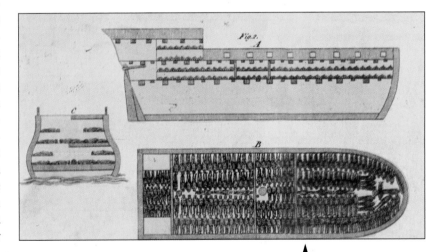

to después de haber llegado a acuerdos con los soberanos nativos. En 1602 se fundó la Compañía Unida de las Indias Orientales.

En 1605, los holandeses establecieron una guarnición en las Molucas; en 1616 consiguieron el monopolio del comercio con Japón, esencial en el comercio con Extremo Oriente; en 1619 ocuparon Yakarta y fundaron en la isla de Java la capital de su imperio comercial oriental, Batavia; y en 1624 se instalaron en Formosa. Entre tanto, eliminaron la competencia británica y expulsaron a los portugueses de las Molucas, Malaca y Ceilán, consiguiendo el monopolio del comercio del cinamomo y la pimienta negra. En su recorrido por la ruta de las especias, los holandeses frecuentaron isla Mauricio, y en 1652 se establecieron en El Cabo (Sudáfrica), como escala para repostar, que poco a poco se convertiría en colonia de población. Durante todos estos años no cejaron en la búsqueda de nuevos itinerarios, y Willem Janszoon y Pierre de Nuyts llegaron a Australia y a A.J. Tasman a Nueva Zelanda y las islas Fidji. Fue a partir de 1668 cuando, tras la prohibición de Japón de exportar plata, la hegemonía empezó a decaer, ya que privó a la compañía del metal con el que pagar las exportaciones hacia Europa.

HOLANDESES EN AMÉRICA

En 1621, los holandeses fundaron la Compañía Unida de las Indias Occidentales para los negocios con América. Para controlar el comercio de pieles, fundaron el establecimiento de Nieuw-Amsterdam, en la isla de Manhattan y, 200 km al sur, Fort-Orange, en Albany. En 1664, los británicos, inquietos, ocuparon los Nuevos Países Bajos y los convirtieron en Nueva York. La Compañía puso sus miras en Brasil y se estableció en Recife, extendiendo progresivamente su dominio sobre 2 100 km de costas e importando en diez años más de 23 000 esclavos negros. Pero Portugal, que se encontraba en guerra con España, recuperó su independencia, se retrajo el negocio del azúcar en Amsterdam, se recrudecieron las tasas sobre los esclavos negros, los colonos portugueses se sublevaron y el imperio económico holandés en América llegó a su fin. Conservaron Curaçao, activo centro comercial con las colonias españolas. Entre tanto, H. Hudson daba nombre a la bahía norteamericana buscando, en vano, el paso del nordeste.

Esquema de la disposición de los esclavos capturados a bordo de una nave. Las terribles condiciones de hacinamiento a bordo de estos buques provocaban la muerte de muchos de los prisioneros.

Rutas comerciales británicas

El comercio oceánico había alcanzado su plenitud en el siglo XVII, cuando España y Portugal se vieron marginadas por otras potencias europeas, especialmente Holanda y Gran Bretaña. Esta última poseía en el siglo XIX un gran imperio, cuya misión principal era servir a la metrópoli.

ntre las grandes sociedades mercantiles británicas destacaron la Compañía de las Indias Orientales y la Compañía Africana. La primera monopolizó el comercio entre la India, la gran colonia británica en Asia, y Gran Bretaña a partir de los primeros años del siglo XVII; la segunda, fundada en 1672, se dedicó al tráfico de esclavos del golfo de Guinea con destino a América. Las guerras que enfrentaron a Inglaterra y Holanda en 1652-1654 y 1665-1667, tuvieron su origen en la competencia comercial y, especialmente, en el tráfico de esclavos. Las leyes promulgadas —*Acta de Navegación*, en el siglo XVII, y el impulso dado por el gobierno de Pitt el Joven durante los siglos XVIII y XIX— para favorecer la expansión comercial británica tuvieron efectos culturales y demográficos innegables.

LAS COLONIAS

Gran Bretaña tenía en América del Norte sus colonias más importantes: doce territorios some-

Naves portuguesas en las Indias Orientales tras un encuentro con una escuadra británica.

Representación de las plantas de la patata y el maíz, dos cultivos que mejoraron mucho la producción de alimentos en Europa.

tidos y sin representación en el Parlamento. En el siglo XVIII, los colonos ocupaban una amplia faja a lo largo del litoral atlántico, y la expansión hacia el Pacífico se producía lentamente por la escasez de colonos. Pero durante este siglo —a causa de la explosión demográfica— la llegada de inmigrantes fue tan masiva —se pasó de 350 000 colonos a más de dos millones— que prácticamente ocuparon todo el territorio. Las elevadas tasas e impuestos y la sensación de olvido motivó la guerra por su independencia. Con la independencia de Estados Unidos, fue el Canadá británico el que

EL CRECIMIENTO DEMOGRÁFICO

as causas del gran aumento de la población europea, y en especial en Gran Bretaña, a partir del siglo XVIII, fueron diversas. Se consiguió combatir con eficacia la peste y otras enfermedades infecciosas, y la aplicación de nuevas técnicas sanitarias disminuyó notablemente la mortalidad infantil; además la introducción de nuevos cultivos —patatas, legumbres— mejoró la alimentación. El resultado fue que Europa pasó de 130 a 190 millones de habitantes, y en el caso de Gran Bretaña, a duplicar la población. El paro llevó a muchos europeos a instalarse en las colonias de sus países en otros continentes.

adquirió importancia, ya que permitió a Gran Bretaña asegurar el control de su comercio atlántico.

Australia estuvo en un principio destinada a la deportación de presidiarios, pero el descubrimiento de minas de oro propició la llegada masiva de inmigrantes y el que la población autóctona se viera relegada a las regiones más pobres.

En la India, Gran Bretaña ejercía un dominio absoluto desde el siglo XVIII. La administración del país estaba en manos de la Compañía de las Indias Orientales, que dedicó las mejores tierras a las plantaciones de café, algodón, caña de azúcar, té y opio, desplazando los cultivos tradicionales de cereales, que habían sido la base alimentaria de la población india.

Egipto había sido francés hasta la construcción del canal de Suez, que primero estuvo bajo soberanía anglofrancesa. Pero a causa de un golpe de Estado nacionalista, el ejército británico derrotó a los egipcios, expulsó a los franceses y se aseguró el control del canal, del país y, sobre todo, del preciado algodón egipcio para suministro exclusivo de las industrias textiles británicas.

CONSECUENCIAS DE LA COLONIZACIÓN

El interés de un país europeo sobre una zona de otro continente era mercantil. Salvo excepciones —misioneros, médicos, exploradores—, lo que solía interesar a los europeos —británicos, franceses, españoles, portugueses, holandeses, belgas, alemanes, italianos— de una colonia era lo que podían obtener de ella.

Diversos motivos explican la expansión colonial. La Revolución Industrial conllevaba excedentes de capital, que se reinvertían en las colonias; la población de los países desarrollados aumentaba a un ritmo superior a las necesidades laborales, lo que ocasionaba altas tasas de paro; el exceso de producción industrial daba lugar a excedentes que los mercados europeos no podían absorber; además, para reducir costes, eran necesarias materias primas abundantes y baratas.

Las colonias eran una adecuada salida para el dinero, para la población sobrante —hacia finales del siglo XIX, cada año emigraron a las colonias más de un millón de europeos—, y en ellas se podían colocar los excedentes de producción. Como colofón estaba el monopolio de las materias primas —algodón, minerales, etc.—, que garantizaban los precios bajos de la industria. También había causas estratégicas: el control de territorios de ultramar daba prestigio a los Estados y ampliaba sus posibilidades de negociación con otros países; facilitaba los conflictos interiores y ofrecía a sus parados una salida; en último término, se podía

▲

Mapa de las islas Británicas. Con el Actas de Navegación, Oliver Cromwell estableció un fuerte proteccionismo comercial que, de hecho, iba parejo al de muchos otros países de su época. Con una gran tradición naval, Inglaterra se benefició del despegue colonial europeo del siglo XVII y puso las bases de lo que sería su imperio.

considerar la voluntad de introducir una civilización "moderna" en comunidades atrasadas.

El sistema utilizado era el siguiente. Una nación europea disponía de una flota mercantil que hacía un recorrido determinado, por ejemplo por las costas asiáticas, y necesitaba puertos en los que repostar. Normalmente, se apoderaba de una localidad costera, tras vencer a su soberano, y la convertía en una base. Al poco tiempo, se introducían en el territorio y, tras enfrentamientos con los indígenas, se hacía con él y con los productos que producía, consiguiendo el monopolio.

➤

Rutas comerciales británicas entre el lago Victoria y el río Zambesi.

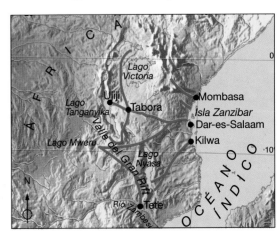

El componente religioso tuvo un papel destacado en la colonización americana. Ya fuese por la voluntad evangelizadora o a través de la llegada de exiliados por causas religiosas, esta situación marcó el carácter de las colonias.

Edición bilingüe del Padrenuestro y el Avemaría, en español y lengua caribe, compuesta por el padre Fernando Ximénez.

Acto seguido, llegaban los colonos, que llevaban consigo unas costumbres que no estaban dispuestos a modificar, ya que pretendían vivir en una réplica de su país de origen. Con ellos iban sacerdotes con la misión de convertir a los indígenas a la religión cristiana, lo cual motivaba, en el mejor de los casos, un cambio de nombre y de costumbres de los autóctonos, y en el peor, la cárcel o la muerte si no se avenían a convertirse. En el caso particular de los ingleses, sólo en algunas ocasiones tenían interés evangelizador y, por lo general, sólo pretendían hacerse con las riquezas del país, sin importarles demasiado las costumbres de sus habitantes. Los europeos exportaron a sus colonias enfermedades a las que los indígenas no eran inmunes y que causaron una elevada mortalidad.

En general, los beneficios del imperialismo colonial fueron a parar a los Estados europeos y a sus ciudadanos, colonos o metropolitanos. La población autóctona de los países colonizados se vio obligada a habitar en las regiones más pobres, a cambiar sus hábitos alimentarios y religiosos y, en algunas ocasiones, a desaparecer.

Las relaciones de viajes

Mapa de Tartaria
realizado en 1562 según
el Libro de las Maravillas
de Marco Polo.

Los grandes viajeros y exploradores de todos los tiempos han contribuido decisivamente al conocimiento del mundo y a la mejor comunicación entre los pueblos, incluso los más distantes. La pasión por el viaje y el impulso instintivo de la aventura que animaron a estos intrépidos viajeros han permanecido a lo largo de los tiempos a través de sus testimonios.

Las relaciones de sus viajes, escritos por ellos mismos o por quienes los acompañaron, constituyen excepcionales documentos que narran no sólo las peripecias de sus protagonistas, sino que también describen gentes y culturas remotas y paisajes inimaginables.

No resulta extraño que de su ingenuo asombro surgieran poderosos mitos y leyendas que, a pesar de los muchos siglos transcurridos y el gran desarrollo científico-tecnológico alcanzado, en el presente aún sigan vivos en las páginas que dejaron escritas.

Il Milione
de Marco Polo

Durante veinticuatro años el veneciano Marco Polo observó con «sus propios ojos» razas desconocidas de hombres, regiones del mundo ignoradas y usos y costumbres nunca vistos por sus compatriotas. Su relato, escrito en las postrimerías del siglo XIII, es el viaje más apasionante jamás narrado.

arco Polo tenía quince años cuando, en 1271, salió de Venecia y, en compañía de su padre, Nicolás, y de su tío, Mateo, emprendió viaje a Extremo Oriente. Allí vivió en la corte de Qubilag, presenció batallas de elefantes, habló con astrólogos chinos y magos y lamas tibetanos, habitó en palacios de reyes y tiendas de nómadas, participó en cacerías con tigres

Introducción al libro de Marco Polo en una edición castellana de la obra.

Qubilay Jan en una ilustración del Libro de las Maravillas.

amaestrados, fue embajador, gobernador y espía del emperador; sus ojos vieron razas y paisajes maravillosos, cuya descripción asombró al mundo occidental. Como afirma el estudioso italiano Francesco Flora: «Al final del siglo XIII, Italia se enriqueció con uno de los libros más preciosos: uno de esos cuya materia brinda un tema de noble orgullo a las gentes de un país; los *Viajes* de Marco Polo, que recibieron, no de su autor, sino de los códices, el nombre de *Il Milione*».

Veinticuatro años después, en 1295, Marco Polo regresó a Venecia y se vio envuelto en el conflicto que su ciudad mantenía con Génova por la hegemonía mercantil. Al parecer, cuando en 1298 tomaba parte como *sopracomite* al mando de una galera en el combate naval de Curzola, fue apresado por los genoveses. Así fue a parar a una prisión, donde conoció al escritor Rusticiano, llamado Rusticello da Pisa, a quien narró su asombroso viaje a Extremo Oriente.

ACERCA DEL NOMBRE DEL LIBRO

El libro que surgió del relato de Marco Polo a Rusticello da Pisa fue titulado por éste en francés *Le devisament du monde*, aunque con el tiempo se lo llamó *Livre des merveilles du monde* o *Libro de las maravillas del mundo* y popularmente, *Il Milione*.

Es creencia generalizada que el título de *Il Milione* surgió del mote irónico que los contemporáneos dieron a Marco Polo al entender que exa-

◄
Los hermanos Polo llegan a Constantinopla. Esta ciudad, la capital del Imperio Bizantino, era la puerta de acceso a Oriente y se convirtió en un lugar muy frecuentado por los comerciantes europeos, en especial los venecianos.

Las maravillas que aparecen narradas en Il Milione *despertaron la imaginación de muchos lectores.*

▼

geraba cuando hablaba de las fabulosas riquezas de Catay. «No he escrito ni la mitad de lo que vi», se defendía inútilmente. El erudito Giovanbattista Ramusio en su *Acerca de navegaciones y viajes*, obra publicada en 1559, escribe que los jóvenes venecianos visitaban a Marco Polo para preguntarle cosas de Catay y del Gran Kan, y como decía que las rentas de éste «eran de diez a quince millones de oro, y así otras muchas riquezas de aquellos países las refería todas en millones, le pusieron de apodo micer Marco, llamado Millones, que así todavía, en los libros públicos de esta república donde se hace mención de él, lo he visto anotado: y la corte de su casa, desde aquellos tiempos acá, es vulgarmente llamada del Millones».

En efecto, en Venecia hay una pequeña plaza llamada Corte Seconda del Milion, donde hay vestigios de lo que probablemente fueron la vivienda y los almacenes de los Polo. Sin embargo, aseguran algunos estudiosos que Milion era el apodo familiar de los Polo por aféresis de Emilione, de modo que el título de *Il Milione* dado al libro equivaldría a «libro de Emilione» o, lo que es lo mismo, «libro de Polo».

EL SOCIO RUSTICELLO

No se sabe a ciencia cierta si el relato de sus aventuras en tierras de Catay fue hecho por Marco Polo a Rusticello da Pisa en su totalidad durante su estancia en la cárcel genovesa o completado más tarde en Venecia. En cualquier caso, Rusticello supo identificarse plenamente con la «descripción del mundo» que le hizo «micer Marco Polo, sabio y noble ciudadano de Venecia», porque las cosas de las que hablaba, desde las soberbias riquezas hasta las fantásticas criaturas, las había visto «con sus propios ojos».

Es probable que Rusticello también haya aportado algo de su fantasía, pues cuando Marco Polo lo conoció ya era autor de una novela de caballería artúrica, cuyas dos partes se titulan *Meliadus* y *Guiron le Courtois*, y en la que se funden las tradiciones de los caballeros de las mesas redondas de Uter Pendragón y de su hijo Arturo. El mismo inicio del libro evoca la presentación de un juglar ante su público: «Señores, emperadores y reyes, duques y marqueses, condes, caballeros y burgueses...».

Il Milione, cuyo original en francés se ha perdido y la primera traducción al castellano fue hecha por el arcediano Rodrigo Fernández de Santaella en 1503, es una detallada y fantástica descripción de un mundo que la Europa medieval desconocía. Polo detalló accidentes geográficos, productos naturales y artesanales, plantas y animales desconocidos, y también pueblos y gentes, con sus hábitos y costumbres.

A través del islam, de Ibn Battuta

Inspirado por el Corán, Ibn Battuta partió un día en peregrinación hacia La Meca y regresó al cabo de treinta años. Sus aventuras y peripecias constituyen uno de los más sorprendentes y documentados libros de viajes que recrean el mundo islámico en el siglo XIV.

H acia 1354, Ibn Battuta concluyó el que sería su último viaje y se instaló en la mezquita-universidad de Qarawyyin, en Fez. Allí, bajo la protección del sultán benimerí Abu Inam y de sus sucesores, dedicó dos años de su vida a relatar al poeta andaluz Ibn Yuzay su *rihla*, el relato de sus viajes, cuyo manuscrito se guarda en la Biblioteca Nacional de París.

El jeque Abu Abd-Allah Muhammad ibn Abd-Allah ibn Muhammad ibn Ibrahim al-Klawati, más conocido por Ibn Battuta, el príncipe de los viajeros del islam del siglo XIV, dictó: «Me marché de Tánger, ciudad donde nací, el 13 de junio de 1325, con la intención de peregrinar hacia [La Meca]... Dejé a todos mis amigos, hombres y mu-

➤
La Meca según la ilustración de un Corán del siglo XIX. La peregrinación a la Meca fue una de las razones de los viajes de Ibn Battuta.

Grupo de jinetes musulmanes, según una ilustración de 1237.

▼

jeres; abandoné mi hogar como los pájaros abandonan sus nidos...».

Así comienza el relato del viaje que Ibn Battuta realizó a través del islam y que lo llevó por África, Europa y Asia, recorriendo más de 100 000 km, una distancia tres veces mayor que la recorrida por Marco Polo un siglo antes. El libro de viaje del geógrafo y viajero árabe es un pormenorizado inventario de las cosas que vio y de su propia experiencia en lugares ignotos del mundo, a donde, sin embargo, había llegado la religión musulmana.

Ibn Battuta tenía veintiún años cuando partió de su Tánger natal y emprendió la peregrinación a La Meca. Enganchándose en varias caravanas escoltadas por jinetes que las protegían de los ataques de los beduinos, tardó diez meses en atravesar Argelia, Túnez y Libia hasta llegar a Alejandría y El Cairo, sede de la dinastía esclava de los mamelucos; ciudad donde las personas "fluyen como olas del mar por las estrechas calles". Con extraña precisión Ibn Battuta apunta que El Cairo contaba con "30 000 mozos", "12 000 aguadores...", "36 000 botes que recorren el Nilo" y "un hospital gratuito... que dispensa tratamiento y medicinas gracias a donaciones de 1 000 dinares al día".

Frustrada su intención de embarcar en el mar Rojo hacia La Meca, se unió a una caravana de

Damasco y llegó a Beirut, "lugar pequeño, pero con buenos bazares", desde donde pasó a Trípoli y Hama, que a sus ojos apareció como "una de las ciudades elegantes de Siria..., rodeada de huertos y jardines, que se abastecen con poleas de agua".

Casi tres meses le llevó cruzar las arenas del desierto de Arabia hasta que al fin, ataviado con su *ihram*, vestido sin costura de los peregrinos, llegó a la ciudad santa. "Nos presentamos enseguida en el santuario de Dios el Altísimo [...] y vimos ante nuestros ojos la Kaaba (que Alá fomente su veneración) rodeada de visitantes que habían acudido a rendir homenaje". De éstos alaba "su amabilidad con los extranjeros".

UN IMPULSO IRRESISTIBLE

Cumplido su *hach* o peregrinación, Ibn Battuta continuó mirando hacia Oriente y, presa de un «irresistible impulso», continuó viaje uniéndose a una caravana de peregrinos que regresaba a Bagdad. Pero a él no le interesaba esta ciudad, que había dejado de ser la espléndida capital abasí que se recrea en *Las mil y una noches*. Su interés estaba en visitar Nayaf, centro cultural de los musulmanes shiíes, porque allí se encuentra la tumba de cúpula dorada de Alí, el cuarto califa y yerno del Profeta. Alcanzado su objetivo, el inquieto viajero volvió sobre sus pasos, pero al llegar a Yedda, no lejos de La Meca, embarcó hacia el sur y recorrió la costa africana hasta Kilwa, en la actual Tanzania, desde donde peregrinó de nuevo hacia La Meca pasando por Omán, el golfo Pérsico y Bahrein.

Mapa del Mediterráneo aparecido en el Libro de las Naciones de al-Istakhi, un geógrafo del siglo X. Se trata de una representación muy esquemática y estilizada en la que el norte se encuentra en la parte derecha del mapa, mientras que la costa africana, con el delta del Nilo, está en la parte izquierda, y la costa siria en la parte inferior.

El siguiente viaje que relata Ibn Battuta es el que emprendió a la India a través de Anatolia. En esta ocasión cuenta que se detuvo en Konya para conocer a "un santo de alta categoría". Éste no era otro que el musulmán Yalal Din al Rumi o Mevlana ("nuestro maestro") Celaleddin Rumi, fundador de los *mevlevi* o derviches danzantes, quienes alcanzaban el éxtasis místico a través de danzas rituales.

Pero según sus propias palabras, llenas de admiración, Ibn Battuta quedó más impresionado cuando entró en territorio de la Horda de Oro y, mientras viajaba por Dasht-i Qipchaq, contempló inmensas manadas de caballos, vacas y camellos, y poco después, en Nueva Saray, constató el esplendor de la corte del kan Uzbek. El campamento del kan era "una enorme ciudad en movimiento, con mezquitas, bazares y el humo de las cocinas elevándose en el aire". En dos ocasiones, entre 1332 y 1334, Ibn Battuta estuvo entre los turcos. Protegido por una de las esposas de Uzbek, viajó con ella a Constantinopla a la corte del emperador de Bizancio, Andrónico III, de quien era hija.

En su apasionante relato, Ibn Battuta dejó constancia de su experiencia como gobernador en la India y Male, de sus matrimonios, de lo que vio en China primero y en las tierras al sur del Níger, en África. Así fue hasta que, tras más de veinticinco años de viajes, regresó a su tierra y "me presenté ante nuestro más noble maestro (que Alá conserve su grandeza y humille a sus enemigos [...]) y deposité en su gloriosa tierra mis aperos de viaje". Murió en Fez, en 1369, a los 64 años.

Mercaderes musulmanes descansando, según una miniatura del siglo XIII obra de al-Hariri.

Diario de a bordo, de Cristóbal Colón

El relato del primer viaje de Cristóbal Colón a través del Atlántico, que lo llevó a descubrir para los europeos un nuevo continente en 1492, es un detallado informe de la ruta que siguió, pero que planteó no pocos enigmas sobre la misma.

Cristóbal Colón conversa con el erudito García Hernández en el monasterio de la Rábida. Óleo de un pintor anónimo del siglo XIX.

Las circunstancias que rodearon la empresa colombina, en el contexto de competencia entre las coronas de Castilla y Portugal por hallar una nueva ruta marítima que condujese a las Indias, se tradujeron en la redacción del llamado *Diario de a bordo* del Gran Almirante. El almirante no quiso que, salvo sus más próximos colaboradores, la marinería conociese las distancias recorridas, para evitar su alarma ante lo desconocido. De aquí que el *Diario de a bordo* del viaje, realizado entre agosto y octubre de 1492, refleje una ruta de dos *cuentas*, una llamada *larga* o *verdadera*, que es la que según la historiografía Colón llevaba en secreto, y otra *corta* o *falsa*, que es la que exponía al conocimiento general para ocultar la verdadera ruta, que debía permanecer en secreto.

La difusión de los textos colombinos fue muy parcial hasta 1892, cuando los italianos, a través de la Comissione Colombina nel quarto centenario della scoperta dell'America, publicaron una monumental *Raccolta di documenti e studi*. Esta importante recopilación tuvo continuidad noventa años más tarde con la edición en España, a cargo de Consuelo Varela, de los *Textos y documentos completos de Cristóbal Colón*, a los que siguieron las *Cartas de particulares a Colón y Relaciones coetáneas*, recopiladas y editadas por la propia Consuelo Varela y Juan Gil, donde se incluyen, entre otros textos significativos, las *Décades*, de Pedro Mártir de Anglería.

Pero antes de la difusión generalizada de la versión original del *Diario de a bordo* de Cristóbal Colón circuló una *Relación compendiada por Fray Bartolomé de las Casas*, quien antes de ordenarse tomó parte en ese histórico viaje y estaba en con-

diciones, por su cultura y sensibilidad, de interpretar muchos de los pasajes del texto colombino. El fraile, que ha pasado a la historia por su encendida defensa de los indios y su denuncia de la crueldad de los conquistadores en *Brevísima relación de la destrucción de Indias,* introduce su versión del siguiente modo: "Éste es el primer viaje y las derrotas y camino que hizo el Almirante don Cristóbal Colón cuando descubrió las Indias, puesto sumariamente, sin el prólogo que hizo a los Reyes, que va a la letra y comienza de esta manera: In Nomine Domini Nostri Jesu Christi".

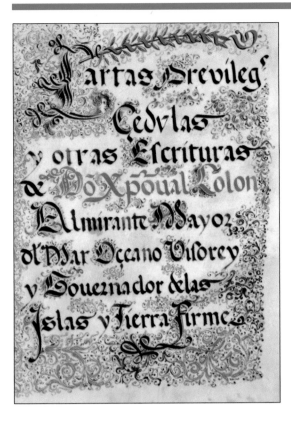

◀ **P**rimera página del Libro de Privilegios *otorgados a Cristóbal Colón antes de su partida. Pueden leerse los títulos de Almirante de la Mar Oceana, Virrey y gobernador de las Islas y Tierra Firme. Muchos de estos privilegios no fueron cumplidos, una vez quedó claro el alcance del descubrimiento.*

► **Ú**ltima página del Diario *de a bordo de Cristóbal Colón.*

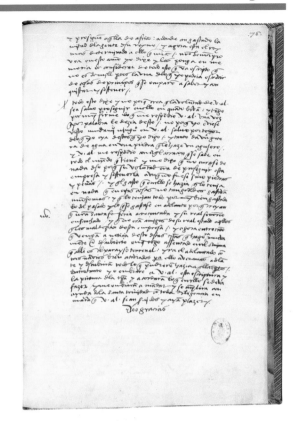

EL DÍA EN QUE VIERON TIERRA

El texto del *Diario de a bordo* es, en general, un detalle técnico de navegación, por lo que Colón se limita a apuntar las distancias recorridas o bien anotar de modo casi aséptico el mal talante de algunos tripulantes, según se desprende de la anotación del lunes 6 de agosto, todavía antes de llegar a las Canarias: «Saltó o desencajóse el gobernario a la carabela *Pinta*, donde iba Martín Alonso Pinzón, a lo que se creyó y sospechó por industria de un Gómez Rascón y Cristóbal Quintero, cuya era la carabela, porque le pesaba ir en aquel viaje...».

Colón apuntó que, dado que la carabela *Pinta* "era la más velera", el día 11 de octubre se había adelantado y que uno de sus marineros, "que se decía Rodrigo de Triana", fue el primero en avistar tierra, aunque como ya había anochecido no pudo confirmarse hasta el día siguiente.

Sobre su desembarco, el Almirante escribió: «Yo, porque nos tuviesen mucha amistad, porque conocía que era gente que mejor se libraría y convertiría a nuestra Santa Fe con amor que no por fuerza, les di a algunos de ellos unos bonetes colorados y unas cuentas de

Escudo de armas *de Cristóbal Colón. Pueden distiguirse los emblemas de Castilla y León.*
▼

vidrio que se ponían al pescuezo, y otras cosas muchas de poco valor, con que hubieron mucho placer y quedaron tanto nuestros que era maravilla. Los cuales después venían a las barcas de los navíos adonde nos estábamos, nadando, y nos traían papagayos e hilo de algodón en ovillos y azagayas y otras cosas muchas, y nos las trocaban por otras cosas que nos les dábamos, como cuentecillas de vidrio y cascabeles...».

Así fue, según relata el almirante Cristobal Colón, el primer encuentro entre los europeos y los americanos de la isla que los lucayos llamaban *Guanahaní*. Pero a pesar de anotar la buena disposición que hallaron en aquellas gentes que andaban «desnudos como su madre los parió», el Almirante dejó constancia de un pensamiento que tendría gran trascendencia para el espíritu y desarrollo de la conquista de aquellas tierras: «...Ellos deben ser buenos servidores y de buen ingenio, que veo que muy presto dicen todo lo que les decía, y creo que ligeramente se harían cristianos; que me pareció que ninguna secta tenían. Yo, placiendo a Nuestro Señor, llevaré de aquí al tiempo de mi partida seis a Vuestras Altezas para que aprendan a hablar».

Voyage autour du monde de Bougainville

La publicación en 1771 del libro Voyage autour du monde, *de Luis Antoine, conde de Bougainville, causó un fuerte impacto en la sociedad europea y contribuyó a difundir el mito del buen salvaje.*

Louis Antoine, conde de Bougainville, ingresó en la Marina francesa en 1763. Casi enseguida, con el apoyo del gobierno francés y de armadores de Saint-Malo, emprendió un viaje por el Atlántico Sur, durante el cual avistó las islas Malvinas y fundó en ella una colonia. Sin embargo, esto fue sólo el prolegómeno del viaje que durante tres años, entre 1766 y 1769, realizó alrededor del mundo. Fruto de esa experiencia escribió un libro, *Voyage autour du monde (Viaje alrededor del mundo)*, que ejerció una gran influencia en la sociedad de su tiempo y movió a escritores,

➤
Partiendo de Brest Bougainville rodeó el mundo volviendo por el océano Índico.

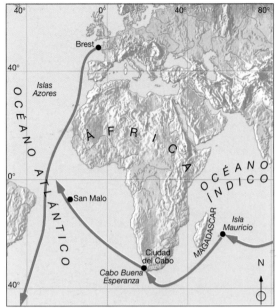

Los nativos de Tahití ofrecen frutas a Bougainville durante una recepción. Los expedicionarios franceses fueron muy bien recibidos.

▼

pensadores y pintores a reflexionar sobre la condición humana y la noción de la bondad innata del hombre a través del mito del buen salvaje. Contra éste reaccionó más tarde el también marino francés Jean-François de Galoup, conde de Lapérouse.

El libro de Bougainville exalta el carácter pacífico y libre de las gentes de los Mares del Sur y la bondad y belleza de las islas donde viven, en particular de Tahití, la cual termina por identificar con el Paraíso terrenal. Desde las primeras líneas, después de la dedicatoria al rey, Luis XV el Bienamado, en la que precisa que ese viaje del que le rendirá cuenta «es el primero de esta especie emprendido por los franceses», Bougainville expresa su asombro por el recibimiento que le brindaron los nativos.

Detalla que a medida que se acercaban a tierra, los isleños se acercaron rodeando sus naves con sus piraguas y después les ayudaron a fondear mientras gritaban *tayo*, que significa amigo. A través del vívido relato de Bouganville es posible imaginarse su rostro y el de los tripulantes al ver que «las piraguas estaban llenas de mujeres» jóvenes y de hermosos cuerpos y «la mayoría de aquellas ninfas estaban desnudas», salvo los hombres y las ancianas que les acompañaban, quienes se cubrían con un pequeño paño.

De los hombres de aquellas islas Bougainville destaca que eran «muy simples y muy libres», al mismo tiempo que su preocupación por la reacción que podían tener sus cuatrocientos hombres jóvenes después de seis meses sin ver mujer alguna. Sin embargo, el autor no deja de reseñar en su libro

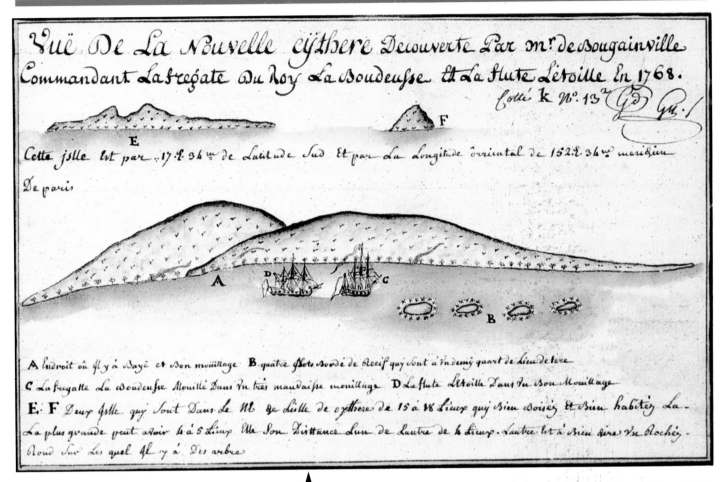

Las naves Boudese y Étoile según una acuarela anónima. El viaje de Bouganville despertó una gran polémica alrededor de la naturaleza del hombre salvaje. Esta controversia no hacía más que reflejar el trasfondo filosófico existente en Europa, trasladado al mundo de las exploraciones.

que si bien los tahitianos vivían en un clima paradisíaco y un estado de felicidad «digno de envidia» y que dicha felicidad común parecía sustentarse en la igualdad de todos, la organización social respondía a un estricto orden jerárquico. «La distinción de rangos está fuertemente marcada en Tahití y la desproporción es cruel». Destaca así que el rey y la clase noble tienen el derecho sobre la vida y la muerte de sus esclavos y criados, a quienes se les llama *tata-einou* u hombres viles y que suelen ser las víctimas de sacrificios humanos. Asimismo, los señores tienen reservadas para sus mesas las mejores viandas, mientras que la gente del pueblo sólo puede comer verduras y frutas.

Pero este aspecto quedó minimizado a los ojos de los europeos, quienes, como Diderot en su *Supplément au voyage de Bougainville*, destacaban que «a la hospitalidad y generosidad de los indígenas, los navegantes respondían con la corrupción y la muerte».

EL RELATO DE LAPÉROUSE

No todos los intelectuales y científicos europeos aceptaron de buena gana la idea de la bondad innata del hombre en estado natural. Uno de ellos fue Lapérouse, quien en 1785 emprendió una expedición de descubrimiento patrocinada por Luis XVI. Al mando de las fragatas *Boussole* y *Astrolabe*, el marino inició su recorrido por los Mares del Sur tras arribar a las islas de Pascua. El relato de su viaje, publicado entre 1808 y 1809, es la recopilación de los diarios y mapas que envió por distintos medios a Francia desde diversos puntos de su trágico periplo.

Su experiencia y, probablemente, el asesinato de su colega De Langle a manos de los indígenas de Samoa contribuyeron a su visceral reacción contra el mito del buen salvaje. De estas islas escribió que poseían «una naturaleza rica y espléndida y un pueblo pérfido», que sus habitantes eran «sin duda los más herejes de la tierra». Para Lapérouse, de la perversidad y ferocidad de estas gentes hablan sus cuerpos cubiertos de cicatrices, cosa que no se «percibe en la fisonomía de las mujeres».

En enero de 1788, Lapérouse envió su último relato desde Botany Bay, en la costa australiana. Nada se supo de él durante cuarenta años, en el curso de los cuales se organizaron varias expediciones en su búsqueda. Finalmente, en 1828, Dumont d'Urville halló los restos de las naves de Lapérouse en la isla de Vanikoro, donde al parecer él y toda la tripulación habían sido asesinados por los indígenas tras naufragar en las aguas de los Mares del Sur.

Relaciones de viajes alrededor del mundo de Cook

El relato de los viajes del capitán británico James Cook, escrito a finales del siglo XVIII, constituye una pormenorizada relación de sus observaciones geográficas y científicas y de sus descubrimientos, que completaron la exploración del llamado «hemisferio del Sur».

J ames Cook ha pasado a la historia como el mayor explorador británico del siglo XVIII. Nacido en 1728 en una granja de Marton, en el condado de York, se curtió como navegante desde que en 1746 entrara a trabajar en un astillero de Whitby e iniciara sus estudios de navegación y matemáticas. A los treinta y tres años atesoraba una gran experiencia como cartógrafo, y sus

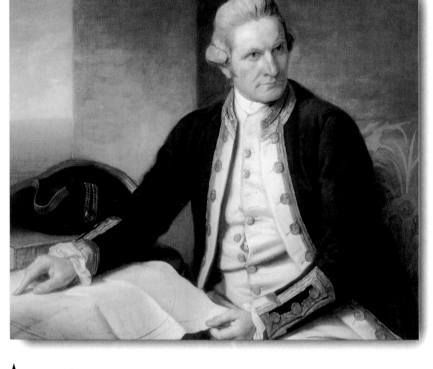

▲
Retrato del capitán James Cook a la edad de 47 años, realizado por Nathaniel Dance. Los viajes de Cook representan un punto de partida para la exploración científica.

◄
Retrato de un nativo. La presencia de tatuajes era uno de los elementos que definían, a ojos de los occidentales, el carácter salvaje de una sociedad.

primeros trabajos sobre la costa de Terranova fueron publicados hacia 1761.

La edición de sus mapas y notas, así como de sus observaciones sobre un eclipse de Sol publicadas por la Royal Society, le dieron un gran prestigio. En 1768 se le confió una importante misión científica: observar la conjunción de Venus y el Sol desde Tahití y localizar el hipotético quinto continente austral.

Aunque el resultado de la expedición fue fructífero, su propósito de hallar «la Terra Australis Incognita» no prosperó. Descubrió entonces las islas de la Sociedad, Nueva Zelanda y una bahía en la costa oriental de Australia «a la que he dado el nombre de Botany Bay por la riqueza de su flora», que entusiasmó vivamente, según escribió, al naturalista Joseph Banks, que lo acompañaba.

LOS SECRETOS DEL HEMISFERIO SUR

El empeño de la Royal Society por «completar el descubrimiento del hemisferio Sur» puso nuevamente a Cook al frente de una expedición que zarpó del puerto de Plymouth el 13 de julio de 1772. Seis meses más tarde, cuando cruzaba el círculo polar antártico, James Cook escribió: «Navegamos por incontables islas de hielo, que nos rodean amenazando peligrosamente nuestro barco. Al acercarnos a algunas de esas masas de hielo hemos oído, aunque no visto, pingüinos y algunos pocos pájaros u otros indicios de tierras próximas. Creo que en el sur existe tierra por debajo de los hielos, aunque si esto fuera verdad, a los pájaros y a los otros animales no se les ofrece un suelo mejor que el hielo que cubre todo el territorio».

Como se desprende del texto, el capitán Cook se sentía algo decepcionado frente a las inhóspitas tierras de la Antártida, de modo que prosiguió su singladura, primero a Nueva Zelanda y después a Tahití, donde pareció recuperar la inspiración y el buen humor.

El regreso lo emprendió dirigiéndose hacia el sur, lo que lo obligó a cruzar dos veces más el círculo polar antes de alcanzar las islas de Pascua, sobre cuyos *moais* escribió: "A unas quince varas de la playa descubrimos una muralla perpendicular de piedras talladas, unidas de acuerdo con las más precisas reglas del arte. En medio de una de las columnas había una piedra que representaba una figura humana de medio cuerpo. Por otra parte, no llegamos a comprobar que los nativos rindan culto a estas columnas; sin embargo, parecen guardarles veneración".

Barringtonia speciosa, *una planta descubierta por el botánico J. R. Banks en Tahití. La catalogación de especies vegetales fue una de las actividades científicas más comunes en las exploraciones de Cook.*

Otou, *el rey de Tahití, en su piragua de guerra, el 26 de abril de 1774.*

A través del Pacífico, las naves del capitán James Cook alcanzaron el estrecho de Magallanes y doblaron el cabo de Hornos, avistando poco después «una isla helada y lúgubre», que bautizó con el nombre de Georgia. Posteriormente puso rumbo a Gran Bretaña, donde fue recibido como un héroe. La comunidad científica británica y el Almirantazgo le concedieron todos los honores y un cómodo puesto en el Observatorio de Greenwich. Pero James Cook, que ya había empezado a manifestar ciertos síntomas de delirante misticismo, rechazó todo y se ofreció para una nueva misión.

En 1776, el capitán James Cook equipó y cargó dos naves, la *Resolution* y la *Discovery,* y puso rumbo al Pacífico con el propósito de hallar el paso del noreste al Atlántico atravesando el estrecho de Bering. En su viaje tocó otra vez Nueva Zelanda y fondeó en Tahití, donde el texto de su relato del viaje revela una llamativa indiferencia frente a un sacrificio humano efectuado por los nativos.

Entonces, como dejó escrito, sólo le importaba el viaje. "No sólo ambiciono llegar más lejos que ningún otro hombre, sino llegar lo más lejos que le sea posible al ser humano." Una lanza indígena de las islas Hawai lo hirió de muerte y quizás de este modo le allanó el camino a su ambición. Sus relatos de viajes, alumbrados por la lucidez científica, y su precisa cartografía contribuyeron decisivamente a dejar atrás los viajes de exploración y a inaugurar la era de las expediciones científicas.

La primera vuelta al mundo según Pigaffeta

El Diario de viaje *de Antonio de Pigafetta, publicado en 1800, sobre la expedición de Magallanes que circunvaló por primera vez el planeta, es uno de los documentos más importantes para conocer las vicisitudes de una de las mayores aventuras humanas de todos los tiempos.*

Mapa de las Molucas
según Pigaffeta, con
una planta de clavo
cómo adorno.

Antonio de Pigafetta era un marino italiano nacido en Vicenza hacia 1491, es decir, que tenía unos veintinueve años cuando se unió a la expedición de Fernando de Magallanes para buscar un paso interoceánico que condujese a las Molucas. La expedición, que zarpó de Sanlúcar de Barrameda el 20 de septiembre de 1519, estaba compuesta por cinco navíos —*Trinidad, San Antonio, Concepción, Victoria* y *Santiago*— y 239 hombres. Pigafetta había embarcado en la nave *Trinidad* como sobresaliente y cronista, por lo que diariamente anotó no sólo las incidencias del viaje, sino también aspectos de la personalidad del capitán y de sus compañeros, y la fisonomía de las gentes que hallaron en la derrota.

Una de las primeras notas más llamativas de su *Diario*, que no fue publicado hasta 1800, hace referencia a las extrañas aves que encontraron al llegar a los territorios del sur del continente americano. Según él, eran una especie de gansos "negros y parecen estar cubiertos por todo el cuerpo de plumitas, sin tener en las alas las plumas necesarias para volar [...] y, en efecto, no vuelan y se alimentan con peces; son tan grasosos que tuvimos que desollarlos

Peces voladores chocan
contra el velamen de
las naves de Magallanes
en el Pacífico. Este viaje
alrededor del mundo
puso a los europeos
en contacto con un
mundo hasta entonces
desconocido, un
gigantesco océano
punteado de islas.

para poder desplumarlos [...] Hay tantos y tan mansos que en una hora hicimos una abundante provisión para la tripulación de los cinco navíos". Como ya se supone, hacía referencia a los hoy llamados pingüinos de Magallanes, que encontraron en las costas patagónicas cuando los fríos australes los obligaron a invernar durante cuatro meses. Los fuertes vientos y las tormentas arreciaron entonces sobre la flota y "los fuegos de San- telmo, San Nicolás y Santa Clara se dejaron ver muchas veces en la punta de los mástiles". En una de estas tormentas perdieron la *Santiago*.

Fue durante esta escala donde Magallanes vio a un nativo de aquellas inhóspitas tierras: "Era tan grande que nuestra cabeza llegaba apenas a su cintura [...]. Las mujeres no son tan grandes como los hombres, pero, en compensación, son más gordas. Son muy glotones; los dos que cogimos se comían cada uno un cesto de bizcochos por día y se bebían medio cubo de agua de un trago; devoraban las ratas crudas, sin desollarlas..." y tenían los pies tan grandes que Magallanes los llamó patagones, y de ahí que el territorio recibiese el nombre de Patagonia.

La dureza del trato de Magallanes fue causa de gran malestar en la tripulación y algunos capitanes conspiraron para asesinarlo. Magallanes, cuenta Pigafetta, actuó sin contemplaciones. "Los trai-

dores eran Juan de Cartagena, veedor de la escuadra; Luis Mendoza, tesorero, y Gaspar de Quesada. El primero fue descuartizado y el segundo, apuñalado. Se perdonó a Gaspar de Quesada, pero algunos días después planeó una nueva traición. Entonces Magallanes, que no se atrevió a quitar-

A
Indios patagones en una acuarela del siglo XVII. Esta cultura adquirió visos de leyenda en Europa a causa de los relatos de los navegantes, en especial de Pigaffeta, que los presentaban como gigantes.

◄
Mapa del Nuevo Mundo de 1540. El acceso de los españoles al Pacífico les permitió establecer la que sería la primera ruta estable de tránsito naval entre Asia y América.

le la vida porque había sido nombrado capitán por el mismo emperador, le expulsó de la escuadra y le abandonó en la tierra de los patagones con un sacerdote cómplice."

A LAS PUERTAS DE LA GLORIA O DEL INFIERNO

El 18 de octubre, tras recuperar los restos aprovechables de la *Santiago*, la flota reanudó el viaje, porque "navegar es necesario", como solía decir Magallanes, según Pigafetta. Tres días más tarde, llegó al cabo que llamó de Las Once Mil Vírgenes, que constituía la puerta del estrecho que habían estado buscando. Los vientos huracanados y la violencia de las olas parecían indicar que estaban frente a las puertas del infierno. "Por la noche sobrevino una terrible borrasca que duró 36 horas —anotó en el diario Pigafetta— que nos obligó a abandonar las anclas, dejándonos arrastrar a la bahía a merced de las olas y el viento." La nave *San Antonio,* una de las dos de mayor tonelaje, junto con la *Trinidad,* aprovechó las circunstancias para desertar y regresar a España. Pero Magallanes no estaba dispuesto a retroceder. «Aunque tengamos que comernos el cuero de las vergas, seguiremos adelante», dijo entonces el capitán sin mostrar el menor signo de debilidad ante sus hombres.

Atravesaron las puertas del infierno y vieron los fuegos nocturnos que los nativos encendían en las heladas planicies, por lo que aquel territorio pasó a llamarse Tierra del Fuego. El 27 de noviembre, después de cinco semanas, culminaron la travesía del estrecho que Magallanes llamó de Todos los Santos y Pigafetta «de los Patagones». Su paso fue un momento culminante de aquella trascendental empresa, aunque las mayores penurias aún estaban por llegar.

Durante casi cien días los expedicionarios no vieron tierra y agotaron casi todos los alimentos. "Comimos galleta, pero en verdad que no era galleta, sino polvo lleno de gusanos, que habían devorado toda la sustancia, y que tenía un hedor insoportable por estar empapado en orines de rata. [...] Tomábamos serrín para alimentarnos y las ratas eran bocado tan exquisito que las pagábamos a medio ducado la pieza."

Tras una larga y penosa travesía llegaron a la isla de los Ladrones y después a la isla de Guam, donde por fin hicieron provisión de víveres. Desde allí alcanzaron el archipiélago de las Filipinas, donde la tripulación se vio envuelta en las guerras locales. El 27 de abril de 1521 Fernando de Magallanes murió en combate en Mactán, en la isla de Cebú. "Como conocían a nuestro capitán, contra él dirigían prin-

Magallanes se mezcló en una guerra local en las Filipinas y resultó muerto en una escaramuza. Demasiado alejados del apoyo de la artillería de sus naves, los españoles fueron arrollados por sus atacantes y huyeron dejando a su capitán y a unos pocos marineros rodeados por el enemigo.

cipalmente sus ataques y por dos veces derribaron su casco. [...] Se mantuvo firme mientras combatíamos. Duró el combate una hora. Al fin, un isleño logró poner la punta de la lanza en la frente del capitán, quien, furioso, le atravesó con la suya dejándosela clavada. Quiso sacar la espada, pero no pudo, por estar gravemente herido en el brazo derecho; uno de los indios, asestándole un sablazo en la pierna izquierda, le hizo caer de cara, arrojándose entonces sobre él; así murió nuestro guía, nuestra luz y nuestro sostén." Ésta es la dramática narración realizada por Pigafetta de la muerte de Magallanes en la batalla donde también él fue herido.

El golpe para los expedicionarios fue terrible y, ahora al mando de Juan Sebastián Elcano, prosiguieron rumbo a las Molucas. Sólo una nave, la *Victoria*, con dieciocho supervivientes europeos, entre ellos Pigafetta, arribó al puerto de Sanlúcar de Barrameda el 6 de septiembre de 1522, completando la primera circunnavegación del planeta. Según los cálculos de Antonio de Pigafetta, habían cruzado cuatro veces el ecuador y recorrido 14 460 leguas.

CRONOLOGÍA

Año	África	América	Asia

Año

África

América

Asia

XXIII a.C. ✳ 19 a.C.

XXIII a.C. Expediciones de Herjuf al país de Yam.

1493 a.C. Expedición naval de la reina Hatshepsut por el mar Rojo hasta el País de Punt.

600 a.C. Circunnavegación del continente por parte de la flota fenicia de Nekao.

s. V a.C. Expedición cartaginesa de Hannon hasta el golfo de Guinea y Camerún.

450 a.C. Herodoto remonta el Nilo hasta la Primera Catarata.

19 a.C. Cornelius Balbus Minor dirige una expedición hasta Fezzan.

336 a.C Alejandro Magno llega al Indo.

s. II a.C. Viaje de Zang Shiang a Afganistán.

s. II a.C. Eudoxo navega por el mar Rojo.

25-24 a.C. Expedición de Elio Galo a Arabia.

s. I ✳ s. XV

61 Una expedición de la guardia pretoriana patrocinada por Nerón llega hasta la confluencia del Nilo Blanco y el Nilo Azul.

1352-1353 Ibn Battuta atraviesa el Sahara para llegar hasta el reino de Mali.

1402 El normando Jean de Bethencour conquista las Canarias.

1417-1431 Expediciones de la Flota de Cheng He por la costa oriental de África.

1441 Nuño Tristao navega hasta Cabo Blanco.

1445 Dinis Dias dobla el Cabo Verde.

1445-1456 Expediciones de Alvise Ca'da Mosto por las costas de Gambia y Senegal, al servicio del príncipe Enrique el Navegante.

1487 Bartomeu Dias logra cruzar el cabo de Buena Esperanza.

c. 1490 El portugués Pero da Cohiva llega hasta Abisinia.

1497-1498 Vasco de Gama conduce una flota portuguesa más allá del Cabo de Buena Esperanza y recorre la costa Oriental de África.

c. 985 Eric el Rojo llega hasta Groenlandia.

c. 1000 Leif Eriksson establece un breve asentamiento en Terranova (Vinland).

1492-93 Colón llega a una de las Bahamas y más tarde a la Hispaniola.

1493-96 En su segundo viaje Colón explora las Pequeñas Antillas.

1497 Giovanni Caboto explora la costa de América del Norte.

1498 Tercer viaje de Colón. El navegante llega hasta el golfo de Paria.

1499 Juan Díaz de Solís explora las costas de Honduras. Alonso de Ojeda y Juan de la Cosa navegan por el litoral venezolano, mientras que Amerigo Vespucci lo hace por el Surinam.

14-37 Navegaciones de Hippalos desde el mar Rojo hasta la desembocadura del Indo.

399-414 Fa Chian viaja por la India, Ceilán y Java.

629-645 Viaje a la India de Chuan Zang.

1245-1247 Jean du Plan Carpin llega a Mongolia tras atravesar Siberia.

1269 Los hermanos Polo llegan a la corte del Khan.

1271-1295 Viajes de Marco Polo por Oriente.

1325-1348 Viajes de Ibn Battuta por Asia.

1405-1433 Viajes de la flota de Zeng He por el mar de China, el océano Índico y el mar Rojo.

1497-1499 Vasco de Gama llega a la India por la ruta del cabo de Buena Esperanza.

s. XVI

1506 El portugués Tristao da Cunha llega a Madagascar.

1500-1501 Pedro Alvares Cabral llega al Brasil.

1501 Gaspar Corte Real, al servicio de Portugal, navega hasta Groenlandia.

1501-02 Amerigo Vespucci explora la costa del Brasil.

1502-04 Colón explora la costa del istmo de Panamá.

1503 Rodrigo de Bastidas llega hasta la costa de Darien.

1508 Díaz de Solís y Vicente Yáñez Pinzón descubren el Yucatán.

1513 Juan Ponce de León explora Florida en busca de la Fuente de la Eterna Juventud. Vasco Nuñez de Balboa cruza el istmo de Panamá y llega hasta el Pacífico.

1515 Díaz de Solís entra en el Río de la Plata.

1517 Expedición por las costas del Yucatán de Francisco Fernández de Córdoba.

1505-1510 Las campañas de Almeida en el Índico refuerzan la posición portuguesa en la región.

1512 Albuquerque ocupa Calicut.

1548 Fecha propuesta para la llegada de Mendes Pinto a Japón.

1549 El jesuita Francisco Javier llega al Japón.

1557 Jenkinson desciende por el Volga hasta el mar Caspio.

1561-64 Jenkinson atraviesa el mar Caspio y llega a Persia.

1581-87 Expediciones de los cosacos de Iermak por Siberia. Tras seguir el río Ob, llegan al Ártico.

Europa, Oceanía y el Pacífico

El Ártico y la Antártida

Fondos oceánicos y Espacio

Año

s. XIII a.C. Los micénicos navegan hasta el Mediterráneo occidental.

s. VIII a.C. Inicio de las colonizaciones griegas.

s. VIII a.C. Los fenicios se establecen al sur de la península Ibérica y fundan Cádiz.

600 a.C. Los griegos llegan a la península Ibérica.

s. V a.C. Expedición de Hilmicon más allá del estrecho de Gibraltar hasta la Bretaña.

340 a.C. Pitheas franquea el estrecho de Gibraltar y navega hasta el Báltico e Islandia.

150 Tomoleo escribe su *Geografía*.

451-453 Expediciones de Atila en Europa.

c. 850 Gardar Svarvarsoon llega hasta Islandia.

1352 Ibn Battuta visita Granada.

1363-1396 Campañas en Europa de Murad y Bayaceto.

XXIII a.C.
✳
19 a.C.

s. I
✳
s. XV

1513 Balboa accede al océano Pacífico tras cruzar el istmo de Panamá.

1519-1521 Magallanes navega por el Pacífico en su viaje de circunnavegación alrededor del globo. Tras su muerte, será Elcano quien completará la travesía.

1556 Urdaneta logra navegar de regreso desde las Filipinas a América y establece una ruta de navegación por el Pacífico.

1568 Mendaña descubre las islas Salomón.

1577-1580 Drake logra llevar a cabo la segunda circunnavegación del globo terráqueo.

1595 Mendaña y Quirós alcanzan las islas Marquesas.

1553 Richard Chancellor llega a el mar Blanco en busca del paso del Noreste.

1555 Stephen Burrough llega a nueva Zembla y el mar de Kara.

1594-1597 El holandés Willem Barents se ve forzado a hibernar cerca de las costas de Nova Terra.

S. XVI

S. XVI

1519 Cortés desembarca en México y llega hasta Tenochtitlán.

1520 Magallanes navega por la costa de la Patagonia y entra en el Pacífico Sur.

1523 Giovanni de Verrazano, al servicio de Francisco I de Francia, explora el litoral de América del Norte.

1523 Pedro de Alvarado conquista Guatemala.

1524 Primera expedición de Pizarro hacia el sur.

1524-1526 Expedición de Cortés a Honduras.

1527 Sebastiano Caboto explora el Río de la Plata.

1528-1535 Viaje de Álvar Nuñez Cabeza de Vaca de Florida hasta Nuevo México.

1531 Pizarro inicia la conquista del imperio inca.

1531-1532 Diego de Ordás navega por el Orinoco.

1532 Cortés envía una expedición a California.

1533 Las fuerzas de Pizarro llegan a Cuzco.

1534 Sebastián Belalcázar comienza la conquista de Ecuador. Jacques Cartier lleva a cabo su primer viaje.

1535 Inicio de la conquista de Chile a manos de Diego Almagro. Jacques Cartier remonta el río San Lorenzo.

1536 Pedro de Mendoza funda Buenos Aires. Gonzalo Jiménez de Quesada explora Colombia.

1539-1542 Tras partir de Florida, la expedición de Hernando de Soto llega al Mississippi.

1540-1541 Francisco Vázquez de Coronado explora el sur de los Estados Unidos. Pedro de Valdivia funda Santiago.

1542 Orellana desciende por el Amazonas.

1550 Domingo Martínez de Irala concluye la unión de las posesiones españolas de Chile con las del Río de la Plata.

1579 Francis Drake navega por la costa occidental de América y llega hasta los 42° de latitud norte.

1590 Tras estar al servicio de Akbar, el jesuita Antonio de Montserrat dibuja el primer mapa del Tíbet.

1591-92 La primera expedición de la Compañía inglesa de las Indias Orientales, llega a Java.

S. XVII

1697-1698 El marsellés André Brüe explora el río Senegal en el curso de una expedición comercial.

1609 Expedición de Champlain por América del Norte hasta el lago que luego llevará su nombre.

1610 Henry Hudson llega a la bahía que luego llevará su nombre.

1682 Cavalier de la Salle desciende por el Mississippi hasta su desembocadura.

1601 Ricci consigue establecer una misión jesuita en Pekín.

1603-07 De Goes logra alcanzar China tras un viaje terrestre y se convierte en el primer europeo en conseguirlo tras los Polo.

1626 Andrade llega al Tíbet y funda una misión en Chaparangue.

1639 Los cosacos llegan al mar de Okhotsk.

1661 Grüber y d'Orville son los primeros europeos que llegan a Lhasa, en el Tíbet.

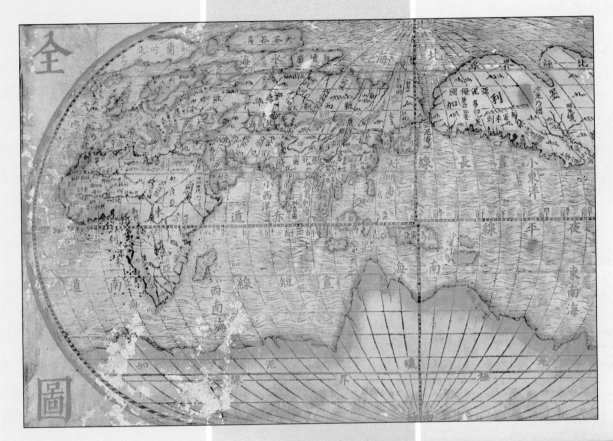

S. XVI

1606 Torres navega al norte de Australia.

1616 Le Marie y Shouten logran doblar el cabo de Hornos y establecen un nuevo paso al Pacífico.

1642 La expedición de Tasman llega hasta la Tierra de Van Diem, la futura Tasmania.

S. XVII

Año	 África	América	Asia
S. XVIII	**1769-1772** El escocés James Bruce llega a las fuentes del Nilo Azul en una expedición a Abisinia. **1795** El escocés Mungo Park explora los territorios situados entre Gambia y el río Níger. **1798-1801** El alemán Friedrich Konrad Hornemann visita la Tripolitania y Fezzan.	**1741** Vitus Bering muere mientras explora las Aleutianas. **1743-1744** Charles Marie de la Condamine atraviesa América del Sur y desciende por el Amazonas. **1769** Gaspar de Portolá llega hasta la bahía de San Francisco. **1789** Alexander Mackenzie desciende por el río que llevará su nombre. **1792-1793** Mackenzie atraviesa las Montañas Rocosas. **1799-1800** Alexander von Humboldt y Aimé Bonpland exploran Venezuela y la cuenca del Orinoco.	**1728** Bering navega entre Asia y América tras atravesar Siberia por tierra. **1733-1742** La Gran expedición del Norte cartografía la costa norte siberiana de Arkangelsk a Anadyr. **1741** Segunda expedición de Bering, en la cual se confirma la existencia de un estrecho entre Asia y América. **1793** Alí Bei inicia su viaje que le llevará a la Meca.
S. XIX	**1810** El suizo Johan Ludwig Burckhart realiza un viaje por Nubia. **1820** El francés Frédéric Cailliaud remonta el Nilo Azul hasta Etiopía. **1821-1823** El escocés Hugh Clapperton llega al Chad. **1828** René Caillié logra llegar hasta la ciudad prohibida de Tombuctú. **1849** Expedición de Livingstone al lago Ngami. **1850** Los alemanes Barth i Overweg, junto al británico Richardson, cruzan el Sahara. **1853-1854** Expedición de Livingstone del Zambeze hasta la costa este africana. **1855** Livingstone en las cataratas Victoria. **1856-1857** Paul de Chaillu visita los Montes de Cristal. **1856-1873** Expediciones de Livingstone por el corazón de África. **1857-1858** La expedición de Burton y Speke llega hasta el lago Tanganika y el lago Victoria. **1860-1863** Speke y Grant confirman que el Nilo Blanco nace en el lago Victoria. **1864** El matrimonio Baker llega hasta el lago Alberto, una fuente secundaria del Nilo Blanco. **1871** Stanley localiza a Livingstone en Ujiji, en el lago Tanganika. **1873** Cameron logra cruzar el continente africano desde Zanzibar hasta la costa occidental. **1874-1877** Tras explorar la región de los Grandes Lagos y confirmar los descubrimientos de Speke, Stanley desciende por el río Congo. **1875-1879** Expedición de Brazza al Ogooué. **1879-1884** Stanley, al servicio de Leopoldo II de Bélgica, explora el Congo.	**1801-1802** Humboldt y Bonpland ascienden el Chimborazo. **1802-1804** Expedición de William Clark por el Mississippi y las Rocosas. **1878-1881** Jules Crevaux estudia el Alto Amazonas y los Andes. 	**1811** Manning llega a Lhasa. **1812-1815** Burkhart llega hasta Petra y la Meca. **1829** Humboldt atraviesa Siberia hasta el Altai. **1854-1862** Viaje a Nueva Guinea y Malaysia del naturalista Wallace. **1893-1897** La expedición de Hedin por la Ruta de la Seda descubre varias ciudades abandonadas.

Europa, Oceanía y el Pacífico

El Ártico y la Antártida

Fondos oceánicos y Espacio

Año

1721-1722 Roggeveen descubre la isla de Pascua en una expedición en busca del continente austral.

1741 Bering y Chiricov exploran el Pacífico Norte.

1767 Wallis descubre Tahití.

1766-1769 Bouganville realiza la vuelta al mundo.

1769-1770 El capitán Cook explora el Pacífico y llega hasta Nueva Gales del Sur.

1772-1775 Exploraciones de Cook en el Pacífico Sur.

1778 El capitán Cook descubre el archipiélago de Hawaii.

1785-1788 Desaparece La Perouse en el Pacífico.

1728 Primera navegación de Bering por el brazo de mar que separa América de Asia.

1741 Bering confirma que América y Asia estan separados por el mar cerca de la isla de Kayak.

1773-1775 Cook cruza el circulo polar antártico y descubre Georgia del Sur.

1778 Cook busca el Paso del Noroeste.

1789 Mackenzie llega al océano Ártico por el río que llevará su nombre.

1706-1708 Estudios de Marsigli en la costa provenzal. Puede considerarse que éste es el inicio de la oceanografía.

1775 Franklin lleva a cabo mediciones de temperatura para establecer la posición de la corriente del Golfo.

1783 Los hermanos Montgolfier logran el primer vuelo tripulado con globo.

S. XVIII

1801-1803 Flinders circunnavega Australia.

1822-1825 Dumont d'Urville explora las costas de Nueva Guinea y Nueva Zelanda.

1826-1828 Dumont d'Urville encuentra finalmente los restos de la expedición de La Perouse en Vanikoro.

1841 Eyre recorre la costa australiana de Adelaida a Albany.

1844-1845 Intento de cruzar Australia de norte a sur por parte de Sturt.

1860-1861 La expedición de Burke y Wills logra atravesar Australia de sur a norte.

1819-1820 Parry franquea el estrecho de Lancaster en el Ártico.

1820 Bransfield descubre la península Antártica.

1821 Powell y Palmer alcanzan las Órcadas del Sur.

1830-1833 Biscoe navega alrededor de la Antártida.

1831 James Clark Ross alcanza el polo Norte magnético.

1845 Moore realiza observaciones magnéticas en la Antártida.

1847 La expedición de Franklin perece al intentar encontrar el Paso del Noroeste, en el Ártico.

1859 McClinntock descubre los restos de la expedición de Franklin.

1875 Nares alcanza los 83º 20' de latitud norte.

1878 Nordensjöld logra franquear el Paso del Noreste en el Ártico.

1888 Nansen atraviesa Groenlandia de este a oeste.

1893-1894 Larsen entra en el mar de Weddell en la Antártida.

1897 Andrée desaparece en una arriesgada expedición al polo Norte en globo.

1815-1818 Mediciones de profundidad del buque ruso *Rurik*.

1818 John Ross efectúa mediciones de salinidad en su búsqueda del Paso del Noroeste.

c. 1830 Desarrollo de la escafandra de Siebe.

1831-1836 Darwin estudia los arrecifes coralinos en su viaje en el *Beagle*.

1837-1842 Mediciones de las temperaturas a gran profundidad por parte de d'Urville en el *Astrolabe*.

1855 Primeras cartas batimétricas realizadas por Maury.

1856-1857 Estudio del itinerario del cable telegráfico transatlántico a cargo de Berryman y Dayman.

1859 Narciso Monturiol realiza con éxito la primera inmersión del *Ictíneo*.

1875-1876 Expediciones oceanográficas del príncipe Alberto I de Mónaco.

1889 Inmersiones de prueba del submarino de Isaac Peral.

1889 Haeckel investiga el plancton.

1893-1896 Expedición de Nansen a bordo del *Fram*.

S. XIX

Año **África** **América** **Asia**

S. XIX

1880-1881 Segunda expedición de Brazza.

1883-1885 Tercera expedición de Brazza en el Congo.

1887-1889 Última expedición de Stanley para liberar a Emin Pachá.

1898 Incidente de Fachoda. La misión del capitán Marchand topa con las fuerzas británicas de Kitchener.

1906-1908 Hedin explora el Tíbet.

1917-1918 Philby atraviesa Arabia.

1950 Herzog y Lachenal alcanzan la cima del Annapurna, el primer "8 000".

S. XX

Europa, Oceanía y el Pacífico	El Ártico y la Antártida	Fondos oceánicos y Espacio	Año

S. XIX

1901-1904 Primera expedición de Scott en la Antártida. Intento fallido de Shackleton de alcanzar el polo Sur, aunque alcanza los 82°17' de latitud sur.

1903-1906 Amundsen cruza el Paso del Noroeste.

1907-1909 Nuevo intento de Shackleton de alcanzar el polo Sur, en esta ocasión se queda a tan solo 160 km.

1909 Tras cinco expediciones fallidas, Peary logra alcanzar el polo Norte. Su éxito se ve enturbiado por la disputa con Cook que reclama haber sido el primero en lograr esta hazaña.

1911 Amundsen conquista el polo Sur.

1912 Scott llega al polo Sur pocos meses después de Amundsen; los componentes de esta expedición perecen durante el viajes de regreso.

1914-1916 El buque de Shackleton, el *Endurance*, es atrapado por los hielos y en la Antártida. La tripulación logra sobrevivir.

1926 Byrd y Bennet sobrevuelan el polo Norte en avión.

1928 Se estrella el dirigible *Italia* de Nobile. Amundsen perece durante las operaciones de rescate.

1929 Byrd sobrevuela el polo Sur en avión.

1933 Se establece la Base Ross en la Antártida.

1955-1958 Travesía de la Antártida a pie y pasando por el polo Sur a cargo de Fuchs y Hillary.

1900 Primer vuelo de un dirigible Zeppelin.

1903 El príncipe Alberto I de Mónaco publica una carta batimétrica a partir de 18 400 sondeos.

1903 Los hermanos Wright logran el primer vuelo a motor con una nave más pesada que el aire.

1909 Bleriot cruza el Canal de la Mancha en avión.

1923 Lindbergh cruza el Atlántico en un vuelo si escalas y en solitario.

1930 La batisfera de Beebe desciende 932 metros.

1943 Cousteau y Gagnan desarrollan la escafandra autónoma.

1957 El *Sputnik* orbita alrededor de la Tierra.

1958 El submarino Nautilus llega al polo Norte tras navegar sumergido bajo los hielos del casquete polar.

1960 Piccard y Walsh se sumergen hasta los 10 916 metros a bordo del *Trieste* en la fosa de las Marianas.

1961 Yuri Gagarin se convierte en el primer hombre en el espacio.

1963 Valentina Tereshkova es la primera mujer cosmonauta.

1969 El *Apolo XI* llega a la Luna.

1972-1975 Se desarrolla el programa FAMOUS para el estudio de las dorsales oceánicas.

1977 Lanzamiento de las sondas espaciales *Voyager I* y *Voyager II*.

1978-1980 Misiones no tripuladas *Viking I* y *Viking II* a Marte.

1985 Ballard localiza el *Titanic*.

1986 La URSS pone en órbita la estación espacial *Mir*

1990 Telescopio espacial *Hubble* en órbita.

1996-1997 La sonda no tripulada *Mars Pathfinder* aterriza en el Planeta Rojo.

S. XX

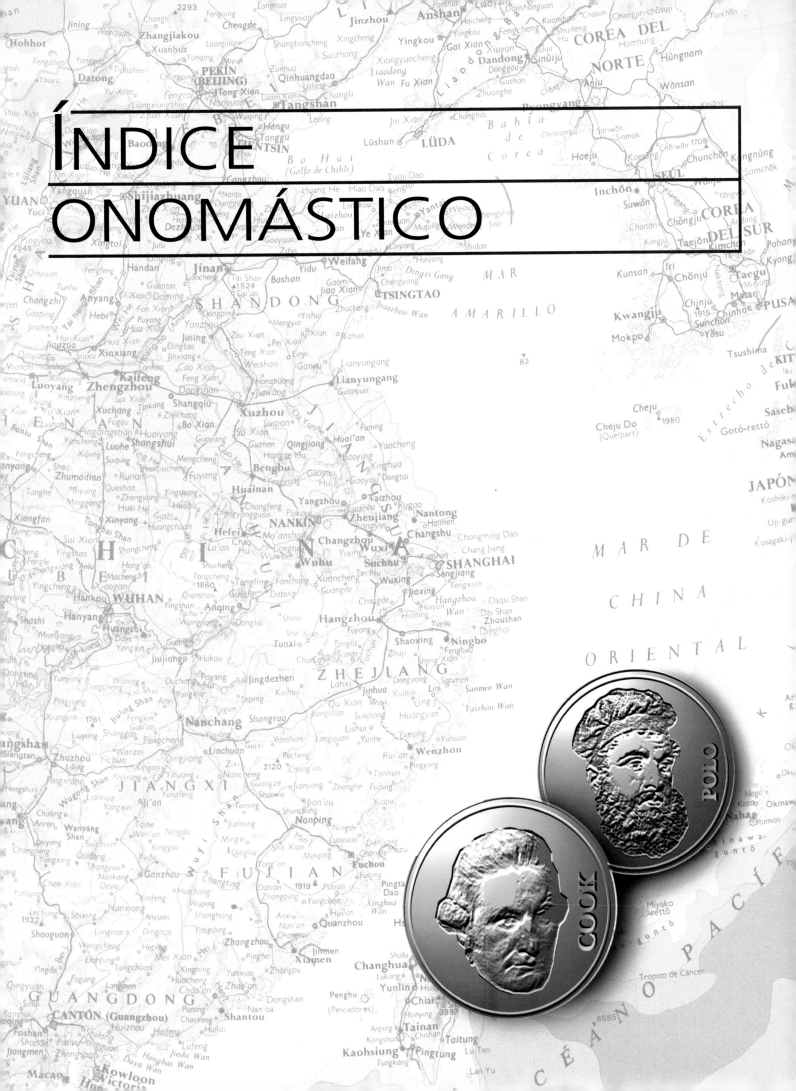

ÍNDICE ONOMÁSTICO

Índice onomástico

Índice onomástico

Créditos fotográficos

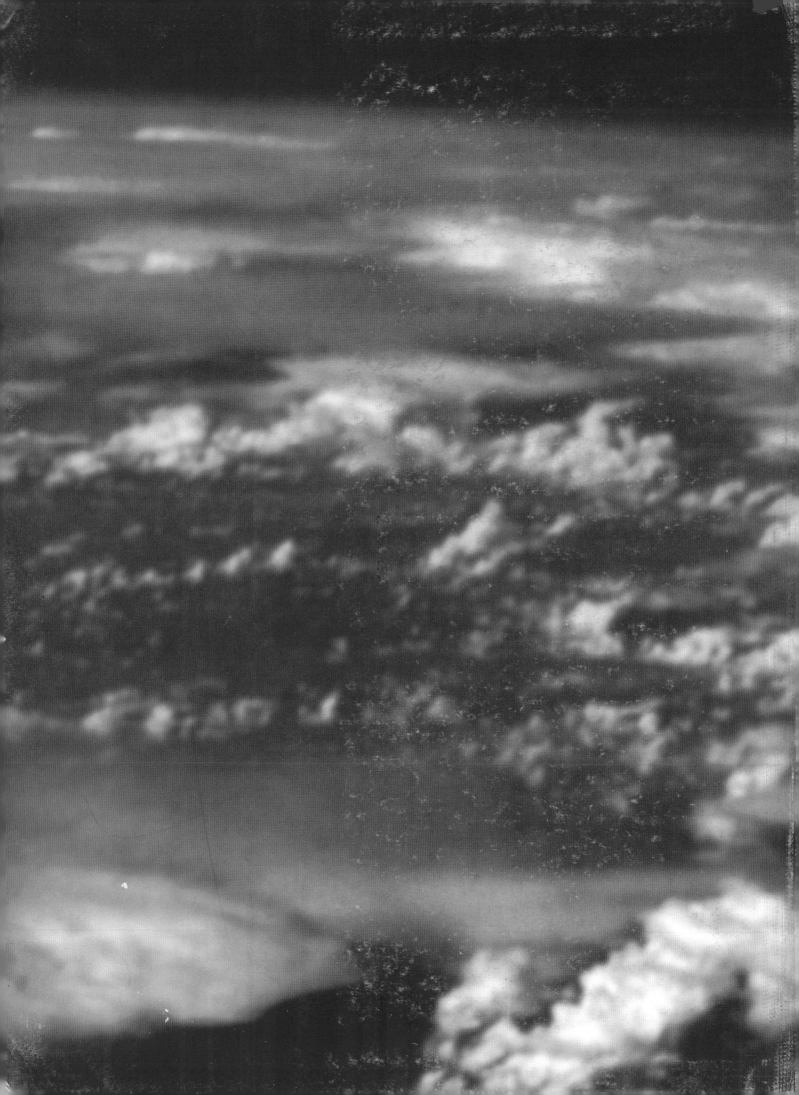